高校科协的发展与未来

靳 萍 著

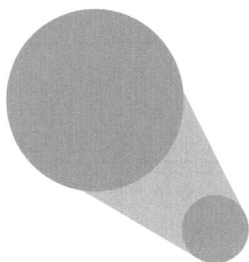

The Development and Future of the
University Association for Science and Technology

科学出版社

北京

内 容 简 介

　　高校科协是中国科协重要的基层组织，在服务支撑国家科技创新、科学普及和人才培养等方面具有基础性和战略性的意义。面向科技自立自强和中国式现代化，如何充分发挥高校科协的作用？这是重要的时代命题。

　　本书是首部高校科协系统性研究成果，兼具理论性和应用性。全书在系统梳理全国高校科协发展的历史脉络，厘清机构属性、组织结构、工作职能、活动规律等基本范畴的基础上，创新构建了以"五指理论"为核心的高校科协发展理论体系，提出并论证了高校科协是在高校起着学术组织枢纽作用的新型学术共同体的新定位。值得一提的是，全书收录了大量的工作案例，分析总结了全国高校科协结合本校办学特色和学科优势，组织学术交流、举荐优秀人才、开展大学科普、服务相关学会、开展理论研究等方面的做法与经验，颇具参考价值。

　　本书可供各级科协组织、学会组织、高校党群部门和科技管理部门相关工作者参考，也是广大高校师生和科普工作者及社会公众了解高校科协工作的重要读物。

图书在版编目（CIP）数据

高校科协的发展与未来 / 靳萍著. -- 北京：科学出版社，2024.
11. -- ISBN 978-7-03-079341-6

Ⅰ. G644.6

中国国家版本馆 CIP 数据核字第 2024328G9C 号

责任编辑：侯俊琳　常春娥　唐　傲 / 责任校对：贾伟娟
责任印制：赵　博 / 封面设计：有道文化

科 学 出 版 社 出版

北京东黄城根北街 16 号
邮政编码：100717
http://www.sciencep.com

北京市金木堂数码科技有限公司印刷
科学出版社发行　各地新华书店经销

*

2024 年 11 月第 一 版　开本：720×1000　1/16
2025 年 2 月第二次印刷　印张：26 1/4
字数：387 000

定价：158.00 元
（如有印装质量问题，我社负责调换）

序一
为高校科协与大学科普鼓与呼

　　作为知识的聚集地和思想的重要发源地，高校应当成为我国科普事业的排头兵，大学科普必然是其中不可或缺的重要组成部分。重庆大学八十周年校庆纪念时，我受邀为《大学科普》杂志校庆专刊撰写卷首语：重庆大学当致力于大学科普实践与理论的研究，探讨如何使大学科普更好地在大学得到重视和认同，更好地把科学的社会功能注入科普创新的事业之中，推动科普事业健康发展，让重庆大学的师生不仅从科普工作中受益，更要推动科普事业发展，《大学科普》责无旁贷。2009 年 7 月 21 日，中国科学院国家天文台联合包括重庆大学在内的全国众多高校和科研单位发起了"2009 国际天文年日全食多路联合直播"活动，重庆大学作为核心直播站点之一，向国家天文台提供了高质量传输信号，为世界献上了一份科学文化厚礼。时任重庆大学党委书记的我亲历了这一科技教育普及盛事，见证了重庆大学师生在时任校科学技术协会（简称科协）秘书长靳萍同志的组织协调下，积极开展科学观测与面向公众进行的科学普及活动，为大学科普事业书写了浓墨重彩的一笔。

　　作为大学科普的依托，包括重庆大学科协在内的全国高校科协多年来发挥着重要作用。高校科协是高校党委领导下的群众组织，是党组织联系广大学者、关怀师生的桥梁和纽带。高校科协承担着鼓励积极开展学术交流和促进科学普及的重任。德才兼备并充满工作激情和事业追求的高校科协秘书长是高校科协工作积极开展的有力保障。高校党政对科协工作要高度重视，在科协秘书长的选用上，尤其要严格标准，任人唯贤：既要有较高的政治素质，又要有良好的科学素养；既积极进取，又兼容并包；在工作中要善于同专家学者、青年学生以及社会公众沟通交流，还要善于协调校内相关职能部门、院系和相关地方部门与行业单位的工作，并能扎实推进工作。

令人欣慰的是，重庆大学科协在过去取得了不少成绩，真正被重庆大学的广大师生视为科技工作者之家，切实助力重庆大学践行"研究学术、造就人才、佑启乡邦、振导社会"的办学宗旨。这与时任科协秘书长靳萍同志的辛勤付出是分不开的。如今她将自己多年来对高校科协建设的理论思索与大学科普的工作实践汇集成书，毫无保留地分享给大家，我相信这本书能为我国科普事业，尤其是高校科协的组织建设与大学科普事业增添新的光彩。

重庆大学前党委书记
重庆市老科学技术工作者协会会长　　欧可平

2024 年 5 月 14 日于重庆大学

序二
大学是新时期科普工作重要平台

2016 年 5 月 30 日，在北京召开的"科技三会"上，习近平总书记强调："科技创新、科学普及是实现创新发展的两翼，要把科学普及放在与科技创新同等重要的位置。"①这是党和政府在全面建成小康社会、实现第一个百年奋斗目标进程中对科学普及重要性的强调及定位。2018 年 9 月 17 日，习近平总书记又在向世界公众科学素质促进大会致贺信中指出："中国高度重视科学普及，不断提高广大人民科学文化素质。中国积极同世界各国开展科普交流，分享增强人民科学素质的经验做法，以推动共享发展成果、共建繁荣世界。"②贺信中指出了做好中国的科普工作对于推动构建人类命运共同体具有重大的意义。

如今，我们完成了第一个百年奋斗目标，正在向第二个百年奋斗目标迈进，努力实现中华民族伟大复兴的中国梦。一个民族的崛起，是建立在科学技术充分发展的基础上的。科学技术的发展，不仅表现在高新技术的不断涌现，基础科学的日新月异，更重要的是全民族科学素养的大幅提高。因此，科学普及是与科技创新同等重要但却更基础的工作。只有坚持不懈地普及科学知识、推广科学技术、倡导科学方法、传播科学思想、弘扬科学精神，才能提高中华民族的整体科学素养，为科技创新提供持久的内生动力。随着中国日益走近世界舞台的中央，中国的科普事业将不仅惠及中华民族，也将惠及世界人民。

笔者常年工作于重庆大学，曾有幸荣获中国科协第二届青年科技奖，

---

① 全国科技创新大会 两院院士大会 中国科协第九次全国代表大会在京召开[EB/OL].（2016-05-30）[2023-03-15]. http://www.xinhuanet.com/politics/2016-05/30/c_1118956522.htm.
② 习近平向世界公众科学素质促进大会致贺信[EB/OL].（2018-09-17）[2023-03-15]. https://www.gov.cn/xinwen/2018-09/17/content_5322779.htm.

近年又当选重庆市科协主席、担任《大学科普》杂志名誉主编，还组织编纂了"大学科普丛书"（第一辑）。该丛书汇集了全国高校科协组织开展大学科普工作的累累硕果，聚焦不同学科的科技热点问题，将科技与文艺紧密结合起来，最大程度实现了跨学科的知识融合与普及，获得了良好的社会反响，获评科技部"2020 年全国优秀科普作品"。历经多年的教学科研与科学普及实践，笔者深感：高校是高素质人才的摇篮，是新时期科普工作的重要平台。高校科协的科普工作要秉持创新性理念和人文情怀，能吸引一大批有志于从事中国科普事业的专家学者，凝练成为推动当前科普事业发展的重要力量。以培育高素质人才为目标的科普工作，尤其要遵循以普及科学知识为基础、倡导科学方法为钥匙、传播科学思想为动力、弘扬科学精神为灵魂、恪守科学道德为准则的宗旨，通过聚焦科学热点问题，集合高校科协科普优质资源，凝聚知名专家学者，秉承"高层次、高水平、高质量"的优良传统，发扬"严肃、严密、严格"的工作作风，跨越学科领域，反映出当前的科技发展和深刻的人文思考，真正起到传播科学思想、弘扬科学精神、激发科学热情的作用。这样才能培养更多的具有深厚科学素养、富有创新精神的大学生，探索一条全面提升中华民族科学素养、推动中国科技发展的新路径！

中国工程院院士
重庆市科协主席　　潘复生
重庆大学教授

2024 年 6 月 22 日于重庆大学

序三
高校科协组织建设亟待加强

　　我和靳萍老师是在2012年认识的，当时她刚从工作多年的重庆大学科协秘书长岗位上退下来，但她还是一如既往地关注和关心着高校科协工作，思考和研究着高校科协理论。多年来，她担任具有一定影响力的《大学科普》杂志执行主编，并且和曾经一起工作多年的许多高校科协秘书长继续交往交流，通过这种方式继续参与着高校科协的工作。和靳萍老师认识后，我们一直保持着交往和交流，谈论的话题也大都是围绕着高校科协工作。在我的印象中，靳老师是那种对工作充满着热情而且执着于探究工作背后更深刻东西的人，这一点集中体现在她对高校科协工作深深的热爱和对高校科协理论研究不停的探索上。对于这一点，我是挺敬佩靳老师的。因此，当她将自己多年来对高校科协工作经历的经验总结和提炼、对高校科协历史和理论的探索和研究所形成的可喜成果——《高校科协的发展与未来》送给我并嘱我作序时，我欣然应允了。

　　靳老师的这本《高校科协的发展与未来》共十章，前四章着重于高校科协理论研究，五至九章着重于高校科协案例研究；高校科协理论研究是基于高校科协历史发展进程展开研究的。其实，对高校科协案例的研究也可以看作是一种对高校科协历史的研究，因为这些案例，有些正在发生和发展着，有些则已成为历史，而那些正在发生和发展着的事情也终将成为历史。如此，也就形成了靳老师这本书两个相互联系的突出特点：一个是高校科协理论研究和高校科协历史研究相结合，另一个是高校科协理论研究和高校科协案例研究相结合。这两个相互联系的特点，其实正反映了历史与逻辑相统一、理论与实践相统一的科学研究方法和研究过程。

事实上也正是这样。对高校科协工作的指导，本来就包括理论指导和案例指导，二者都是必要的，而且不可相互替代。案例属于经验的范畴；而经验居于实践与理论的中途，一头连接着实践，一头连接着理论。实践通过经验上升到理论，理论通过经验作用于实践。因此，理论对实践有指导作用，经验（案例）对实践也有指导作用。也正因为如此，我们才说，指导高校科协实践，既需要高校科协理论，也需要高校科协案例（经验）。高校科协理论是以讲道理的方式告诉人们高校科协工作是什么，应当怎样做，为什么要这样做；而高校科协案例（经验）则是通过展示被实践证明了的可行个案，告诉人们高校科协工作是这样的，可以这样做，甚至说就要这样做。

研究高校科协理论和研究高校科协历史也是分不开的。高校科协的历史，就是由一个一个的高校科协案例构成的，而我们前面已经讲过了，高校科协的实践经由高校科协的经验（案例）而达到高校科协的理论，因此，研究高校科协的理论，必须基于、立足于、植根于高校科协的历史。这些高校科协的案例不是彼此孤立地构成高校科协的历史，而是相互联系、相互影响、相互作用地构成了一个体系，它们的发生、发展、运行遵循着一定的规律。我们研究高校科协的历史，正是为了发现这个规律；我们研究高校科协历史所形成的成果，即由高校科协经验上升为高校科协理论。正是有了对这些规律的理论性认识，我们才能去指导高校科协的实践。

我们研究高校科协，实际上就是要研究高校科协的特点，并根据这种特点去确定我们各项工作的原则、任务和方式。高校科协是中国科协组织体系中的一类具有自身特点的基层组织，因此，对高校科协的研究，必须首先将其放置于中国科协组织体系中去考察。高校科协既不同于中国科协的全国组织、地方组织，也不同于其他科协基层组织。也就是说，高校科协既有科协全国组织、地方组织的一般特点，又有作为科协基层组织的突出特点。进一步讲，既有科协基层组织的一般特点，又有高校科协这种特殊类型科协基层组织的突出特点。

那么，高校科协的特点是怎样的呢？作为中国科协组织体系中的基层组织，高校科协也具有中国科协全国组织、地方组织所共同具有的政治性、群众性（社会性）、科技性（学术性）、跨行业性（跨学科性）。中国科协全国组织、地方组织都拥有自己的各个学科的学会，而高校科协也拥有各个学科组（组的设立和数量，是根据构成这个高校科协的科技工作者本身的学科、专业而确定的）。

　　作为科协基层组织的一种类型，高校科协也不同于学会。学会，不论是全国学会，还是地方学会，都是以学科为支撑的，包括理、工、农、医和交叉学科，凡是属于这个学会所在学科范畴的科技工作者，达到一定标准，履行一定程序，就可以成为这个学会的会员。而中国科协基层组织则不同，它同中国科协全国组织、地方组织一样，是跨学科的，中国科协基层组织所在的这个基层单位的所有科技工作者，不论学习的是什么专业、在什么领域工作，都可以加入中国科协基层组织，成为它的会员。认识到这一点非常重要，正是因为这一点，高校科协才有自己存在的独特价值，高校科协的地位和作用才不会被取代。我曾经在一些场合、在一些文章中讲过，科技工作者和中国科协的关系，他既可以是以某个学科为支撑的学会（包括全国学会和地方学会）的会员，也可以同时是自己所在基层单位的中国科协基层组织的会员。这二者之间是不矛盾的，不仅不矛盾，而且是相得益彰的。一个科技工作者在自己的成长过程中，当其学术水平发展到一定程度的时候，一定会加入相应的学会，在学会中使自己得到更好的发展。同时，这个科技工作者也应当加入自己所在基层单位的中国科协基层组织，在中国科协基层组织跨学科的学术交流中，为本单位的科技进步作出贡献，同时也使自己得到进一步发展。

　　中国科协是人民团体，是群众组织，而构成中国科协的全国学会（协会、研究会）是社会组织。同理，地方科协也是人民团体、群众组织，而构成地方科协的地方学会（协会、研究会）也是社会组织。同理，基层科协也是群众组织，而不要简单地说它们是社会组织。作为社会组织，构成中国科协的学会（协会、研究会）具有自己的特殊性。中国科协是由学会（协会、研究会）组成的联合会组织，离开了学会（协会、研究会），就不成其为科协，没有学会（协会、研究会）就没有科协；学会（协会、研究会）是科协不可分割的有机组成部分，科协作为人民团体、群众组织的属性在一定意义上、一定程度上是靠、是由学会（协会、研究会）来体现的。因此，构成中国科协的学会（协会、研究会），是具有群众组织性质的社会组织。明确这一点非常重要，也非常有现实意义。作为人民团体的中国科协的根本特征，在于党对中国科协的领导。中国科协的全国组织在党中央的领导下，地方组织在同级地方党委的领导下，基层组织在基层党委的领导下。由于科协和学会（协会、研究会）的特殊关系，中国科协党组的领导合乎逻辑地延伸到全国学会（协会、研究会），地方科协党组的领导合乎逻辑地延伸到地方学会（协会、研究会），目的在于更好地促进国家科学技术事业的发展。同样的道理，作为中国科协基层组织的高校科协是在高校党委（基层党委）领导下的推动高校教育与科学技术事业发展的重要力量。

许多人往往将作为中国科协基层组织的高校科协和高校科协的办事机构——秘书处混淆起来，我们对高校科协的许多不正确认识往往都是从这种混淆中得来的。因此，这是需要澄清的。在高校科协问题上，必须解决好两个问题：一是必须按照社会组织的规律来建立和发展高校科协组织，开展高校科协工作；二是必须建立强有力的高校科协办事机构，以保证高校科协工作的开展。不解决好第一个问题，高校科协就失去了自身的特殊性，成为和高校其他机构没有区别的组织了；不解决好第二个问题，高校科协就不能良性运转，当然也就不可能发挥其应有的作用。

高校科协既然是社会组织，就要按照社会组织的规律来建立和运行。比如，高校科协要依照章程发展个人会员，通过会员代表大会选举产生高校科协委员会，规模较大的高校科协要通过委员会选举产生常务委员会，还要选举产生高校科协的主席一人、副主席若干人。比如，高校科协委员会或常务委员会可设置若干工作委员会和专门委员会，如学术交流、科学普及、决策咨询、奖励评价、人才举荐等专门委员会；还可以按照学科、专业设立若干学科、专业组。比如，高校科协是在高校党委直接领导下开展工作的社会组织，高校内的科技性社会组织范畴的老教授科协、老教师科协、研究生科协、大学生科协以及其他各种大学生科技性社团，都可以成为高校科协的团体会员。当然，这些科技性社团成为高校科协的团体会员之后，并不改变它们原来的隶属关系，也不改变它们原来的系统工作，包括工作内容和工作方式，只是在高校的范围内将这些力量整合起来，形成一个系统，通过高校科协的组织协调，在高校党委的集中统一领导下，最大限度地发挥作用。比如，高校科协要按时换届，不能用简单的组织任命来代替通过换届更替领导班子。高校科协的会员代表大会及其选举产生的委员会是高校科协的领导机构，一般应每三至五年召开一次；委员会闭会期间由常务委员会行使职权，常务委员会会议一般应每半年举行一次。

那么，高校科协秘书处又是一个什么机构呢？秘书处是高校科协的办事机构，其职责是在委员会或常务委员会的领导下，负责贯彻落实、具体实施会员大会或会员代表大会、委员会或常务委员会的部署和决策，开展高校科协的日常工作。秘书长既是秘书处的主要负责人，也是高校科协领导机构成员，是由主席提名，高校科协委员会会议审议通过的。为了便于发挥作用、开展工作，同时也便于管理，作为办事机构的高校科协秘书处应当作为高校的二级机构，和学院（系）、处（部）等同等对待。相应地，高校科协秘书长也应当和高校二级机构的主要负责人受到同等对待。

这里需要说明的是，作为办事机构的高校科协秘书处和高校的二级机构受到同等对待，比如说是处级建制和规格，并不是说高校科协就是处级的建制和规格，完全不能这样理解。高校科协是社会组织、是科协基层组织，而且是建立在高校层面的、在高校党委领导下开展工作的社会组织和科协基层组织，而秘书处是高校科协的办事机构，秘书处是在高校科协的委员会、常务委员会的领导下开展工作，不能说秘书处就是高校科协，更不能说高校科协就是处级机构或单位。高校科协秘书处及其秘书长应当有相应的规格和级别，比如目前普遍通行的将高校科协秘书处确定为处级建制和规格、秘书长明确为处级级别，和高校二级机构及其主要负责人同等对待，是有利于高校科协工作的。因此，在这里一定要将设立在高校的作为社会组织、作为科协基层组织的高校科协，和作为办事机构的高校科协的秘书处，严格区别开来，决不能混淆。曾经发生过这样的情形，有个别高校，仅仅看到了高校科协和高校科研处（科学技术发展研究院）等机构的表面的相近之处，就武断地将高校科协和高校科研处等机构合并在一起，或者美其名曰"合署办公"。我想说的是，高校科协是社会组织、是科协基层组织，而高校科研处等机构是行政业务机构，是高校的行政职能部门，将二者合并在一起无论如何都缺乏合理性，这样的情形不能再发生了。即便是出于种种原因不得不暂时实行"合署办公"，也必须坚持高校科协按照社会组织、科协基层组织的规律来设置，不能"缺斤少两"，而且要按照章程开展工作；作为高校科协办事机构的秘书处及其秘书长也必须单独设置，必须使其成为完整的办事机构。这里说的"合署办公"只是作为高校科协办事机构的秘书处和科研处在一起（"合署"）工作（"办公"），而不是高校科协和科研处"合署办公"，更不是"合并"。这种保持了高校科协办事机构（秘书处）独立性建制的"合署办公"，就不会出现科协工作被冲击、秘书长及其秘书处工作人员被拉做他用的情况，更不会出现高校科协事实上被取消的后果。即便如此，这种将高校科协秘书处和科研处合并在一起的做法也是不可取的，已经这样做的，也只能作为权宜之计、过渡形式，应当尽快改过来。

　　似乎说得有点儿多了，甚至有点儿说远了，就此打住。欣喜于靳老师《高校科协的发展与未来》一书的出版，就借为这本书作序的机会，一方面祝贺，一方面也谈了些自己对高校科协工作的一些想法，不一定对，也算是对高校科协理论和实践的研究吧，同时也是想为多年来进行的高校科协研究助把力。

　　是为序。

中国科协组织人事部原部长　　李　森

2024 年 7 月 1 日于北京

前　　言

　　流年、勤奋、务实，于是有了在科协工作那些日子里的感悟；热爱、钻研、信念，于是有了投身高校科协事业的执着。本书的写作源于我在担任重庆大学第三、第四届科协秘书长期间，对学校科协日常工作经验的总结，是在工作中点点滴滴积累起来的。

　　2006 年，重庆大学科协承担了重庆市科协下达的重点项目"高校科协发展与未来探索"，我作为项目负责人，带领项目组历经两年时间完成了该项目。项目成果获教育部科技成果登记号（360-06-11910221-01），其中子报告《关于重庆市高校科协调查研究报告》荣获中国科协优秀调研报告一等奖。这使我从开始的单纯对工作的研究，转到对高校科协发展相关理论进行研究。

　　在中国科协"七大"期间，重庆大学科协的工作创新力度大、成效显著，这也促使我更进一步开始瞄准高校科协主职主责进行深入研究。十年磨剑，精益求"新"。2011 年，在西北工业大学召开的全国高校科协研究会"贯彻落实中国科协'八大'精神暨'科学发展，大学科普与高校科协'挑战"的主题论坛上，我在所作的大会报告中正式提出了高校科协"五指理论"。组织学术交流活动、举荐优秀科技人才、开展大学科普工作、服务挂靠学会、坚持科协理论研究，形成"五指同心，其利断金"的合力，成为高校科协基层组织开展工作的抓手。"五指理论"算是较早的专门探讨高校科协工作主职主责的理论之一，它立足工作实际，满足了现实需要，也为我开辟了一条深入研究工作的新路径。

　　写作本书的目的其实很单纯，就是想记录下在工作中的感悟、在感悟中的思考，在思考中找到解决问题的好办法。本书写作时间比较长，前后经过了三个阶段，思路变化比较大。第一阶段，书稿侧重于记述重庆大学科协的工作经验，虽然材料比较扎实，但理论性显然还不够。第二阶段，书稿侧重于描述区域性高校科协组织和全国高校科协组织的联合优势，但这样显得有些空泛，理论缺少基层高校科协组织的有力支撑。第三阶段，书稿融入了全国具有代表性的基层高校科协组织的先进工作经验，由此有了基层高校科协组织、区域性高校科协组织、全国高校科协组织的三级组织体系内容，使书稿的研究内容更加丰富和完备。

经过这三个阶段的思路调整，本书的基本框架得以形成。全书共十章，前四章讨论了高校科协的含义和高校科协组织、高校科协的社会属性、高校科协的自然属性、高校科协"五指理论"。应当说，这些问题都是当前理论界需要思考的，本书起到了一个先导的作用。五至九章展开讲述高校科协五个主要方面的工作，选取了全国具有代表性的基层高校科协组织作为案例进行分析。从中可以了解到高校科协筚路蓝缕的历程、海纳百川的功能和引领创新的成效。最后一章对高校科协的发展进行了展望。书中收集了大量历史资料，整理中疏漏之处在所难免，还望读者不吝赐教。

书稿即将付梓，我感慨良多。在这里，要感谢中国科协、重庆市科协、重庆大学科协相关领导和专家们的关心，感谢为本书理论研究部分提供全国高校科协发展历史资料的老师们，感谢为高校科协工作的具体阐释提供素材的华中科技大学科协、北京大学科协、重庆大学科协、南京理工大学科协和北京航空航天大学科协的新老科协工作者们，还要感谢全国高校科协"老兵营"兄弟姐妹们的信任和共勉以及科学出版社编辑们的倾力付出。最后，特别要感谢我的家人们，他们的呵护和支持是我完成本书的不竭动力。

今年，正值重庆大学科协成立 40 周年，本书的出版，算是一份礼物，谨此作为纪念！

靳 萍

2024 年 8 月于重庆大学虎溪校区

目　　录

第一章
高校科协的含义和高校科协组织

高等院校科协是一个方向。[1]—钱学森

（中国航天事业的奠基人，"两弹一星功勋奖章"获得者，中国科学院、中国工程院资深院士，第三届中国科学技术协会主席）

高校科协，顾名思义，就是由高校成立的科协组织。高校科协在中国科协系统中是一个比较特殊的基层组织，其肩负的使命是凝聚高校的学术软实力。这主要表现在其具备的双重属性上：一是高校科协作为中国科协基层组织之一，具备中国科协基层组织的社会属性；二是高校科协作为高校基层学术组织之一，具备高校基层学术组织的自然属性。

关于高校科协的定义，我们可以从广义和狭义两个方面来进行讨论。广义的高校科协，就其社会属性来讲，是指高校科协在中国科协系统中具有得天独厚的跨学科、跨学校、跨学会的学术组织优势，并通过各级科协所搭建的学术网络平台，构建在中国科协组织系统中所形成的学术中坚力量。狭义的高校科协，就其自然属性来讲，是指其作为高校的基层学术组织的特性，以及其在高校治理结构中的地位和作用。高校科协的设置和管理需要符合高校的整体规划、管理规定和标准，同时也要保持一定的独立性和自主性，以推动不同学科和专业的融合发展。高校科协有其完整的组织体系，成为高校不可替代的新型学术共同体。以上这些内容有助于从事高校科协工作的新同事更好地把握"高校科协"这一基本概念[2]。

第一节　关于"高等院校科协是一个方向"的命题

在高校建立科协组织是一个十分漫长又很艰难的过程。自 20 世纪 50 年代初哈尔滨工业大学最早建立科协组织，到 20 世纪 70 年代改革开放，高校科协组织如雨后春笋般出现在大江南北，直到 20 世纪 80 年代中国科协第三次全国代表大会（简称中国科协"三大"）的召开，钱学森主席给出"高等院校科协是一个方向"的命题，才真正开启了中国高校科协组织建设革故鼎新的新篇章。

一、最早组建科协组织的一批高校

今天，当人们饶有兴趣地关注、关心、关爱中国高校科协的发展时，大家不仅会对我国最早一批建立科协组织的学校感到好奇——这批学校几乎都是以工科和医科为主要学科的高校，而且想对那些科协的组织建制能够长期保持稳定运行的高校一探究竟。让我们带着这些好奇和探究之心，通过对历史的回顾，来寻找答案。

记得我在阅读由中国科协组织人事部原部长李森著的《中国科协组织建设》一书时，偶然发现了一件有据可查的关于中国高校科协缘起的趣事，李部长从哈尔滨工业大学博物馆里的一张照片上得知全国最早成立高校科协的应当是哈尔滨工业大学。他 2011 年到哈尔滨工业大学调研时曾在其博物馆看到一幅珍贵的历史照片，显示哈尔滨工业大学早在 1954 年就成立了科协……当时正处于中国科协的前身全国科联、全国科普时期，中国科协还没有成立，哈尔滨工业大学就已经成立了科协组织[3]。由此可见，早在中国科协成立之前，哈尔滨工业大学便出现了科协组织。哈尔滨工业大学博物馆里的那张照片是见证了中国高校科协发展史的引人入胜而且弥足珍贵的史料。

1956 年 1 月，我国吹响了"向科学进军"的号角，推动国家的科学技术事业进入一个有计划、蓬勃发展的新阶段。随之，我国的科技社团也发生了一次历史性转型，特别是 1958 年 9 月 18 日成立了中国科协，这是我国科技社团发展的标志性事件之一。1959 年，中国科协开始迅速在全国各地组建地方科协和基层科协，开始创建群众性科技社团组织，全国各地以工科和医科为主的高校也受其影响，开始积极筹建科协组织。例如：成都工学院（现四川大学）率先建立了科协组织，湖南医科大学（现中南大学）、吉林医科大学（现吉林大学）、华中工学院（现华中科技大学）也先后建立了科协组织。这些高校科协组织，是在中国科协成立之后在地方科协的指导下建立起来的，这些高校科协也是最早（指从20世纪50年代到20世纪80年代）的一批基层高校科协组织原型。之后，受"文化大革命"的影响，中国科协系统被迫停止运行。那时的高校犹如明日黄花，而高校科协更是无人问津，刚刚起航的邮轮搁浅了。

二、中国科协第二次全国代表大会召开后，率先成立科协组织的学校

"科学的春天"来了。1978年3月18日，党中央召开了具有深远历史意义的全国科学大会。党和国家把工作重心转移到了经济建设上来，实行改革开放的重大历史性战略决策开启了改革开放的新纪元。1980年3月15日，中国科协在北京召开了第二次全国代表大会（简称中国科协"二大"），制定了《中国科学技术协会章程》，明确了"科学技术协会是科学技术工作者的群众团体，是党领导下的人民团体之一。是党团结和联系科学技术工作者的纽带，是党领导科学技术工作的助手。担负着动员和组织广大科学技术工作者积极参加祖国四个现代化的伟大建设、广泛开展学术交流、普及科学技术知识，以及同世界各国科学技术群众团体进行科学技术交流的任务"[4]。该章程在中国科协第十次全国代表大会作了部分修改，2021年5月30日通过[5]。

中国科协"二大"后，全国各地基层高校科协组织建设迅速推进。例如：大庆石油学院（现东北石油大学），其科协成立于1982年；吉林工业大学（现吉林大学），其科协成立于1983年；重庆大学，其科协成立于1984年……此外，还有一大批高校都是在1985年以后建立起了科协组织。在20世纪80年代，全国建立科协组织的高校有30余所。下面，我们通过回顾率先建立高校科协组织的东北石油大学科协组织的创建过程，来了解当时建立高校科协组织的时代意义。[6]

东北石油大学科协的建立，与其学校的特殊管理制度紧密相关。

东北石油大学的前身安达石油学院创建于 1960 年，是伴随大庆石油会战而创建的，于 1961 年更名为东北石油学院，于 1975 年更名为大庆石油学院，于 2010 年更名为东北石油大学 [7]。大庆石油学院成立之初，是由石油工业部领导的直属高校。后来，石油工业部将大庆石油学院的管理权限交予大庆石油会战指挥部。1979 年 2 月，中共大庆（大庆石油会战指挥部）党委决定，在大庆科委设立科协办公室，同时筹建黑龙江石油学会。1979 年底，国家批准大庆建市，1981 年 2 月，大庆石油会战指挥部改为大庆石油管理局，实行政企合一的领导制度。1981 年 7 月，大庆市（局）科协第一次代表大会召开，标志着大庆市（局）科协正式成立。大庆市（局）科协成立后，积极推动建立、健全各级科协和各类学会组织，其所属各单位科协组织纷纷成立。东北石油大学的前身大庆石油学院的科协便是在这样的背景下开始筹建并正式成立的。1982 年 9 月，石油工业部与黑龙江省联合下发［（82）油教字第 652 号］文件，决定自 1982 年 9 月起，大庆石油学院改为由石油工业部和黑龙江省双重领导，以石油工业部领导为主的管理体制。石油工业部在［（82）油教字第 848 号］文件中明确了在领导体制改变后，石油工业部决定仍委托大庆石油管理局对大庆石油学院进行管理。这样的管理制度，决定了学校的工作必须根据大庆石油管理局的统一部署开展。

　　大庆油田乃至石油工业战线思想政治工作的优良传统、经验和在大庆石油会战中形成并不断发展的大庆精神对学校的建设和发展产生了重要影响，用大庆精神办学育人，已经成为大庆石油学院鲜明的办学特色。"抓基层、打基础"是大庆油田的重要经验；不断加强基层学术组织建设也是大庆石油学院的一贯做法。在学校党委的领导下，学校各级党的组织和工会、共青团、科协等群团组织不断健全和完善，适时成立科协便是加强科技群团组织建设的重要举措。1982 年 8 月，大庆市科协主席田一伟要求大庆市所有的中央企业积极建立科协，同时也提出高校也应该建立科协。当时的大庆石油学院是石油工业部的部属学校，时任院长的陶景明积极响应大庆市科协的号召，随后由校党委决定筹建科协。经过 4 个多月的筹备工作，于 1982 年 12

月 25 日，召开了大庆石油学院科协第一次代表大会，参加会议的代表有约 150 人。会议讨论通过了筹备工作报告和科协章程，选举产生了科协第一届委员会。院长陶景明当选为大庆石油学院科协第一届主席，副院长潘秉智和教务处处长曾慕蠡、副处长王宗祥担任副主席，秘书长由科研处副处长刘贵春担任。这段历史不仅阐明了 20 世纪 80 年代大庆石油学院在全国高校率先建立科协组织的时代性，而且说明了该校从建校开始就十分重视党的群团工作，抒写了学校科技群团发展史上的光辉一页。

东北石油大学（前身大庆石油学院）的科协从 1982 年成立到现在，历经了 40 多年的发展和变化。学校领导十分重视科协工作，从成立到现在，科协主席一直由该校校长亲自担任。这是全国少有的由校长直接任科协主席的高校，也是东北石油大学科协的一大特色。至今，东北石油大学科协依然是团结和凝聚广大科技工作者的桥梁和纽带、活跃学术氛围和开展学术交流的窗口，同时，也是举荐优秀人才的平台，发挥着决策咨询的外脑智力等作用，成为学校办学不可或缺的重要力量。我与东北石油大学科协三代科协工作者一直保持着友好的交往：有第一代兢兢业业的王继龙老师，有第二代灵巧可亲的石静老师，还有第三代才华横溢的张志军老师，他们对科协工作的敬业态度和奉献精神，令人由衷敬佩！以上这段历史资料的收集和整理，也得益于三位老师的帮助和支持，在此表示衷心感谢！

三、钱学森主席给出"高等院校科协是一个方向"的命题

我查阅了很多有关高校科协发展的历史资料，也以专程拜访或电话访谈的方式，与全国高校科协老一辈专家们进行过交流，大家初步达成的共识是，关于钱学森给出"高等院校科协是一个方向"的命题应该是在中国科协"三大"之后正式提出来的。当时中国科协书记处书记高潮带领中国科协相关部门领导和部分专家深入基层，调研高校科协组织建设的基本情况，他回北京后，就向钱学森主席汇报了调研成果。之后，钱学森主席就高校科协工作发表了一系列重要讲话并作了专门批示。在中国科协"三大"召开之后，钱学森主席专门在"科

协学"理论研究中谈到了高校科协，他指出：要专门把高校科协作为中国科协基层组织的一个重要类别，确立高校科协的组织定位。他还提出了"高校科协是中国科协基础组织"[6]的重要论断，并给出了"高等院校科协是一个方向"的命题。由此，高校科协作为中国科协基础组织之一成为中国科协组织建设工作的一件新生事物，得到了全国高校的响应。

中国科协"三大"召开后，在钱学森主席的率领下，中国科协相关部门一大批领导和专家于 1986 年 6 月至 1989 年 3 月，再次深入地方科协与科技工作者最密集的高校（如当时的东北工学院，现东北大学）开展基层高校科协工作调研。特别是 1986 年 8 月，由中国科协高镇宁副主席和书记处书记高潮亲自带队，鲍奕珊、曹令中、陈绳武等领导和专家参加的调研队伍在黑龙江省、辽宁省、湖北省、四川省等地开展调研，在各地地方科协积极响应和配合下，专程到了哈尔滨工业大学、东北工学院（现东北大学）、华中工学院（现华中科技大学）、成都科技大学（现四川大学）等高校开展调研，并就基层高校科协组织建设工作与各高校的领导进行座谈交流。之后，高潮书记三次到东北工学院对科协组织建设工作进行调研，并就如何发挥高校的科技人才优势、服务企业科技创新、建立高校科协组织等问题与东北工学院院长陆钟武和科技处负责科协工作的朱仕文秘书长进行座谈交流，还就高校科协的性质、职能、任务、定位等问题进行了深入细致的探讨，同时，对如何推进全国高校科协的组织建设工作提出了建议，为后来创立全国高校科协联合会奠定了坚实的基础。

1987 年 7 月 8 日，钱学森主席作了重要批示："院校科协问题，应认真研究，要区别于学会、协会、研究会，也要区别于厂矿科协和乡镇科协等……多学科、多专业、综合交流……防止过度专业化。"[2]紧接着第二天，也就是 1987 年 7 月 9 日，钱学森主席又在中国科协召开的"中国'科协学'研讨会"开幕式上的讲话中提出了中国科协"基层组织"的概念，他指出："要研究一下中国科协这个结构的基础组织……这个基础组织是什么呢？……就是我们科协的单位要独立自主地开展工作，基础组织就是能够独立自主开展工作的（或者说能够自治的工作的）单位。"[2]钱学森主席对中国科协的基础组织进行了分类，他提出要按照三大类组织进行划分的观点：第一大类是学会、协会、研究会；第二大类是全国各省区市科协；第三大类是厂矿科协、乡镇科协、乡镇科普协会、农民专业技术研究会。在此基础上，钱学森主席还专门就中国科协基础组织补充了一段讲话："大专院校的科协很重要……大专院校的科协怎么搞？有一个不成熟的想法，……大专院校有大量的学生，而现在的学生据反映钻牛角尖的很多，也就是知识面很窄，实际的东西不知道，实际工作能力差。这样大专院校的科协实际应办成接近外国叫'科技促进会'这种性质的组织，通过综合性的学科交叉的讨论，开阔这些学生的知识面，让他们眼界开阔，而不只是他们学的那一些和他们感兴趣的那一点东西。对于社会主义建设的需要他们要理解，对于现代科学技术在世界范围的发展他们要知道。大专院校科协问题要研究。"[2]

1988 年 2 月，钱学森主席在中国科学技术协会第三届全委会第三次会议上的工作报告中指出："高等学校是科技工作者密集的地方，通过科技工作者自己的群众组织开展自我服务，是一种很好的形式。高等学校又是智力密集的地方。许多学会挂靠在高等学校。高等学校师生通过科协和学会组织的各项学术活动，进行新知识的交流和对话，对促进大学教学的知识结构，促进大学的知识更新，是有用的……理工农医各科学生要学习一些文科方面的知识，文科学生要学习一些现代科学技术方面的知识。"[2]之后，钱学森主席在他的"科协学"研究中，对中国科协基础组织建设进行了深入的研究，同时，也专门阐明了高校科协应该在高校发挥重要作用。

之后，钱学森主席明确给出了"高等院校科协是一个方向"的命题，开启了中国高校科协组织建设的新征程。高校科协这些年来的发展，是在历届中国科协和各地方科协的一大批领导和专家的悉心指导下和在从事高校科协一线工作的"三代"同仁们的共同努力下取得的，无数的工作实践已经证明：科技工作者最密集的高校，是学术交流最繁荣、最富有生机和活力的重要阵地，高校科协大有可为。我坚信"高等院校科协是一个方向"，沿着这一方向努力奋斗下去，一定会谱写出高校科协发展与未来的历史颂歌。

　　高校科协的组织可划分为基层高校科协组织（如华中科技大学科协、北京大学科协、重庆大学科协、南京理工大学科协、北京航空航天大学科协等）、区域性高校科协组织（如湖北省高校科协工作研究会、重庆市大学科学传播研究会、北京高校科协联盟等）、全国高校科协组织[如全国高校科协联盟（筹）]等。

第二节　基层高校科协组织

　　高校科协是高校党委领导下的高校科技工作者的群众组织，是高校党委和行政联系高校科技工作者的桥梁和纽带，是推动高校教育与科学技术事业发展的重要力量，是中国科学技术协会（简称中国科协）的基层组织。有关高校科协的成立，依据 2017 年 8 月 23 日生效的中国科协《高等学校科学技术协会组织通则（试行）》（以下简称《通则》）第十七条至第十九条可知，高校申请成立科协组织应提交以下文件：申请成立科协组织的报告；高校基本情况说明；高校科协章程（草案）；高校科协成立大会筹备情况说明；高校科协领导机构设置情况说明；高校科协办事机构设置、工作人员、工作场所、经费来源等情况说明；其他有关材料。高校申请成立科协组织由高校党的隶属关系所在地科学技术协会审批。符合条件的高校科协，经批准可加入中国科协和地方科协作为团体会员[8]。

　　依据《通则》规定，高校科协会员代表大会及其选举产生的委员会是高校科协的领导机构。高校科协会员代表大会每三至五年召开一次，由高校科协委员会召集。高校科协委员会会议每年召开一次，由主席团召集。高校科协委员会选举高校科协委员会主席、副主席；规模较大的高校科协委员会选举产生常务委员会；高校科协委员会设主席一人、副主席若干人，候选人人选由高校党委提名，并征求批准其成立的科学技术协会意见；主席提名秘书长人选一人、副秘书长人选若干人，由高校科协委员会会议审议通过。

自 2017 年《通则》发布后，全国高校科协的组织建设工作得到了进一步推进。根据中国科协年度事业发展统计公报，高校科协由 2017 年的 1181 个（来自《中国科协 2017 年度事业发展统计公报》）发展为 2018 年的 1374 个、2019 年的 1437 个、2020 年的 1607 个、2021 年的 1607 个，直到发展为 2022 年的高校/科研院所科协 1966 个（来自《中国科协 2022 年度事业发展统计公报》）。这里需要说明的是：在《中国科协 2017 年度事业发展统计公报》中，高校科协是单列的，2018～2022 年，高校与科研院所科协统计数据合并。

一、基层高校科协组织建设的依据

高校科协是推动高等教育与科学技术事业发展的重要力量，但不少人认为高校科协的组织基础比较薄弱，认为基层组织建设工作存在不少问题。

自中国科协成立至今，经历了半个多世纪的发展，我自己也在基层高校科协工作和成长有 30 余年。当我在回忆全国高校科协发展的历史时，深感寻找高校科协组织建设的依据尤其重要。于是，我就在对日常工作总结的基础上进行思考，通过查阅史料、实地调研等方式开始寻找依据。史料太多，千头万绪而无从下手。正当我十分纠结的时候，在南京召开的一次会议，给了我一缕阳光。

2012 年全国高校科协发展论坛在南京举行，我十分高兴应大会筹备组和承办单位的邀请作报告，并认认真真地准备了题为"论科协的发展与未来"的大会报告，同时也提交给了会议筹备组，十分奇怪我一直没有收到会议通知，因此未能出席会议。后来，还是华中科技大学科协常务副主席柳会祥参加会议后专程来到重庆大学，把这次会议的文件送给我并与我进行了深入的交流。这次大会的主报告是李森部长题为"高校科协创新发展"的报告，该报告专门从组织学和"科协学"的角度系统讲述了高校科协组织建设的工作。

李森部长在报告中指出：高校科协作为中国科协的基层组织，在中国科协组织架构中的地位是十分重要的。高校科协组织的建立要从实际出发，采取积极稳妥的方针，成熟一个建立一个，建立一个巩固一个，发挥其独有的作用；要科学认识和正确处理好高校科协与其他科技社团之间的关系，做到相辅相成，互相支持，共同发展。同时，他还就高校建立科协组织的必备条件、高校科协的职能和任务以及高校科协组织架构的设置等方面提出新的要求。特别强调了高校成立科协组织必须依托中国科协组织建设的四大依据，即历史依据、现实依据、理论依据、法理依据。

第一，历史依据。今天的中国科协是在昨天的科协历史上发展起来的。高校科协的一些特征、特点都能在其历史发展进程中找到依据。中国科协建立基层组织的历史依据，可以追溯到中国科协成立之前。中国科协成立于 1958 年 9 月 18 日，它的前身是中华全国自然科学专门学会联合会（简称全国科联）和中华全国科学技术普及协会（简称全国科普）。前者是自然科学领域的各个专门学会以团体会员的身份加入的学会联合会，负责科学技术的提高；后者是科技工作者以个人会员的身份加入的向社会公众普及科学知识的协会，负责科学技术的普及。全国科普成立之后，为完成向社会公众普及科学知识的任务，在全国城乡建立了大量的基层科普组织，满足了开展科普工作的需求。

第二，现实依据。社会组织有三大分类：第一类是只适宜在社会活动而不适宜向基层单位延伸的社会组织；第二类是只适宜在基层单位活动而不适宜在社会开展活动的社会组织；第三类是既适宜在社会活动也适宜向基层单位延伸的社会组织。中国科协显然属于最后一类。

第三，理论依据。中国科协作为一个有着严密组织体系的全国性学术性科技人民团体，它的工作对象、服务对象在科研院所、高校和企业等，工作范围遍布全国广大城乡。中国科协不仅有全国组织，而且还有地方组织和基层组织，这是由其自身的特性所决定的。

第四，法理依据。中国科学技术协会第七次全国代表大会（简称中国科协"七大"）在章程中规定：中国科协所属全国学会（协会、研究会）、各级地方科协及其所属学会（协会、研究会）、各级科协基层组织承认中国科协的章程，并在章程规范内行动，从而在法理上完善了中国科协作为一个有着完整而严密组织体系的全国性人民团体的程序。中国科协"七大"的章程，第一次将"基层组织"列为专章，明确规定，在"科学技术工作者集中的企业事业单位和有条件的乡镇、街道等建立的科学技术协会（科学技术普及协会）是中国科学技术协会的基层组织，接受地方科学技术协会的业务指导"，并且规定了基层科协组织的工作任务。

李森部长还强调："根据中央要求，哪里有科技工作者，科协工作就要做到哪里；哪里科技工作者密集，科协组织就要建到哪里。这实际上提出了实现双重覆盖的工作任务即组织覆盖和工作覆盖。组织覆盖是工作覆盖的前提，不建立起科协组织，就无所谓开展科协工作。"长期以来，高校科协注重工作覆盖，却忽略了自身组织的覆盖，导致全国基层高校科协的组织覆盖缓慢，使基层高校科协在自身组织建设上薄弱，形成可有可无被边缘化的窘境。李森部长对高校科协给出的"双重覆盖"论断，正是我们寻找高校科协组织建设依据和答案的关键所在。

高校科协组织在推动学术和科技发展方面的作用非常有利于高层次和高素质人才的培养，越来越多的高校因此建立了科协组织，但有名无实的基层高校科协组织逐渐处于被学校边缘化的境况是不应该的。基层高校科协是高校广大科技工作者的学术性科技群团组织，《中国共产党普通高等学校基层组织工作条例》第八章"对群团组织的领导"第三十一条明确规定："高校党委应当研究工会、共青团、妇女组织等群团组织和学生会（研究生会）、学术组织工作中的重大问题，加强学生社团管理，支持他们依照法律和各自章程开展工作。"条例中提到的工会、共青团、学生会等群团组织，也应该包括了科协群团组织。为什么没有把科协直接写进去呢，当然，原因有很多，其中最为重要的一个原因应该是自身组织建设的规范性存在问题。无论是哪一所高校的工会、共青团、学生会等群团组织，都是按照其章程规定，按时召开换届代表大会。但是，从全国各地基层高校科协组织的建设情况来看，至今还很少有基层高校的科协组织按照章程规定按时召开科协换届代表大会。这也许就是高校科协与高校工会、共青团、学生会群众组织在组织建设上的差别。不过，无论是什么原因，《中国共产党普通高等学校基层组织工作条例》也应明确体现高校科协组织的群团工作地位，以便更好地发挥基层高校科协在学术共同体中的优势，强化高层次人才培养工作的定位。

不过，我们一直坚信，有中国科协完善的组织基础保障，有中国科协一大批领导和专家对高校科协的悉心指导，中国高校科协的发展一定会更加欣欣向荣。犹如李森部长告诉我的：高校科协的实践是丰富多彩的，高校科协的运行既有一般性的发展规律，也有着自身发展规律的特点，所以，高校科协的实践是永无止境的，高校科协的发展也是永无止境的，我们对高校科协的认识也是永无止境的。

二、基层高校科协的性质、职能及任务

基层高校科协在凝聚高校的专家学者和中国科协（学会、协会、研究会）的学术带头人方面具有不可替代的优势，这一优势也显示了其高校学术组织枢纽的重要特征，究其工作性质、工作任务、工作职能，与校内其他行政部门和党群组织没有互斥性。科协，更是高校发展教育事业和科技事业的重要组成部分。《通则》第一章"总则"的第三条对基层高校科协的职能、任务提出要求：围绕高校人才培养、科学研究、社会服务、文化传承创新和对外交流合作，认真履行为科学技术工作者服务、为创新驱动发展服务、为提高全民科学素质服务、为党和政府科学决策服务的职责定位，促进科学技术的繁荣和发展，促进科学技术的普及和推广，促进科学技术人才的成长和提高。

基层高校科协的性质。基层高校科协学科门类齐全、学术人才集中、挂靠学会较多；与国内外机构学术交流频繁，科技信息资源丰富、科技前沿信息灵通。同时，基层高校科协没有太多强制性的考核"硬"指标、没有学科专业方向的约束、没有急功近利的"硬"任务，在这样一个学术研究导向的环境里，广大科技工作者表现出很大的积极性，大多数是靠自愿、自觉、自律的方式参与科协系统组织的系列学术活动、科学研究、技术服务和科普工作，充分体现了科协作为学校基层学术组织枢纽的独特优势。这种组织枢纽的优势，既具有一般科技社团如学会（协会、研究会）的共性，又有区别于高校其他行政管理部门的特性。下面我们从基层高校科协的政治性、学术性、民主性等方面来进一步了解其学术组织枢纽的特征。

政治性集中体现在：基层高校科协是在高校党委领导下的高校科技工作者的群众组织，是高校党委和行政联系高校科技工作者的桥梁和纽带，是推动高校教育与科学技术事业发展的重要力量，是中国科学技术协会的基层组织。这是科协组织与工会、共青团等党群组织保持高度一致性的特征。

学术性集中体现在：基层高校科协以组织学术交流为主要任务，通过联系不同学科、不同专业、不同学校、不同学会、不同领域的广大科技工作者，组织和服务跨学科学术交流。这是有别于高校其他基层学术组织（学院、中心、研究所等）的又一个特征。

民主性集中体现在：科协会员必须承认章程，积极组织或参与中国科协系统的各级各类学术性科技活动；按照章程规定办事、民主办会，遵循学术自由与学术自律的学术准则，严格执行学术共同体的学术规范。这也是高校科协组织有别于校内其他科技职能管理部门（如科技发展研究院、科技处、产业处等）的又一大特征。

基层高校科协的职能。这是一个老生常谈的话题。要弄清楚基层高校科协的职能，首先要了解中国科协的职能，其次还需要了解高校在不同的历史时期承担的中心工作任务。这样，才能够真正把握基层高校科协的职能。

首先，我们来了解中国科协的职能。中国科协是我国科技界具有人民团体和学术团体双重属性的"国家学会"，其最重要、最基本的工作职能是发挥桥梁和纽带作用。科协既然是科技工作者的群众组织，纽带职能理所当然应该是其最主要、最根本的职能；有专家提出：21世纪初期，中国科协的主要社会职能可用"四座桥梁"进行概括——中国共产党和中国政府联系广大科技工作者的桥梁；科技工作者与社会公众之间的桥梁；中国科技界与国际科技界之间的桥梁；在科技界中，是不同学科、不同领域、不同行业、不同地区科技工作者之间的桥梁。

其次，我们来了解基层高校科协的职能。就基层高校科协职能而言，我认为：必须履行中国科协赋予基层高校科协的职责，紧紧围绕学校科技教育发展的中心工作，肩负起高校科协组织与校内其他党群组织和行政管理部门相联系的不可替代的工作职能。从基层高校科协的工作职能来看，可以通过对科协一线的工作实践，去挖掘和总结其得天独厚的工作职能，这样才能准确把握基层高校科协的工作任务，让高校科协在追踪科学前沿、鼓励科技创新、推进学术思想交流、营造自由探索氛围等方面更好地服务于科技工作者。从目前来看，在对挂靠校内的学术性科技社团和科学普及工作的管理方面，很多高校未设专门机构，一般都是以部门代管方式或者"化整为零"方式分散到各级各类基层学术组织中进行代管，而这两方面的管理工作恰恰是基层高校科协工作的抓手，关乎学校学术影响力和社会影响力，应该引起高校决策层高度重视。

基层高校科协的任务。基层高校科协的工作量和可获得的信息量大，与广大科技工作者的联系广泛，承担着繁重的日常工作任务。尽管基层高校科协的工作繁杂，但工作任务的性质却十分明确。

基层高校科协是在高校党委领导下的学术性科技群众团体，必须围绕学校的中心任务开展工作，团结和动员广大科技工作者，认真履行中国科协基层组织的职责，接受地方科协的业务指导，承担各级科协组织下达的任务，并联系基层高校科协团体会员单位来共同执行任务；同时，组织高校广大科技工作者参与中国科协（学会、协会、研究会）、地方科协（学会、协会、研究会）、基层科协（高校科协、企业科协、乡镇/街道科协、村/社区科协、农技协）以及公众在学校开展的学术交流与科技交往活动等。

基层高校科协的工作任务由其工作性质所决定，其主要工作范围可按照校内（图 1-1）和校外（图 1-2）进行划分，表现在两个枢纽上。

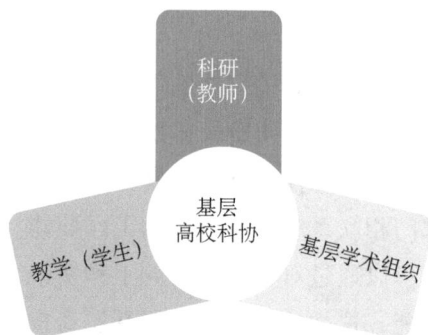

图 1-1　基层高校科协校内工作范围示意

图 1-2　基层高校科协校外工作范围示意

　　校内工作主要是服务于教师和科技工作者的教研；对于教学，着重于对准科技工作者的培养；这些工作都是服务于基层学术组织的，体现基层高校科协组织枢纽的作用。校外工作主要体现在联系中国科协（学会、协会、研究会）、地方科协（学会、协会、研究会）和科协基层组织的组织枢纽作用。

第三节　区域性高校科协组织

　　区域性高校科协组织，是指在地方科协业务部门指导下，由全国各地某个区域的基层高校科协联合发起成立的具有区域特征的高校科协联合组织，如东北地区高校科协工作研究会、湖北省高校科协工作研究会、重庆市大学科学传播研究会等。多年来，在全国各省区市科协的高度重视下，区域性高校科协联合组织活动日趋活跃，得到了长足的发展。目前区域性高校科协组织主要有以下几种模式。

一、最早成立区域性高校科协组织的地区

早在 20 世纪 80 年代，辽宁省科协和沈阳市科协就开始高度重视高校科协建立联合组织的工作，并于 1987 年率先在沈阳成立了东北地区高校科协工作研究会，成为全国创建区域性高校科协联合组织最早的地区。当时，东北地区高校科协工作研究会的基层高校科协会员单位较多，彼此之间交流也频繁，不少高校的科技实力雄厚，科协组织经验也丰富，如东北工学院科协（现东北大学科协）、东北石油学院科协（现东北石油大学科协）、白求恩医科大学科协（现吉林大学科协）等，有些高校科协共同发起了在全国各地多次召开的全国高校科协工作研讨会的筹备工作会议，如全国高校科协工作研讨会——沈阳会议、全国高校科协工作研讨会——武昌会议、全国高校科协工作研讨会——长沙会议、全国高校科协工作研讨会——南京会议等。这些会议的召开对推动全国各地创立地方高校科协联合会起到了至关重要的作用。那时，由东北大学科协牵头承担全国高校科协联合会筹备组的工作任务，负责向中国科协领导和相关部门请示和汇报筹备成立全国高校科协联合组织的任务。在此期间，中国科协对此给予了热情的关怀和大力支持。特别值得一提的是，东北地区高校科协工作研究会的地方性（区域性）高校科协联合组织的组织建设工作，起到了示范性的引领作用，形成了当时全国各地创建高校科协联合组织的普遍潮流，以至于后来的区域性高校科协联合组织创新模式不断涌现。

二、具有社团独立法人资格的区域性高校科协联合组织

湖北省高校科协工作研究会模式。1994 年 9 月，由华中科技大学科协、武汉大学科协、中国地质大学（武汉）科协、武汉理工大学科协等发起，成立了湖北省高校科协工作研究会，隶属湖北省科协学会部，是湖北省科协组织的重要组成部分。湖北省是我国科技教育的大省之一，湖北省高校科协工作研究会的成立，成为引领湖北省高校科协发展的一支重要力量，不仅增强了湖北省科协科技工作的实力，而且更为重要的是提升了湖北省高校科协工作研究会各会员单位之间开展的学术交流、人才举荐、科学普及等活动的工作能力，为会员单位的各大高校扩大了学术影响力，取得了一系列可喜可贺的成绩。

江苏省高校科协联合组织模式。1989 年，江苏省科协学会部为促进省内高校科协的组织建设，专门组织了江苏省已成立科协组织的部分高校先后到北京、武汉、四川、重庆等地考察学习，并多次在全省范围内举办了高校科协工作研讨会，为江苏省高校科协的成立奠定了重要的理论和实践基础。1995 年 12 月，具有省级科技社会团体法人资格的江苏省高校科协工作研究会在南京理工大学成立。2000 年，该研究会更名为江苏省高校科学技术协会（简称江苏省高校科协），由时任东南大学校长的顾冠群担任理事长，东南大学科协为理事长兼秘书长单位，南京理工大学科协、南京航空航天大学科协、河海大学科协、中国矿业大学科协、解放军理工大学科协、江南大学科协、南京大学科协（筹）等为副理事长单位，会员单位 70 余所；到了 2017 年，江苏省高校科协负责人东南大学科协张志强提供的数据显示，会员单位已增加到 90 余所。江苏省高校科协联合组织成立后提出了三个目标：第一，扩大高校科协的影响，以促进江苏省高校科协的发展；第二，高校科协联合组织具有广泛的科技工作者群众基础，可以通过高校科协联合组织开展的活动加强江苏省高校之间的交流；第三，加强地方科协与全国高校科协的联系。

江苏省高校科学技术协会的成立，标志着江苏省高校科协工作进入了一个崭新的发展阶段，对江苏省高校科协和地方科协的工作，以及对广大科技工作者都产生了积极、重要的影响。近年来，江苏省高校科协在江苏省科协学会部的指导下，几乎每年坚持召开多次省内高校科协工作经验交流会；还先后在南京、无锡、苏州、扬州、镇江、连云港等地举办了高校科协学术年会，组织会员单位代表前往北京、重庆、武汉、长沙、上海、长春等地考察学习。这些丰富多彩的高校科协工作交流活动，使区域性高校科协组织成为地方科协工作的一支不可或缺的力量。到 2019 年，江苏省高校科协有会员单位 97 个，其中建立基层高校科协组织的学校有 62 所，其他高校则积极开展建立科协组织的筹备工作。2019 年之后的数据暂无统计。江苏省高校科协组织建设工作的成功经验，为全国区域性高校科协组织建设工作探索出了一条具有可行性和可靠性的路子，值得全国各地借鉴和推广。

三、在地方科协设立高校科协工作委员会

北京市高校科协联合组织模式。为了加强对所属地区高校科协组织建设的指导工作，北京市科协于 1995 年 5 月专门设立了高校科协工作委员会（简称工作委员会）。工作委员会在北京市科协常委会的领导下开展工作。北京航空航天大学科协、北京理工大学科协、北京科技大学科协、北京邮电大学科协、北方工业大学科协、北京大学科协（筹）、清华大学科协（筹）等基层高校科协成为工作委员会的委员单位。工作委员会曾多次举办北京市高校科协工作研讨会，还组织工作委员会委员单位代表赴外地学习调研。同时，工作委员会也经常组织基层高校科协参加北京市科协举办的面向国际和国内的学术交流活动、大科学跨学科合作活动、技术成果转化活动、大科普科学传播活动等，凝聚了一大批科学家和科技工作者，开展了一系列很有科协特色的引领性工作。后来，北京市科协把这些成功的工作经验进行了系统总结：第一，从大学实际出发开展活动，努力开拓高校科协工作新局面；第二，高校科协工作的开展，必须有一支具有奉献精神的专兼职干部队伍；第三，科协的办事机构要搞好与校内各部门之间的协作关系。

为贯彻落实中国科协基层组织建设工作的要求，进一步推进北京市高校科协的组织建设工作。2009 年 11 月 27 日，北京市科协副主席周立军亲自带队，组织北京大学、北京理工大学、北京邮电大学等 9 所高校的科协和科技处负责科协工作的工作人员一行 17 人，到重庆调研。重庆市科协组织了重庆大学科协、重庆交通大学科协、西南大学科协等基层高校科协一线工作人员代表参加交流座谈会，北京市科协和重庆市科协就如何推进区域性高校科协组织建设工作进行了深入交流。周立军副

主席在发言中指出：高校科协是科协基层组织的重要组成部分，在团结科技教育工作者开展有关学术交流、科技创新、人才培养、提高公众科学素质服务等方面发挥了重要作用。重庆市科协也十分重视高校科协的工作，有许多好的经验值得学习，首都各高校科协要锐意进取，不断创新；要加强高校科协理论研究，更进一步推进北京市科协的高校科协组织建设工作。座谈会后，双方代表们专程来到重庆大学，与重庆大学科协负责人进行了深入交流。再后来，北京市科协又将分管和联系高校科协工作的部门归口到了北京市科协科普部。自 2022 年开始，在北京市科协的大力支持下，由北京航空航天大学科协牵头，北京大学、清华大学、中国科学院大学、中国人民大学、北京交通大学、北京工业大学等科协积极参与创建北京市的高校科协的联合组织，并于 2024 年 1 月 19 日，正式成立了北京高校科协联盟。

四、将基层高校科协纳入城市科协协作中心后再回到由学会部主管

重庆市高校科协联合组织模式。重庆市的高校科协联合组织，是在全国区域性高校科协组织中成立较早的地区之一，也是经常开展区域性高校科协组织活动且比较有影响和特色的。长期以来，重庆市科协对高校科协工作十分重视，把主要工作抓手放在组织学术交流活动上，要求基层高校科协必须积极组织参与中国科协系统的一系列学术交流活动，每年重庆市科协进行工作总结时，都会考核基层高校科协对中国科协系统组织的国际国内学术活动的参与度。特别是在 20 世纪 90 年代初时，重庆市科协把重庆市基层高校科协划为由重庆市城市科协协作中心即企事业部分管，其目的在于加强高校科协与企业科协之间的协作，带有浓厚的技术创新时代特征。近年来，重庆市高校的科协工作者为突出地方高校科协独有的政治性、学术性、民主性的特征，借鉴江苏省科协和湖北省科协在推进区域性高校科协联合组织建设工作方面的成功经验，由重庆大学科协、西南大学科协、重庆交通大学科协、重庆邮电大学科协等牵头，在重庆市科协学会部的倡导、支持和业务指导下，由重庆大学科协、西南大学科协、重庆交通大学科协、重庆师范大学科协、西南政法大学科协、重庆邮电大学科协、

重庆科技学院科协、四川外国语大学科协（筹）等秘书长共同发起，于 2010 年 3 月成立了具有社团独立法人资格的重庆市大学科学传播研究会，隶属于重庆市科协学会部。

尽管上述区域性高校科协联合组织的模式各有不同，但都充分体现了区域性高校科协联合组织的勃勃生机。显然，基层高校科协通过区域性高校科协联合组织的平台进行交流，为进一步推进全国高校科协组织的发展奠定了坚实的基础。

第四节　全国高校科协组织

全国高校科协组织，是指由基层高校科协和地方科协联合发起，经中国科协批准并在民政部注册的全国性科技社团。回望全国高校科协组织的发展历程，到目前已经历了三次历史性大转折。第一次历史性大转折，是创立全国高校科协联合会（筹）；第二次历史性大转折，是成立全国高校科协工作研究会；第三次历史性大转折，是提出建立全国高校科协联盟的提议。

一、关于创立全国高校科协联合会（筹）的历程

第一次历史性大转折：创立全国高校科协联合会（筹）。全国高校科协联合会（筹）的创始人之一、时任东北工学院（现东北大学）科协秘书长朱仕文曾经是这样对我讲述的：中国科协领导对高校科协给予了极大的关注和支持。1986 年，中国科协书记处书记高潮同志曾三次到东北工学院科协考察调研指导。1986 年 11 月，中国科协在沈阳召开全国厂矿科协工作会议，会议特别邀请了朱仕文秘书长参加，朱仕文秘书长在大会上介绍了东北工学院科协的工作经验。高潮书记在会上指出东北工学院科协有效全面的科协工作经验很有特色。会后，参加会议的全国 16 个省区市地方科协领导专程到东北工学院科协考察，在座谈会上，东

北工学院科协汇报了科协工作情况，随后，大家就各地高校科协组织建设情况进行了交流。后来，中国科协高镇宁、曹令中、陈绳武、高潮等同志又到辽宁省科协、湖北省科协等地方科协进行考察，还到哈尔滨工业大学、东北工学院（现东北大学）、华中工学院（现华中科技大学）等科协调研，专门就基层高校科协的组织建设工作进行指导，一些省区市科协把在高校建立科协组织当作了地方科协的重要工作内容来推进。再后来，钱学森主席在听取了高潮同志对东北工学院科协工作的汇报后指出"高等院校科协是一个方向"。

1987 年 5 月，华中工学院（现华中科技大学）科协牵头，并联合全国各地建立了科协组织的其他 14 所高校，在武汉华中工学院召开了全国高校科协联合会筹备会暨第一届全国高校科协工作研讨会，这 14 所高校有东北工学院（现东北大学）、中南工业大学（现中南大学）、重庆大学、华东工学院（现南京理工大学）、成都科技大学（现四川大学）、哈尔滨船舶工程学院（现哈尔滨工程大学）、合肥工业大学、白求恩医科大学（现吉林大学）、阜新矿业学院（现辽宁工程技术大学）、大庆石油学院（现东北石油大学）、河北大学、吉林工业大学（现吉林大学）、同济医科大学（现华中科技大学）和西安石油学院（现西安石油大学）。会议紧紧围绕如何发挥科协组织的优势，围绕如何服务于挂靠高校的各级各类科技社团进行讨论，针对如何加强基层高校科协组织建设及整合全国高校的科协组织提出倡议：筹备成立全国高校科协联合会，会议对筹备工作进行了分工，开启了全国高校科协联合创新新模式。这次会议的召开，对后来推动全国高校科协的发展起到了重要作用。在该会议的推动下，当时全国有 50 余所高校建立了科协组织。紧接着，全国高校科协联合会成立大会筹备工作委员会会议于 1987 年 11 月在中南工业大学（现中南大学）召开了。会议就有关事宜进行了具体的分工。最后，责成东北工学院（现东北大学）科协、合肥工业大学科协、河北大学科协向中国科协汇报筹备工作并负责完善报批程序。

1988 年 10 月，在沈阳东北工学院（现东北大学）召开了高等院校科学技术协会联合会成立会暨第二届全国高校科协工作研讨会。这

次会议，有来自全国 64 所高校的 88 名代表、全国 24 个省区市的 32
名地方科协领导和代表参加了会议。时任中国科协书记处书记高潮、
调研室主任周林、学会部办公室副主任杨建新、冶金部教育司副司长
徐文海、辽宁省人民政府副省长林声以及 9 个驻沈新闻单位的 10 名
记者应邀到会。大会宣读了《关于成立高等院校科学技术协会联合会
筹备委员会的批复》。沈阳市科协主席、东北工学院（现东北大学）
院长、东北工学院（现东北大学）科协主席陆钟武致欢迎词，东北工
学院（现东北大学）科协秘书长朱仕文代表全国高校科协联合会筹备
委员会向大会作了关于成立高等院校科学技术协会联合会筹备委员会
的工作报告，中国科协书记处书记高潮发表了重要讲话，辽宁省人民
政府副省长林声对大会的召开表示热烈祝贺，辽宁省科协主席丘成
建、湖北省科协副主席向克家、北京航空航天大学科协秘书长潘天敏
等基层高校科协代表分别向大会表示祝贺。

　　会上，中国科协调研室主任周林以"我对高校科协的一点认识"为
题作了大会报告，他说：高校科协是最近几年在我国出现的一个新事
物。据了解，在 20 世纪 80 年代第一个成立科协组织的高校是大庆石油
学院（现东北石油大学），是在 1982 年成立的；重庆大学科协是在 1984
年成立的。还有一些高校的科协组织也是在这个时间内成立的，这些高
校科协的成立，是在高校孕育和开展教育革命的历史时期产生的。周林
主任明确指出了建立高校科协组织的时代意义。重庆大学科协、白求恩
医科大学（现吉林大学）科协、西南师范大学（现西南大学）科协、成
都科技大学（现四川大学）科协、华中理工大学（现华中科技大学）科
协等高校科协的代表作了大会交流发言，受到了与会代表的好评。在交
流过程中，周林主任与到会代表共同就加强社会主义精神文明建设、为
经济建设服务、如何推进高校科协的组织建设、如何加强高校科协工
作、如何指导高校大学生科协与研究生科协开展科技活动等议题进行了
广泛深入的交流与讨论。这次会议，共收到高校科协工作经验交流论文
33 篇，经专家评审，评选出优秀论文并编印了两个文集：《高等院校科
学技术协会联合会成立会暨第二届全国高等院校科协工作研讨会会议
文集》（图 1-3）和《第二届全国高等院校科协工作研讨会论文集》

（图1-4）。论文集收录了"高校科协的独特作用""高校科协如何为经济建设服务""如何加快及深化改革""高校科协在大学中的地位及其与其他部门之间的关系""成立全国性学术组织的必要性"等几个方面的文章，论文集由中国科协调研室主任周林撰写序言。

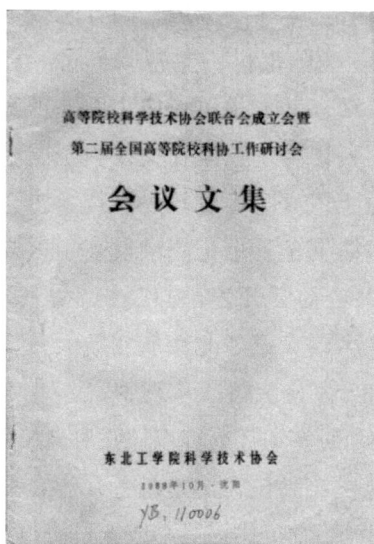

图1-3   《高等院校科学技术协会联合会成立会暨第二届全国高等院校科协工作研讨会会议文集》

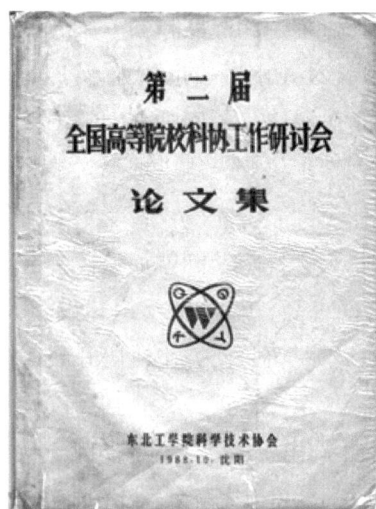

图1-4   《第二届全国高等院校科协工作研讨会论文集》

　　这次会议，推选出第一届全国高校科协联合会（筹）理事会单位。由东北工学院（现东北大学）科协担任理事长单位；北京航空航天大学科协、重庆大学科协、西北工业大学科协、华中理工大学（现华中科技大学）科协、华东工学院（现南京理工大学）科协担任副理事长单位，秘书长单位和日常办事机构设在东北工学院（现东北大学）科协。理事单位有：大庆石油学院（现东北石油大学）科协、大连理工大学科协、中南工业大学（现中南大学）科协、东北工学院（现东北大学）科协、东北电力学院（现东北电力大学）科协、东北重型机械学院（现燕山大学）科协、白求恩医科大学（现吉林大学）科协、北京航空航天大学科协、西北工业大学科协、西安电子科技大学科协、华中理工大学（现华中科技大学）科协、南京理工大学科协、同济医科大学（现华中科技大学）科协、成都科技大学（现四川大学）科协、合肥工业大学科协、吉林工业大学（现吉林大学）科协、武汉大学科协、阜新矿业学院（现辽宁工程技术大学）科协、重庆大学科协、哈尔滨工业大学科协等。

　　在 20 世纪 80 年代，尽管人们对高校科协组织的认识还是在初期阶段，但第二届全国高校科协工作研讨会首次编印的全国高校科协工作论文集，作为基层高校科协工作经验的交流资料，对提升大家对高校科协的认识弥足珍贵；同时，也为中国科协"科协学"的理论研究拓展了一片崭新的疆域。

　　1989 年春，全国基层高校科协的各项工作几乎暂停下来了，全国高校科协联合会的组建工作也随之搁置。后来，我从东北工学院（现东北大学）科协朱仕文秘书长、北京航空航天大学科协潘天敏秘书长和重庆大学科协应永铭秘书长等老一辈高校科协专家们的回忆中得知，为全国高校科协组织取名曾经还有这样一个故事：为全国高校科协联盟定名时，由于全国高校科协联合会（筹）的简称"高科联"与中国高校智力联合会的简称"高智联"有一字之差，中国科协专家提议全国高校科协联合会的名称需要重新考虑，使全国高校科协联合会（筹）的筹备工作暂停了。

二、关于成立全国高校科协工作研究会的进程

第二次历史性大转折：成立全国高校科协工作研究会。1994年春，由华中理工大学（原华中工学院、现华中科技大学）科协牵头，由东北大学科协、北京航空航天大学科协、重庆大学科协、南京理工大学科协、四川大学科协、中南大学科协等组成的全国高校科协工作研究会筹备工作委员会正式成立。于是，1994年9月，第二届全国高校科协联合会代表大会暨第三届全国高校科协工作研讨会在武汉华中理工大学（原华中工学院、现华中科技大学）顺利召开。这次会议紧紧围绕"高校科协是实施'科教兴国'战略的一支重要力量"主题，就高校科协在组织国际国内的学术交流、科技成果转化、挂靠学会服务与管理、基层高校科协办事机构的运行机制以及科协凝聚力、影响力和实力建设等议题开始在全国范围内进行征文。会议筹备工作委员会共收到论文100余篇，内容丰富、形式生动、颇有创新。

这次会议有两大主题：一是明确了高校科协在新时期面临的机遇、挑战及新任务；二是再次邀请全国高校已成立科协组织的学校和没有成立科协组织的学校作为正式代表或特邀代表参会，共同就高校科协工作经验进行交流，探讨中国高校科协发展的未来。研讨会上，理事长单位、东北大学科协秘书长朱仕文作了全国高校科学技术协会联合会第一届理事会工作报告。他在报告中就第一届理事会的工作进行了总结，回顾了高校科协的工作成绩，特别针对全国高校科协联合会的组织建设工作进行了回顾，同时对今后工作提出了建议。朱仕文秘书长的报告催人奋进，使我至今还难以忘怀。他讲道：高校科协组织建设的恢复得益于党的十一届三中全会改革开放政策，更重要的是与会各位高校科协一线专兼职科协工作者为着共同目标在自己的工作岗位上默默无闻地辛勤耕耘。各位同仁自发自愿地走到一起，大家在强烈使命感的驱使下相互联络、联合、协调发展。正是由于有了1988年高校科协工作研讨会的经验交流，才有了高校科协后来的发展。向为高校科协工作做出无私奉献的开拓者致敬！希望看到开拓者们为中国高校科协事业兴旺而继续拼搏的身影。后来的高校科协工作

者、领导、老师和科技工作者等不会忘记开拓者,这些开拓者包括朱梅林、应永铭、彭世卿、孙茂科、刘裕意、方思诚、赵超、王继龙、崔风民、陈信生、曲炳全、刘洪、张继红、李侠、高希和、朱家齐、郭燕杰、朱仕文等。还需要感谢地方科协领导、高校党政领导、校内支持科协工作的有关部门和同志,并希望继续得到相关支持和理解。感谢我国著名科学家钱学森同志给予高校科协的爱护与支持,也对中国科协的领导高潮副主席、常志海书记、周林主任、郭子珍和林振申部长以及杨建新同志等对高校科协的理论指导、鼓舞和支持表示感谢。朱仕文秘书长的报告,字里行间表达出第一代从事高校科协一线工作的专兼职老师们的殷切希望。

会议期间,副理事长单位、华中理工大学科协的副主席朱梅林作了关于高校科协运行机制之探索的报告;副理事长单位、北京航空航天大学科协的秘书长潘天敏作了关于高校科协发展模式的报告。与会代表围绕报告进行了深入的讨论和交流。最后,代表们推选出第二届全国高校科协工作研究会理事会 36 个理事单位。北京航空航天大学科协是理事长单位;副理事长单位有东北大学科协、华中理工大学科协、重庆大学科协、西北工业大学科协、南京理工大学科协、中南大学科协;会议还对常务理事单位和理事单位进行了工作分工。最后,与会代表一致通过了将全国高校科协联合会(筹)更名为全国高校科协工作研究会的决议,并责成理事长单位北京航空航天大学科协尽快完善更名手续并召开会员代表大会。会后,由华中理工大学科协汇编了《第三届全国高校科协工作研讨会论文集》(图 1-5)。

1996 年 10 月,在南京理工大学召开了第四届全国高校科协工作研讨会。来自全国 78 个基层高校科协的 100 余名代表和江苏、四川、湖北、湖南、安徽、陕西、宁夏等地科协的地方科协领导和代表参加了研讨会。会议同样特别邀请了当时还未成立科协组织的北京大学、北京邮电大学、南京大学、东南大学、中山医科大学、同济大学、扬州大学等 21 所高校科技处联系科协工作的代表。中国科协学会部部长马阳和中国科协学会部学术处副处长吴亚光到会讲话并指导工作。会议共收到 69 篇论文,由《南京师大学报》(社会科学版)汇编成"高校科协工作研究专辑"1996 年增刊印行（图 1-6）。

图1-5　《第三届全国高校科协工作研讨会论文集》

图 1-6　《南京师大学报》（社会科学版）"高校科协工作研究专辑"

本次会议，按照中国科协学会部要求，撰写了全国高校科协工作总结，呈报中国科协。会议期间，各基层高校科协在工作经验交流的基础上，达成共识：高校科协还有很多工作要做，要结合基层高校科协工作的实际情况，选好角色、摆正位置，主动工作，特别是要重视自身组织建设的工作。高校科协工作是高校科技创新中的一项创造性工作，没有固定的模式，要求从事高校科协一线工作的工作者在实践中探索创新，积极进取，共同推进全国高校科协工作更上一个新的台阶。

1998 年 10 月 28 日，第三届全国高校科协代表大会暨第五届全国高校科协工作研讨会在四川大学（成都）召开。据四川大学科协前辈们的回忆，在中国科协成立之初的 1959 年 2 月，成都工学院（现四川大学）就建立了科协组织，39 年后在这里与同行们聚集，参加这次会议，大家坚信，全国高校科协已在全国范围内得到发展。此次会议汇聚了来自全国 22 个省区市共 70 余个基层高校科协组织的代表，特别是还有各大院校的校级领导和部分省、市科协领导参加会议，共计 110 人。开幕式由全国高校科协工作研究会第二届理事长单位、北京航空航天大学党委副书记曾妙南主持；四川联合大学（现四川大学）前任校长陈君楷向大会致欢迎词；中国科协学会部学术处处长吴亚光代表中国科协向大会表示热烈祝贺；四川省科协副主席曾祥炜到会并讲话，重庆市科协副主席翟春林、江苏省科协副主席孙谬德、成都市科协副主席徐清德、湖南省科协曾孔云、北京市科协郭健、青岛市科协于志、西北工业大学副书记杨尚勤、湖南医科大学副校长陈初初、四川联合大学（现四川大学）科协主席（副校长）周宗华、成都中医药大学党委副书记马晓蓉等领导和嘉宾出席了大会，祝贺会议成功举办并就高校科协的工作给予了指导。

为了能够更好地体现全国高校科协工作研究的学术性，大会决定并通过了将全国高校科协联合会（筹）更名为全国高校科协工作研究会的决议，更换名称后，其宗旨、性质、职能、任务不变。理事会理事长单位、北京航空航天大学科协秘书长朱淑桃代表第二届理事会作了工作报告。朱淑桃秘书长在报告中回顾了自 1994 年 9 月第二次全国高校科协代表大会以来的工作，并对今后工作提出了建议。大会还进行了换届选举，推选出由 41 名会员单位组成的新的理事会，选举产生了理事长单位、副理事长单位和 15 个常务理事单位：理事长单位是华中理工大学科协；副理事长单位是东北大学科协、北京航空航天大学科协、重庆大学科协、西北工业大学科协、南京理工大学科协、中南工业大学科协。

会上，副理事长单位东北大学科协的秘书长袁魏宣布了分别荣获全国高校科协先进集体和先进个人工作者的 36 个单位和 42 名先进个人的名单。到会领导向先进集体和先进个人颁发了奖状和奖杯；同时，还专门对已退休或离开高校科协工作岗位的 18 名同志颁发了荣誉证书，表彰他们对全国高校科协工作所作出的贡献。

本次工作研讨会，通过广泛征文和专家评审方式推选出的 53 篇优秀论文，被载入《四川联合大学学报》（工程科学版）（现为《工程科学与技术》）第二卷（1998 年高校科协专辑增刊）。论文的主要内容和学术观点包括以下几个方面：高校科协在科教兴国中的地位和作用；因特网在高校科协工作中的作用及科协管理信息系统的运用；面对改革的必然性，针对新时期高校科协工作的重点和难点，要在市场经济大潮中求发展，开创高校科协工作新局面；探讨大学生科技活动，总结如何培养和造就跨世纪的优秀青年、科技创造性人才的经验；如何高质量开展学术交流活动；学会工作评估；如何增强科协的经济实力，提高科协干部的素质等。会议还以专题形式设置了全国高校科协大学生科协工作指导委员会分会场研讨会，就各高校参加全国大学生课外学术科技竞赛"挑战杯"竞赛活动进行了交流，研讨会由副理事长单位西北工业大学科协的常务副主席李楠主持。西北工业大学党委副书记杨尚勤教授在发言中指出："挑战杯"竞赛着重从培养创造性人才出发，是我国教育体制改革的新探索。北京大学、重庆大学、上海交通大学、武汉大学、北京航空航天大学、吉林工业大学、哈尔滨工业大学等 18 所高校的代表介绍了指导学生科技活动的典型经验，同时，还结合历届"挑战杯"竞赛活动的开展，就高校科协在推进各高校有特色的科技竞赛、科技展览、学术交流及社会调查等方面发挥的重要作用进行了介绍。最后，代表们围绕"挑战杯"项目的申报、评审以及"挑战杯"应如何更好地促进人才培养等工作展开了深入研讨，提议"挑战杯"竞赛活动的主办方应向相关的教育和科技主管部门反映各高校共同的意愿和建议，使"挑战杯"竞赛活动更加完善，努力把"挑战杯"竞赛活动办成当今中国大学生的科技奥林匹克竞赛，为全方位培养我国创造性人才提供成长舞台。代表们对今后的工作重点和完善大学生科协组织的建设提出了很好的建议，在推进各高校大学生科协的组织建设和改进运转方式方面也达成了共识。

闭幕式上，新当选理事长单位华中理工大学（现华中科技大学）科协的常务副主席吴鸿修在致闭幕词时讲道：第三次会员代表大会暨第五次工作研讨会在大家共同的努力下，充分发扬民主协商精神，圆满完成了各项议程，取得了预期的效果。本次大会是一次团结的大会，对新一届理事会的工作提出了初步打算。他表示要积极努力推进新一届理事会工作，在科教兴国中发挥积极作用。这次会议得到了中国科协和四川省科协的充分肯定，吴鸿修呼吁全国高校科协联合起来，共同为开创高校科协工作新局面而努力奋斗。

更名后的全国高校科协工作研究会，在理事长单位华中理工大学科协的领导下，做了很多工作，比如出版高校科协会刊等。2000年以后全国高校科协活动的特色主要是以基层高校科协组织和地方高校科协组织的活动形式开展，我们将在第二章"高校科协的社会属性"中专题讨论中国科协对推进全国高校科协组织建设的引领作用。

三、关于建立全国高校科协联盟的提议

第三次历史性大转折：提出建立全国高校科协联盟的提议，这个提议把握住了新的历史转折中的有利条件。

记得，那是在2014年11月18～19日，美丽的重庆秋高气爽，在这个收获的季节，2014年度全国高校科协工作研究会常务理事会会议在重庆邮电大学如期举行。来自湖北、陕西、江苏、黑龙江等省的基层高校科协代表在这里畅谈中国高校科协发展的未来。本次会议主要研究了有关全国高校科协组织建设工作的相关问题，讨论了恢复

全国高校科协工作研究会的具体工作安排，谋划了全国高校科协组建《大学科普》杂志编委会和高校科协开展大学科普品牌活动的未来愿景。与会代表就尽快推进和恢复全国高校科协工作研究会达成共识并形成了以下几点意见：第一，恢复全国高校科协工作研究会工作秘书处；第二，推举南京理工大学科协作为换届候选理事长单位，牵头负责筹备恢复工作，请南京理工大学科协常务副主席沈家聪同志尽快向该校领导汇报，并尽快答复秘书处，然后起草文件向中国科协组织人事部汇报；第三，邀请北京大学科协、北京理工大学科协、北京航空航天大学科协、天津大学科协、南开大学科协、南京大学科协、东南大学科协、武汉大学科协、华中科技大学科协、西安交通大学科协、西北工业大学科协、四川大学科协、成都电子科技大学科协、中南大学科协、湖南大学科协、重庆大学科协、吉林大学科协、东北大学科协、哈尔滨工业大学科协、中国海洋大学科协、东北石油大学科协等作为常务理事候选单位，全面参与筹备工作，上述单位可自愿选择。会议由华中科技大学科协常务副主席柳会祥主持，用他的话讲，这次会议，大家是早酝酿、日研讨、晚沙龙，达成了以上重要的共识[9]。

这次会议结束后，紧接着在 2014 年 12 月在湖北省宜昌三峡大学召开了湖北省高校科协工作研究会暨湖北省自然科学学会工作研究会2014 学术年会，邀请了时任中国科协组织人事部部长李森、宜昌市人民政府副市长张文学、湖北省科学技术协会副主席曾宪计、宜昌市科协党组书记任云、三峡大学党委书记李建林等领导出席会议；江苏省科协、陕西省科协、湖北省科协以及全国 56 所基层高校科协的代表到会。会上，李森部长作了关于中国科协组织体系中的高校科协的大会报告，他指出：要坚持高校科协工作方向、研究高校科协工作的基本职能、基本任务不动摇。南京理工大学科协常务副主席沈家聪、华中科技大学科协常务副主席柳会祥、华中农业大学科协秘书长樊华、湖北省科协学会部副部长陈国祥，分别作了有关高校科协组织建设与青年学者的培养、高校科协组织建设与创新发展、高校科协组织建设与服务"三农"建设、学会工作创新发展思路的精彩报告。湖北省科协副主席曾宪计针对湖北省高校科协组织建设与体制构建的现状、湖北省科协对高校科协组织建设实施的举措、湖北省高校科协开展工作的基础条件以及湖北省高校科协所面临的问题四个方面作了详细的介绍，与会代表纷纷表示湖北省科协对高校科协工作的支持力度是前所未有的。其他基层高校科协代表也分别作了发言。最后，经过酝酿，代表们一致通过了发起正式成立全国高校科协工作研究会的重要决议。之后，在草拟上报中国科协组织人事部报告的过程中，将报告名称修改为"建立'全国高校科协联盟'的提议"。由北京大学科协、武汉大学科协、华中科技大学科协、南京理工大学科协等全国56个基层高校科协负责人签名发起。同时，提议成立由这56个基层高校科协和重庆大学《大学科普》杂志编辑部为骨干单位组建筹备工作秘书处，并将秘书处办公室设在南京理工大学科协，开启了全国高校科协发展的新征程。

　　总而言之，全国高校科协历届理事长单位、副理事长单位、常务理事单位、理事单位的基层高校科协的同仁们，牢记钱学森主席指引的"高等院校科协是一个方向"，取得了可喜可贺的成绩。主要表现在：第一，扩大了高校科协的影响力。基层高校科协组织科技工作者积极参加中国科协及其所属的全国性学会和地方科协主办的一系列学术活动，不仅拓展了高校科技工作者参与学术共同体的新路径，而且也为全国性和地方性科技社团充实了一支有组织的科技创新的新生力量；第二，增强了高校科协的凝聚力。在高校建立科协组织，体现了高校党政领导对学术性科技社团的重视，能够更好地发挥基层高校科协的桥梁和纽带作用，鼓励更多的学术带头人和知名专家承担学术性科技社团的兼职工作，推进中国科协所属科技社团的创新发展；第三，提升了高校科协自身组织建设的实力。全国高校科协的组织建设工作，步入了一个前所未有的迅速发展新阶段，这是一批长期从事基层高校科协理论研究与实践工作的专、兼职同仁们共同努力的结果，是他们以勇于进取、百折不挠的执着精神，托起了中国基层高校科协发展的今天。

参 考 文 献

[1] 中国科协干部学院. 中国科协重要文件汇编[M]. 上海：上海科学普及出版社，
    1991.

[2] 靳萍. 高校科协的基本概念（节选）[J]. 大学科普，2016（1）：87-90.

[3] 李森. 中国科协组织建设[M]. 北京：科学出版社，2015：455-457.

[4] 邓楠. 发展与责任——中国科协 50 周年[M]. 北京：中国科学技术出版社，
    2009：100.

[5] 中国科学技术协会章程[EB/OL].（2021-05-30）[2024-02-18]. https://www.cast.
    org.cn/cms_files/filemanager/583933374/attach/20235/2029265a7e8d422f89a72add
    766df059.pdf.

[6] 东北工学院科学技术协会. 高等院校科学技术协会联合会成立暨第二届全国高
    等院校科协工作研讨会会议文集[C]. 东北工学院科学技术协会，1988.

[7] 张志军. 伴随"大庆石油会战"而诞生和成长的高校科协[J]. 大学科普，
    2015（2）：72.

[8] 高等学校科学技术协会组织通则（试行）[EB/OL].（2017-08-23）[2024-03-18].
    https://www.cast.org.cn/qjkx/zzjszd/jbzzzd/art/2022/art_351b23961d074e5b8710a88
    9ada601ac.html.

[9] 柳会祥. 凝心聚力共谋高校科协发展的未来[J]. 大学科普，2015：74-75.

第二章
高校科协的社会属性

高等学校是科技工作者最为集中的地方，也是开展基础研究，推动原始创新的重要阵地。在高校建立科协体系，有助于科技工作者开展跨学科学术交流，有助于实现科技工作者加强横向联系，探寻合作机会的强烈愿望；符合中央提出的哪里有科技工作者，科协的工作就要做到哪里，哪里科技工作者密集，科协的组织就要建到哪里的要求。[1]——邓　楠

（第七届中国科学技术协会党组书记、副主席、书记处书记）

高校科协的社会属性是由中国科协的性质、职能、任务及其工作内容所决定的。基层高校科协作为高校广大科技工作者联系中国科协系统所属的各级各类科技社团的窗口，其社会属性的内涵被专家学者们习惯性地称为"学术纽带"。犹如重庆大学科技哲学专家张德绍教授所言：学校科协，是我们专家学者们的一所无形学校。本章讨论的主题围绕"高校科协是中国科协的基层组织之一"，首先通过回顾中国科协发展的历程，重点学习和了解中国科协的性质、职能、任务及工作内容；随后，就高校科协在中国科协系统的组织定位展开讨论，以便把握高校科协作为学术组织枢纽的作用，更进一步了解在高校建立科协组织的真正目的。

第一节　关于中国科协

据科学史记载，在人类科学技术发展的历史进程中，世界各国都有许许多多的著名科学组织，其中建立时间最长而且又从未断代的是英国皇家学会（the Royal Society，RS），这是个大家耳熟能详的科学组织。RS 的宗旨是促进自然科学的发展，在促进英国国家科学发展方面承担着重要职能。在美国，有美国科学促进会（American Association for the Advancement of Science，AAAS）等国家科学组

织；在德国，有马克斯·普朗克科学促进学会（Max Planck Society for the Advancement of Science）等国家科学组织。当然，在我们中国，也有一个最具凝聚力、影响力和公信力的科学组织，就是中国科学技术协会。广大科技工作者对其常用的称谓就是中国科协，也有科技工作者把中国科协这个科学组织称为"国家学会"。

一、中国科协的成立

1949 年初，在中华人民共和国成立前夕，党中央号召广大科技工作者为建设新中国贡献力量，特别邀请科技界派代表参加中国人民政治协商会议，批准由中国科学社、中华自然科学社、中国科学工作者协会和东北自然科学研究会 4 个科学团体共同发起，筹备召开中华全国第一次自然科学工作者代表会议（简称科代会）。1949 年 7 月，科代会筹备会议在北平召开，选出正式代表 15 人和候补代表 2 人参加中国人民政治协商会议。1950 年 8 月，科代会正式代表大会在北京召开，会议一致通过了成立全国科联和全国科普的决定，推举著名地质学家李四光为全国科联主席，林学家梁希为全国科普主席。后经党中央批准，全国科联和全国科普合并，于 1958 年 9 月 18 日，正式成立了全国科技工作者的统一组织——中国科学技术协会。

中国科协是在中国共产党领导下，团结科技界不同领域、不同学科、不同专业、不同区域的广大科技工作者的科技群团组织，是党和政府联系科技工作者的桥梁和纽带，也是国家推动科技事业发展的重要力量。1958 年，党和国家向全国人民发出"向科学进军"的伟大号召。中国科协迅速在全国各地的省（自治区、直辖市）、市、县建立了地方科协组织，在企业、公社、学校、机关等单位建立了基层科协组织。这些科协组织在同级党组织的领导下，贯彻落实群众性的科学技术专业活动与专业科学技术机构相结合的两条腿走路的方针，发动群众，举办了范围越来越广、规模越来越大的"技术上门""技术会诊""技术攻关""技术表演""新技术扫盲"等活动，通过召开现场会、举办展览会、组织开展科技情报资料交流、开展各种技术训练班、举办科学报告讲座等方式，把群众性的技术革命活动搞得轰轰烈烈，为工农业生产作出了积极的贡献。各级科协还将如何调动知识分子的积极性、调整学会工作、开展科学实验、举办科学讨论会、创办科学刊物、加强对城市的科普工作等作为科协的重点工作，形成了中国科协带领广大科技工作者向科学进军，建功立业的良好开端。[2]

"没有学会的学会活动"。刚刚建立起来的中国科协及所属的各级科协组织，经历了十年的"文化大革命"，在此期间，中国科协和各个学会工作受到严重影响，被迫中断。但是，依然有部分全国学会、地方科协、基层科协的科技工作者采取各种形式继续开展科技活动，当时，这些活动被科技工作者称为"没有学会的学会活动"。

二、中国科协历届全国代表大会

一直以来，中国科协就是国家科教工作领导小组、中央精神文明建设指导委员会和中央人才工作协调小组成员单位之一。中国科协团结和带领广大科技工作者艰苦奋斗、团结协作，把科学技术知识送进千家万户，为我国科技进步、经济发展作出了历史性的重要贡献。

中国科协自 1958 年成立至 2024 年已有 66 年的发展历史，先后召开了十次全国代表大会。李四光、周培源、钱学森、朱光亚分别担任第一届、第二届、第三届、第四届中国科协主席；之后，周光召担任第五届、第六届中国科协主席，韩启德担任第七届、第八届中国科协主席，万钢担任第九届、第十届中国科协主席。

中国科学技术协会成立暨第一次全国代表大会。1958 年 9 月 18 日至 25 日，全国科联和全国科普联合召开全国代表大会，合并成立了全国科学技术群众团体——中国科学技术协会。李四光当选为第一届中国科协主席。

中国科学技术协会第二次全国代表大会（简称中国科协"二大"）。1980 年 3 月 15 日至 23 日，中国科协第二次全国代表大会在北京召开。会议制定了《中国科学技术协会章程》；周培源当选为第二届中国科协主席，裴丽生等 15 人当选为中国科协副主席。这次大会是继 1978 年全国科学大会后在中国科技界的又一次科技盛会，中国科协要求广大科技工作者要紧跟时代的步伐，在科学的春天里托起科学的明天。

中国科学技术协会第三次全国代表大会（简称中国科协"三大"）。1986 年 6 月 23 日至 27 日，中国科协"三大"在北京召开。党和国家领导人邓小平等同志到会接见了全体代表；钱学森当选为第三届中国科协主席，王大珩等 14 人当选为副主席。

中国科学技术协会第四次全国代表大会（简称中国科协"四大"）。1991 年 5 月 23 日至 27 日，中国科协"四大"在北京召开。党和国家领导人江泽民、李鹏等同志出席了大会开幕式，江泽民在大会上发表了重要讲话。朱光亚当选为第四届中国科协主席，王连铮等 14 人当选为中国科协副主席。中国科协"四大"期间，中国科协青年科学家论坛的创办和"提高全民科学文化素质"的提出为推进中国大科学和大科普事业的发展奠定了基础。

中国科学技术协会第五次全国代表大会（简称中国科协"五大"）。1996 年 5 月 27 日至 31 日，中国科协"五大"在北京召开。党和国家领导人江泽民、李鹏、乔石、李瑞环、朱镕基等同志出席大会开幕式，江泽民代表中共中央、国务院祝贺大会召开并作了重要讲话。江泽民总书记科学地分析了我国科技工作面临的形势，提出了科教兴国、把社会主义与现代科学技术紧密结合起来的战略任务，对科技工作者提出了殷切的希望。大会选举出周光召为第五届中国科协主席，王选等 16 人为中国科协副主席。

中国科学技术协会第六次全国代表大会（简称中国科协"六大"）。2001 年 6 月 21 日至 25 日，中国科协"六大"在北京召开。党和国家领导人江泽民、胡锦涛、朱镕基、李瑞环、李鹏等出席了开幕式并接见了与会代表。周光召再次当选为中国科协主席，王选等 16 人当选为中国科协副主席。这次大会是中国科协在新世纪召开的首次盛会。因香港、澳门相继回归祖国，大会专门设立了港澳台及海外科技工作者特邀代表团，同时，还第一次邀请了来自美国、英国、德国、日本等国的中国国籍科技工作者参会。中国科协"六大"期间，中国科协的影响力倍增，特别是在学术交流和科普工作方面取得了可喜可贺的成绩。

中国科学技术协会第七次全国代表大会（简称中国科协"七大"）。2006 年 5 月 23 日至 26 日，中国科协"七大"在北京召开。党和国家领导人胡锦涛、温家宝、曾庆红、吴官正、李长春、罗干等同志出席大会。大会的主题是"团结和动员广大科技工作者立足科学发展，着力自主创新，提升全民科学素质，建设创新型国家，为实现中华民族的伟大复兴而努力奋斗"[3]。韩启德当选为第七届中国科协主席，韦钰等 16 人当选为中国科协副主席。

中国科学技术协会第八次全国代表大会（简称中国科协"八大"）。2011 年 5 月 27 日至 30 日，中国科协"八大"在北京召开。党和国家领导人胡锦涛、温家宝、贾庆林、李长春、习近平、李克强、贺国强等同志到会祝贺，1300 多名优秀科技工作者代表肩负全国 5800 万科技工作者的重托出席这一盛会。韩启德再次当选为中国科协主席，邓中翰等 16 人当选为中国科协副主席。大会提出："广大科技工作者要积极参与科学技术普及工作，在全社会大力培育创新意识，努力激发全民族创新热情和创造活力。要结合贯彻落实今后 10 年全民科学素质行动计划纲要，围绕提高全民族科学文化素质，在全社会广为传播科学知识、科学方法、科学思想、科学精神，进一步形成讲科学、爱科学、学科学、用科学的社会风尚。"[4]

中国科学技术协会第九次全国代表大会（简称中国科协"九大"）。中共中央决定召开全国科技创新大会，中国科协"九大"与中国科学院第十八次院士大会和中国工程院第十三次院士大会"三会合一"，简称"科技三会"，这次大会的盛况可媲美 1978 年的科学大会。大会于 2016 年 5 月 30 日至 6 月 2 日在北京隆重召开。党和国家领导人习近平、李克强、张德江、俞正声、刘云山、王岐山出席大会。习近平总书记指出："科技兴则民族兴，科技强则国家强。""在我国发展新的历史起点上，把科技创新摆在更加重要位置，吹响建设世界科技强国的号角。科技是国之利器，国家赖之以强，企业赖之以赢，人民生活赖之以好。中国要强，中国人民生活要好，必须有强大科技。新时期、新形势、新任务，要求我们在科技创新方面有新理念、新设计、新战略。实现'两个一百年'奋斗目标，实现中华民族伟大复兴的中国梦，必须坚持走中国特色自主创新道路，加快各领域科技创新，掌握全球科技竞争先机。这是我们提出建设世界科技强国的出发点。"[5]由此，开启了向世界科技强国迈进的新征程。这次大会，万钢当选为中国科协主席，马伟明等18人当选为中国科协副主席。

中国科学技术协会第十次全国代表大会（简称中国科协"十大"）。2021年5月28日至30日，中国科学院第二十次院士大会、中国工程院第十五次院士大会和中国科学技术协会第十次全国代表大会在北京人民大会堂隆重召开。中共中央总书记、国家主席、中央军委主席习近平同志出席大会并发表重要讲话。习近平总书记指出："坚持把科技自立自强作为国家发展的战略支撑，立足新发展阶段、贯彻新发展理念、构建新发展格局、推动高质量发展，面向世界科技前沿、面向经济主战场、面向国家重大需求、面向人民生命健康，深入实施科教兴国战略、人才强国战略、创新驱动发展战略，把握大势、抢占先机，直面问题、迎难而上，完善国家创新体系，加快建设科技强国，实现高水平科技自立自强。"[6]部分中共中央政治局委员，中央书记处书记，全国人大常委会、国务院、全国政协有关领导同志出席大会。中央党政军群有关部门主要负责同志、两院院士、部分外籍院士、中国科协"十大"会议代表等约3000人参加大会。中国科协第十次全国代表大会，通过选举，万钢同志再次当选为中国科协主席，马伟明、尤政、邓秀新、包为民、乔杰、向巧、杨伟、怀进鹏、陈薇、陈学东、孟庆海、施一公、袁亚湘、莫则尧、高松、高鸿钧、黄璐琦、潘建伟等18人当选为中国科协副主席。[7]

"抚今追昔，令人振奋"。韩启德主席曾在中国科协50周年纪念大会上，对中国科协发展历程做了精准概述："中国科学技术协会作为中国共产党领导下的人民团体，已走过了半个世纪的风雨历程。50年来，中国科协在中国共产党和中国政府的领导和关怀下，始终把服务国家经济社会发展，服务科技工作者，服务全民科学素质的提升作为一切工作的出发点和落脚点，充分发挥党和政府联系科技工作者的桥梁和纽带作用。在促进科学技术的繁荣与发展，促进科学技术的普及与推广，促进科学技术的国际交流与合作，建设'科技工作者之家'等方面不懈奋斗并取得丰硕成果，受到党和人民的高度评价，赢得社会的广泛赞誉。"[2]

三、中国科协组织体系架构

1991 年，中国科协作为广大科技工作者的团体代表，恢复全国政协组成单位，这是一件很值得庆贺的大事。为了加强中国共产党对人民政协和科技工作者团体的领导，更好地体现人民政协大团结、大联合的性质，全国政协恢复了中国科协为其组成单位。中国科协自成立之时起，就是中国自然科学界全国统一性组织的一个界别，参加了全国政协第三届和第四届会议，后因"文化大革命"被迫中断。1991年 1 月，全国政协七届十二次常委会决定，恢复中国科协作为全国政协组成单位。当恢复全国政协组成单位之后，中国科协在民主政治生活中与全国总工会、共青团中央、全国妇联等人民团体具有同等重要的地位。

李森在《中国科协组织建设》一书中，将中国科协组织建设区分为广义概念和狭义概念。广义概念的中国科协组织建设，是指中国科协组织的建设，或者说是中国科协的建设，包括思想建设、组织建设、作风建设、制度建设、文化建设，是"五位一体"的建设体系。而狭义概念的中国科协组织建设，则是指中国科协的组织建设，或者说是中国科协组织的组织建设，是特指"五位一体"的建设体系中与思想建设、作风建设、制度建设、文化建设并列的组织建设。中国科协的组织，是一个庞大而严密的网络型的组织体系，包括如下：全国学会、协会、研究会，各级地方科协组织（包括省级地方科协组织、市级地方科协组织、县级地方科协组织）及其学会、科协基层组织。其中，科协基层组织，是中国科协在科技工作者较为集中的高校、科研院所、各类企业和有条件的乡镇、街道社区等基层单位建立的中国科协的基层组织。

中国科协由全国学会、协会、研究会，地方科学技术协会及基层组织组成。地方科学技术协会由同级学会、协会、研究会和下一级科学技术协会及基层组织组成。全国学会、协会、研究会是中国科学技术协会的团体会员。各级地方学会、协会、研究会是同级地方科学技术协会的团体会员。县级以上科学技术协会发展团体会员。学会和基层组织发展个人会员。

2006 年召开的中国科协"七大"标志着中国科协进入了一个新的发展阶段，所以我们通过 2006 年以来的代表性数据来大体了解中国科协组织的构成及发展。

1. 全国学会

通过中国科协官网查询到 2006 年中国科协"七大"统计报告，其公布的中国科协主管的全国学会有 202 个，划分为六大类：理科学会（42 个）、工科学会（68 个）、农科学会（15 个）、医科学会（25 个）、交叉学科（31 个）、受托接管理（21 个）。《中国科协 2018 年度事业发展统计公报》[8]显示：各级科协所属学会 32 304 个，其中中国科协所属全国学会 210 个（全国学会增加了 8 个），省级科协所属省级学会 3462 个。全国学会理事会理事 3.5 万人，省级学会理事会理事 25.1 万人。全国学会个人会员 466.9 万人，团体会员 5.6 万个。省级学会个人会员 642.8 万人，团体会员 20.2 万个。中国科协学会联合体 7 个，即中国科协生命科学学会联合体、中国科协学会联合体、中国科协清洁能源学会联合体、中国科协信息科技学会联合体、中国科协智能制造学会联合体、中国科协先进材料学会联合体、中国科协生态环境产学联合体。省级科协学会联合体 60 个。《中国科协 2022 年度事业发展统计公报》[9]显示：各级科协学会 23 209 个，其中全国学会 214 个，省级科协学会 4470 个，市级科协学会 8879 个，县级科协学会 9646 个。全国学会理事会理事 3.1 万人，省级学会理事会理事 28.3 万人。全国学会个人会员 636.3 万人，团体（单位）会员 6.4 万个。省级学会个人会员 653.1 万人，团体（单位）会员 28.9 万个。

2. 地方科协

地方科协包括省（自治区、直辖市）科协、市（地）科协和县科协。根据中国科学技术协会官网，地方科协 2006 年总计 3141 个，其中省级科协 32 个，副省级、省会城市科协 32 个，地市级科协 381 个。《中国科协 2018 年度事业发展统计公报》显示：各级科协 3142 个，直属单位 1553 个。各级科协驻会领导班子人数 6254 人；各级代表大会总人数 272 277 人，其中委员会委员总人数 73 032 人，常务委员会委员总人数 28 726 人。各级科协从业人员 39 672 人。举办干部教育培训班 2208 次（期），共培训 39.5 万人次。《中国科协 2022 年度事业发展统计公报》显示：各级科协 3195 个，其中省级科协 32 个，市级科协 428 个，县级科协 2734 个。各级科协直属单位 1789 个。各级科协代表大会代表总人数 366 888 人，其中委员会委员总人数 101 458 人，常务委员会委员总人数 39 946 人。各级科协从业人员 47 809 人。

3. 基层科协

根据中国科协官网（2006 年查询），2006 年科协基层组织包括乡镇科协（科普协会）（超过 3.1 万个）、农村专业技术协会（超过 9.4 万个）、企业科协（超过 1.3 万个）、街道科协约 8400 个、高校科协 550 个等。

2012～2018 年基层组织发展情况如下：高校科协呈现逐年增加的发展趋势；企业科协 2012～2016 年逐年增加，2017～2018 年相对前面几年来说有所下降；街道科协（社区科协）2012～2016 年逐年增加，2017～2018 年相对前面几年来说有所下降；乡镇科协 2012～2016 年总体呈平稳下降的趋势，2017～2018 年相对前面几年来说有所下降；农技协总体呈下降趋势（图 2-1）。

2018～2022 年基层组织发展情况如下：企业/科技园区科协、高校/科研院所科协、农村/社区科协总体呈上升趋势；乡镇/街道科协 2018～2020 年呈上升趋势，2021～2022 年相对前几年有所下降；农技协呈下降趋势（图 2-2）。

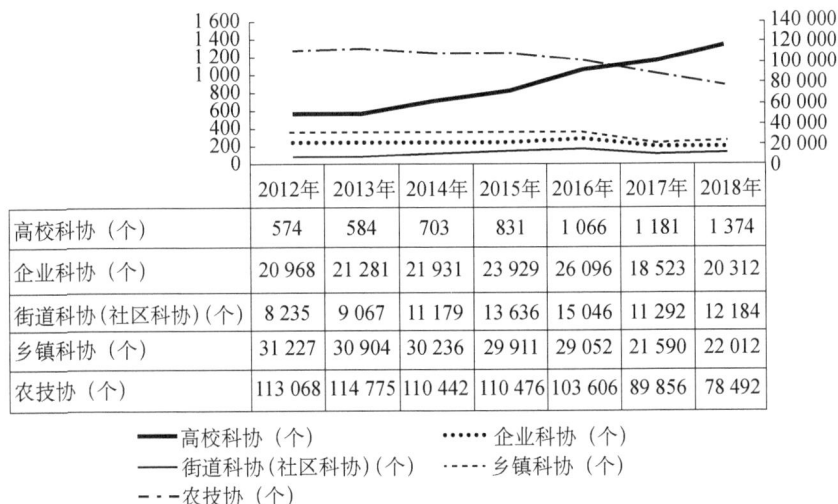

	2012年	2013年	2014年	2015年	2016年	2017年	2018年
高校科协（个）	574	584	703	831	1 066	1 181	1 374
企业科协（个）	20 968	21 281	21 931	23 929	26 096	18 523	20 312
街道科协（社区科协）（个）	8 235	9 067	11 179	13 636	15 046	11 292	12 184
乡镇科协（个）	31 227	30 904	30 236	29 911	29 052	21 590	22 012
农技协（个）	113 068	114 775	110 442	110 476	103 606	89 856	78 492

图 2-1　中国科协基层组织 2012～2018 年发展情况（来源：《中国科协 2018 年度事业发展统计公报》）

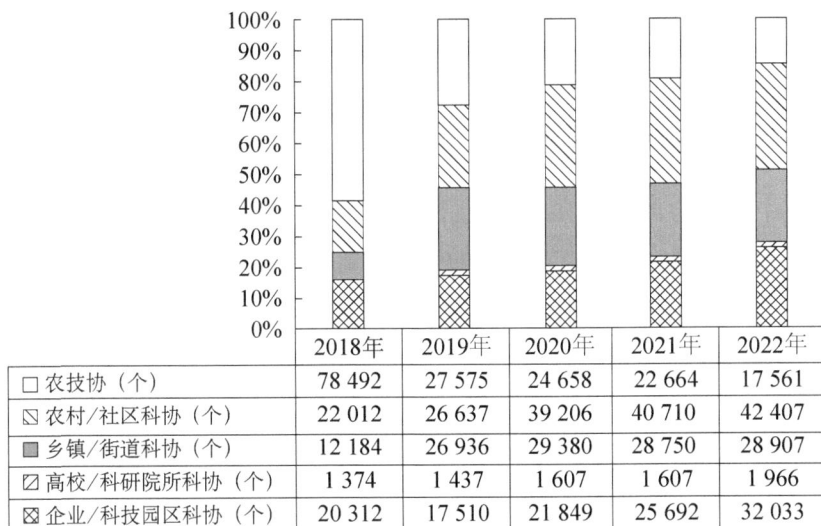

	2018年	2019年	2020年	2021年	2022年
农技协（个）	78 492	27 575	24 658	22 664	17 561
农村/社区科协（个）	22 012	26 637	39 206	40 710	42 407
乡镇/街道科协（个）	12 184	26 936	29 380	28 750	28 907
高校/科研院所科协（个）	1 374	1 437	1 607	1 607	1 966
企业/科技园区科协（个）	20 312	17 510	21 849	25 692	32 033

图 2-2　中国科协基层组织 2018～2022 年发展情况（来源：《中国科协 2022 年度事业发展统计公报》）

4. 科协机关

根据中国科协官网，目前中国科协机关设有办公厅、组织人事部、宣传文化部、科学技术创新部、科学技术普及部、战略发展部、国际合作部（港澳台办公室）、机关党委（学会党建办公室）、机关离退休干部办公室等部门。直属单位包括创新战略研究院、中国科普研究所、学会服务中心、信息中心、中国科学技术馆、青少年科技中心、企业创新服务中心、农村专业技术服务中心、中国国际科技交流中心、科学技术传播中心、培训和人才服务中心、科技导报社、机关服务中心、中国科技会堂、中国科协新技术开发中心有限责任公司、中国科学技术出版社等。

5. 领导体制

中国科协全国代表大会和它选举产生的全国委员会是中国科协全国领导机构。中国科协实行全国代表大会（每五年举行一次）、全国委员会（每年举行一次）、常务委员会（一般每半年举行一次）的领导制度。全国代表大会的常设机构是全国代表大会常务委员会。全国委员会闭会期间，常务委员会领导中国科协的工作。常务委员会下设书记处，设置若干工作委员会和专门委员会。书记处在常务委员会的领导下主持中国科协的日常工作。[10]

四、中国科协会徽和标识

中国科协的会徽和标识设计得十分精美，专供中国科协会员佩戴，代表中国广大科技工作者的荣誉和责任。中国科协标识，体现出其桥梁和纽带在时间和空间上的强大凝聚力量。

中国科协会徽（图 2-3）。中国科协的会徽是由古天象仪、航天器、齿轮、麦穗、蛇杖，以及中国科学技术协会的中文和英文名称组成。中国科协会徽可在办公地点、活动场所、会议会场悬挂，可在出版物上印制，也可作为徽章佩戴。

中国科协标识（图 2-4）。中国科协的标识，是由双曲面几何构成的拓扑图形，造型富于变化、富有动感。舞动的丝带寓意中国科协是党和政府联系广大科技工作者的桥梁和纽带，象征着科协组织具有蓬勃的生命力和创造力。宣传推广中国科协标识，旨在通过大众传播给公众留下简明直观的深刻印象，并由此大幅度提升所代表组织的社会知名度，扩大其社会影响力。

图 2-3　中国科协会徽（来源：中国科协官网）

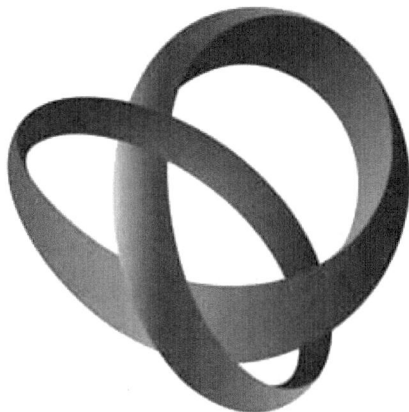

图 2-4　中国科协标识（来源：中国科协官网）

第二节　中国科协的基层组织

　　高校科协的社会属性，既不是高校先天就有的，也不是高校建校时就有的，而是在高校建立了科协组织之后才能确定的。高校科协需要明确其科协组织定位，履行中国科协基层组织的责任与义务，成为高校联系中国科协系统开展科协工作的枢纽，发挥高校科协服务于学术共同体的组织优势作用。

一、基层科协组织是凝聚科技工作者的重要阵地

章程，是一个组织或者社团经特定的程序制定的关于组织规程和办事规则的法规文书，是一种根本性的规章制度。中国科协成立后，自中国科协"二大"制定章程以来，历次全国代表大会，都对中国科协章程进行补充和完善，充分体现了中国科协在引领我国学术共同体和治理科技社团上的进步，表现了中国科协对自身职能认识的日趋成熟。我们从《中国科学技术协会章程》（简称《章程》）从"动员和组织广大科学技术工作者"到"团结组织科学技术工作者"的变化看到，对全国科技工作者的定位十分准确。高校是科技工作者最密集的地方，高校科协是中国科协的基层组织，团结动员广大科学技术工作者，责无旁贷。

中国科协作为中国人民政治协商会议（简称人民政协）的一个界别，在《章程》的第一条中就开宗明义地阐述其最根本的定位："中国科学技术协会是中国科学技术工作者的群众组织，是中国共产党领导下的人民团体，是党和政府联系科学技术工作者的桥梁和纽带，是国家推动科学技术事业发展、建设世界科技强国的重要力量。" 我们根据以上表述来分析中国科协的三个性质：第一，政治性。中国科协是中国共产党领导下的人民团体，把中国科协与国际性科技群众组织区别开来。第二，先进性。中国科协是国家推动科技事业发展、建设世界科技强国的重要力量，把科协与工、青、妇等其他非科技群众组织区别开来。第三，群众性。中国科协是科技工作者的群众组织，把科协与政党或其他党政机关区别开来。这三个性质的共性，构成了中国科协学术共同体的鲜明个性。

中国科协"一大"通过的《关于建立"中华人民共和国科学技术协会"的决议》中就明确规定："在群众需要的情况下，科协应该在工矿、企业、人民公社、学校、机关等单位建立科协基层组织。"[2]之后，在历届中国科协的《章程》中，对中国科协基层组织建设的规

定，都有明确的章节表述。党的十一届三中全会确立了改革开放的大方向。中国科协"二大"制定了《中国科学技术协会章程》。中国科协"三大"通过了新《章程》，提出"团结组织科学技术工作者，面向现代化、面向世界，面向未来；促进科学技术的繁荣和发展，促进科学技术的普及和推广，促进科技人才的成长和提高，为提高整个中华民族的科学文化水平，为把我国建设成为高度文明、高度民主的社会主义国家作出贡献"。中国科协"四大"通过了新的《章程》，补充强调科协工作职能："促进科学技术的繁荣和发展，促进科学技术的普及和推广，促进人才的成长和提高，为社会主义物质文明和精神文明建设服务；为科学技术工作者和科学技术团体服务。"中国科协"五大"通过了新的《章程》，明确提出科协工作任务围绕"三促进""两服务""一维护"开展。中国科协"六大"通过了新的《章程》，更加明确了中国科协的工作职能："促进科学技术的繁荣和发展，促进科学技术的普及和推广，促进人才的成长和提高，促进科学技术与经济的结合，为社会主义物质文明和精神文明建设服务；反映科学技术工作者的意见，维护科学技术工作者的合法权益，为科学技术工作者服务。"中国科协"七大"通过了新的《章程》，强调科协自身组织建设，恢复了"会员"一章，强调三条：首先，明确了各级学会、县级以上科协、基层组织及其所属会员的组成和要求，学会由同级地方科协的团体会员组成，基层组织发展个人会员；其次，明确了团体会员的义务和权利；最后，明确了由基层组织规定个人会员的义务和权利，并增加了"基层组织"部分。为了更好地发挥基层组织在提高全民科学素质、构建社会主义和谐社会中的作用，《章程》明确界定了"基层组织"的概念：科技人员比较集中的企业事业单位和有条件的乡镇、街道、社区可以建立科协和科普组织，这些组织是中国科协的基层组织。《章程》阐明了基层组织与地方科协的业务指导关系；结合基层组织的特点，提出了新形势下基层组织的主要任务，包括"组织和动员科学技术工作者积极参加学术交流和科学技术普及活动""开展技术咨询、技术服务等科学技术创新活动，促进技术开发、技术转让、增强企业自主创新能力，促进以企业为主体的技术创新体系的建立"等。中国科协"八大"在《章程》第七章"基层组织"的第四十三条规定："科学技术工作者集中的企业事业单位和有条件的乡镇、街道社区等建立的科学技术协会（科学技术普及协会）是中国科学技术协会的基层组织，接受地方科学技术协会的业务指导。"中国科协"八大"在《章程》中明确把高校科协划归在企事业单位范畴，由此，凡成立科协组织的高校科协均属中国科协的基层组织之一，接受地方科学技术协会的业务指导。在中国科协"九大"通过的《章程》中，第三章"会员"第十六条规定："中国科学技术协会实行团体会员制。""学会和高等学校科协、大型企业科协等基层组织，符合条件的，经批准可成为同级科学技术协会的团体会员。""学会和基层组织发展个人会员。"在第七章"基层组织"的第四十条规定："科学技术工作者集中的企业事业单位和有条件的乡镇、街道社区等建立的科学技术协会（科学技术普及协会）是中国科学技术协会的基层组织。"[11-12]

从历届中国科协《章程》的补充和完善中我们可以看到，高校科协作为中国科协基层组织的定位，不仅适应了新时期科协基层组织健康发展的需要，而且体现了基层科协组织是凝聚科技工作者的重要阵地。

二、中国科协"组织建设年"对高校科协的影响

一直以来，中国科协都十分重视组织建设工作，在 2010 年，中国科协组织人事部开展了中国科协"组织建设年"专题活动，全面扎实地推进中国科协组织建设工作，涌现出基层科协组织建设发展的新势头，取得了可喜的成绩。在这一年里，中国科协组织人事部曾多次召开了全国科协系统的组织工作会议，对于正确引导基层科协组织建设起到了至关重要的作用。2010 年 4 月，中国科协组织人事部召开了全国省区市科协组织人事部部长座谈会。会议围绕中国科协组织建设、人才工作、建设科技工作者之家等工作内容进行了部署，强调面临新形势、新任务、新要求，要重视加强科协组织建设，特别是基层组织建设工作，要求各地科协要高度重视，在同级党委的领导下，在加强自身建设的同时加强对下一级科协组织尤其是所属基层组织建设的指导，为科协事业的发展提供组织保证和智力支持。紧接着，2010 年 11 月 19 日，中国科协基层组织建设工作会在北京召开，这次会议再次强调组织建设是实现科协性质、职能和任务的基础和保证，并就基层组织建设问题进一步阐述了加强科协基层组织建设的办法，研究了不同领域科协基层组织的功能定位、组织形态、工作任务和工作方式，要求切实加强组织指导，扩大组织覆盖和工作覆盖。

也正是因为中国科协组织人事部多次召开全国科协系统组织建设工作会议，不断强调基层科协组织建设，才强有力地推进了地方科协支持基层组织建设工作，使高校科协组织建设工作初见成效。

科协组织的主体是学会，基础是科协基层组织。而科协基层组织的基本属性，仍然是依托基层单位建立的科技群众团体。如何理解科协基层组织？李森部长曾经给出过一个通俗易懂的解释，他认为，要正确拿捏"科协基层组织"，必须要明确两个基本概念：一是什么是基层单位。基层单位一般是指具有独立法人资格的单位。二是什么是基层组织。基层组织是指全国性的社会组织在基层单位建立的组织，比如工会、共青团、妇联、科协等。由此，基层科协组织是作为全国性的社会团体即中国科协在基层单位建立的科协组织。目前，科协基层组织的类型有农技协组织、农村/社区科协组织、乡镇/街道科协组织、高校/科研院所科协组织、企业/科技园区科协组织。

李森部长在指导高校科协组织建设工作时曾多次强调：高校科协的组织建设包括两个方面，一是建立科协组织，二是开展科协工作。开展科协工作的前提是建立科协组织，而建立科协组织就一定要开展科协工作。建立高校科协组织、开展高校科协工作，要遵循以下几个原则：一是建立高校科协要有客观需求并具备相应的条件；二是推进高校科协组织建设，一定要采取积极稳妥的方针；三是高校科协开展工作，一定要围绕高校的中心工作，服从和服务于高校的工作大局；四是高校科协开展工作，一定要从实际出发，注重实效，研究落实职能、发挥作用的特殊方式。当然，明确高校科协的职能和任务，是我们建立高校科协组织、开展高校科协工作的前提，是所有问题中第一重要的问题。如果这个问题不解决，我们建立高校科协组织就缺少根据，高校就没有建立科协组织的内在动力，即使建立起来了也无法开展工作、发挥作用。

由于高校是科技社团组织非常活跃的场所，也是科技工作者非常密集的地方，因此，高校科协作为中国科协基层组织之一，是一种特殊的学术组织形态，理所当然地应该担当起高校的科协工作任务的职责，具有引领广大师生在跨专业、跨学科、跨学校、跨学会、跨领域的交流优势，这也是高校科协社会属性最为突出和重要的体现。高校科协被赋予了一种特殊的使命，在引领科技工作者和准科技工作者积极参与科技创新、瞄准世界科技发展战略的制高点、促进多学科交叉融合等方面发挥学术共同体中独有的"无形学院"的优势，为积极推进高校校内外科技社团的健康发展发挥重要作用。

三、中国科协实行团体会员登记制对高校科协的导向

中国科协作为一个有着严密组织体系的科技社会团体组织，其会员由广大科技工作者和准科技工作者组成，而这些会员主要分布在科研院所、高校、企业、乡镇社区等基层单位。因此，中国科协有全国学会、省区市地方科协（地方科技社团）、科协基层组织（高校科协、企业科协、乡镇/街道科协等）三级科协组织，这也是由其自身的组织特殊性所决定的。

中国科协会员入会实行团体会员登记制。按照《章程》中的会员制规定，根据中国科协六届二次常委会会议通过的《关于推进所属全国性学会改革的意见》，全国性学会应建立直接吸收个人会员制度。中国科协在《关于规范全国性学会个人会员登记号的通知》（科协办发学字〔2003〕6号）规定，中国科协所属全国性学会个人会员实行统一的11位编码制。个人会员号的11位编码分为三个部分。

第一部分有3个编码，第1个是字母，指明全国性学会在理、工、农、医、交叉和科学普及类学会中属于哪一类，后2个是阿拉伯数字，表示全国性学会的顺序位。其中，理科学会用S（Science），

工科学会用 E（Engineering），农科学会用 A（Agricultural Science），医科学会用 M（Medical Science），交叉学科类学会用 I（Interdisciplinary Science），科学普及类学会用 P（Science Popularization）。

第二部分有 7 个编码，用阿拉伯数字表示个人会员在入会登记时的流水顺序。为了方便使用及适应全国性学会的不同情况，这 7 位编码的使用规则可由全国性学会自行决定，但不能把阿拉伯数字改为字母；在 7 位数字中利用前若干位数字，划分出该会员所属地区或分会、专委会等专用编码，以便于在统一规范的原则下，学会对各自会员进行更细化、更灵活的管理，同时更便于学会的分层服务。这一工作由各全国性学会的秘书处（或办公室）负责，编码设计应执行从简原则。在一个全国性学会内，严格遵循一人一码原则。某一会员退会后，要注销其会员号，如再加入该会，则另编制新的会员号，使用新的会员编码。

第三部分只有 1 个编码，表示该会员在多元结构的会员制度中是哪一类或哪一级会员。荣誉会员、名誉会员用字母 H（Honorable Member），高级会员用字母 S（Senior Member），会员用字母 M（Member），学生会员或青年会员用字母 A（Associate Member），外籍会员用字母 F（Foreign Member）。如果需要使用其他字母代表一个新的会员类别，需向中国科协有关部门申请，按照规范化原则执行，杜绝字母含义的混乱。

中国科协七届十一次常委会会议决定：自 2009 年起，每年 12 月 15 日定为中国科协会员日。中国科协会员日的参加对象包括中国科协所属学会的个人会员、各级科协团体会员以及其他科技工作者等。每年的会员日都开展会员座谈会、联谊会、表彰奖励会、学会工作交流等活动。

中国科协实行团体会员制。中国科协"九大"通过的新《章程》，突出了实行团体会员制的内容。第三章"会员"第十六条规定："中国科学技术协会实行团体会员制。学会和高等学校科协、大型企业科协等基层组织，符合条件的，经批准可成为同级科学技术协会的团体会员。"中国科学技术协会第九次全国代表大会章程（2016 年 6

月 1 日通过），第一次把"高等学校科协"这个基层科协组织概念写入了章程。

　　当然，高校科协凝聚着高校一大批优秀科技工作者（老教师科协和青年教师科协）和未来准科技工作者（研究生科协和大学生科协），符合中央要求"哪里有科技工作者，科协就要建在哪里"的精神。因此，全国各级各类学会、协会、研究会在高校吸纳的会员也很多，有的全国学会还在高校吸纳了准科技工作者（大学生、研究生）入会，如中国电机工程学会、中国机械工程学会、中国核学会等。曾经我还在担任重庆大学科协秘书长时就在思考这个问题：为什么高校的广大师生能积极主动加入中国科协所属全国学会成为其会员，其目的还是在于能够获得参与学术活动的资格，他们根据自己所从事或所学的专业和兴趣申请加入了中国科协所属学会（协会、研究会），获得中国科协会员资格，或者通过基层高校科协团体会员实名登记申请加入中国科协获得会员资格；中国科协会员的身份，是一份学术荣誉，特别是对于准科技工作者的大学生和研究生而言，他们会十分珍惜。

　　曾经，高校科协是在高校发展起来的一个新生事物，从它诞生的那一天起，就被中国科协赋予立足高等院校、肩负起中国科协基层组织的双重使命，这一特殊的光荣使命，要求基层高校科协成为联系其他科技社团的枢纽，承担着服务学术工作的重要职责，如组织学术交流活动、举荐优秀科技人才、开展大学科普工作、服务挂靠学会、坚持科协理论研究等科协自身组织建设方面的工作。高校科协通过工作覆盖可以循序渐进地吸纳一大批高校优秀科技工作者成为中国科协会员，这些优秀科技工作者能更好地在科协系统开展的学术活动、科技活动、科普活动中彰显才华，使中国科协和高校在高层次人才的培养工作中相得益彰。

第三节　高校科协"321工程"

"中国科协模式在世界是一种创新，高校科协在现有模式下，又是一种创新；研究高校科协，没有固定的模式，也没有先例，更没样板，必须要有创新的思维。"这是 2006 年初，时任四川省科协副主席曾祥炜对《高校科协发展与未来探索》研究报告评审时给出的一段评语。

中国高校科协的发展筚路蓝缕。自 1988 年中国科协下发《关于成立高等学校科学技术协会联合会筹备委员会的批复》文件以后，全国高校科协的组织建设工作就一直跟随着中国科协的历史发展进程而推进，历届中国科协领导、中国科协一大批从事"科协学"研究的专家和全国各地科协领导，倾注了大量的时间和精力，呕心沥血地推进全国高校科协的组织建设和区域性地方高校科协组织建设的进程；是他们，为高校培养出了一代又一代的专兼职科协优秀秘书长；也是他们，带领基层高校科协同仁们书写了这段光辉的历史。后来，这段弥足珍贵的历史记忆，被全国高校科协"老兵营"的"老兵们"梳理成为三个历史发展阶段、两个黄金发展时期和一个里程碑式的转折史记，简称高校科协"321 工程"。

一、全国高校科协发展经历的三个重要历史阶段

第一个重要历史发展阶段：萌芽阶段（1954～1966 年）。在这 12 年萌芽期，全国高校科协是跟随中国科协"一大"前后的史实而发展起来的。从史料的记载中我们发现，高校对学术交流宏观大背景的敏锐感知和建立科协组织的迫切客观需求，催生了当时在高校建立的科协组织。比如前面我们介绍的哈尔滨工业大学于 1954 年就建立了高校科协；1959 年 2 月 28 日成都工学院（现四川大学）组建科协；

1962 年 5 月 2 日，华中工学院（现华中科技大学）召开了华中工学院第一届科学技术代表大会……紧接着，湖南医科大学（现中南大学）、吉林医科大学（现吉林大学）也相继成立了科协组织。1966 年"文化大革命"导致刚刚萌芽的高校科协工作搁浅。

第二个重要历史发展阶段：创立阶段（1980～2005 年）。在这 25 年里，全国高校科协的发展跟随中国科协的发展进程，经历了中国科协"二大"、中国科协"三大"、中国科协"四大"、中国科协"五大"的历史进程，在此期间，中国科协非常重视推进全国高校科协的组织建设工作。其中最为突出的是在中国科协"三大"期间，著名科学家钱学森当选为第三届中国科协主席后十分重视高校科协组织建设工作，并提出了"高等院校科协是一个方向，凡具备条件者都应该建立高校科协"[13]。随之，中国科协办公厅、学会部等相关部门的领导和一大批从事"科协学"研究的专家深入全国各地高校开始进行调研，与高校党政领导座谈，还与地方科协领导和学会专家共同探索基层高校科协组织建设的重要性，深入研究高校科协的性质、职责、任务、地位等基础理论；特别是在研究高校科协组织不可替代性的特征时，探讨基层高校科协组织建设上存在的一些问题。正是因为有中国科协领导和专家们的悉心指导，全国各地基层高校科协的组织建设工作得以迅速推进。正如重庆大学第一届和第二届科协秘书长应永铭老师所言：中国科协"三大"期间，堪称全国高校科协发展史上的第一个黄金时期。当时，中国科协举办的全国性活动与基层高校科协联系十分紧密的有以下三项，是三件大事（我积极参与其中，至今都还记忆犹新）。

第一件大事，创立中国科协青年科技奖。1987 年 9 月，为落实人才强国战略，在钱学森主席的倡导下，中国科协创立了中国科协青年科技奖。就是这项普通的青年科技奖，改变了当时我国科技界"青黄不接"的情况。随之，一批又一批优秀青年科技人才在中国科协青年科技奖中脱颖而出。如今看来，荣获中国科协青年科技奖的优秀学者，已经有一大批成为科技界和教育界的栋梁。当时设立的中国科协青年科技奖旨在鼓励青年科技工作者奋发进取，促进青年科技人才健康成长，要求获奖者年龄不超过 35 岁；1994 年 11 月，经中组部、人事部、中国科协研究决定，将中国科协青年科技奖更名为中国青年科技奖。截至 2022 年，该奖项的评选活动已举办十七届，全国各地高校科协在推荐工作中做了大量的工作，从获奖数量可见一斑，如北京大学有 47 位青年学者获奖、北京航空航天大学有 26 位青年学者获奖、武汉大学有 9 位青年学者获奖、重庆大学有 7 位青年学者获奖等。1992 年 4 月 25～26 日，中国科协在北京召开了首届青年学术年会，这是新中国成立以来召开规模最大、学科覆盖面最广的一次青年科技工作者的学术会议。1995 年 4 月，中国科协又创办了青年科学家论坛；论坛旨在为青年科技工作者提供一个高层次、自由宽松的学术平台，论坛要求参加人员年龄在 45 周岁以下，具有高级专业技术职务或博士学位。

第二件大事，建立中国科协学术年会制度。1999 年 10 月 18～21 日，中国科协首届学术年会在浙江杭州召开。自此，中国科协年会制度建立，年会已先后在杭州、西安、长春、成都、沈阳、博鳌、乌鲁木齐、北京、武汉、郑州、重庆、福州、天津、石家庄等地持续举办。2006 年，"中国科协学术年会"更名为"中国科协年会"。此后，中国科协年会按照"大科普、综合交叉性、为举办地经济社会发展服务"的定位，不仅成为中国年度重大科技活动，后来还提升为中国年度重大的社会活动。基层高校科协通过组织学者和学生参加中国科协年会的学术活动，不仅提升了其工作覆盖的内容，而且也推进了基层高校科协组织覆盖工作的进程。

第三件大事，中国科协主导的全国大学生课外学术科技作品竞赛活动即"挑战杯"启航。1989 年，由全国各地高校学生科技社团即研究生科协和大学生科协组织开展的"大学生科技活动月""大学生科技节"等多种形式延伸出来的全国大学生课外学术科技作品竞赛活动（简称"挑战杯"）在清华大学成功举办。这是由清华大学研究生科协、上海交通大学研究生科协、浙江大学研究生科协、武汉大学研究生科协、重庆大学研究生科协、南京理工大学研究生科协等联合发起，由共青团中央、中国科协、教育部、全国学联承办，高校所在地人民政府联合主办，国内著名高校和新闻媒体单位参与的一项具有导向性、示范性和群众性的全国大学生科技竞赛活动。这项活动，后来被誉为中国大学生学术科技"奥林匹克"竞赛盛会，其宗旨是崇尚科学、追求真知、勤奋学习、锐意创新、迎接挑战。

自 1989 年第一届"挑战杯"竞赛在清华大学成功举办，到 2023 年，该竞赛先后由如下单位举办：浙江大学、上海交通大学、武汉大学、南京理工大学、重庆大学、西安交通大学、华南理工大学、复旦大学、南开大学、北京航空航天大学、大连理工大学、苏州大学与苏州工业园区、广东工业大学与香港科技大学、上海大学、北京航空航天大学、四川大学、贵州大学。如今"挑战杯"竞赛活动的参与院校包括重点高校在内的 1000 多所国内高校，并邀请新加坡等国外高校参赛，先后共有约千万大学生直接或间接参加，激励当代大学生勇于创新，让莘莘学子在"挑战杯"活动中成长成才。

第三个重要历史发展阶段：巩固和完善阶段（2006 年至今）。在这近 20 年来，全国高校科协发展向着"巩固和完善阶段"迈进。这些年来，全国高校科协依然伴随着中国科协"七大"、中国科协"八大"、中国科协"九大"和中国科协"十大"的召开，履行中国科协基层组织的职责和义务。在新的工作任务的要求下，全国高校科协发生了根本性的转变。特别是在服务科技工作者最密集的地方，突出了高校科协作为中国科协基层组织的重要性，加大了通过高校科协工作的覆盖来带动高校科协组织覆盖的力度。在此期间，由中国科协工作职责向基层高校科协职能的延伸，使高校广大师生能够通过基层高校科协组织枢纽积极参与中国科协系统的全国性学术活动、科学技术创新活动和大型科普活动，更加充分地体现基层高校科协在大科学背景下和大科普格局中的重要地位，更加彰显出基层高校科协在高校开展科协工作的不可替代作用。由中国科协主办的主要活动如下。

创办中国科协博士生学术年会。2002 年，中国科协常委会青年工作专门委员会，提出创办博士生学术年会，以促进博士研究生之间的学术交流，扩大学术视野、活跃学术思维、启迪学术思想，促进青年科技人才脱颖而出。博士生学术年会由中国科协组织人事部和国务院学位委员会办公室联合主办，每年举办一次。

创办全国青少年科技创新大赛。2002 年，教育部、中国科协、科技部、国家环保总局、国家体育总局、国家自然科学基金委员会、团中央、全国妇联联合主办单位，将创办于 1982 年的全国青少年科技创新大赛和创办于 1991 年的青少年生物和环境科学实践活动整合为每年一届的全国青少年科技创新大赛。

确立全国科普日活动。2003 年，中国科协组织各级学会在全国范围内开展了全国科普日活动，以期在全社会营造相信科学、热爱科学、运用科学的良好氛围，持续做好群众性、社会性的科普活动。中国科协参与起草的《中华人民共和国科学技术普及法》颁布后，中国科协决定从 2005 年开始，在每年 9 月的第三个周日举办全国科普日活动。自此，全国科普日活动成为中国科协一年一度面向公众的常设大型科普活动。

抒写国际物理年在中国的新篇章。2005 年 4 月 15 日，中国科协联合科技部、教育部、中国科学院、中国工程院、国家自然科学基金委员会、中国物理学会在人民大会堂召开国际物理年纪念大会。1905 年，爱因斯坦在发表的 5 篇重要物理学论文里提出了狭义相对论、光量子学说等重要物理学概念和理论，对物理学产生了重大影响；2005 年为了纪念爱因斯坦发表这 5 篇重要论文 100 周年，国际纯粹与应用物理联合会将 2005 年确定为"国际物理年"。这一年，中国科协组织全国学会围绕"物理学与社会进步"这一主题，在全国范围内开展了形式多样、丰富多彩的"国际物理年在中国"大型系列活动。之后，在中国科协"七大"期间，通过加强基础研究和科技创新实践，中国科协的凝聚力和影响力得到了显著提升。

创办中国科协精品科技期刊工程品牌。2006 年，中国科协启动实施了精品科技期刊工程，旨在进一步提高科技期刊的核心竞争力，设立了培育国际知名期刊（A 类）、培育国内领衔期刊（B 类）、培育精品后备期刊（C 类）项目。自实施以来，据不完全统计，中国科协所属至少 77 个全国学会主办的至少 147 种科技期刊获得资助，成为国内对科技期刊支持力度最大的支撑项目。

创建中国科协学术建设发布会制度。2007 年 3 月 20 日,"2007 中国科协学术建设发布会"在北京举行。中国科协自此建立了每年一次的学术建设发布会制度,目的是向科技界和全社会公开发布上一年度中国科协相关学科进展和科技期刊发展情况。据中国科协 2022 年统计,已有 52 个全国学会就 50 多个学科开展了学科发展报告研究工作,公开出版了学科发展报告和学科发展报告综合卷等报告。

创立科技工作者科学道德规范制度。2007 年 3 月 23 日,中国科协科技工作者道德与权益专门委员会在北京举行新闻发布会,发布了《科技工作者科学道德规范》(简称《规范》)。《规范》对学术不端行为的界定提出了具体的标准,明确了学术不端行为的监督处理原则和程序。

开展纪念中国科协成立 50 周年系列宣传活动。2008 年 4 月,中国科协宣布以"发展与责任"为主题,面向社会组织开展纪念中国科协成立 50 周年系列宣传活动,以期通过开展群众广泛参与的各项活动,在全社会进一步推动公民科学素质建设工作,激发公众关注科技、热爱科技、运用科技的兴趣,达到在全社会弘扬科学精神、普及科学知识的目的。具体包括如下系列评选宣传活动:评选 10 位传播科技的优秀人物、评选 10 部公众喜爱的科普作品、评选 10 个公众关注的科技问题、评选 10 个影响中国的科技事件、评选 10 项引领未来的科学技术;"我与科协"有奖征文活动、中国科协成立 50 周年有奖知识竞答、"理事长谈学会"大型网络系列讲座、"中国科协 50 周年暨中国科技馆 20 年"回顾展;等等。这些活动,让科协和学会走进公众,极大地提升了科协的影响力。

中国科协"八大"期间,在全面落实《全民科学素质行动计划纲要(2006—2010—2020 年)》上取得了显著的成效;学术交流的质量和水平不断提高,中国科协年会紧扣地方经济社会发展实际,针对性强,受到各方好评,龙头作用凸显。中国电机工程学会、中国化工学会等全国学会主办的学术年会已经成为所在学科领域标志性学术支撑平台。青年科学家论坛、全国博士生学术年会、新观点新学说学术沙龙和青年科技创新沙龙等小型前沿高端学术会议影响力持续提升。构建了具有科协特色的科技智库；实施"中国科技期刊国际影响力提升计划"，科技期刊影响力和国际化水平得到了稳步提升；同时，启动了实施创新驱动助力工程，科技助力边疆和贫困地区发展；推动科协组织向基层延伸，扩大有效覆盖，按照"六个哪里"的要求，加强科协基层组织建设，联合教育部印发《中国科协、教育部关于加强高等学校科协工作的意见》，支持全国各省区市等建立高校科协联合会，推进建立全国高校科协联盟工作。

全国高校科协发展的萌芽阶段、创立阶段和巩固阶段的经历告诉我们，这些年来，中国科协推出的一系列高层次、高水平、高标准的大型学术科技科普活动，实实在在地一步一个脚印引导着全国高校科协通过工作覆盖来带动组织覆盖，有效地推进了中国科协基层组织建设的稳步前行。特别是区域性高校科协和基层高校科协的参与度也得到了提升，大量的高校科协工作实践是很有成效的。为了更好地联合全国高校科协的力量，由基层高校科协联合提出了建立全国高校科协联盟的构想，得到了中国科协和全国各地地方科协的高度重视，各地纷纷召开区域性高校科协组织建设推进会，制定了区域性高校科协实施细则，通过区域性高校科协组织建设的实践经验，进一步推动了全国各地基层高校科协组织建设工作。可以说，这个历史时期构建起了中国高校科协组织建设的雏形，成为其组织建设的一个重要发展时期，也留下了弥足珍贵的历史资料。"靡不有初，鲜克有终"，全国高校科协的发展还在继续，在此，特向为之付出的老一辈高校科协工作者致以崇高的敬意，正是因为他们的辛勤付出，才有了今天的收获；也借此勉励高校科协工作岗位的新一代工作者，不忘初心，守正创新，继往开来，担当起推进中国高校科协发展的重任。

二、全国高校科协经历的两个黄金发展时期

曾经，有一位长期从事高校科协理论研究的专家告诉我：中国科协历史发展的第一个黄金时期，是在中国科协"三大"期间；在这个时期我国的高校科协工作得到了中国科协前所未有的高度重视，也可

以说是高校科协发展的第一个黄金时期。中国科协发展的第二个黄金时期，是中国科协"七大"时期，在此期间，一大批全国著名高校纷纷建立起科协组织，还有一大批地方高校也开始建立区域性高校科协组织。提出这个观点的专家，是重庆大学科协秘书长应永铭老师。应老师在任期间一直担任全国高校科协工作研究会下设理论研究专业委员会负责人，他任劳任怨地带领着专委会开展全国高校科协的理论研究工作，他在梳理总结这段历史时还告诉我，老一辈秘书长希望我们年轻的一代高校科协工作者要认认真真地从中国科协历史发展的两个黄金时期去总结高校科协所取得的工作成效。于是，高校科协发展的两个黄金时期就这样被我们记录下来了，成为高校科协发展的一段弥足珍贵的史料。

第一个黄金时期。1978年，党的十一届三中全会确立了把全党、全国工作的重心转移到经济建设的轨道上来，由此掀起了改革开放的大潮。1986年，中国科协"三大"的召开迎来了中国科协发展史上的第一个黄金时期。此时，全国省、市、县、乡镇乃至企业、科研院所等企事业单位都投入到建立基层科协组织的热潮中，而在全国各地以理、工、农、医科为特色的高校，在地方科协的指导下，纷纷开始积极建立科协组织，体现出在人才资源最为密集的高校需要科协组织发挥学校党委和行政联系科技工作者的桥梁和纽带作用，突出了科协组织的学术网络特色。由此，全国各地的基层高校科协组织建设工作迅速推进，科协工作者工作热情十分高涨，同时带动了全国各地区域性高校科协组织建设的筹备工作。

在此期间，有时任全国高校科协联合会（筹）第一届理事长单位东北大学科协牵头留下的"初创经验"[14]；也有时任全国高校科协联合会（筹）第二届理事长单位北京航空航天大学科协牵头留下的"开创经验"；还有时任全国高校科协工作研究会第三届理事长单位华中科技大学科协牵头留下的"独创经验"；史料记录了全国各地基层高校科协第一代一线专兼职老师们辛勤耕耘的汗水。我还记得有热情似火的东北大学科协袁魏副秘书长、和蔼可亲的北京航空航天大学科协潘天敏常务副主席、任劳任怨的华中理工大学（现华中科技大学）科协吴鸿修常务副主席，还有认真负责推进全国高校科协发展的中国科协学会部马阳部长……想起他们，总觉得自己还不够努力，有一种愧疚之感。如今，全国高校科协还有一大批老专家，他们依然在默默关心着中国高校科协的发展，这让我十分感动。也许，这也是我一直还在执着地坚持研究高校科协发展的缘由吧！他们中有金龄（本书指80周岁以上）秘书长：朱仕文（东北大学科协）、应永铭（重庆大学科协）、朱淑桃（北京航空航天大学科协）、李楠（西北工业大学科协）等；还有一大批银龄（本书指60周岁至80周岁）秘书长：汪大伟（南京理工大学科协）、彭世卿（华中科技大学科协）、白如冰（北京航空航天大学科协）、杨楠尊（北京航空航天大学科协）、姚力健（中南大学科协）、石静（东北石油大学科协）、袁玉泉（河海大学科协）等。他们那种心甘情愿地为高校科技工作者服务的精神和默默奉献的人格魅力影响着我们，带领着驻守在这份既普通而又神圣的高校科协工作岗位上的年轻一代，共同展望着全国高校科协发展的未来。

第二个黄金时期。追本溯源，中国科协"七大"召开以后工作成效显著，中国科协"七大"召开迎来了中国科协发展史上的第二个黄金时期，也是全国高校科协发展的第二个黄金时期。在此期间，无论是中国科协基层组织建设，还是全国高校科协的基层高校科协组织建设，都取得了显著的可喜成绩，其突出的工作表现按照时间顺序可梳理为：经验积累与团队成长、顶层设计与政策引领、推进全国重点高校建立科协组织三个方面。

1. 经验积累与团队成长

中国科协"七大"召开后，中国科协负责联系全国高校科协工作的主管单位调整为中国科协发展研究中心。当时，华中理工大学科协是全国高校科协工作研究会的理事长单位，重庆大学科协等单位是副理事长单位，理事会承担了一系列日常工作，有责任和义务向中国科协发展研究中心汇报全国高校科协工作研究会的工作情况。由于当时全国各地基层高校科协的专兼职工作人员变动非常大，很多工作几乎处于停顿状态。我作为重庆大学科协秘书长，在我的老师应永铭老秘书长的带领下，主动承担了全国高校科协工作研究会的很多日常工作，为此，我参加了在东北大学科协召开的"沈阳会议"、中国科协发展研究中心主办的"北京会议"、中国地质大学（武汉）科协牵头召开的"武汉会议"，这三次会议，对当时全国高校科协工作研究会的工作，起到了至关重要的作用，这段历史也是很值得总结和记录的。

由东北大学科协牵头召开的"沈阳会议"。2007 年 3 月 27 日，全国高校科协工作研究会第四届第一次常务理事会在东北大学科协（沈阳）召开。这次会议主要围绕贯彻落实中国科协要求，把增强自主创新能力放在高校科协工作的首位进行研讨。来自武汉大学科协、华中科技大学科协、重庆大学科协、南京理工大学科协、河海大学科协、东北石油大学科协、东北大学科协等的近 100 位代表出席了会议。参会的高校代表人数多，议题涵盖范围广，对高校科协发展方向影响深远，后来被大家视为全国高校科协发展的又一个重要历史节点。

这次会议特别邀请了中国科协负责主管全国高校科协工作的中国科协发展研究中心主任李士。李士主任传达了中国科协党组已将高校科协的工作列入工作日程，他指出：这是中国科协为推进全国高校科协发展的又一重大举措。高校科协应围绕党中央工作大局和中国科协党组的要求，充分发挥高校科协作为党和政府联系高校广大科技工作者的桥梁和纽带作用；将增强自主创新能力放在高校科协工作的首位；在推进全民科学素质整体提升上做深入细致的工作；调整工作思路，加强自身建设和组织建设；开展调查研究，摸清家底，规范管理，民主办会。会上，李士主任高度赞扬了全国高校科协工作研究会的工作定位准确并做了大量工作，发挥了积极作用，培养了一大批为高校科协事业的建设和发展而努力奋斗的基层高校科协工作者。会上，各高校科协代表交流了工作情况和取得的经验成果，并就如何进一步配合中国科协推进全国高校科协工作研究会的发展进行了专题讨论。南京理工大学科协秘书长汪大伟作为中国科协"七大"代表传达了大会精神，他提出：全国高校科协工作研究会应围绕中国科协对高校科协的要求开展工作。东北大学科协秘书长朱仕文详细汇报了全国高校科协工作研究会成立后的概况以及历届中国科协领导对高校科协工作给予的关注与支持，强调高校科协应立足于高校开展工作，并通过中国科协的引导和支持走向全国。此次研讨会在中国科协发展研究中心的悉心指导下取得圆满成功，这是全国高校科协工作研究会召开的又一次工作推进会，为当时处于快速发展时期的高校科协进一步指明了方向，鼓舞着奋斗在基层高校科协一线的同志们积极进取的士气。

由中国科协发展研究中心主办的"北京会议"。2007 年 7 月，全国高校科协组织建设调研工作会（简称"北京会议"）在中国科协发展研究中心召开。会议由中国科协发展研究中心李士主任主持，时任中国科协书记处书记宋南平出席了会议并作了重要讲话。会议紧紧围绕以下主题展开：中国科协要求各高校领导要充分理解高校科协工作的重要意义，要以摸清高校科协组织的现状为契机，为基层高校科协会员提供学术服务；积极发挥高校科协在开展国内外学术交流、为经济建设提供智力支持等方面的作用。宋南平书记在讲话中首先回顾了钱学森主席对高校科协发展的一系列重要批示，同时还强调了高校科协在中国科协基层组织中的定位。他指出钱学森是第三届中国科协主席，他对科协研究很深且提出了对中国科协的"科协学"研究，对科协的组织建设和工作重心有很多重要讲话。之后，宋南平书记专门就高校科协的发展给出了三点重要建议，他说：第一，高校科协是科协的基层组织，强调了高校科协的基础地位。高校是科技工作者最集中的地方，所以科协的工作就要做到那里去。中国科协七届二次全委会工作方针要求"重心下移"，因此，迫切需要加强对高校科协的工作研究。第二，对于高校科协的工作定位。要通过落实"三服务一加强"来提升高校科协工作水平，即为广大科技工作者服务、为经济社会全面协调可持续发展服务、为提高公众科学文化素质服务；加强自身组织建设，提高服务能力，发挥高校的主观能动性。第三，高校科协应该积极进取，有为才有位。要积极争取学校领导的支持，要建立一支热心科学技术事业的队伍，要调动科技人员积极参与，使高校科技人员关心和支持高校科协的工作。此外，高校还要重视科技成果转化，积极为中小企业服务，为社会做出应有的贡献。出席这次会议的有东北大学科协、北京航空航天大学科协、华中科技大学科协、重庆大学科协、南京理工大学科协、河海大学科协等的负责同志。

由中国地质大学（武汉）科协牵头召开的"武汉会议"。2008年6月，全国高校科协论坛在中国地质大学（武汉）召开。东北大学科协、重庆大学科协、武汉大学科协、华中科技大学科协、武汉理工大学科协等的代表参加了会议。这次会议是由中国地质大学（武汉）科协牵头发起召开的一次全国高校科协工作研讨会。这次会议，到会单位代表最多且最有特色的是重庆大学科协，三代重庆大学科协秘书长参会，有已退休的原重庆大学科协的老秘书长应永铭、时任重庆大学科协秘书长靳萍，还有一位是时任重庆大学科协兼职副秘书长——当时年轻的化学物理专业留美博士刘辉。会议期间，代表们就高校科协组织建设与管理、高校科技社团现状、高校挂靠学会管理服务、高校科协与大学科普、高校科协与学生科技社团创新等方面的工作展开了深入的研讨。最后，大家一致认为：要把服务广大科技工作者从事原始性创新工作作为高校科协工作的重要内容来抓。此次论坛，又一次见证了高校科协发展论坛的现实意义。

2. 顶层设计与政策引领

在中国科协"七大"期间，中国科协领导专门就高校科协的发展问题，多次在中国科协系统相关会议中强调，各地方科协要重视推进基层高校科协组织建设工作，促进高校的学术交流。为此，在这个时期，中国科协掀开了加强全国高校科协组织建设工作的新篇章。记得那时，时任中国科协书记处书记邓楠，十分关心高校科协的工作，多次亲自率领中国科协相关部门负责人到全国各地的地方科协和高校开展调研，她还明确提出应积极推动在知名高校建立科协组织的引领性论断。2007年11月21日，邓楠书记出席了重庆市科协第三次代表大会开幕式，她在讲话中强调：重庆市科协要进一步深入贯彻落实科学发展观，努力促进国民经济又好又快发展；要切实加强公民科学素质建设，促进人的全面发展；要切实履行桥梁纽带职责，努力建设科技工作者之家。她希望大会选举产生的重庆市科协新一届委员会，不辱使命，不负重托，进一步增强责任感、使命感和紧迫感，团结带领全市广大科技工作者，团结协作、奋力开拓，为推动科学发展、促进社会和谐再立新功，努力创造无愧于时代、无愧于人民、无愧于我们伟大祖国的辉煌业绩。同时，她还专门就高校科协工作指出：提高学术交流的质量和实效、科普资源的共建共享和加强科协基层组织建设是高校科协工作的重点，也是难点；突破这些重点和难点，需要深化高校科协作为基层组织的枢纽作用，切实增进科技工作者对科协组织的凝聚力和归属感，积极发挥高校人才培养、科学研究、社会服务、文化传承的职能，通过提升学术交流质量和高端科学传播来推动学术建设，迈开新的步伐。[15]

我在回顾这段历史的时候，反复阅读和理解邓楠书记针对高校科协的组织建设、职能定位、发展方向等一系列的讲话，她深入基层调研后对基层高瞻远瞩的指引，犹如一盏指路明灯为全国高校科协的发展指明了方向。在此期间，在中国科协和重庆市科协历届领导和专家们的悉心指导下，在重庆市科协主席、重庆大学校长李晓红和重庆大学科协主席孙才新院士的领导下，重庆大学科协全委会通过组织和动员广大师生和科技工作者参加中国科协年会、全国科普日活动、中国科协会员日活动等一系列重要学术、科技、科普品牌活动，让基层高校科协会员有一种科技工作者之家的归属感。重庆大学科协的工作实践，体现了基层高校科协工作大有可为；不仅得到了学校党委和行政管理部门的充分认可，同时也得到了学校广大师生和科技工作者的广泛认可，由此，重庆大学科协被誉为"全国高校科协的一面旗帜"，受到中国科协和重庆市科协的表彰。

3. 推进全国重点高校建立科协组织

2008年12月29日，北京大学科协成立。成立大会，由时任北京大学常务副校长林建华主持。邓楠书记到会并讲话，邓楠书记传达了中国科协党组对促进高校科协发展的精神；她在讲话中明确指出：希望北京大学科协，坚持以科学发展观为统领，在学校领导的关心支持下，围绕中心、服务大局，发挥优势、突出特色，并在全校广大科技工作者的热情支持和积极参与下，不辱使命、不负重托，锐意进取、开拓创新，为走出一条中国特色的自主创新道路作出贡献，为将北京大学建设成为世界一流大学作出贡献。首任北京大学科协主席陈佳洱院士在讲话中强调：北京大学科协要自觉坚持党的领导，坚持围绕中心、服务大局，始终把加强党和政府同科技工作者的联系作为基本职责，把竭诚为科技工作者服务作为根本任务，把科协建成我校科技工作者之家，把科技人员是否满意作为衡量工作的主要标准，在促进学校科技繁荣发展、科技普及推广、科技人才成长提高、科技与经济相结合等方面做出成绩，成为推动北京大学科技事业发展的重要力量。时任北京航空航天大学科协秘书长白如冰代表全国高校科协工作研究会到会祝贺！

北京大学科协的成立，与中国科协领导对高校科协的顶层设计和多年来高校科协工作经验积累密不可分，表明了在高校建立科协组织对于发现、举荐、培养科技创新人才，准确反映科技工作者的意见和建议，维护科技工作者的合法权益，充分激发科技工作者的创新精神和创造活力，具有十分重要的意义。北京大学科协成立后，全国高校科协老一辈秘书长们通过不同方式相互转告，记得一位老秘书长高兴地告诉我：北京大学科协的成立是全国高校科协发展史上的一个重大事件。紧接着，全国其他的"985""211"知名高校也相继开始重视科协的组织建设工作。

三、全国高校科协经历的一个具有里程碑式的转折

中国科协"八大"召开之后的高校科协发展迅速。那是在 2011 年 5 月 27—30 日，中国科协"八大"召开，由中国科协主席提名，决定由陈希同志担任第八届中国科协党组书记、主持常务工作副主席、书记处第一书记。陈希书记到任后，十分重视全国高校科协的发展。他通过中国科协与教育部制定了战略合作框架；他还参加了具有战略意义的三次全国高校科协工作会议，推进了全国重点高校建立科协组织的工作，推动了全国高校科协跨越式的发展进程……这段历史，堪称全国高校科协发展史上一个里程碑式的转折。

1. 制定战略合作框架

在迎接中国科协"八大"召开的 2011 年 5 月 3 日，教育部科学技术委员会与中国科协调研宣传部签订了战略合作框架协议，双方提出资源共享，集成优势，发挥团队作用，开展高层次的战略研究和政策研究，为国家科技、教育乃至经济社会发展献计献策。中国科协与教育部的战略合作，开启了中国科协（国家学会）与教育界合作的历史新篇章，落脚在高校的科协组织上，由此基层高校科协成为中国科协和教育界合作的枢纽，使全国高校科协工作进入到了一个崭新的历史发展阶段。

在 2011 年到 2012 年短短的一年中，陈希书记亲自率领中国科协机关相关部门的领导，到北京航空航天大学、中国科技大学、浙江大学、武汉大学、华中科技大学、东南大学、南京大学、华南理工大学、中山大学、厦门大学、四川大学、重庆大学、宁夏大学、吉林大学、海南大学、广西大学等 30 余所高校座谈。有如此多的中国科协部门负责人到高校开展调研，还有中国科协机关各部门之间的工作内容协调，如此大的阵容，在中国科协历史上尚属首次，感动了基层高校科协阵营里的一线工作者，我们预感到高校科协迎来了一次大转折。陈希书记在调研期间，还出席了全国高校科协工作座谈会并发表了重要讲话，精准指出了高校科协存在的问题，提出了具有战略性和可行性的解决办法，使广大高校科协工作者备受鼓舞。

陈希书记在四川大学调研时指出：大学是基础研究的主体，高校拥有雄厚的教师队伍、丰富的教学经验、先进的实验设施，建设一支原创性的基础研究队伍，并给予他们持续的支持，坚持数年，定会产生成果。还殷切希望四川大学发挥综合大学优势，在努力做好"产学研"工作的同时，坚持创新；在支持基础研究的同时，还要充分发挥高校科协平台的资源优势，积极主动面向公众开展科普，提高公众科学素质，这也是高校服务社会的重要内容之一，将青少年的科普工作纳入高校的社会服务职能之中，为提高全民科学素质做出应有的贡献。

陈希书记在武汉大学调研时强调：高校承担着文化传承创新和引

领文化风尚的任务，其中重要的一项工作就是开展科学道德和学风建设，科学道德和学风建设事关创新型国家建设、一流大学建设，是一个庞大的系统工程。抓好科学道德和学风建设，关键是要抓好教育、制度和监督三个环节。高校要向社会展示科技界、教育界抵制不良学风，促进科教事业持续与健康发展的鲜明立场和有益思路，以教育、制度、监督为重点，全力推进科学道德和学风建设，高校科协要带头推进学术道德建设，传承引领文化的新风尚。

通过调研，陈希书记把解决高校科协的发展问题作为中国科协工作的一个抓手，具有推进中国大学学术发展的韬略。我们坚信，中国科协历届领导和从事"科协学"理论研究的专家们，在深入基层、感受基层、服务基层的基础上，将会为中国高校科协发展注入新的发展动力。

为什么中国科协"三大"召开以后，钱学森主席高瞻远瞩地给出了"高等院校科协是一个方向"的命题？为什么中国科协"七大"召开以后，中国科协中央书记处的领导多次强调"哪里有科技工作者，科协工作就要做到哪里；哪里科技工作者密集，科协组织就要建到哪里"？为什么中国科协"八大"召开以后，中国科协领导亲自到各地高校开展调研，直接对话大学党委书记和校长，共同探讨如何加强基层高校科协组织的建设？中国科协领导把高校科协组织建设的问题都集中在了高校，却落脚在基层高校科协组织的自身建设上。时隔多年，高校科协的发展依然缓慢，这让我十分担忧；不过，希望在未来。

2. 三次具有历史意义的全国高校科协工作会议

在中国科协"八大"召开之后的五年里，全国高校对科协组织建设的重视程度不断加深加快，新建高校科协组织数量迅速增加；同时，有关全国高校科协发展的新思想、新观点和新理论不断涌现，加快了高校科协发展的步伐，这与当时召开的"西安会议""重庆会议""南京会议"这三次会议密不可分。

"西安会议"。2011 年 7 月 6 日，由全国高校科协工作研究会主办、西北工业大学科协和重庆大学科协联合承办的以"贯彻落实中国科协'八大'精神暨'科学发展、大学科普与高校科协挑战'"为主题的高校科协工作论坛（简称"西安会议"）在西北工业大学学术交流中心举行。中国科协书记处书记王春法同志出席会议并作了讲话。王春法书记在讲话中首先肯定了全国高校科协工作研究会取得的工作成绩，要求要认真学习中国科协"八大"精神，领会党中央对基层科协的要求，积极组织推进高校师生学术交流、发挥高校作为知识创新基地在科学普及方面的作用。他还指出，在高校建立科协组织，一是高校师生学术交流的需要，二是能充分发挥高校作为知识创新基地在科学普及方面的作用，三是为贯彻落实党中央对科协组织的明确要求。会上，教育部科技司科技管理专家杨东占同志在讲话中高度评价了全国高校科协工作研究会在高等教育"十五"期间和"十一五"期间取得的成绩，他认为，高校科协对于高等教育改革、服务高校原始创新能力提高，以及高校体制、机制、文化创新等有重要作用，例如，如何以高水平科研为支撑提高高层次人才队伍建设以及高校如何为科技和社会服务等方面的工作是高校科协工作的一个非常好的抓手。之后，西北工业大学科协秘书长向河，介绍了西北工业大学科协取得的工作成绩，并引出一系列思考。我在发言中以如何贯彻落实中国科协"八大"精神为背景，结合自己多年来的工作实践，介绍了重庆大学科协通过创办重庆大学科学前沿论坛，如何为广大科技工作者服务的典型案例，阐述了自己对高校科协工作职能"五指理论"的研究体会。与会单位有重庆大学科协、华中科技大学科协、武汉大学科协、南京理工大学科协、南京航空航天大学科协等 30 多个单位的约 50 位代表，代表们分别就自己在基层高校科协开展工作的经验和创新观点进行深入交流，这次会议突显了高校科协理论研究的百家争鸣特色。

"重庆会议"。2012 年 10 月 25 日，中国科协组织人事部在重庆大学召开了全国高校科协工作座谈会（简称"重庆会议"）。时任中国科协党组书记、书记处第一书记、常务副主席陈希同志出席会议并发表了重要讲话。来自湖北省、湖南省、广西壮族自治区、重庆市、四川省、贵州省、云南省、陕西省 8 个省（自治区、直辖市）科协分管高校科协工作的领导及相关部门负责人参加了会议，重庆大学、西南大学、重庆邮电大学、重庆师范大学、重庆医科大学、华中科技大学、武汉大学、中国地质大学（武汉）、武汉理工大学、华中农业大学、中南大学、湖南大学、湖南师范大学、广西大学、四川大学、电子科技大学、西南交通大学、云南大学、西安交通大学、西北工业大学、西安电子科技大学 21 所高校分管科协工作的校领导和科协相关负责同志参加了会议。座谈会由中国科协组织人事部部长李森主持。

重庆大学党委书记欧可平致欢迎词；重庆市科协党组书记、常务副主席黄明会汇报了重庆市高校科协组织建设工作的基本情况；重庆大学分管科协工作的副校长刘庆，从学校办学宗旨谈起，介绍了重庆大学学术发展的历程，对学校科协在搭建学术交流平台、传播科学思想、普及科学知识和学风道德建设工作中发挥的重要作用和取得的成绩作了详细汇报。之后，四川大学常务副校长李光宪在发言中建议：高校应加大对科协工作的投入并提供组织保障。西安交通大学原校长、科协主席徐通模建议：进一步明确高校科协的定位，中国科协和地方科协应加强对高校科协工作的指导，高校科协应加强与企事业等单位的科技合作，从而更进一步发挥高校科协的作用。中国地质大学（武汉）党委副书记成金华指出高校科协工作，能推动各高校图书馆、博物馆等对外开放，加强科普出版物的规划出版。重庆医科大学副校长黄爱龙建议：在加强高校道德学风建设中积极发挥高校科协的作用。重庆师范大学副校长杨新民指出中国科协和教育部联合在高校中开展科普活动，能更好地做好高校对科普工作者的培训工作。广西大学副校长陈保善建议：要进一步明确高校科协的职责。武汉理工大学副校长张联盟建议：强化高校科协在项目、经费、评奖、评先等方面的职能。中南大学科研部副部长吴厚平建议：高校科协工作要重点发挥好学术交流、学会管理、科普工作、咨询服务四个方面的工作职能。西南交通大学副校长张文桂建议：进一步加强全国高校科协联合组织和地方高校科协联合组织之间的工作交流等。座谈会上，各高校代表紧紧围绕基层高校科协的组织建设和工作职能进行了交流。

陈希书记在听取了大家的发言之后谈道：目前，对高校科协的职能和定位不够明确和清晰，导致高校科协的发展极不平衡。就如何进一步做好高校科协的工作，陈希书记明确指出要注意挖掘高校科协一些不可替代的职责。最后，陈希书记强调：高校科协讨论交流要实事求是，达到发现问题、推广经验、提出建议的目的。地方科协要加强与高校科协的联系，加强与教育主管部门的沟通，共同做好高校科协工作。此次会议对高校科协关注度非常高，约 20 所高校的分管校领导参加，代表学校明确表态支持科协工作。这在全国高校科协发展史上，实属首次。"重庆会议"召开之后，又有一大批高校建立了科协组织。

"南京会议"。2013 年 12 月 8 日，全国高校科协工作座谈会（简称"南京会议"）在东南大学召开。时任中国科协党组书记、书记处第一书记、常务副主席陈希出席会议并作了重要讲话，中国科协党组副书记、书记处书记、副主席程东红也出席了会议。来自江苏省、北京市、天津市、辽宁省、吉林省、黑龙江省、上海市、浙江省、安徽省、福建省、江西省、山东省、宁夏回族自治区等 13 个省（自治区、直辖市）科协分管高校科协工作的领导及相关部门负责同志出席了会议；东南大学、南京航空航天大学、河海大学、南京理工大学、苏州大学、北京大学、北京航空航天大学、北京工业大学、南开大学、河北工业大学、东北大学、大连理工大学、大连海事大学、东北师范大学、哈尔滨工业大学、同济大学、宁波大学、合肥工业大学、厦门大学、福州大学、南昌大学、中国海洋大学、宁夏大学等 23 所高校分管科协工作的领导和基层高校科协负责同志约 80 人参加会议。会议由中国科协组织人事部部长李森主持。座谈会上，东南大学校长、江苏省高校科协主席易红致欢迎词；江苏省科协党组副书记、副主席陈惠娟首先介绍了江苏省高校科协在基层科协组织建设工作中的经验，重点介绍了江苏省高校科协取得的突出成绩，之后她明确表态：江苏省科协将以此次座谈会为契机，全面提升高校科协工作水平，推进高校科协组织全覆盖，引导高校科协充分发挥高校资源的优势，健全高校科协长效管理机制，打造高校科协工作的先行区、示范区、样板区，为全国高校科协事业的发展提供典型经验。最后，来自全国各地的 11 所高校分管科协工作的领导和基层高校科协秘书长分别介绍了各基层高校科协的工作经验，并结合实际提出了加强高校科协工作的对策和建议。

　　会议期间，以下各位作了发言：东南大学常务副校长/江苏省高校科协副主席胡敏强、南京航空航天大学副校长宣益民、河海大学校长王乘、合肥工业大学副校长/校科协主席刘晓平、北京航空航天大学科协秘书长史文军。他们提出了建议：希望中国科协和省区市地方科协搭建更多平台，疏通交流渠道，除了组织跨学科、跨专业学术交流以外，通过组织挂靠在高校的学会加强跨行业、跨领域的交流，在统筹高校科协协同合作方面加强研究和探索，赋予高校科协新的功能，为地方经济的发展建言献策。

　　南开大学校长龚克、吉林大学常务副校长赵继和厦门大学副校长金能明在发言中表示：要发挥科协在综合性高校中的独特作用，高校科协不但要做好促进不同专业和学科的学术交流，推动学科进步和学术繁荣方面的工作，也要探索自然科学与社会科学的融合，推动建立学科联盟；高校科协应该在促进师生交流、融洽师生关系、加强教学相长方面发挥独特作用；还要强化高校科协的科普功能，在各种科技奖项的评价体系中，将举办科普讲座、发表科普文章和出版科普专著的工作补充为评价要素。

　　南京理工大学副校长廖文和、吉林大学常务副校长赵继、南昌大学副校长/校科协副主席谢明勇和宁夏大学副校长/校科协主席李星等都谈道：要进一步完善高校科协组织的运行机制，明确高校科协的职责、定位、任务；要理顺高校科协和科技处、团委等群团组织和相关行政职能部门的关系，更好地体现科协的职能优势；建议中国科协联合教育部加强政策指导，对高校科协工作提供支持和保障。

　　座谈会上，陈希指出：高校科协要从科协组织自身特点出发，找准定位，服务挂靠高校的学会，指导学生科协、老科技工作者科协工作，办好相关学术期刊，这是高校科协可以做、也应当做并能够做好的工作。各级地方科协要加强对基层高校科协工作的指导，共同做好高校科协工作。中国科协和省区市地方科协要搭建更多平台，赋予高校科协新的职能，加大对高校科协的宣传力度，借助社会舆论促进各级党委对基层高校科协的重视和支持，从行政层面推动基层高校科协的发展。

后来，在深入学习和重温这三次全国高校科协工作会议的精神时，大家一致认为：这是全国高校科协发展史上具有深远历史意义的三次会议，事实已经证明，高校科协已经成为推进高校学术发展的一所没有学科壁垒的"无形学院"。

3. 迅速推进全国重点高校建立科协组织

在全国重点高校建立科协组织的工作进度原本相对处于比较缓慢的状态，随着中国科协加强基层科协组织建设工作的推进，地方科协积极响应，与已经建立科协组织的高校共同推进高校科协组织建设工作，全国各地研究型大学、研究教学型大学、教学研究型大学、教学型大学、应用型大学、高等专科学校等六大类高校积极筹建科协组织。自2008年12月29日北京大学科协成立之后，全国"985""211"重点高校的科协组织相继建立起来了，形成了全国各地基层高校科协组织建设大发展的局面，如南京大学科协、清华大学科协、上海交通大学科协、中国科学院大学科协、兰州大学科协、中国科学技术大学科协等。那么，这些高校为什么要建立科协组织？建立科协组织到底做什么？我们来看看以下几所高校在科协成立大会上，中国科协领导和各大学的校级领导、科协主席在成立大会上的讲话中是怎么回答这个问题的。

南京大学科协成立。2012年12月7日，南京大学科协成立。时任中国科协党组书记、书记处第一书记、常务副主席陈希到会并为南京大学科协成立揭牌。他在讲话时指出：南京大学科协的成立，有助于进一步团结整合全校科技资源，充分发挥学校人才优势、学术优势和科技研发优势，进一步促进科学研究和学科发展，促进科技与经济紧密结合，促进科学技术的普及推广、促进科技人才的成长和提高。时任江苏省委常委/省委宣传部部长王燕文、南京大学校长陈骏、中国科协组织人事部部长李森、江苏省教育厅厅长沈健、中国科学院院士邢定钰、中国工程院院士张全兴等领导和专家出席了成立大会。

清华大学科协成立。2016 年 5 月 15 日，清华大学科协成立。时任中国科协党组书记、书记处第一书记、常务副主席尚勇，北京市科协党组书记、常务副主席马林，清华大学党委书记陈旭出席了成立大会。尚勇在讲话中指出：科协是党和政府联系科技工作者的桥梁和纽带，是国家推动科学技术事业发展的重要力量。清华大学科协的成立，是落实中央关于科协系统深化改革实施方案部署的实际行动，体现了科协组织向高校和科研院所延伸的重要精神。希望清华大学科协充分发挥对科技工作者政治思想的引领作用，积极推进跨院系、跨学科、跨领域甚至跨学校的学术交流和协同创新，积极推进科技成果转化、支持创新创业，更好地为学校科技工作和科技人才服务，做好科学普及工作，在深化科研体制改革方面走在前列，为全国高校科协事业的发展起到表率作用。会上，北京市科协副主席刘晓勘宣读了《北京市科协关于清华大学成立科学技术协会的批复》，大会通过了《清华大学科学技术协会章程》，紧接着召开了清华大学科协一届一次委员会会议。

上海交通大学科协成立。2016 年 10 月 18 日，上海交通大学科协成立。时任中国科协书记处书记王春法、上海市科协党组书记/副主席杨建荣、上海交通大学校长张杰出席会议。来自全国 32 个省区市和 88 所高校科协的负责人和代表，见证了上海交通大学科协成立。会上，上海市科协党组书记、副主席杨建荣宣读了《上海市科协关于上海交通大学成立科学技术协会的批复》。王春法、张杰共同为上海交通大学科协揭牌。会议由教育部科技司副司长高润生主持。张杰校长发表了热情洋溢的致辞，他说：2016 年 4 月上海交通大学刚刚度过了 120 岁的生日，交大的历史不仅是全体交大人的宝贵精神财富和荣耀，也是中国高等教育道路曲折、前途光明的具体写照，更是鞭策所有交大人创新进取的动力之源。穿越三个世纪，交大的面貌日新月异。这中间，交大人始终砥砺前行，默默地为祖国和人民贡献智慧。今天，面对建设世界一流大学的重任，立足新的历史起点，交通大学和全体交大人一起，正在深入思考和总结大学的本质及其新时期的使命。站在新的起点放眼世界，新一轮科技革命已经进入突破关头。大学理应再接再厉，重启辉煌，以科技创新引领产业进步，以体制创新建设和谐社会，以文化创新共建精神家园，以人才创新开拓未来世界，以协同创新服务全面发展，以现代大学治理体系创新为国家和人民做出自己不可替代的贡献。张杰校长还对上海交通大学科协提出了几点希望和要求：一是要认真贯彻中央关于"推动科协组织向高等学校和科研院所延伸，鼓励支持高等学校建立科协"的要求，切实落实推进全国"科技三会"的精神，以上海交通大学科协建设为抓手和契机，团结带领全校科技工作者争做创新发展的时代先锋；二是要发挥好科协桥梁纽带作用，多为科技工作者做好事、办实事、解难事，大力举荐优秀科技人才；积极投身经济建设主战场，为创新驱动发展服务，加快推进科技工作者向企业转移技术成果或创新创业；三是要积极开展科学普及，为提高全民科学素质服务。依托上海交通大学钱学森图书馆等各类已有科普教育基地，面向公众开展科学技术普及活动。面向公众开放各级各类重点实验室、工程实验室和工程技术中心等科普宣传平台；四是要发挥学校科技智库的作用，为党和政府科学决策服务，主动把握新一轮科技和产业变革的发展趋势，集中上海交通大学优势学科的科研力量，为党和政府科学决策提供智力支撑，为上海建设具有全球影响力的科技创新中心作出贡献。

王春法书记在讲话中指出：上海交通大学科协的成立，是贯彻落实中央群团工作会议精神、全国"科技三会"精神的重要举措，也是贯彻落实《科协系统深化改革实施方案》要求的具体行动，体现了科协组织向高等学校延伸的重要精神，不仅对上海交通大学的建设发展、创建世界一流大学具有重要而积极的推动作用，而且对全国高校科协工作起到示范引领作用，对扩大高校科协有效覆盖，提升高校科协影响力具有重要意义。王春法还对高校科协建设工作提出了三点希望：一是积极探索科协与高校的协同机制，成为创新驱动发展的推动者。希望高校科协充分利用科协的组织网络优势和人才智力优势，面向世界科技前沿、面向经济主战场、面向国家重大需求，组织动员广大科技工作者积极开展创新争先行动。在短板攻坚、前沿探索、转化创业、普及服务等方面奋发有为，在服务地方经济发展中发挥更大作用。组织开展好跨界、跨学科、跨领域的学术交流，推进学校与学会、与企业、与科研院所协同创新，为建设创新型国家注入新动力、增添新活力。二是积极主动服务校内科技工作者，成为建家交友活动的力行者。希望高校科协积极搭建平台，大力宣传优秀科技人才，举荐科研人员和学术带头人参加院士评选，向国际科技组织推荐人才。大力培育青年科技工作者，为青年人才成长发展提供舞台和空间。反映科技工作者的意见诉求，维护科技工作者的合法权益，优化学术环境，培育创新文化。不断提升服务科技工作者的能力和水平，调动激发科技工作者的创新活力和创造热情，真正成为科技工作者的精神纽带和情感家园。三是积极服务"世界一流大学和一流学科"建设，成为学校中心工作的助力者。希望在学校党委的领导和学校行政各部门的大力支持下，紧密围绕学校中心工作，以中国科协和教育部联合下发的加强高校科协工作若干意见为指导，准确把握高校科协的职责定位，突出开放型、枢纽型、平台型组织特色，不断加强自身建设，提升服务能力水平，团结带领学校广大科技工作者，为促进学校科技事业发展，培育创新人才，建设世界一流大学贡献力量。

成立大会结束后，紧接着由中国科协主办、上海市科协和上海交通大学承办的全国高校科协工作论坛在上海交通大学举行。会议期间，来自全国各省区市的高校科协代表通过分组讨论、代表发言等形式分享经验、凝聚认识。

兰州大学科协成立。2020年7月3日，兰州大学科协成立。成立大会邀请了甘肃省科协党组书记、第一副主席陈炳东，党组成员、副主席张炯到会宣读批文和讲话。兰州大学校长严纯华、副校长李玉民、校长助理贺德衍、许鹏飞出席会议；全校各理工农医学院、重点实验室、校内实体性科研机构、兰州大学老教授志愿者服务队会员代表参加了大会。成立大会上，甘肃省科协党组副主席张炯宣读了《关于同意成立兰州大学科学技术协会的批复》；大会表决通过了《兰州大学科学技术协会章程》和《兰州大学科学技术协会第一届委员会委员选举办法》，选举产生了安俊堂等41人组成的校科协第一届委员会，严纯华当选为主席，李玉民、王锐当选为副主席，许鹏飞（兼）当选为秘书长。新当选的兰州大学科协主席严纯华表示，在今后的工作中，兰州大学科协将充分发挥桥梁纽带作用，不辜负党中央、省委省政府的期望，对内促进学校"双一流"建设，对外服务脱贫攻坚、服务陇原科技，做好育人、科技、创新、社会服务以及国际合作等诸多方面的工作。会上，省科协党组书记、第一副主席陈炳东指出：兰州大学作为甘肃省高校的排头兵、领头雁，建立科协组织更显特殊意义，为我们联系服务科技工作者、加强科协自身组织建设提供了强有力的抓手。

中国科学院大学科协成立。2020 年 10 月 28 日，中国科学院大学科协成立。习近平总书记在 2016 年"科技三会"上强调："科技创新、科学普及是实现创新发展的两翼，要把科学普及放在与科技创新同等重要的位置，普及科学知识、弘扬科学精神、传播科学思想、倡导科学方法，在全社会推动形成讲科学、爱科学、学科学、用科学的良好氛围，使蕴藏在亿万人民中间的创新智慧充分释放、创新力量充分涌流。"[16]为了贯彻落实总书记的重要讲话精神和党的十九大报告精神，更好地团结和动员全校科技工作者开展科技活动，促进学校科研与教学互动融合，促进科技人才的成长和提高，促进学校教育事业与社会发展的共同进步，经学校党委审议批准，中国科学院大学于 2019 年 12 月向北京市科协申请，成立学校科学技术协会。2020 年 4 月 22 日，北京市科协批准成立中国科学院大学科学技术协会。受新冠疫情的影响，原定于 2020 年上半年举行的成立大会延期至秋季学期举行。于是，2020 年 10 月 28 日，中国科学院大学科学技术协会成立大会召开。大会邀请了中国科学技术协会组织人事部部长李坤平、中国科学院科学传播局局长周德进出席并致辞。北京市科学技术协会二级巡视员陈维成宣读了《北京市科学技术协会关于中国科学院大学成立科学技术协会的批复》。会议通过了由校党委会提名的第一届科协主席、常务副秘书长人选，表决通过了由主席提名的副主席、副秘书长人选，并选举产生了第一届科协常务委员。校党委副书记、常务副校长王艳芬当选为第一届中国科学院大学科协委员会主席，副校长杨国强、党委副书记高随祥当选为副主席，中国科学院大学青年教师吴宝俊当选为常务副秘书长，计算机科学与技术学院和网络空间安全学院联合党委书记刘卫强当选为副秘书长，吴德胜、李剑、林晓、王夺奎、王洁婷当选为科协常委。会议由校长助理、党委宣传部部长、中国科学院大学科协秘书长王秀全主持。

　　成立大会上，第一届中国科学院大学科协主席王艳芬作了《履行社会责任　培育科学精神》的精彩主题报告，她指出：科协的正式成立，是中国科学院大学发展历史上一个非常重要的里程碑。多年来，中国科学院大学将科学普及当作师生回馈和服务社会的重要方式，在提升公民科学素养、激发青少年科学兴趣、服务所在辖区科技发展和创新成果转化等方面，积极发挥人才优势、专业优势和资源优势，不断实践和深入探索，面向社会开展形式多样的科普报告、公益支教、科技辅导、科普展演等活动。但是，这些成果，与中国科学院大学的实力地位，与社会对中国科学院大学的期待，还相差较远。科普，是中国科学院大学的重要社会责任，科协成立后，要在统筹推进学校科普工作系统化、规范化方面，有新气象、新格局、新作为；要进一步凝聚和团结科技工作者，助力学校科技创新、学科发展、人才培养和世界一流大学建设。中国科学院大学科普工作开展很早，但是，科协组织起步较晚。中国科学院大学科协要虚心向各级科协请教、向其他高校科协和行业科协学习，进一步加强同各级科协的交流合作，发挥组织优势，促进学校服务经济社会发展的能力提升。最后，王艳芬主席还阐述了科协工作面临的宏观、微观上的机遇和挑战，并从凝聚和培养一支队伍、建立和完善一套工作体系、打造和建成一个平台、繁荣和培育社会服务品牌等四个方面，规划了科协未来工作。王艳芬主席指出：中国科学院大学科协将视科学普及为工作重心和主要发力点，系统梳理、统筹和整合学校科普资源，通过科普工作全面带动科协整体有序发展。王艳芬主席还特别强调，中国科学院大学科协不要成为官僚机构，而要成为学校科技工作者的精神家园，要主动作为、积极协调，帮助科技工作者解决服务社会的实际困难，提供有效的支撑平台和强大的精神力量。

如今，越来越多的"985""211"高校以及地方高校加入到中国科协学术共同体之中，成为中国科协基层组织的中坚力量，同时也将更加有力地推动还未建立科协组织的高校积极响应，让中国高校科协事业的发展更加欣欣向荣。随着中国科协"九大""十大"的召开，中国科协更加注重自主创新和科技供给，预示着新一轮高校科协组织改革与工作创新开始起航，在不断保持和增强科协组织建设的政治性、先进性和群众性的征途上，继往开来。

参 考 文 献

[1] 北京大学科学技术协会成立[EB/OL].（2009-01-01）[2024-05-06]. https://news.pku.edu.cn/xwzh/129-136988.htm.

[2] 邓楠. 发展与责任——中国科协50周年[M]. 北京：中国科学技术出版社，2009：57-93.

[3] 人民日报. 中国科协"七大"5月23日开幕 人民日报发表社论《同心协力建设创新型国家——祝贺中国科学技术协会第七次全国代表大会召开》[EB/OL].（2006-05-23）[2018-03-21]. https://www.gov.cn/jrzg/2006-05/23/content_288245.htm.

[4] 新华社. 习近平：科技工作者要为加快建设创新型国家作贡献[EB/OL].（2011-05-27）[2018-06-21]. https://www.gov.cn/ldhd/2011-05/27/content_1872370.htm.

[5] 新华网. 全国科技创新大会 两院院士大会 中国科协第九次全国代表大会在京召开[EB/OL].（2016-05-31）[2019-06-21]. http://xj.cnr.cn/2014xjfw/2014xjfwgj/20160531/t20160531_522282146.shtml.

[6] 新华社. 两院院士大会中国科协第十次全国代表大会在京召开 习近平发表重要讲话[EB/OL].（2021-05-28）[2023-07-25]. https://www.gov.cn/xinwen/2021-05/28/content_5613702.htm.

[7] 新华社. 万钢连任中国科协第十届主席 陈薇、黄璐琦等当选副主席[EB/OL].（2021-05-30）[2023-07-25]. https://www.gov.cn/xinwen/2021-05/30/content_5614032.htm.

[8] 中国科学技术协会. 中国科协2018年度事业发展统计公报[EB/OL].（2019-09-02）[2023-03-25]. https://www.cast.org.cn/sj/ZGKXNDSYFZTJGB/art/2019/art_0e9b159b85a34a159f14d51d166f4f29.html.

[9] 中国科学技术协会. 中国科协2022年度事业发展统计公报[EB/OL].（2023-12-29）[2024-04-03]. https://www.cast.org.cn/sj/ZGKXNDSYFZTJGB/art/2023/art_

af00d3753f7c49c2a3b6954057e8e02d.html.

[10] 中国科学技术协会章程[EB/OL].（2021-05-30）[2023-06-08]. https://www.cast.
org.cn/qjkx/KXZC/art/2021/art_3816257fff9941e886861892c72555f9.html.

[11] 中国科学技术协会组织宣传部. 中国科学技术协会简史[M]. 中国科学技术协
会组织宣传部，1988.

[12] 邓楠. 发展与责任——中国科协 50 周年[M]. 北京：中国科学技术出版社，
2009: 100.

[13] 李森. 中国科协组织建设[M]. 北京：科学出版社，2015：455.

[14] 东北工学院科学技术协会. 高等院校科学技术协会联合会成立暨第二届全国
高等院校科协工作研讨会会议文集[C]. 东北工学院科学技术协会，1988.

[15] 中国科协书记处第一书记、副主席邓楠. 在重庆市科学技术协会第三次代表
大会开幕式上的讲话[EB/OL].（2007-11-21）[2018-03-24]. http://www.cqast.cn.

[16] 新华网. 全国科技创新大会 两院院士大会 中国科协第九次全国代表大会在京
召开 [EB/OL].（2016-05-30）[2023-03-15]. http://www.xinhuanet.com//politics/
2016-05/30/c_1118956522.htm.

第三章
高校科协的自然属性

要注意挖掘高校科协一些不可替代的职责。一是开展跨院系的学术交流。这是高校科协相对优势的职能之一，比如可以举办青年教师学术沙龙，鼓励青年教师开展跨院系、跨学科的研究；二是面向社会公众特别是青少年开展科学普及，高等院校的科技人员在科技传播方面具有独特的优势，科普理应成为高等院校一项重要的社会职能；三是宣扬科学道德和科学精神；四是做好高校科技人员的服务工作。要特别关注青年教师和离退休老教师，认真听取他们的意见和建议，同时积极做好科技人才的推荐表彰等工作。[1]——陈　希

（第八届中国科学技术协会党组书记、主持常务工作副主席、书记处第一书记）

高校科协置身于学术共同体两类不同的亚群体交汇节点：一类是高校科技工作者群体——高校师生；另一类是科技社团科技工作者群体——中国科协（学会、协会、研究会）。高校科协作为中国科协基层组织之一，是一个富有科技创新潜力的基层科协组织，不仅立足于高校基层学术组织之中，而且扎根在高校广大师生和科技工作者之间，所以，成为中国科协系统联系高校基层学术组织不可替代的组织枢纽。在本章，我们将沿着高校内部组织结构的时代演变线路图，去探究高校基层学术组织的变化，寻找在此期间高校科协究竟是基于什么样的内在缘由而诞生，同时，力图弄明白其自然属性的面貌、现象、特征以及规律和本质，瞄准高校科协作为高校基层学术组织枢纽定位进行深入讨论。

第一节　我国高校组织结构

承担对公民进行高等教育的学校，被称为高校，与"大学"词义相近。《汉书·礼乐志》中有"古之王者莫不以教化为大务，立大学

以教于国，设庠序以化于邑"。大学是指实施高等教育的学校，综合性地提供教学、研究条件和颁发学位的高等教育机构，而这些机构的内部组织结构，这些年来却伴随着我国高等教育发展的历史进程发生着巨大的变化，形成了一种前所未有的改革浪潮，推动着现代大学制度的改革创新和不断完善。

一、高校组织结构的时代演变

改革开放后，我国高等教育发生了翻天覆地的变化，其中，高校内部管理体制的变革特别引人注目，彰显了时代的进步和教育事业的繁荣。20 世纪 70 年代，我国实行改革开放政策后，高校内部组织结构调整颇大，归纳起来，我们可以从四个历史演变时期来进行分析总结：以教学为主要工作内容的历史演变时期；以教学和科研并重为主要工作内容的历史演变时期；以高层次人才培养为主要工作内容的历史演变时期；以加强学科建设和推动学术发展为主要工作内容的历史演变时期。这四个历史发展过程的内在演变规律值得深入探究。

以教学为主要工作内容的历史演变时期。20 世纪 70 年代末，我国迎来了改革开放。首先，在改革开放初期，恢复了高考。1977 年 9 月，国家教育委员会在北京召开全国高校招生工作会议，决定恢复已经停止了十年的全国高校招生考试，以"统一考试，择优录取"的方式选拔人才上大学。这次会议是一次具有历史转折意义的关于全国高校招生的工作会议。会议决定恢复高考的招生对象是工人、农民、上山下乡的知识青年、复员军人、干部和应届高中毕业生。会议还决定，录取学生时，将优先保证重点院校、医学院校、师范院校和农学院校招生生源，学生毕业后由国家统一分配工作。当中国高等教育制度发生一系列变化时，高校内部行政组织管理机构——教务处的工作职能便凸显了出来。教务工作任务十分繁重，既要负责招生工作，还要负责有关教师的教学任务、目标、进度计划以及对学生的学习要求、目标、计划及考试等教与学的各方面事务，使其部门的负责人——教务处处长/教务长/教导主任的工作十分繁重。在这个时期，教务处的工作成为学校的中心工作，高校的管理工作处于以服务教学为重要工作任务的历史演变时期,教务处成为学校教学管理工作的业务、行政、管理部门。

以教学和科研并重为主要工作内容的历史演变时期。1988 年 9 月 5 日,党和国家领导人邓小平同志在会见捷克斯洛伐克总统胡萨克时提出"科学技术是第一生产力",接着党中央又发布了科技体制改革和教育体制改革的决定,确立了"经济建设必须依靠科学技术,科学技术工作必须面向经济建设"和"教育必须为社会主义建设服务,社会主义建设必须依靠教育"的一系列科教战略总方针。在此期间,国家和省区市科技计划的纵向科学研究项目以及企业技术创新的横向科学技术研究项目增加,高校的科学技术研究成果也开始面向市场,其科研任务和成果转化任务凸显。于是,在这个时期,高校内部行政组织管理机构普遍不能完全适应发展需要,当时我国很多高校内部还未设立科技管理部门,一般都由教务处代管一些科研事务。随着高校承担国家和地方的科研工作任务迅速加大,有的高校率先设立了校内二级行政管理机构即"科研处"或"科技处",也有的高校直接在教务处下设"科研科"来兼管科研工作,后来逐步升级为学校开展科技管理工作的独立职能管理部门即"科研处"或"科技处",负责学校科研管理工作,肩负起高校科学技术改革创新任务。于是,高校进入了以服务科研管理为重要工作任务的历史演变时期,"科研处"或"科技处"成为学校管理科研工作的业务、行政、管理部门。

以培养高层次人才为主要工作内容的历史演变时期。20 世纪 90 年代,党中央、国务院发布了《中共中央、国务院关于加速科学技术进步的决定》,提出实施科教兴国发展战略。1996 年,全国人大八届四次会议正式通过了国民经济和社会发展"九五"规划,确立"科教兴国"的基本国策。在此期间,培养高层次创新人才,设立学科点、学位点、博士后流动工作站等招收研究生、实施学位制度的工作任务凸显。当时国内除少数几所高校在 1978 年恢复研究生教育制度后开始恢复研究生院外,绝大部分高校在 1984 年后才开始创建研究生院。这些后来创建研究生院的高校,一般由科研处代管的研究生工作办公室发展为研究生处进而发展到研究生院,其肩负着培养高层次人才的重要任务，如重庆大学、山东大学等高校的研究生院就是这样发展起来的。于是，高校进入以服务培养高层次创新人才为重要任务的历史演变时期，研究生院成为负责学校高层次人才培养的业务、行政、管理部门。

以加强学科建设和推动学术发展为主要工作内容的历史演变时期。进入 21 世纪，建设创新型国家，提高自主创新能力，成为国家科技战略发展的重要任务。高校为提升基础研究和高端技术前沿研究的原始性创新能力、营造有利于激发创新的良好学术氛围，学科布局和学术发展的强烈需求促使越来越多的高校开始重视国际、国内科技社团的学术交流工作，广大师生也越来越热衷于参与科技社团主办的学术论坛、科学交流、技术发布、科学普及等活动，由此，一些高校增设了与学术发展相关的二级职能部门，比如发展规划办公室、学科建设办公室、学术管理办公室、校科协办公室等。发展规划办公室、学科建设办公室一般挂靠在学部或者校长办公室；学术管理办公室、校科协办公室或校科协秘书处由科技管理部门"代管"的居多。也有独树一帜的高校设置独立建制的学校二级单位科协组织，比如华中科技大学科协、北京航空航天大学科协、南京航空航天大学科协、重庆交通大学科协、重庆大学科协、西南大学科协等，这些独立建制的基层高校科协组织，大多数都是"昙花一现"。高校科协在提升高校的学术话语权（学术期刊是体现学术话语权的重要载体）、学术影响、学术声誉乃至学术地位上发挥着与国际、国内科技社团联系的独特作用，如何更好地发挥这一优势，值得深入研究。高校发展到了以服务完善学科建设和推动学术发展为重要任务的历史演变时期，高校科协组织已经成为促进高校学术交流的组织枢纽，这是高校科协发展千载难逢的历史机遇，同时也具有挑战。

上面，我们简要分析了高校在不同历史时期肩负的历史使命，其相应的组织结构调整始终紧扣时代需要。"大学不仅要传承知识、创造知识，更重要的是要批判知识，追求真理。"[2] 而较难的却是批判知识、追求真理。大学是国家高等教育主阵地，肩负着培养高层次人才的重要任务，在教学上传承知识是一种责任，在科研上创造知识是一种贡献，在学术上批判知识是一种勇气：这就是大学在追求真理中独有的大学精神。

二、高校组织结构的改革创新

组织结构是高校实现组织目标的一种表现形式。随着时代的进步和社会的发展，为实现高校的使命，高校组织结构的改革创新便成为当务之急。

《中华人民共和国高等教育法》规定"国家举办的高等学校实行中国共产党高等学校基层委员会领导下的校长负责制"。这是我国高校实行的一种复合型领导体制。高校党委在学校处于领导核心地位，统一领导学校工作；支持校长按照《中华人民共和国教育法》和《中华人民共和国高等教育法》的规定，积极主动、独立负责地开展工作；通过领导教职工代表大会等机构，加强学校的民主管理和民主监督。校长是学校的法人代表和行政领导人，对外代表学校，对内在党委领导下全面负责本学校的教学、科研、行政管理等各项任务的完成。高校内部组织架构可分为三个系统：党群组织系统，简称党群口；行政组织系统，简称行政口；学术组织系统，简称学术口。

党群组织。2021 年 4 月 16 日，中共中央发布了《中国共产党普通高等学校基层组织工作条例》（简称《条例》）。《条例》第七章"思想政治工作"第二十七条规定："高校党委应当牢牢掌握党对学校意识形态工作的领导权，统一领导学校思想政治工作。发挥行政系统、群团组织、学术组织和广大教职工的作用，共同做好思想政治工作。"《条例》第八章"对群团组织的领导"第三十一条规定："高校党委应当研究工会、共青团、妇女组织等群团组织和学生会（研究生会）、学术组织工作中的重大问题，加强学生社团管理，支持他们依照法律和各自章程开展工作。"为此，一般高校党群组织都建有党委办公室、党委组织部、党委宣传部、学生工作部、统战部和工会、共青团等机构。

行政组织。一般是指学校校务委员会（或校长办公会）以及各种专门委员会。主要职能机构有校长办公室、教务处、研究生处（或研究生院）、外事处、科技处（科学技术发展研究院）、社科处、人事处、财务处、实验设备管理处、产业管理处、后勤管理处、招生与就业指导处、保卫处、基建处、离退休工作处、审计处（室）等行政职能部门。在纵向管理上，按照学科（或学科群）设置院（或中心、系），还有数量不等的直属机构及附属机构。

学术组织。一般高校都设有学术委员会、学部、学位委员会、学科建设委员会、教学指导委员会、科学技术委员会、科协全委会，以及基层学术组织：学院（系、教研室）、研究中心、研究所等学术委员会等。

以上组织架构和与此相应运行机制的形成，是几十年来我国高校在办学发展过程中的经验结晶。在这三大组织结构体系中，党群组织是严格按照《中国共产党普通高等学校基层组织工作条例》的规定建制，有其严格的规范性。行政组织原本应该严格按照《中华人民共和国高等教育法》规定的高等学校章程建制，但由于各种原因，很多高校把章程编制与依法治校、机构梳理、规章制度建设、议事规则建立等方面工作结合在一起，推进现代大学制度改革，取得了阶段性成果。尽管这项工作有些滞后，但对规范高校行政组织结构来说，是一项重要的改革和历史性的进步。如今的高校学术组织系统相对清晰单纯一些，但由于教学任务考核、科研指标考核、人事职称评定等方面存在功利性的导向，其纯净的学术组织建设因无意或者有意的行政干预而造成错位，使学校的学术发展深受影响。最为突出的问题是行政权力与学术权力间的博弈，由于行政权力与学术权力间界限模糊，有些高校管理的"机关化"作风较浓，学术组织被边缘化，甚至成为高校的"弱势组织"。多年来，有些高校内部管理机构设置延续了不断修补的惯性，缺乏整体设计，表现为机构层次越设越复杂、数量也越来越多，对于能够推动大学学术发展的学术组织的建设，还亟待加强。

三、高校组织结构的发展趋势

目前，我国高校组织结构的科层化、行政化突出，其学科僵化、学术组织弱化等问题也亟待解决，高校以基层学术组织结构为中心的改革与发展势在必行。近年来，学者们在对高校组织结构的研究中把研究方向聚焦在如何推动基层学术组织结构改革与创新上，以促进高校的学术发展。学术研究是科技创新的重要环节，要重视学术研究，要跟踪世界科学前沿和技术热点，进行高技术研发与创新，综合多个学科开展跨学科研究，在学术研究的基础上进行原始创新，获取科学发现和技术发明的优先权，相关学术研究为高校在新的历史发展时期创造了新的机遇，同时也提出了挑战。学术研究可以造就人才，学术研究可以佑启乡邦，学术研究可以振导社会，学术研究可以促进自主创新，学术研究可以实现重点跨越，学术研究可以支撑发展，学术研究有助于引领未来。在这样一个重视学术研究的崭新时代背景下，高校组织结构一定会朝着以加强基层学术组织的建设、巩固和完善的方向发展；基层高校科协作为高校学术组织枢纽大有可为。

第二节　高校基层学术组织

高校基层学术组织，起源于中世纪自发组织起来的教师、学者行会，这些学术组织创立的目的在于探讨与学习高深学问。

一、基层学术组织诞生的原型

关于高校基层学术组织是如何形成的，还得从西方中世纪大学的诞生去寻找原型。据文献记载，最早拥有大学"母体"身份的博洛尼亚大学和萨莱尔诺大学，诞生在意大利北部的博洛尼亚地区，随后又在法国诞生了巴黎大学，在英国诞生了牛津大学等，那时，大学在欧洲如雨后春笋般相继出现。那个时候的大学没有建立严格意义上的大学基层学术组织，其学术组织以教授会（facultas）、学院（college）、讲座（chair）等形式出现（有的将讲座作为教学形式），这些学术组织形式延续发展，至今仍然能在世界各国著名的大学中看到其原型的影子。

　　中世纪大学的教授会是教师按照其专业和特有的兴趣聚集在一起组成的学术团体。例如，巴黎大学有文学、法学、医学、神学四个教授会，每一个教授会推选一位主任（decanus）为该会在大学学术组织中的代表，这些主任和学生团体的代表共同选举大学校长。教授会负责课程教学的设立、学位的授予、教师的延聘、学生的遴选和其他一切行政工作，而校长只能行使教授会委托的一定权限。[3]巴黎大学教师就是通过教授会来管理学校，此外，还确定了对后世影响较大的诸多制度，包括教师资格获得、学院制度、罢教权力、大学的自我管理权等。

　　中世纪大学的学院以受慈善捐助而建立的慈善会馆（学生宿舍）为原型。那时是教师到学生宿舍为学生上课。到了中世纪后期，巴黎大学将慈善会馆的学生宿舍功能和教师传授知识的教育功能合二为一，创立了大学教学机构。郑晓齐和王绽蕊在《研究型大学基层学术组织改革与发展》一书中详细介绍了中世纪的学院，曾引用了埃米尔·涂尔干的精彩评述：很少能够找到形成完全地起因于纯粹滋生的进化力量和产生生命体的过程相类似的有机生长的重大机构……事实上，发生在这种组织中的转型和随着机构的演进而产生的创新都不能确切地定出日期。后来发展出的学部、学院最初是基层学术组织形式，而不是像今天这样主要作为大学的中层学术组织而存在。同为大学的基层学术组织，法国巴黎大学的学院与英国牛津大学、剑桥大学的学院有所区别。前者没有后者那样的自治权，后者也不像前者那样拥有比较明显的学科性。[4]

　　讲座起源于中世纪大学，那时的讲座是由一个教授（师傅）带领几个助教（工匠）、一群学生（学徒）在一起通过记诵、辩论等形式进行学习的活动，是一种兼有信仰型、兴趣型、亲缘型特点的非正式组织进行的学习活动。[4]后来，这种讲座形式慢慢地在大学推行，逐渐上升为一种正式的基层学术制度，称为讲座制。

二、国外大学基层学术组织结构模式

回顾历史时，我们了解到，大学在成立之初是一群具有强烈求知欲的人们组成的"教师和学生"形式的学术团体。大学的组织结构由开始的单一化向后来多元化快速发展，其基层学术组织也发生了很大变化。我们来看看德、法、英、日、美五个国家大学的基层学术组织是怎样发展起来的。胡成功先生在他的《五国大学学术组织结构演进研究》一文中，对 20 世纪五六十年代德、法、英、日、美五国大学的基层学术组织进行了深入分析和研究，他认为在一个世纪左右的时间里，高校三层次结构的学术组织模式一直在各国大学中占有重要地位。

德国：大学（学院）—学部—讲座、研究所。19 世纪初，被誉为现代大学之母的柏林大学，依据创校者洪堡先生提出的"研究、教学合一"的理念，以强制性研究任务为中心，将研究与教学统一于正教授身上，加强了教授作为研究所主任的领导地位和在大学管理方面作为兼职决策者的重要影响，大学学术组织形式呈现出新的面貌。

法国：大学（学院）—学部—讲座。法国的大学学术组织结构基本上还是继承了中世纪以来的大学传统。大学由多个学部组成，学部之间的联系并不多。后来法国对大学进行改革，通过解散大学及其学部，重新组建跨学科的教学与科研单位，重组为综合大学。现在所说的巴黎大学，实际上是法国 13 所大学联合的统称。这项改革，不仅使大学的数量得到增加，而且使法国的大学由三级基层学术组织结构改革成为两级基层学术组织结构，其原因在于主持讲座的教授一般不主持研究，于是"大学只是一种教学的机构。因此，法国在设立大学基层学术组织时，并没有特别考虑科研活动的需要"[5]。

英国：大学（学院）—学部—系。早在 16 世纪末，英国的大学在苏格兰的教授制强调系科知识发展的影响下，形成了一门学科一个系的学系制。于是，一门学科的学术权力通常授予一名讲座教授，这名讲座教授一般就是系主任。

日本：大学（学院）—学部—讲座。明治维新后的日本在学习西方经验基础上，启动了高等教育现代化改革，决定采用德国大学模式。日本建立的东京大学等多所国立大学都是设立了多个学部的综合性大学，采取了大学下设学部、学部下设讲座的三级结构。

美国：大学（学院）—学院—系。美国大学借鉴英、德等国的先进经验，基于实用主义，很快就形成了一种全新的紧密结合社会、经济发展需要，适应本国大学发展的教学科研体制——学系模式，同时也创造出了一个"凌驾于本科生学院之上的第二中间层次"[3]。1825年基层学术组织"系"出现于哈佛学院，1900年学系在美国的大学和学院里占有牢固地位，成为适应专业化需要的划分更大结构的基本单位。正如胡成功先生精辟的概括："长期以来，尽管时移世易，美国大学的组织结构似乎没有根本性的变革，但就如一个历久弥新的橱柜，虽然同样还是三层，里面放的可能大多已不是当年的东西了——这主要表现在大学学术组织形式的日益多样化上。"除了学系，研究所、研究中心、实验室等是"被称为实验室、中心、研究所之类跨学科的独立研究机构，还有政府设在大学的研究中心或大学与企业界合作的研究中心。美国大学的基层学术组织更是异彩纷呈，过去，学系是学院以下唯一的行政单位，但20世纪五六十年代，随着综合学科、边缘学科的蓬勃发展，美国大学设立了很多研究中心、研究所之类的与学系平行的机构，这些在大学享有自治权的教学研究联合体与学系一起成为基层行政单位，同时，还设有实验室、研究小组、课题组、研究协作组、工作站等不完全依附于学系相对独立的研究机构或单位"[5]。

通过对以上五国大学基层学术组织的讨论，尤其是对目前世界一流大学最多的美国大学学术组织的讨论，我们可以看到：任何一个历史时期、任何一个国家乃至任何一所大学，都不是只有一种学术组织模式，基层学术组织呈现了多元化的发展。

三、我国大学基层学术组织的多元化发展

进入20世纪，对于中国现代大学，无论其是研究型大学、研究教学型大学，还是教学研究型大学、教学型大学，我们在其中几乎都

能找到基层学术组织的原型，即学校—学院—学系三级科层制。特别是 1993 年和 1998 年国家分别提出建设"211"和"985"大学之后，这些大学的基层学术组织的改革与创新蔚然成风。

后来，中国大学的基层学术组织在原有三级建制基础上，大量涌现出如教研室、教学中心、研究所、研究中心、研究院、实验室、实验中心、测试中心、检测中心、创新中心、创新基地、创新平台、研究基地、实验基地、学科群、创新团队等适应大学自身发展的基层学术组织。这些基层学术组织归纳起来有五种类型和三种模式。五种类型包括：学系型；研究所、研究中心、实验室和研究院型；产学研结合型；科技创新平台和哲学社会科学创新基地型；非常态学术组织型。学系型基层学术组织普遍存在；研究所、研究中心、实验室和研究院型基层学术组织致力于研究生教育和科学研究工作；产学研结合型基层学术组织兼顾科学研究、开发和技术推广；科技创新平台和哲学社会科学创新基地型基层学术组织拥有学科交叉的跨学科性质并注重培养研究生的研究能力。三种模式即清晰型/划一型、单一型、灵活型。[4] 当然，按照我国高校组织结构变革"坚持办学特色、注重整体和谐、坚持以人为本"的三个原则办学，组织结构科层化、组织结构政治化、院系划分僵化所形成的学术壁垒、科技群团组织不受重视等问题依然存在，还有一些专家学者提出院系管理教学，室所管科研、平台和基地，产学研结合等创新模式。[4]

如今，中国大学基层学术组织向着多元化方向继续发展，我们需要重新认识中国科协这一"国家学会"的优势，更好地通过中国科协基层组织即高校科协，推进高校基层学术组织在跨领域、跨学会、跨校、跨学院、跨学科、跨专业中的发展，加强学术交流，服务专家学者教师和准科技工作者学生，在打破学科壁垒中拓展科学视野，守正创新。这是时代赋予作为高校基层学术组织枢纽的高校科协的重要使命，值得深入研究。

第三节　高校基层学术组织枢纽

在中国，那些敢于尝试在高校创建科协组织的学校，已经在基层学术组织建设工作中取得了丰富的实践经验；其成功的案例足以证明，基层学术组织的建设不仅是推动高校学科发展的基本保障，而且是高层次人才成长成才的重要途径之一。那么，如何重新认识高校科协在高校基层学术组织中的定位？本节以重庆大学建校 90 多年来基层学术组织的变革为例，对其自然形成的内部科技社团和外部科技社团进行剖析，重点讨论在高校建立科协组织的可行性，通过发现问题和总结经验，进一步认识和挖掘基层高校科协不可替代的工作职责。

一、重庆大学基层学术组织的变革

基层学术组织是支撑高校学科发展的生命线。在重庆大学建校近一个世纪的历史发展进程中，基层学术组织建制模式发生过一次重要变革。重庆大学自 1929 年建校到 2010 年，基层学术组织采取三级制模式，从 2011 年开始进行了重大变革。

基层学术组织实行"学校—学院—系所"三级制模式。早在 20 世纪 40 年代，重庆大学就拥有文、理、工、商、法、医等学院；1952 年全国院系调整，进行基层学术组织重组，重庆大学成为国家教育委员会直属以工科为主的多学科综合性大学；1960 年被确定为全国重点大学。改革开放以后，重庆大学在大力发展人文、经济、管理、艺术、教育等专业方向的基础上，创建了一大批人文社会科学领域的新学科，促进了重庆大学多学科的协调发展；2000 年 5 月，由原重庆大学、重庆建筑大学、重庆建筑高等专科学校三校合并组建成新的重庆大学，使得一直以机电、冶金、能源、材料、信息、生物等学科优势而著称的重庆大学，增加了建筑、土木、环保等学科，由此奠定了建设高水平综合性大学的坚实基础。在此期间，学校基层学术组织一直实行"学校—学院—系所"三级制模式。

基层学术组织实行"学校—学部—学院—系所"四级制模式。2011年，重庆大学的基层学术组织发生了重要变革。其缘由为北京大学一位具有现代高等教育办学思想的高水平教育家来到重庆大学接任校长，他肩负着把重庆大学"建设成为中国最好大学之一"的使命与责任，带领全校师生员工奋进。这位校长，就是林建华校长。他怀揣使命，瞄准提升重庆大学原始创新能力，加强学科之间的整合与互补，他说："我们要打开教室办学，打开校门办学，走出国门办学。"[6] 2011年，在林建华校长的率领下，重庆大学大胆对基层学术组织进行改革，使基层学术组织实行相近学科融合与跨学科交流的变革，由原有的基层学术组织三级制模式（学校—学院—系所）改革为基层学术组织四级制模式（学校—学部—学院—系所），增设了学部，刚开始建立了文理学部、工程学部、建筑学部、信息学部等四个学部，随着学科建设的改革步伐，学部后来调整为人文学部、社会科学学部、理学部、工程学部、建筑学部、信息学部、医学部等。

人文学部。重庆大学人文学部有外国语学院、艺术学院、美视电影学院、体育学院等学院，以及人文社科高等研究院（博雅学院）。

社会科学学部。为整合学科优势资源，重庆大学社会科学学部成立，涵盖公共管理学院、经济与工商管理学院、新闻学院、法学院、马克思主义学院5个学院。社会科学学部各单位建有重庆大学中国公共服务评测与研究中心、重庆市协同创新知识产权研究中心、重庆大学国家网络空间安全与大数据法治战略研究院等研究平台。

理学部。理学部成立之前的机构是文理学部，文理学部将数理化、生命科学和基础文科等专业有机地结合在一起，组建成体系开放、渠道互通的跨学科的基础学科群，旨在促进学科的交叉融合，并形成了对通识教育体系的学科支撑。根据学科改革的需要，2014年，原文理学部撤销，理学部成立。理学部包括数学与统计学院、物理学院、化学化工学院、生命科学学院、分析测试中心和现代物理中心等，还有其他一些重点实验室和研究中心等研究机构。

　　工程学部。重庆大学工程学部的前身是在建校初期重庆大学工学院的基础上发展起来的实力雄厚的特色工科，有机电、冶金、材料、通信、计算机等专业。著名地质学家李四光、矿冶工程学家魏寿昆、电讯工程学家冯简等曾在重庆大学工学院任教。工程学部有机械工程、电气工程、动力工程、资源及环境科学、材料科学与工程、航空航天、汽车工程等学院，有机械传动、输配电装备及系统安全与新技术、煤矿灾害动力学与控制等国家重点实验室和国家镁合金材料工程技术研究中心，以及其他一些科研机构。工程学部通过抓好学科交叉和融合，以国家重大需求和西部社会经济发展为导向，重点在先进制造、能源与环境、先进材料三大领域，进行人才培养、学科建设和科学研究。

　　建筑学部。重庆大学建筑学部有建筑城规学院、土木工程学院、环境与生态学院、管理科学与房地产学院等学院，还有智慧城市研究院，以及三峡库区生态环境、山地城镇建设与新技术 2 个教育部重点实验室等。2017 年，建筑学部牵头搭建的新型城镇化学科群（土木工程、城乡规划学、风景园林学、环境科学与工程、建筑学）入选"双一流"建设学科。

　　信息学部。重庆大学信息学部由微电子与通信工程学院、自动化学院、光电工程学院、计算机学院、大数据与软件学院等学院组成，有新型微纳器件与系统技术国防重点学科实验室、光电技术及系统教育部重点实验室、工业 CT 无损检测教育部工程研究中心、信息物理社会可信服务计算教育部重点实验室、飞行器测控与通信教育部重点实验室等科研机构。

　　重庆大学医学部辖医学院、药学院、生物工程学院等学院，以及多家附属医院；承担所覆盖学院、附属医院的学术发展责任，对各单位进行学术指导、学科布局协调、学术评价标准制定和学科相关资源配置管理。

　　重庆大学在这样一个改革后的新型基层学术组织建制环境里，有力地推进了学校现代大学制度体系的建设，制定了《重庆大学章程》，其核心要素的实施，使学部体制的运行机制在实践中深化，学术的责任链条得到明确，还大力推进了协同创新，成立了经济可靠汽车协同创新中心、山地城乡建设与新技术协同创新中心、深空巡视探测协同创新中心等；学校还与多所国外高校进行了交流和合作，开放办学的步伐迈得更为坚实。重庆大学在教育部直属高校工作咨询委员会第二十二次全体会议上做交流发言，得到了与会领导和代表的充分认同；国家教育体制改革项目检查组对学校的综合改革举措给予了充分肯定。在重庆大学这轮基层学术组织改革中，各院系成为主流，校科协属于非主流，但各学部学术带头人在中国科协系统的全国学会（协会、研究会）的学术兼职和开展一系列学术活动紧密相连，各学部的组建为跨学科交流和合作搭建了桥梁，为校科协组织跨学科、跨院系的交流活动提供了更好的条件，更凸显了校科协作为学校基层学术组织枢纽的工作职能。

改革中的风风雨雨，阻挡不住重庆大学坚如磐石的创新信念，重庆大学基层学术组织的变革，是改革创新的一大重要举措，抒写了重庆大学教育发展历史上光辉的一页。

二、重庆大学科协组织建设

无论大学基层学术组织模式怎样改革，基层学术组织的学术带头人和专家学者兼职担任国际、国内各级各类科技社团负责人的职务依然不会减。正是因为有这样的学术兼职"席位"，重庆大学基层学术组织才固若金汤，引领重庆大学内外部科技社团共同促进学校基层学术组织的繁荣。这样的学术兼职惯例在全国高校中常见。我们将围绕学术兼职"席位"的话题，对重庆大学科协作为学校基层学术组织枢纽，以及高校科协与高校基层学术组织之间的内在联系展开讨论。

长期以来，历届重庆大学党政领导都十分重视学校的基层学术组织建设。早在20世纪80年代初期，学校领导就开始专门研究建立科协组织的工作。据重庆大学老一辈专家们回忆，因中国科协在主抓科技咨询工作时，要求主体是厂矿科协和高校科协联合开展技术创新，由此全国各地的国有企业和以工科为主的大学相继开始筹备成立科协组织。那时学校开始组建科协组织时，是由学校科研处负责筹备工作，科研处负责人与重庆市科协分管高校科协工作的负责人联系非常密切，还主动邀请重庆市科协相关领导一同前往最早一批成立科协组织的高校进行实地考察和调研，他们组团去了东北工学院（现东北大学）科协调研，去了华中工学院（现华中科技大学）科协取经……考察和调研结束后，重庆大学科研处开始筹备重庆大学科协的组织建设工作，筹备组在重庆市科协的指导下，结合重庆大学基层学术组织发展的需要，很快就召开了重庆大学科协成立大会，重庆大学成为最早一批建立科协组织的学校之一。成立初期的重庆大学科协，不仅在推进学校基层学术组织的学术交流上发挥了不可替代的作用，而且在推进重庆市高校科协的发展工作中起到了"排头兵"的重要作用，同时，还承担了全国高校科协工作研究会西南片区的重要工作，承办过多次成渝两地高校科协工作研讨会及多次全国高校科协的工作会议，通过在高校科协间开展经验交流工作，扩大了重庆大学在中国科协系统的影响力，也得到了学校的党政领导和广大科技工作者的广泛认同。

重庆大学科协的发展历程。

1984 年 12 月 10 日，重庆大学科协正式成立。第一次重庆大学科协代表大会召开，推选出全国机械学科知名专家、重庆大学机械学院教授许香谷担任主席，重庆大学科研处计划科科长应永铭兼任科协秘书长；科协的主要工作是推进学校专家学者担任全国各级各类学会的学术职务和管理与服务校内的挂靠学会等。当时重庆大学科协是在科研处领导下开拓工作，科协工作人员也是兼职，没有专门的办事机构，与重庆大学科研处计划科合署办公。

1991 年 2 月 2 日，第二次重庆大学科协代表大会召开，推选出全国机械学科知名专家、重庆大学机械学院教授徐宗俊担任主席，科协秘书长依然由科研处计划科科长应永铭兼职连任；其主要工作任务是，紧紧围绕学校教学和科研中心工作，发挥中国科协科技咨询服务优势，通过高校科协与企业科协的合作，加强科技服务，推进学校科技成果转化，推进学校横向科研工作。在此期间，学校科协在推进科技咨询软环境建设上发挥了重要且不可替代的作用，成绩十分显著，多次受到中国科协和重庆市科协的表扬和表彰。由此，学校对科协的组织建设工作更加重视，并在人力、物力、财力上给予了很大支持，设立了重大科协秘书专职岗位，但科协的日常工作办事机构还是与科研处合署办公。

1998 年 12 月 7 日，第三次重庆大学科协代表大会召开，推选出全国机械学科知名专家、重庆大学校长刘飞教授担任主席，靳萍担任专职科协秘书长（学校组织部任命为处级干部），组建了重庆大学科协秘书处。重庆大学科协秘书处主要工作任务是紧紧围绕学校中心工作，重点服务学校教学、科研、学术和科普工作；执行和承担中国科协基层组织的工作任务。2000 年 5 月，重庆大学、重庆建筑大学、重庆建筑专科学校三校合并成新的重庆大学，合校后校党委十分重视校科协的工作，专门就科协领导班子进行了调整。由原重庆大学科协、重庆建筑大学科协、重庆建筑专科学校科协组成新的第三届重庆大学科协委员会，校科协主席由全国知名学者孙才新教授担任（2003 年当选为中国工程院院士），由秘书处专职秘书长靳萍主持日常工作。第三届重庆大学科协委员会主要工作任务是紧紧围绕学校中心工作，服务学校教学、科研、学术和科普工作，在执行和承担中国科协和重庆市科协交办的工作任务基础上，开启了基层高校科协创新工作的新征程，取得了前所未有的成绩。

2007 年 10 月 10 日，第四次重庆大学科协代表大会召开，推选出孙才新院士连任主席，科协秘书处由靳萍连任专职秘书长并主持日常工作。孙才新主席在第四次重庆大学科协代表大会的讲话中强调要发扬和传承重庆大学老一辈科技工作者在科研教学一线工作实践中凝练出的思想精髓，发扬靠科学前沿凝聚人、靠原始性创新激励人、靠思想交流引导人、靠自由探索与学者自律的和谐民主氛围团结人、靠传承优秀科技工作者的先进事迹感动人的优良工作作风。这次会议的召开，标志着重庆大学科协逐步走向了独立建制，科协组织体制由挂靠科研处转向学校二级独立建制单位即科协秘书处。科协专职工作人员编制 2 人、有专项工作经费、也有独立的办公场地。本届科协主席孙才新院士把校科协的工作任务概括为做好三件事：一是科学传播与普及，二是服务于科学发现与技术发明，三是呼吁与寻求各个方面的支持。高校科协虽然条件有限，但把这三点做得非常出色，就是对学校、对国家、对社会的贡献。重庆大学科协自"四大"以来，在贯彻落实中国科协"七大"精神的基础上，紧紧围绕学校的中心工作，以服务学校学术工作和创新大学科普工作为主线，即跟踪科学前沿的跨学科学术交流和组织高端大学科普面向社会的探索性实践，开创了重庆大学科协工作的新局面，不仅得到了学校领导和广大科技工作者的高度赞誉，也被中国科协和重庆市科协誉为"全国高校科协的一面旗帜"。

2012 年 9 月 21 日，第五次重庆大学科协代表大会召开，推选出中国晶体学会理事长、重庆大学校长林建华教授担任主席，秘书长由科技处（原科研处）一位副处长兼任；科协工作以贯彻落实中国科协"八大"精神和紧紧围绕学校中心工作为主要工作任务。科协专职工作人员增加为在编全职人员 4 人、有专项经费、也有独立的办公场地，但重庆大学科协的独立建制却倒退到了挂靠科技处的原型。

重庆大学科协的组织建制。

重庆大学科协的组织建制中有会员代表大会制度和会员制度。会员（代表）大会是校科协的最高权力机构，在此基础上，产生全体委员会（简称"全委会"），在"全委会"基础上产生常务委员会（简称"常委会"）。常务委员会下设科协秘书处和五个工作委员会即学术交流工作委员会、挂靠学会工作指导委员会、大学科普工作委员会、学生科技活动指导工作委员会、科技咨询工作委员会。有关会员制度，重庆大学科协的团体会员由老教师科协、青年教师科协、研究生科协和大学生科协等组成。个人会员组成如下：团体会员单位的会员作为当然会员；参加校内所属的各级各类学会、协会、研究会和行业协会的科技社团会员。根据《高等学校科学技术协会组织通则（试行）》（2017），如下对象可以成为高校科协的个人会员和团体会员：（1）在校工作的各级科协所属学会（协会、研究会）的个人会员，经审核可成为高校科协的个人会员；在校工作的具有一定专业技术职务（职称）的教学、科研和科技管理人员及在校研究生，承认并遵守高校科协章程，经批准可成为高校科协个人会员。（2）高校所属企事业单位成立的科技团体和校内成立的青年教师科协、离退休教师科协、院系科协、研究生科协、大学生科协等科技团体，经批准可成为高校科协的团体会员。[7]

重庆大学科协自 1984 年成立至今，共召开了五次代表大会。当今天回忆起自己在为基层高校科协组织努力工作的经历时，才深切体会到中国科协组织人事部李森部长曾经对高校科协组织建设的精辟论述：组织覆盖是工作覆盖的前提，不建立起科协组织，就无所谓开展科协工作。的确，如果没有一个严格的、按照章程办事的基层高校科协组织，科协的工作将会面临坍塌的窘境，乃至脱离中国科协的政治性、先进性、群众性和高校科协的政治性、学术性、民主性的本质，使科协组织的工作异化在高校行政组织和行政权力之中，其危害和后果不堪设想。

如今，高校虽然需要有一个推进学术生态与学术文明的学术软环境，但中国科协基层组织中的高校科协组织建设工作却在很多高校被边缘化，甚至很有可能受目前高校出现的精致的利己主义倾向的影响，危害极大。曾经有一位专家对我说：高校没有科协组织，或者有挂靠科技管理部门的科协"组织"，而没有专职科协秘书长，也就意味着没有科协主体。正如孙诚、吕华在《我国高校科协组织建设与发展的调查研究》一文中，对高校科协组织建设缺乏主体的总结：高校科协组织应该体现以科技工作者为主体的科技群众团体性质，以民主办会为组织运行的原则。但是，目前来看，尽管已建高校科协，也召开了代表大会，也有自己的章程，但是多数缺乏民主办会的意识，代表大会中的民主选举往往流于形式，民主办会没有基础，科技工作者在科协组织中难以体现主人的地位。高校科协在实际运行中缺少科技群众团体的特点，难以独立运作。为了能够得到学校领导支持，获得部分资源，在高校科协组织建设中，科协主管领导绝大多数是学校领导，秘书长多数由科研处长兼任。所以，已经建立的高校科协组织名义上是科技工作者的组织，但是，实现会员制的少，高校科技工作者认同度低，运行机制仍然局限于学校行政体系的轨道内，没有群众团体组织的开放性和自主性。由于科协的领导不是科技工作者选举的，而是学校领导内定的，因此科协的主席和秘书长不需要对学校的广大科技工作者负责，也不需要对会员负责，科协工作的好坏优劣仍然是由行政领导来评价，与广大的科技工作者关系不大。高校科协因此面临没有建设主体的尴尬局面，一旦学校行政领导不重视科协工作，科协机构的工作立即陷于无人指导、无人评估、无人负责也无人激励的境地。[8]

三、重庆大学内部科技社团

高校科协作为高校基层学术组织的枢纽，长期致力于服务学校学术文化软环境建设，这是基层高校科协的一项重要工作职责，这项不可替代的工作职责，还得从中国科协基层组织与高校内部科技社团的联系说起。比如，重庆大学科协，它首先是中国科协的基层组织，其次才有科协组织身份，负有管理和服务校内科技社团的基层学术组织枢纽职责。重庆大学科协由重庆大学老教师科协、重庆大学青年教师科协、重庆大学研究生科协、重庆大学大学生科协四个团体会员单位组成。这四个团体会员单位的会员以及挂靠重庆大学的中国科协所属各级各类学会、协会、研究会的重庆大学个人会员，必须具备是重庆大学在册离退休或在册在职或在册在校研究生和学生身份的条件。这个必需的条件，是获得重庆大学科协当然会员身份和个人会员身份的前提，可以体现重庆大学内部科技社团管理的规范性，使科协会员制得以完善。

重庆大学老教师科协（简称老科协）。老科协，于 2009 年在重庆市"高教老协"基础上组建起来，会员由重庆大学的离退休老教师和老科技工作者组成。老科协的会员们有一种朴实的学术性格、兢兢业业的工作作风、踏踏实实的敬业精神，特别是老一辈的院士、教授、专家，他们老有所为，塑造出一种可传承的学术精神灵魂丰碑。老科协的工作特点是，面向学校发展，开展调研、决策、咨询等，同时，还开展了面向社会进行科技成果转化、热心指导学生科技社团发展、开展科普工作等活动。长期以来，老科协对学校科协的工作给予了精心的呵护，已经成为重庆大学科协难得的宝贵财富。老科协由学校离退休处主管，接受学校科协的业务指导。

　　重庆大学青年教师科协（简称青科协）。重庆大学青科协，成立于20世纪90年代初期，这是学校在教学和科研一线最富有创造力的一支青年教师骨干队伍。青科协作为重庆大学科协的团体会员单位之一，长期带领广大青年科技工作者积极参与中国科协系统的一系列青年学术交流活动，取得了很好的成绩。重庆大学青科协在第一届、第二届和第三届的领导班子里，就涌现出了一大批优秀青年科技工作者，通过青科协提名，校科协组织推荐，荣获中国青年科技奖的就有7位青年科技工作者。获奖情况如下：重庆大学机械工程学院王序进于1988年9月荣获第一届中国科协青年科技奖；重庆大学材料科学与工程学院潘复生和重庆大学生物工程学院李建华两位学者，同时于1991年9月荣获第二届中国科协青年科技奖；重庆大学经济与工商管理学院张宗益于2006年5月荣获第九届中国青年科技奖；重庆大学材料科学与工程学院张静于2007年12月荣获第十届中国青年科技奖；重庆大学生物工程学院蔡开勇和重庆大学资源与安全学院卢义玉于2011年12月荣获第十二届中国青年科技奖。如今，这7位获奖者中，潘复生当选为中国工程院院士；张宗益曾任重庆大学校长、现任厦门大学校长；卢义玉现任重庆大学副校长，蔡开勇现任生物工程学院院长……

　　重庆大学青科协在组织建设上所做的工作也十分出彩。记得那是在2011年12月10日，重庆大学青年教师科协第三次代表大会隆重召开。这次大会得到学校党委和行政的高度重视，西南大学科协、重庆医科大学科协、西南政法大学科协、重庆师范大学科协、重庆交通大学科协等兄弟院校科协代表到会祝贺；挂靠重庆大学的学会代表、重庆大学老年教师科协、重庆大学研究生科协、重庆大学大学生科协等团体会员单位作为特邀代表参加，还有重庆大学各学院青年教师和学生代表550余名，大家共聚一堂，共同见证了代表青年科技工作者的科技盛会。会议审议通过了《重庆大学青年教师科学技术协会章程》，选举产生了重庆大学青年教师科协第三届委员会，委员由37名组成，主席由重庆大学生物工程学院青年教师蔡开勇担任，副主席由杨宇振、范倍等 3 人担任，常务委员 13 名，秘书长 1 名，副秘书长 2 名。设立了理科、工科及文科学术委员会。这一届青科协还特聘了 6 名顾问：重庆大学党委书记欧可平、重庆大学校长林建华、中国科学院吴云东院士、中国工程院鲜学福院士、中国工程院杨士中院士，以及当时担任第四届重庆大学科协秘书长的我。我很荣幸，感谢蔡开勇主席和大家对我的信任，对我来说更是一份责任。会上，两个学术报告选题很有前沿引领性。青年教师杨韬博士以"无机材料化学的基础研究"为题作了学术报告。该研究领域有可能形成新的学科点，从而助力重庆市化学基础学科在全国争取一席之地。青年教师胡建林博士以"复杂环境中的输变电设备外绝缘研究"为题作了学术报告，报告内容是他的博士研究论文《低气压下覆冰绝缘子（长）串闪络特性及直流放电模型研究》，荣获 2011 年全国优秀博士学位论文。

　　会议还提出：青年教师是学校发展的重要力量，在重庆大学青科协的带领下，广大青年教师要积极主动参与国际国内科技社团的学术交流，特别是要积极主动参与中国科协年会和中国青年科学家论坛以及全国和地方性学术活动，形成青年教师与学术界广泛交往的良好氛围。青科协由学校人事处主管，接受学校科协业务指导。

　　在这里，我想特别介绍青科协持之以恒地组织学术交流活动中最突出的一位青年科学家，其组织的学术交流活动是非常成功的一个案例。第三届重庆大学青年教师科协副主席、重庆大学建筑城规学院青年教师杨宇振教授创办了"双周学术论坛"，他为了做好这项特色学术交流活动，倾注了不少的心血，而且坚持做了 100 多期，实在是难能可贵。该论坛缘起于杨宇振教授借鉴来自卢作孚经营民生公司和北碚小镇的实践经验，他就卢作孚提出的能够在一个相对封闭的环境中促进开放、思辨和存量优化的想法进行系统的学术思想交流。

　　2010 年底，杨宇振教授发起、策划、主持开创了"歌乐山下·嘉陵江畔——双周学术论坛"，这个论坛成为重庆大学青年教师学术交流活动的特色，被大家赞誉为青年学者"双周论坛"。当时杨宇振教授提出论坛的选题主要围绕"全球化格局中的中国城市化"及相关领域的学术前沿开展，其目的在于：一方面加强学科之间的沟通和交流，促进交叉学科诞生，促进学科之间的交流碰撞并推进学科内部之间的讨论；另一方面为相关研究者提供学术传播和互动平台。而更为重要的是，希望通过这项学术交流活动，推进校内师生之间更为广泛的学术交流，不仅在学术成果、方法与理念方面，更注重学者的学术态度和学术理想。由此"双周论坛"诞生。

"双周论坛"一共持续了 100 多期，参与的学者有来自重庆大学建筑城规学院的教授，也有来自重庆大学校内其他学部、学院的青年专家教授，还有重庆市内的政策研究者、资深实践者、国内其他院校的教授/专家学者等。每一期学术主题都由杨宇振教授亲自设计。他邀请至少两位与研究方向相关的学者参与讲述和讨论。

最开始的几期邀请的是杨宇振教授所在学院的学者，主题涉及广泛，如颜文涛讲"背景的价值——可持续规划思考"、徐苗讲"空间的属性——快速城镇化进程中的'门禁社区'现象"、董世永讲"城市设计的理性思考"、赵珂讲"复杂性科学视域下的城乡规划方法"；后来，杨宇振教授邀请校内其他学院的学者参加，如资源及环境科学学院（后更名为资源与安全学院）的袁兴中、建设管理与房地产学院的王林、美视电影学院的范倍等。之后，邀请重庆市优秀的研究者或实践者作为主报告人，如袁东山讲"重庆城市考古的发现与研究"、蓝勇讲"历史文化地理视角下的文化产业发展"、周勇讲"苦干"与"战时重庆城市影像史学研究"、何智亚讲"巴渝建筑风格源流探析"等。再后来，又邀请国内的知名专家学者作主题报告，如华南理工大学的朱亦民讲"对话建筑现实"、冯江讲"摇摆与涌动：晚清以来广州的形变"、同济大学的赵民讲"现代城市规划体系及多维度解读"、王方戟讲"建筑设计中的细节与概念"、徐磊青讲"行为驱动设计"、清华大学的秦佑国讲"建筑、技术与艺术"、朱育帆讲"原置在设计学中的意义"、周榕讲"在地建筑学：反乌托邦空间组织的轨迹观察"、西安建筑科技大学的刘克成讲"对话：设计的一种姿态"、华中科技大学的汪原讲"迈向建筑现象学"、东南大学的李华讲"'现代的'+'中国的'：一个建筑职业合法化的视角"、南京大学的甄峰讲"基于大数据的智慧城市规划与管理"、厦门大学的赵燕菁讲"城市化、信用与土地财政"、中国人民大学的温铁军讲"全球危机与生态文明"、唐克扬讲"无名的故乡：中国城市的地域性、记忆与想象"等。

最后，也邀请了一些国际知名专家学者，如哈佛大学建筑系普雷斯顿·斯科特·科恩讲"针压与建筑：关于密度与建筑设计"、宾夕法尼亚大学乔纳森·巴内特讲"街道和建筑间的创意空间"、日本早稻田大学的古谷诚章讲"让人感到幸福的建筑"、德国的克劳斯·昆斯曼讲"欧洲城市发展与知识社会""在未来愿景、激进使命和城市营销之间的城市范式"，还有当时在美国得克萨斯大学历史系的王笛讲"都市历史的视觉重构：图像、想象与中国城市研究"等。讲座中还有许多与建筑设计实践相关的讲座，如谢英俊讲"人民的建筑：关系到人类 70%居所的实践与探索"、汤桦讲"大地意象的印迹"、程泰宁讲"价值判断·文化自觉·建筑创新"、李虎讲"近期实践"等。

杨宇振教授总结道：一百多期主题不同的讲座，留给了听者多维的视野和思辨的可能；也留下了一段记忆。我常常记得讲者与评论者/听众间激烈而热情的互动，以及对于一些问题的持续追问。我们需要从更大的范围、更远的距离来审视自身，我们十分需要"自由的眼光"；我们也需要在辨识过程中、在近距离的实践中探索——实在不是为了完成各种"指标"。双周论坛中各种不同空间范围、不同领域方向讲者的讲述和讨论曾经共同提供了一种可能的指向。如今，杨宇振教授扎扎实实地教书育人，取得了一系列不凡的研究成果，他对研究学术，有一种可贵的执着精神，他的学术性格和思想谱系，是奠定这一百多期"双周论坛"的基础。

如今回忆起这段往事时，对杨宇振老师有一种愧疚感，我在担任重庆大学科协秘书长期间，对他的支持力度还不够，没有持续坚持下去。不过，2021 年 7 月 16~17 日的一次偶然机会，我与华中科技大学科协常务副主席曹锋一起去了重庆市石柱县中益乡，就是专门去考察杨宇振教授在理论与实践相结合中取得的一项高水平成果：一个乡村振兴计划中的成果。考察结束后，我感慨道：杨宇振，青年学者也，他是我们重庆大学青年教师科协中很有学术功力的好学者。

重庆大学研究生科协（简称研科协）。重庆大学研科协，创建于20世纪80年代初，对学校教学与科研有很大促进作用。作为重庆大学科协团体会员单位的研科协，在带领研究生开展学术交流、承担学校组织的研究生科学活动中，发挥了生力军的重要作用，特别是在1989年参与发起全国"挑战杯"活动中表现出色。我在第七章"开创大学科普"中有专门介绍。重庆大学研科协由研究生院主管，接受学校科协业务指导。

重庆大学大学生科协（简称大学生科协）。重庆大学大学生科协，创建于20世纪90年代初，是学校一支十分重要的参加一系列科技活动的主力军。作为重庆大学科协的团体会员单位的大学生科协，主要承担联系服务校内所有学生科技社团的工作任务，重庆大学大学生科协所属比较具有代表性的学生科技社团有：重庆大学学生宇航学会、重庆大学学生波粒学会、重庆大学数学学会、重庆大学学生核学会、重庆大学天文学社、重庆大学学生航模协会、重庆大学军事爱好者协会、重庆大学科幻协会、重庆大学观鸟会、重庆大学盆栽社等，这些大学生科技社团，在丰富大学生课余生活、繁荣校园文化、提高学生科学文化素养、培养高素质创造性人才等方面发挥着积极的作用。大学生科协通过学生科技社团开展学术交流、科技创新、大学科普、科学文化等活动，在打破专业壁垒、促进学科交流、增强通识教育以及树立科学的社会责任感等导向性活动中起到了重要作用。大学生科协由学校团委主管，接受学校科协业务指导。

就高校科协团体会员单位而言，其老一辈科技工作者带着对我国科技社团发展负责的高度责任感，积极支持校科协工作；一大批年轻学者和科技工作者通过参与中国科协系统的学术活动，增强了学术自信，校科协也通过活动发现和推举优秀青年科技工作者；还有研究生科协和大学生科协的会员们，他们是校科协的生力军。毕业以后的他们，一批又一批地成为中国科协未来的新会员。我想对于已经建立科协组织的高校，都应该有老教师科协、青年教师科协、研究生科协、大学生科协作为团体会员单位，这样才能构成真正意义上的高校科协基础组织。这样的团体会员基础组织构架体现出了高校科协组织最独有的自然属性。

四、重庆大学外部科技社团

高校科协作为中国科协基层组织之一，在高校的定位不仅是联系校内学术组织的枢纽，同时也应该是联系中国科协系统的组织枢纽。下面我们通过对重庆大学外部科技社团的分析，来进一步全面了解挂靠高等院校的科技社团管理工作。

重庆大学科协从成立那一天起就已肩负起学校赋予的服务基层学术组织和服务挂靠学会的主要职责，一直延续到今天。基层学术组织服务和挂靠学会有着密不可分的联系。挂靠学会作为推动学校学术交流的重要平台之一，不仅是提升学校学术影响力的重要途径，同时也是本学科领域的学术成就被校外同行广泛认可的一个重要学术标志。正因为需要通过这些外部科技社团对本学科学术水平的认可，来扩大重庆大学在重庆市、全国乃至在国际上的学术影响，所以，重庆大学科协服务挂靠学会，毋庸置疑发挥着举足轻重的重要作用。曾经，第四届重庆大学科协主席孙才新院士提出：校科协是学会之家。为促进学科专业活动，活跃学术氛围，促进学术交流，需要把服务学会的工作放在校科协工作的重要位置，同时要做好对挂靠学会的联系工作，落实联系人并制定联系制度。

重庆大学外部科技社团是以中国科协、全国学会、省区市科协、区县科协、乡镇街道科协五级科协组织所属学会、协会、研究会和全国二级学会、专业委员会以及行业学会、协会等级别划分作为挂靠学校的法理依据而产生的；同时，按照民政部社团管理办法的规定，对挂靠的科技社团进行严格的组织审定。然后，再由重庆大学基层学术组织学部、学院、学系和研究所、中心、实验室的学术带头人及专家学者向校科协提出申请，通过资格审查登记，然后由人事处备案会签，上报校长办公会审批，方可正式成为挂靠重庆大学的科技社团。重庆大学科协对学校外部科技社团的管理服务工作主要体现在以下三个方面。

第一，完善学校与外部科技社团即挂靠学会之间的法理手续。

对挂靠学会的登记资格进行审查。必须严格遵循国务院《社会团体登记管理条例》、民政部《社会团体分支机构、代表机构登记办法》等有关科技社团的合法性规定，才能挂靠重庆大学基层学术组织，获得重庆大学外部科技社团的挂靠资格。

对学会负责人的资格审查。必须严格按照《中国科学技术协会所属全国性学会组织工作条例》《重庆市科学技术协会主管学会（团体会员学会）组织通则》《重庆大学挂靠学会暂行管理办法》等有关科技社团负责人的合法性规章制度执行，由校科协秘书处初审，人事处备案会签，上报校长办公会审批。

履行对挂靠学会的批复手续。由校科协与挂靠所在的校内基层学术组织即学部、学院等相关研究机构共同对校外科技社团进行审定和业务管理。

截至 2012 年 12 月 31 日（2012 年之后暂无统计数据），挂靠重庆大学的外部科技社团约 200 个，隶属重庆市科协的市级学会有 17 个，其中基础学科类 6 个、工程科学技术学科类 7 个、综合学科类 4 个（表 3-1）。

表 3-1　挂靠重庆大学的重庆市市级学会统计表

序号	学会名称	挂靠二级单位	备注
基础学科类（6 个）			
1	重庆市力学学会	资源及环境科学学院（后更名为资源与安全学院）	航空航天学院（新建）
2	重庆市光学学会	光电工程学院	—
3	重庆市光谱学会	物理学院	—
4	重庆市化学化工学会	化学化工学院	—
5	重庆市工业与应用数学学会	数学与统计学院	—
6	重庆市生物医学工程学会	生物工程学院	—
工程科学技术学科类（7 个）			
7	重庆市计算机学会	计算机学院	—
8	重庆市岩石力学与工程学会	土木工程学院	—
9	重庆市硅酸盐学会	材料科学与工程学院	—
10	重庆市照明学会	建筑城规学院	—
11	重庆市制冷学会	动力工程学院（后更名为能源与动力工程学院）	—

续表

序号	学会名称	挂靠二级单位	备注
12	重庆市材料学会	材料科学与工程学院	—
13	重庆市工程图学学会	机械工程学院（后更名为机械与运载工程学院）	—
综合学科类（4个）			
14	重庆市自然辩证法研究会	公共管理学院	—
15	重庆市技术经济与管理现代化研究会	经济与工商管理学院	—
16	重庆市天文科普教育协会	研究生院	—
17	重庆市大学科学传播研究会	科协	—

（注：数据统计时间截至2012年12月31日，之后暂未统计）

第二，对外部科技社团即挂靠学会进行服务与管理。

重庆大学科协凭借多年来对本校外部科技社团的管理工作经验，于2006年制定了《重庆大学挂靠学会暂行管理办法》（试行），试行期间很有成效，得到了重庆市科协的认可并在重庆市各高校推广运用。

第三，建立外部科技社团即挂靠学会联系制度。

重庆大学外部科技社团，是重庆大学科协不可或缺的组织基础。重庆大学科协为服务挂靠学会，增强挂靠学会在校内的学术活力，扩大学校学科学术影响力，制定了定期召开学会理事长、秘书长联系会，协助承接重要学术会议等制度。例如：2011年5月18日，重庆大学科协召开了重庆市科协挂靠重庆大学市级学会理事长工作座谈会。出席本次会议的有重庆市物理学会理事长李芳昱、重庆市力学学会理事长彭向和、重庆市制冷学会理事长童明伟、重庆市照明学会理事长杨春宇、重庆市材料学会副理事长高家诚、重庆市工程图学学会理事长丁一、重庆市大学科学传播研究会副理事长杨尚鸿、重庆市技术经济与管理现代化研究会副秘书长赵骅以及挂靠重庆大学的理科、工科、文科及管理等学科领域的学会（协会、研究会）秘书长和专兼职工作人员等。这次会议主要讨论了重庆市科协与重庆大学共建市级学会的构想、学会如何为重庆市大学联盟在学术建设上服务、讨论挂靠重庆大学学会管理办法、开展学术道德建设等内容，以便能更好地做好对学会的服务工作。

总而言之，正是因为有中国科协所属各级各类学会、协会、研究会挂靠在重庆大学，重庆大学基层学术组织与外部科技社团在学术交流上形成了良好互动，其学术带头人和专家学者在基层学术组织的学术身份与外部科技社团的会员身份融入在重庆大学教职员工的身份之中。这样的学术身份，是科技工作者在科协组织参加学术活动的重要依据。虽然这些管理服务工作很琐碎、平凡，但重庆大学科协作为中国科协基层组织在高校基层学术组织中发挥着不可替代的枢纽作用。

参 考 文 献

[1] 共产党员网. 陈希书记出席全国高校科协工作座谈会[EB/OL].（2012-10-26）[2023-05-03]. https://news.12371.cn/2012/10/26/ARTI1351221908028787.shtml.

[2] 吴松. 大学正义[M]. 北京：人民出版社，2006.

[3] [美]约翰·范德格拉夫等. 学术权力——七国高等教育管理体制比较[M]. 王承绪，主编. 张维平，等译. 杭州：浙江教育出版社，1989.

[4] 郑晓齐，王定蕊. 研究型大学基层学术组织改革与发展[M]. 北京：清华大学出版社，2009.

[5] 胡成功. 五国大学学术组织结构演进研究[J]. 东北师大学报（哲学社会科学版），2005：451.

[6] 光明日报. 重庆大学校长林建华：以管理创新激发高校创新活力[EB/OL].（2013-03-04）[2023-05-28]. http://edu.people.com.cn/n/2013/0304/c1053-20670152.html.

[7] 《高等学校科学技术协会组织通则（试行）》[EB/OL].（2017-08-23）[2024-03-18]. https://www.cast.org.cn/qjkx/zzjszd/jbzzzd/art/2022/art_351b23961d074e5b8710a889ada601ac.html.

[8] 孙诚，吕华. 我国高校科协组织建设与发展的调查研究[J]. 大学（学术版），2009：40.

第四章
高校科协"五指理论"

高校科协的工作可概括为三件事，一是科学传播与普及，二是服务于科学发现与技术发明，三是呼吁与寻求各个方面的支持。科协虽然条件有限，但把这三点做得非常出色，就是对学校、对国家、对社会的贡献。[1]——孙才新

（中国工程院院士、重庆大学原副校长、第四届重庆大学科协主席）

有道是，感觉到的事物不一定能够很好地去理解，而理解了的事物才能更好地去感觉。为了更好地总结我在基层高校科协一线的实践经验与工作规律，本章进一步探讨高校科协的工作定位，并通过高校科协工作职能"五指理论"[2]的构建研究，揭示高校科协工作的普遍规律，从而为深入开展高校科协理论研究奠定良好的基础。

第一节　高校科协理论研究

中国科协学会学术部大专家沈爱民部长在《近代中国科技社团》一书的序中写道：法国年鉴学派有个著名口号"从现实出发，向历史提问"[3]。孔子在《论语·为政》里提出"温故而知新，可以为师矣"；《新唐书·魏徵传》中有唐太宗的名言"以古为鉴，可知兴替"；《增广贤文》则说"观今宜鉴古，无古不成今"；纵横家鬼谷子在《鬼谷子》中主张，"反以观往，覆以验来；反以知古，覆以知今；反以知彼，覆以知己""动静虚实之理，不合于今，反古而求之"。说得最生动的要算是唐代的韩愈了，他的《符读书城南》诗中说"人不通古今，马牛而襟裾"。上述圣贤之言均可概括为一句大白话：要了解今天和明天，不妨回头看看昨天。[3]

理论研究的结论，不光是总结了昨天，应用于今天，更为重要的是可为明天的发展提供守正创新的参考。我们研究高校科协发展的理论，需要寻找中国科协倡导开展"科协学"理论研究的缘由。1986

年 9 月 2 日，中国科协三届二次常委会在北京召开，钱学森主席在这次会议上首次提出了创建中国科协"科协学"理论体系。1987 年 2 月 27 日，钱学森主席又在中国科协三届二次全委会上讲道：创建中国科协"科协学"理论，就是要研究中国国情，研究党中央对中国科协的要求，研究和借鉴工会、共青团、妇联等团体和国外科技团体的经验，并结合中国科协的性质、作用、宗旨和任务，进行总结、探索和创造。1992 年 9 月，中国科协《科协学》培训教材，由时任中国科协书记处书记高潮主编，中国科学技术出版社出版。这本作为中国科协系统全体科协工作人员的岗位培训教材，被沿用到现在。由此，中国科协"科协学"的理论研究工作拓展到整个科协系统，中国科协所属的全国各级各类学会、协会、研究会，以及乡镇科协、高校科协、企业科协等基层科协组织的工作人员也参加了培训，通过系统学习，大家了解到科协组织的重要性，在开展基层科协工作中，理论联系实践，取得了丰硕成绩，培养出了一大批专兼职科协工作优秀干部。这是中国科协"科协学"研究的起步时期。也是在这个时期，全国高校凡已成立科协组织的基层高校科协工作人员通过参加培训，了解到中国科协"科协学"理论的重要性。当时，全国高校科协老一辈科协秘书长们，要求基层高校科协年轻的工作者都要认真学习"科协学"理论并做好相关的高校科协理论研究，开展高校科协理论研究工作也就是在这个时期提出来的。当时主要是对高校科协的工作经验进行总结，探寻工作规律，将工作实践和理论研究相结合，就是这样，对高校科协理论研究工作的经验被传承下来了。如今，高校科协理论研究，已成为中国科协"科协学"研究的一个组成部分。

一、高校科协理论研究的起步

高校科协理论研究开启于 20 世纪 80 年代。那时，成立科协组织的高校较少，所以也需要邀请未成立科协组织的高校代表参加全国高校科协组织召开的中国科协"科协学"相关学术交流活动，特别是举办的一些中小型全国高校科协专题学术交流研讨会，在这些研讨会上，中国科协领导和研究"科协学"的专家们发表了对高校科协发展的新观点。例如，时任中国科协办公厅主任周林就曾带领大家开展关于高校科协的性质、任务的研究。那时，大家常常把高校科协与厂矿科协进行分析比较，因为高校科协与厂矿科协在中国科协组织系统中都属于中国科协基层组织，也都是科技工作者聚集的地方。高校科协与厂矿科协同是科技工作者自己的组织，其性质、任务和活动方式等方面有许多相近之处。但是由于高校本身的性质、任务与厂矿企业有很大区别，因此，高校科协必然有与厂矿科协不同的特点。周林主任强调：在研究高校科协的性质、任务、作用以及如何开展工作的时候，应当更多地从高校科协自身的特点出发，更多地从高校发展中的教学和科研两个中心内在的要求出发，这样才能有助于我们增强对高校科协有关问题的认识。他还提出了要重视从以下六个方面来认识高校科协的理论研究工作：第一，应当从高校知识结构的组成来认识；第二，应当从活跃高校的学术思想来认识；第三，应当从改善高校的管理体制来认识；第四，应当从学术关系依靠行政命令转向更多地依靠平等协调的演变形式来认识；第五，应当从改进学校的教学方式来认识；第六，应当从加强党内知识分子的联系来认识。高校科协理论研究工作在中国科协和地方科协老一辈领导和专家们的引领下逐步走向深入。

高校科协的理论研究经验，可以说是铢积寸累。随着全国高校科协组织参与中国科协组织的学术交流活动越来越多，其基层高校科协的工作越来越有活力，把高校科协一线工作的经验交流提升到理论研究层面的需求也越来越强烈。最初，全国高校科协老一辈秘书长组织举办工作经验交流会，征集工作经验总结和会议发言稿；后来发展到征集研究论文，汇编了《第二届全国高校科协工作研究会论文集》；再后来，从零星的工作总结报告，发展到资料翔实、论证合理、有理论前瞻的高质量 CSSCI 论文；到如今，从不成规模的散页状手稿，再到理论研究专著的出版，高校科协理论研究的步伐加快。

我从二十多岁的青春年华到如今六十花甲有余，一直坚守在高校科协平凡的实践与理论研究领域，也有幸见证了中国高校科协理论研究成果的积累过程。回想起在老一辈秘书长们的带领下开展工作的那些难忘的岁月，那时工作成效显著，不仅在实践层面有了别开生面的创新，而且在理论研究方面也有突破和创造。这些理论研究工作，主要有论文交流、会议研讨、论著出版等方式，如汇编全国高校科协工作研究会论文集和区域性高校科协论文集，如《北京市高校科协论文集》《湖北省高校科协论文集》《江苏省高校科协通讯》，以及全国高校科协工作研究会编《高校科协会刊》《全国高校科协第三次代表大会报告》，区域性高校科协通讯如《重庆市高校科协通讯》等，还通过高校学报出版《高校科协工作研究》专辑等。

二、高校科协理论研究的成效

有关高校科协的研究论文，有的来自中国科协发展研究中心，有的来自地方科协，但多数由全国各地基层高校科协一线的专兼职人员撰写。这些论文从不同角度对高校科协的工作进行了分析研究。其中，有对高校科协工作实践经验的总结和理论体系的建构；也有以高校科协工作作为研究本体，以科技创新和科协工作实践为研究内容，简述作者从事高校科协工作的实践经验，作者从工作总结论述中提炼出高校科协理论研究的成果。这些研究可概括为以下三大类型。

依托中国科协系统的课题，对高校科协组织构架和工作机理的研究。例如：我发表在《中国科技论坛》的《论高校科协的发展与责任》；彭涛、何国祥发表在《中国科技论坛》的《高校科协基层组织建设制约问题研究》；孙诚、吕华发表在《大学》（学术版）的《我国高校科协组织建设与发展的调查研究》；吴丹、曹桂华发表在《学会》的《高校科协发展困境分析及对策研究》；应永铭发表在《学会》的《重庆大学建立高校科协》；彭涛、柏坤、何国祥发表在《中国科技论坛》的《高校科协组织治理结构理论研究》。还有一些论文，就基层高校科协自身组织建设问题进行论述，也有对高校科协未来发展方面的建议。

中国科协非常重视高校科协的发展，曾多次开展全国高校科协组织建设调研工作以及相关方面的研究工作或启动相关课题。其中《我国高校科协组织建设与发展的调查研究》就是中国科协发展研究中心调研课题的成果之一，该调研由中央教育科学研究所（后更名为中国教育科学研究院）的研究人员和中国教育学会教育机制研究分会组成的课题组合作完成。该成果介绍了课题调研工作开展的目的与实施步骤，以及在对问卷调查数据进行归纳、整理的基础上，分析了当前高校科协组织建设的现状、问题与建议等内容[4]。《高校科协基层组织建设制约问题研究》一文是中国科协发展研究中心组织的专题研究的成果，该文基于对全国高校科协基层组织建设进行的调查，分析了制约高校科协基层组织建设的问题，指出了制约高校科协发展的因素有内部因素和外部环境因素，内部因素如自身工作能力、民主办会能力等，外部环境因素如高校科协工作人员的专职编制、经费保障和制度建设等；对促进高校科协基层组织建设也提出了相关的对策建议。虽然该文谈到有关"高校科协始终缺乏具有影响力的工作，在高校的地位较低，表明高校科协的工作能力不足"的论断还有待商榷，但"要以理论研究指导高校科协的创新发展，形成品牌活动，成立高校科协联合组织"的建议还是颇有价值的，值得进一步深入研究。还有，基于重庆大学科协撰写的《论高校科技管理创新》一文通过展现重庆大学科协与宗申摩托集团合作的成功案例以及在承办"挑战杯"工作中校企合作等研究，表明了高校科协在校企合作中发挥了积极的作用。

依托高校基层学术组织，对高校科协工作职能的研究。例如，《高校科协的性质、任务和作用及运行模式研究》一文基于对前人研究的分析，进一步梳理和总结了高校科协的性质、任务、作用和模式。虽然这些问题早已被谈论，特别是科协组织在高等学校的建制模式，至今尚无一致定论，但相关总结也具有一定的研究价值。总体而言，对高校科协的本体研究得出的观点多来自一线工作者对工作经验的总结，而突显高校科协理论的理论性研究还有待加强。有的论文是宏观地强调了高校科协的地位和作用，并从国家创新体系、和谐社会建设、高等教育任务等宏观方面论述高校科协的大有可为和不可替代性，强调高校科协应积极主动发挥其工作职能，由此衍生出"动则有，静则无，动则不可替代，静则可有可无"的观点。例如：《试论高校科协在构建和谐社会中的独特作用》一文，不仅系统阐述了高校科协作为群体性科技社团的独特作用，还瞄准挂靠高校的科技社团，以高校科协是如何关心离退休科技工作者并发挥他们的作用为例阐述了高校科协在构建和谐社会中所起到的不可忽视的作用。《发挥高校科协优势 做科协工作的先行者》一文，以理论为基础，结合基层高校科协的工作实践，深入分析了科协如何立足于高校，如何发挥作用。《围绕中心 与时俱进 开创高校科协工作新局面》一文，较全面地分析了在当代科技发展趋势下，在中国科技发展"自主创新、重点跨越、支撑发展、引领未来"的指导方针和建设创新型国家总体目标背景下，高校科协如何牢记宗旨、与时俱进开创新局面。《探索高校科协发展的基本模式》以中南地区的高校科协为研究对象，将高校科协的发展模式概括为职能型、独立型、挂靠型三种类型。关于"高校科协的发展趋势""浅谈高校科协开展工作新思路"等方面的文章，对高校科协现有工作进行了评述，对未来提出了诸多建议，丰富了前瞻性的理论内容。

高校科协依托中国科协系统开展学术交流活动，分析高校科协的工作特征。例如，高校科协工作人员基于自己在工作中的体会，论述高校科协发挥的作用、实践的经验、成功的案例等，这些论述内容涉及以下方面的方法：培养科技创新人才、为青年科技人才成长创造条件、提高科技工作者科研心理素质、促进高校科研和教学整体提升、建立良好的学术研究软环境、开展大学生科技活动和提升大学生科学人文素养、推动地方科协工作和地方学会工作、与街道社区科协合作、与企业科协合作、新农村建设、促进科技创新和科技成果转化、指导和服务学会、开展大学科普和大众科普等。其中，需要特别注重发挥高校科协在大学生科技活动中的作用，注重对学生人文素养和科学素养提升方面的研究。

我为高校科协理论研究已取得的学术研究成果感到高兴。这些研究成果体现了高校科协工作者对高校科协工作的认同感，也体现了中国科协对高校科协的重视。但是，从严格意义上来讲，现有的高校科协理论研究文章要么拘囿于对一线工作实践的经验总结，要么口号性地疾呼高校科协组织建设的重要性，要么条款性地罗列高校科协应如何行动的"指导意见"，要么大谈特谈高校科协存在的问题，众说纷纭，不一而足，缺乏对问题的系统梳理和解决措施的建构。只有建构起高校科协的理论体系，高校科协理论才能成为真正意义上的理论，这方面还需要大家共同努力。

第二节　高校科协工作规律

要做好科协工作，通过具体的工作实践去深入体会和研究其工作规律很有必要，也很有意义。我们需要从基层高校科协的工作职能入手，分析学校科协组织与学校"党群口"的群团组织（工会、团委）以及与"行政口"（科研处、科发院）等职能部门在工作职能上的区别和联系，以更好地开展工作。

一、在实践中探索高校科协工作规律

高校科协作为中国科协的基层组织，贯彻执行中国科协的工作任务是基层高校科协义不容辞的重要职责。历史告诫我们，一个成熟理论的发展过程，是需要经过实践检验的。中国科协提出的工作职责从"三主一家"转移到"四服务一加强"再到"'四服务一加强'＋'三型'"的工作重心，一直是高校科协的工作指南，也成为我们研究高校科协工作规律的重要依据。中国科协在五届三次全委会会议工作报告中提出科协是"学术交流主渠道、科普工作主力军、国际民间科技交流主要代表、科技工作者之家"[5]，此提法被研究中国科协"科协学"的专家们概括为"三主一家"，日渐扩大，达成普遍共识。后来，中国科协在六届五次全委会会议上正式提出"三服务一加强"，即各级科协要"为科技工作者服务、为经济社会全面可持续发展服务、为提高全民科学素质服务，加强自身建设"[5]。再后来，中国科协"九大"又提出了中国科协各级组织要"为科技工作者服务、为创新驱动发展服务、为提高全民科学素质服务、为党和政府科学决策服务的职责定位，推动开放型、枢纽型、平台型科协组织建设"[6]，加上之前的"一加强"，被概括为"'四服务一加强'＋'三型'"。"'四服务一加强'＋'三型'"的提出进一步推进了中国科协的发展。

高校科协作为中国科协基层组织的重要组成部分，如何更好地贯彻和落实中国科协赋予高校科协的工作任务，团结高校广大科技工作者，做好联系和服务高校广大科技工作者的工作，已成为基层高校科协的神圣使命。我们在研究高校科协工作的基本规律时，要牢牢把握中国科协的工作重心。

就基层高校科协的工作而言，它既是高校内部组织管理中的一项日常工作，也是高校内部组织改革上的一项具有创新意义的艰难工作。我把自己在重庆大学科协工作中几十年来的体会，概括为了三个阶段。我将1988年到重庆大学科协工作刚开始的第一个阶段称为"被动工作"阶段（1988～1998年），这个阶段的主要工作特点是"上传下达""不传不达""错传可达可不达"。我将第二个阶段称为"主动工作阶段"（1999～2009年），此阶段的主要工作特点是"探索与创新"。到第三个阶段，我将前两个阶段"被动工作"与"主动工作"结合起来，开启了"创新发展"阶段（2010～2012年）。这三阶段的工作让我深刻体会到基层高校科协工作的鲜明特点是"立足两头，顶天立地"。"两头"分别指"顶天"和"立地"："顶天"即搭建科学前沿学术创新交流平台，让其成为科技工作者的思想俱乐部；"立地"即搭建"大学科普"平台，开展科学普及工作。这"两头"工作平台的搭建，不仅体现了基层科协组织枢纽的优势，同时也为重庆大学研究学术、造就人才、佑启乡邦、振导社会构筑起顶天立地的学术软实力新阵地，得到了大家的认可，我还记得，曾经吴中福校长对校科协工作进行评价时，他最爱说的一句话是："难能可贵"。

科协工作者与专家学者接触颇多，专家的学科广泛，与各位专家交流涉及很多学科的专业知识，需要不断补充学习、汇总资料，每天忙得刺促不休，既有案牍劳形的上传下达，又有如学会（协会、研究会）年会和论坛等的校内外学术交流活动的服务工作，还有不同学科领域的科技咨询活动和科学普及活动，另外还有在校内相关二级部门之间进行的协调工作，一晃很快就到年终了，年终总结时，工作充实，很有成就感。特别是在全国高校科协总结大会上，重庆大学科协与其他学校科协一样，从亮点、特色、创新等方面进行经验总结，总结用语包括"硕果累累、成绩佳佳、收获颇丰"等，这些从侧面反映出驻守在基层高校科协一线的朴素工作者对这份工作既感到自豪又有感慨。当然，单独看一个人的工作成果可能平平，但个体平凡的工作汇成整体可以助力科技工作者取得学术成就并成长，这样的工作非常有价值，每当大家听到常常参与基层高校科协组织的高水平学术活动师生们在学术成长中的喜报时，更会有一种成就感。特别是在基层高校科协工作的成绩被专家学者、师生们认同时，我更加感受到基层高校科协作为中国科协系统的"小科协"有"大力量"。做基层高校科协的工作感到非常累但十分快乐，收获颇多。在工作的同时能了解到专家学者的创新思维、创新观点、科技前沿动态等，当有的学者尚未被认可的处于萌芽状态的创新观点通过科协组织的学术交流活动被同行理解时，我还会收到他们的真诚致谢，加之所了解到的科技前沿信息和创新性内容，我更坚定了对这份工作的执着。重庆大学科协学术交流工作的前沿性得益于重庆大学科协第四届主席孙才新院士的引领，他明确提出高校科协的工作可概括为三件事：科学传播与普及；服务于科学发现与技术发明；呼吁与寻求各方面的支持。

二、在研究中梳理高校科协工作规律

我们在长期的工作实践中，运用逻辑规则，归纳出了基层高校科协工作规律线路（图 4-1），以便能够更好地把握基层高校科协工作的中心任务。

从图 4-1 可以了解到基层高校科协务必要坚守"科学必然要科普，科普必然应科学"的基本理念，其工作性质贯穿在宏观大格局"建设创新型国家，让科学技术惠及亿万人民群众"之中。在瞄准完

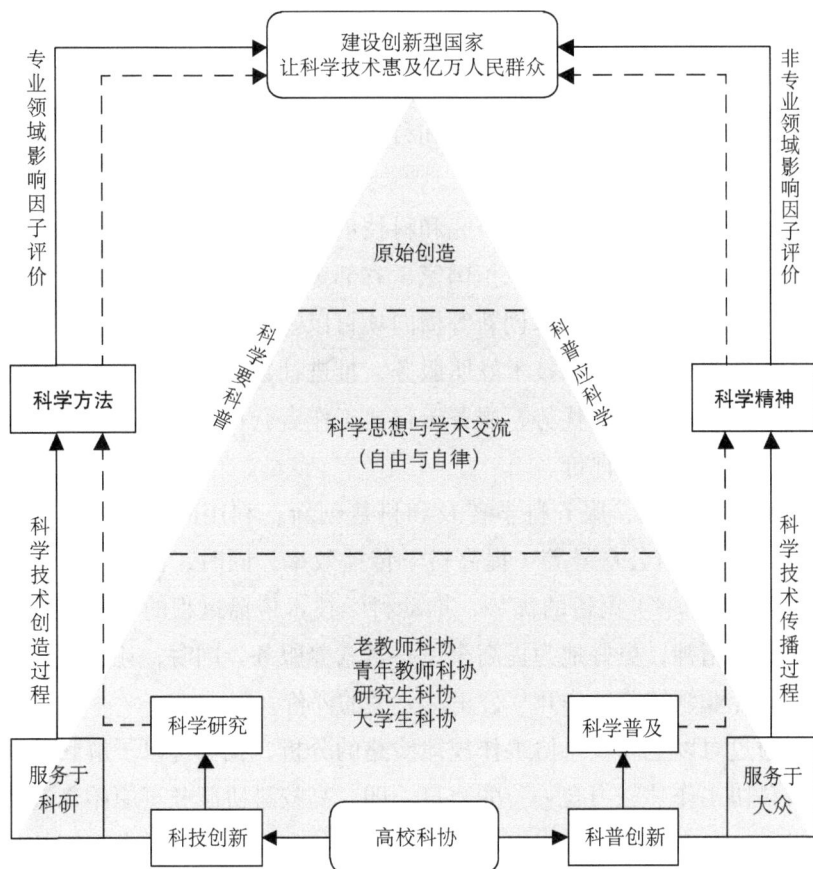

图 4-1 高校科协工作规律线路图

成这个宏观任务的同时，基层高校科协如何沿着三条主线搭建学校学术软环境这一服务平台，图中的三角形（金字塔）为基层高校科协组织的构架主线，沿着两个服务过程即科学技术创造过程和科学技术传播过程，形成一个成熟的不可替代的基层高校科协服务系统。高校科协服务两个创新的硬实力（实线）和软实力（虚线）形成人才成长成才的金字塔。

　　第一条主线，高校科协作为高校学术软环境服务平台。这个平台发挥着科协组织独有的桥梁和纽带作用，动员和团结高校在册在校的广大科技工作者（老教师科协、青年教师科协）和在册在校的学生即准科技工作者（研究生科协、大学生科协），开展自由探索、自主创新、自立兴趣，做科技工作者的思想俱乐部；这是培育"原始创造"的苗圃，也是构建具备深度人文关怀的科技工作者之家的学术软环境，形成拥有科学文化、人文化和科普文化的新型校园人才成长成才的良好文化平台。

第二条主线，服务科学研究和科技创新过程。鼓励科技工作者运用先进的现代科学方法，承担国家、省部级科学技术研究计划等纵向项目和承接企业科学技术创新等横向项目以及自立选题开展的研究工作，积极为科学发现和技术发明服务，推进社会经济建设。充分发挥科协系统学术共同体优势，服务于科技工作者获得专业领域的公开、公正、公平的学术评价。

第三条主线，服务科学普及和科普创新。利用网络新媒体平台（如微博、微信公众号等）提高科学传播效率，同时，借助传统媒体（如期刊、图书）渠道的优势，推动科学技术传播过程的不断完善，弘扬科学精神，更好地为提高全民科学素养服务，同时，让科技工作者在非专业领域获得公开、公正、公平的评价。

通过对以上高校科协工作规律线路的分析，我们可以了解到基层高校科协工作"三力合一"的力量，即：高校科协服务于原始创造培育过程，具有凝聚力；高校科协服务于科技创新中的科学发现和技术发明的创造过程，具有感召力；高校科协服务于大学科普创新的科学和技术传播过程，具有影响力。

三、在创新中把握高校科协工作规律

中国科协赋予基层高校科协的重要任务之一是做好挂靠高校的中国科协所属各级各类学会（协会、研究会）的服务工作，同时，还要做好对校内科技社团的服务工作；通过做好这两项工作来推进新时期高校学术发展和新型学术共同体的发展。因此，只有把握好中国科协的工作任务，才能更好地完成基层高校科协的工作，进而有效地履行高校科协作为中国科协基层组织的使命。

通过以上讨论，我们结合中国科协提出的新型"三型"科协组织建设要求，推导出了新的观点：第一是高校科协不仅是中国科协基层

组织之一，而且也是高校基层学术组织之一，并且还是高校基层学术组织的枢纽，所以，在推进高校学科建设、学术发展、多学科交叉、人才成长、技术转移、科学传播以及提升学校学术影响力等方面，理所当然地处于学术共同体的重要位置，这是高校其他党群部门和行政部门不可替代的，与中国科协提出的新型"三型"科协组织的"平台型"相符合；第二是高校科协作为中国科协基层组织之一，对推进现代科技社团的改革与发展具有重要作用，高校科协是中国科协系统挂靠高校的学会（协会、研究会）的枢纽，与中国科协提出的新型"三型"科协组织中的"枢纽型"相符合；第三是高校科协的社会属性实际上应该是一切"科协系统活动"关系的总和，与中国科协提出的新型"三型"科协组织中的"开放型"相符合。这就是高校科协在中国科协改革新型"三型"科协组织中的新定位、新形象，也是实施中国科协基层组织建设的基本保障。

第三节　高校科协"五指理论"的创立

一直以来，高校科协的工作性质、职能和任务，是全国高校科协新老秘书长经常讨论的一个热点话题。因为，只有弄明白了高校科协的工作性质和工作职能，才能更好地完成高校科协的工作任务。一般基层高校科协的专兼职秘书长们，都会习惯性地从日常事务性工作中总结经验，思考高校科协组织应该承担的工作任务，并就其工作中不可替代性的职能进行深入研究。大家对高校科协工作规律的研究基于积累的工作经验并进行创新性探索，通过不断积淀和完善，总结出基层高校科协"五大"工作职能，形成了独具特色的高校科协"五指理论"。希望这一理论研究工作对基层高校科协工作者有所裨益，帮助他们更好地完成高校科协工作任务。

一、高校科协"五指理论"提出的背景

2011 年 7 月 6 日～8 日，全国高校科协工作研究会在西北工业大学科协召开了一次具有历史性转折的重要研讨会。这次会议，得到了中国科协和教育部相关部门领导和专家的悉心指导，就是在这次会议上，我代表重庆大学科协在会上正式提出了高校科协"五指理论"。

回顾这段历史，时任西北工业大学科协秘书长向河，对组织这次会议功不可没。那是在 2011 年开春时节，也是中国科协"八大"召开前夕，西北工业大学科协秘书长向河联系我，要专程来重庆大学科协拜访，我很高兴地接待了她。当时，我们召开了一个小型座谈会，参会人员有重庆大学科协的元老级秘书长应永铭老师、时任重庆大学科协副秘书长刘辉博士和副秘书长彭述娟博士，还有青年教师科协、研究生科协和大学生科协代表，大家一起围绕如何推进全国高校科协工作研究会的工作和如何解决高校科协面临的一系列问题进行交流。重庆大学科协与西北工业大学科协的三代秘书长们，长期保持着友好的往来，我们两所学校的科协，在老一辈科协秘书长的带领下，分别承担过全国高校科协工作研究会的很多活动，应该是贡献很大的两个基层高校科协。向河秘书长专程来到重庆大学科协，带着尽快启动推进全国高校科协工作研究会的工作而来。因此，在座谈会上，大家认真梳理了全国高校科协工作研究会将近十年的工作情况，分析了这些年来没有开展全国性活动的原因，最后一致认为：2000 年后的全国高校科协工作研究会开展的活动，主要是以基层高校科协和地方高校科协联合组织开展活动的形式开展交流，而全国高校科协联合组织的工作经验交流活动几乎处于完全停滞状态。其原因主要有三个方面：一是 2000 年后，全国各地高校面对调整合并的热浪；二是担任全国高校科协工作研究会理事长单位的科协组织专职工作人员力量薄弱；三是全国各地基层高校科协专兼职工作人员岗位变动太大，青黄不接。在 2000 年到 2010 年的 10 年里，中国科协发展研究中心作为联系全国高校科协工作研究会的负责部门，分别组织召开了三次全国高校科协工作经验交流会议。第一次会议是在 2007 年 3 月 27 日召开

的，由东北大学科协牵头，在沈阳召开了全国高校科协工作研究会第四届第一次常务理事会（简称"沈阳会议"）；第二次会议是在 2007年 7 月召开的，由中国科协发展研究中心组织在北京召开了全国高校科协组织建设调研工作会（简称"北京会议"）；第三次会议是在 2008 年召开的，由中国地质大学（武汉）科协牵头，在武汉召开了全国高校科协论坛（简称"武汉会议"）。这三次会议，一大批热心高校科协工作的领导和一线高校科协工作者对高校科协的未来忧心忡忡。回到我们在重庆大学科协召开的这次小型座谈会上，我们在老秘书长应永铭老师的带领下，对全国高校科协工作研究会的工作现状进行认真梳理后达成了一个重要共识：挑起历史重任，推进全国高校科协工作研究会的发展。随后，我们开始筹备在 2011 年学期末召开一次全国高校科协工作研讨会，邀请中国科协领导和专家参加会议进行指导。责成我立即与时任中国科协调宣部部长王春法联系，我与他取得联系后，他鼓励我们要敢于担当、勇于挑重任，并且同意参加我们组织的会议。当时会议时间初步拟定的是六七月。就这样，中国科协"八大"后的第一次全国高校科协工作研讨会（简称"西安会议"）如期在西北工业大学科协举行，让我们意想不到的是，这个寻寻觅觅的过程为我们将要进行的高校科协"五指理论"的研究工作提供了千载难逢的机遇。

二、高校科协"五指理论"研究的内容

高校科协是高校广大科技工作者最密集的地方，也是高校开展学术活动和科普活动最频繁的阵地。高校科协不仅肩负着中国科协赋予的基层科协的工作任务，而且也承担着高校服务广大科技工作者的任务，是高校其他群团组织和行政部门不可替代的一支重要力量。在高校，通过科协组织凝聚广大科技工作者而表现出来的创新智慧和力量往往被大家公认为科技工作者之家的智慧和力量。如何遵循高校科协的工作规律，明确高校科协工作职责去凝聚力量，也是我们这些年来一直在思考的一个核心问题。

美国哲学家阿特默斯·沃德有一句名言：使我们陷入困境的并不

是我们不知道的东西，而正是我们所知道的东西。这句话表达了一个追求理论的必然过程。在真理面前，任何理论都是试探性的、猜测性的、暂时的，是试探性的假说或真理的近似。我们所研究的高校科协"五指理论"，是对高校科协工作经验的科学解说和系统解释，是对高校科协工作规律的再认识；是我们通过分析高校科协工作职能的命题、概念以及对这些命题、概念进行严密论证后形成的一种新的认识体系，这是客观的论证，而非主观的感受；是对高校科协在组织学术交流活动、举荐优秀科技人才、开展大学科普工作、服务挂靠学会、坚持科协理论研究这五大重要工作内容的针对性研究。

我们对高校科协"五指理论"基本定律的内容做了比较详细的解释：组织学术交流活动，是基层高校科协的首要任务，形如粗壮的"拇指"之"劲"；举荐优秀科技人才，是基层高校科协的重要任务，形如"食指"之"力"；开展大学科普工作，是基层高校科协的主要任务，形如"中指"之"长"；服务挂靠学会，是基层高校科协的必要任务，形如"无名指"之"功"；坚持科协理论研究，是基层高校科协的紧要任务，形如"小拇指"之"效"。"劲""力""长""功""效"之"合力"可描述为"五指同心，其利断金"，这就是高校科协工作职能的"五指理论"（图 4-2）。

图 4-2　高校科协工作职能的"五指理论"（米俊 绘）

为了更进一步表达"五指理论"的内容，我们尝试着运用一种数学语言即目标函数来描述，尽可能用通俗易懂的方式将其精神内涵展示出来。

$$f(x) = \sum_{i=1}^{5} x_i$$

拳头=拇指之"劲"+食指之"力"+中指之"长"+无名指之"功"+小拇指之"效"

在这里，将"基层高校科协所产生的效能"设定为一个目标函数 $f(x)$，将组织学术交流活动之"劲"，举荐优秀科技人才之"力"，开展大学科普工作之"长"，服务挂靠学会之"功"，坚持科协理论研究之"效"的这五项工作职能分别设定为：

$$x_1, x_2, x_3, x_4, x_5$$

结合基层高校科协在每项所具备的能力、实力和成效，这五项中，每一项的最低效能值为 0，最高效能值为 100。因此所建立函数模型的自变量取值范围均为 0～100。

高校科协"五指理论"模型的释义体现了三条基本原则：第一，五指相合，其力无穷；第二，欲握成拳，五指缺一不可；第三，任何一指的残缺，都将使拳的效能大打折扣。结合这三条基本原则，我们认为建立"求积模型"更为贴近实际情况，即：

$$f(x) = x_1 \cdot x_2 \cdot x_3 \cdot x_4 \cdot x_5 = \prod_{i=1}^{5} x_i$$

我在多年来的工作实践中，体会到高校科协在组织学术交流活动方面有一种服务学术的独具特色的优势，主要表现在：科协不仅可以服务于那些能够坚持"十年磨一剑"的科学家（老教师、青年教师），而且还可以服务于准科技工作者（本科生、硕士生、博士生），为他们参与学术交流和大学科普提供良好的学术成长平台；所以，高校科协理所当然地应该成为高校广大科技工作者之家。我记得，中国工程院院士、时任重庆市科协副主席、重庆大学教授鲜学福告诉我：科协的工作在"小作为"中有大情怀。时任中国科学技术史学会副理事长、上海交通大学人文学院首任院长江晓原告诉我：科协是科技工作者的思想俱乐部。重庆大学科技哲学专家张德昭告诉我：科协是一所学校，在那里可以修炼学术情操。还有重庆大学青年教师科协主席蔡开勇告诉我：科协是青年教师自由探索的场所。还有学生们告诉我：科协是学生科技社团的指路明灯……回忆起在重庆大学科协工作的那些日子里，常常与学者们打交道，收获新思想、新观点、新学问和新希望，带着满满正能量向阳而生。当在科协所做的服务工作得到广大科技工作者和师生们的认同时成就感便油然而生。科协具有凝聚力，凝聚着广大科技工作者的创新力量，这种力量又反过来推动着基层高校科协的发展。

如今看来，高校科协理论研究还存在不少问题，所以理论研究进展比较缓慢；但是，这些问题的存在让大家更加感受到了加强高校科协理论研究的迫切性。2009 年，中央教育科学研究所（后更名为中国教育科学研究院）副研究员孙诚和副研究员吕华等承担了中国科协发展研究中心委托课题——"全国高校科协组织建设调研"基金项目，课题组从课题研究的角度系统地剖析了高校科协存在的问题，直言不讳地归纳道：高校科协组织建设，缺乏动力，发展缓慢；缺乏主体，凝聚力弱；基础薄弱，工作人员少；缺乏资源，持续发展后劲不足；缺乏制度建设，难以发挥作用[4]。课题中提出的这五大问题，突出了一个根本问题，就是高校科协的组织建设问题。由于有的高校领导对中国科协的战略发展方向还不完全了解，对基层高校科协的组织建设缺乏前瞻性的认识，导致机构角色错位，职责不清，出现职能重叠或者空白，美其名曰科协与科技处（科学技术发展研究院）是合署办公，但一个是服务学校学术"软"环境，很少有科研硬指标考核，一个是服务学术"硬"环境，一定有科研硬指标考核，当软硬服务认识不到位，就会出现科协工作"软"到极地。后来，大家还针对高校科协组织建设工作提出了很多新的观点，把高校科协组织建设划分为三级，即全国高校科协联合组织的建设、区域性高校科协联合组织的建设和基层高校科协的建设，进行逐步完善、系统实施。其中重点还是落在了加强基层高校科协的组织建设上，这是一个值得进行系统研究的课题。为了让大家更好地了解基层高校科协的工作职能，我们开展对高校科协"五指理论"的研究，以挖掘基层高校科协的工作特色和突出贡献。五至九章结合典型案例对高校科协五个主要方面的工作进行了阐释。

三、我的研究工作经历和心得体会

承接全国高校科协理论研究工作任务的缘由。自己所做的高校科协理论研究工作还得从 1999 年在重庆大学召开的全国高校科协工作研究会常务理事会会议说起。在这次会议上，有一个非常重要的工作议题，就是对各常务理事单位进行工作分工。当时讨论的情景，至今我还记忆犹新。那是在 1999 年的 5 月，由重庆大学科协承办的全国高校科协工作研究会第三届第一次常务理事会在重庆大学松林坡宾馆会议室召开。会议讨论了全国高校科协工作研究会设立的五个专业工作分工委员会，确定常务理事单位分别在五个工作委员会承担牵头单位。这五个专业委员会是学术交流工作委员会、组织建设工作委员会、人才举荐工作委员会、研究生科协和大学生科协工作指导委员会、高校科协理论研究工作委员会。会议在讨论工作分工时，确定了由西北工业大学科协和重庆大学科协共同承担研究生科协和大学生科协工作指导委员会的牵头工作；同时，还确定了由重庆大学科协负责承担高校科协理论研究工作委员会的牵头工作。在这次会上，我作为重庆大学科协办公室主任参加会议，主要负责会务工作，具体的会务工作状态可总结为"热情周到地进行接待，尽心尽力地进行服务、勤勤恳恳地进行记录、踏踏实实地进行工作……"那时我朝气勃勃、实实在在等的表现，得到了代表们的赞赏，重庆大学科协的凝聚力和实力得到了大家的普遍认可。会议结束后，我满怀好奇地问我们的秘书长应永铭老师：重庆大学科协承接研究生科协和大学生科协工作指导委员会的工作是很有基础的，因为第六届全国大学生学术科技竞赛活动"挑战杯"赛由重庆大学承办；发挥全国高校科协优势，展示研究生科协和大学生科协工作的风采，工作任务已经很重了，为什么还要接高校科协理论研究工作委员会的这个任务？就当时高校科协发展的状况看，做理论研究的难度实在太大了。应老师语重心长地对我说：

高校科协理论研究工作委员会没有学校承担，就我们重庆大学科协抽时间慢慢做吧！应老师的这一句话其实反映了当时重庆大学科协承载下了第三届全国高校科协工作研究会所托付的一份厚重的历史责任。之后，重庆大学科协在应老师的带领下，开始了全国高校科协工作研究会的理论研究工作新征程。

　　这次会议结束后，我们完成了本次会议的一个重要任务，就是把会议上交流的优秀文章推荐给了《航空教育》杂志。在北京航空航天大学科协的组织协调下，《航空教育》杂志编辑部专门为我们出版了全国高校科协专辑（增刊）（图4-3），封面专门用了这次会议全体代表在重庆大学行政楼前的合影，这张合影是十分珍贵的历史资料。

图 4-3　2001 年第四期《航空教育》杂志全国高校科协专刊（增刊）

注：封面第一排（右一）是四川大学科协秘书长严处长（原四川大学科研处处长），第一排（右二）重庆大学科协秘书长应永铭，第一排（右三）北京航空航天大学科协秘书长白如冰，我在第一排（右四），第一排（右五）华中科技大学科协常务副主席吴鸿修，第一排（右六）西北工业大学科协党委副书记，第一排（右七）西北工业大学科协常务副主席李楠，向河秘书长在第二排（左一）……那时的我和向河是科协专职工作人员中的年轻代表。

我在高校科协做理论研究工作的过程犹如磨剑的过程,"十年磨一剑,砺得梅花香",不敢说有多少成绩,但可以说我已经尽力了,无愧于前辈的谆谆教诲。多年来,我先后承担了三项高校科协理论研究课题。第一个课题于2004年开始。记得2004年,重庆市科协召开春节团拜会,通知基层高校科协负责人参加会议,重庆市各基层高校科协到会10余人,大家欢聚一堂,述说着重庆市高校科协发展的未来。就是在这次会议上,我们见到了一位新到任的重庆市科协副主席王隆生,大家都称呼他为王主席,而这位新来的重庆市科协副主席,也是分管我们重庆市高校科协工作的领导。后来我们才知道,王隆生副主席来科协前在重庆市双桥区担任区委书记。他到任后不到一个月,就率领重庆市科协主管高校科协的部门即企事业部袁强部长到重庆市各高校调研科协工作,调研对象也包括我们重庆大学科协。我们重庆大学高度重视,科协领导班子一班人认真负责地做好了工作汇报的准备。记得在汇报会上,学校分管科协工作的校领导黄宗明副校长代表学校欢迎王隆生副主席一行的到来,并详细介绍了学校科协的工作情况,当王隆生副主席听取了汇报之后指出:重庆大学科协要在重庆市高校科协起到"排头兵"的作用,特别要重视加强高校科协工作的理论研究。他还明确指出:高校科协,大有可为。这次重庆市科协领导到各基层高校科协调研,是现场办公,增强了基层高校科协开展创新发展工作的坚强信心。之后,专门指派重庆大学科协完成重庆市科协重点研究课题"高校科协的发展与未来探索",由此,开启了我们对基层高校科协、区域性高校科协联合组织、全国高校科协联合组织的系统理论研究工作。该课题研究验证了科协组织学术交流活动与专家学者开展原始创新的选题紧密联系,具体有怎样的联系需要高校科协深入研究。于是,2006年,重庆大学科协又承担了中国科协学会学术部专项研究课题"学术建设与自主创新"中的一个子课题"学术交流与自主创新互动机理研究"。该课题的研究,继续依托基层高校科协的组织优势,挖掘中国科协系统组织的学术交流活动与高校广大科技工作者自主创新的互动机理,进一步夯实了基层高校科协组织学术交流工作的职能定位。该课题研究成果,由中国科协学会学术部汇编在《学术建设与自主创新》一书中（图4-4）。

图4-4　《学术建设与自主创新》2007年由科学技术文献出版社出版（靳萍　摄）

这项课题完成研究后，我们发现，高校科协开展或组织参与中国科协系统的学术交流活动，不仅能为高校广大科技工作者提供重要的有针对性的学术交流渠道，同时也为中国科协系统的科技社团开展学术活动增强了高校活力。于是，2007年，我们又承担了中国科协政策类调研项目"科技社团对提升大学原始创新能力的研究"（编号2007ZCYJ17）。我们从以上三个递进研究项目中收获颇丰，不仅获得了中国科协第三届优秀调研报告一等奖，还在中文核心期刊上发表了10余篇研究文章，更重要的是大大提升了自己的工作能力和研究能力。这类研究课题，需要高校科协工作者继续深入研究。

我基于以上这些研究，之后有了一些小成绩，更有了动力和实力去整理高校科协发展的历史资料，便有了撰写一部关于高校科协发展与未来著作的想法。在撰写过程中，遇到了多重困难。但是，在全国高校科协新老秘书长们的鼓励下，我坚持下来了。这些新老秘书长有耄耋之年的朱淑桃老师（曾担任北京航空航天大学科协秘书长），古稀之年的应永铭老师（曾担任重庆大学科协秘书长），也有当时刚从专职科协工作岗位上退下来的柳会祥主席（华中科技大学科协）、佟书华老师（武汉大学科协）、张志军主席（东北石油大学科协）、沈家聪主席（南京理工大学科协）、张志强老师（东南大学科协），还有当时在位的郑英姿（北京大学科协）、王晓峰（北京航空航天大学科协）、沈健（中国人民大学科协）、王颂（武汉大学科协）、龚俊（南京大学科协）、杨巧林（扬州大学科协）……他们寄予此书厚望，希望这本书能记录下中国高校科协发展的部分历史，这也是我应该承担的重任。然而，随着时间一年年过去，我后来又收集了有关全国高校科协联合组织、地方高校科协联合组织和基层高校科协的新的资料，对高校科协的认识也不断更新。由于收集的高校科协资料繁多、来源广泛，书稿写作周期长，需要做大量的统稿工作，我主要做了三次统稿工作。第一次统稿时基于重庆大学科协这一基层高校科协的工作视角，自己很不满意；第二次统稿基于区域性高校科协联合组织和全国高校科协联合组织的视角，自己还是不太满意。第三次统稿时我吸取了前两次的经验和教训，有了新的收获，自己能够基本满意。第三次统稿时将全国具有代表性的基层高校科协的工作经验比较全面系统地融在了书稿中，这些高校科协包括东北石油大学科协、重庆大学科协、哈尔滨工业大学科协、北京航空航天大学科协、北京大学科协、南京理工大学科协、华中科技大学科协、武汉大学科协、西北工业大学科协、河北工业大学科协等，这些基层高校科协的工作有特色、经验丰富，很有代表性。总而言之，为了把第一代和第二代在高校科协工作的老一辈秘书长们勤勤恳恳工作的实践经验和扎扎实实的理论研究工作记载下来，提供给第三代、第四代以至后代高校科协工作者，高校科协发展不能断代，我不能放弃，必须踏踏实实带头加油干。希望后辈们能发扬老一辈秘书长们的光荣传统和优良作风，在平凡的科协工作岗位上成就不平凡的事业，不忘初心，守正创新，融入新时代，为中国高校科协发展事业添砖加瓦。当然，这也是老一辈高校科协秘书长和我的夙愿。

踏踏实实地推进高校科协理论研究工作。2007 年 11 月，我接受了《中国科技论坛》杂志社编辑部的约稿，围绕高校科协面临的困境及其成因撰写一篇文章。接到约稿任务后，我承诺在一年时间内认真完成。

于是,《中国科技论坛》在 2008 年第 12 期上刊登了我的《论高校科协的发展与责任》。在这篇文章中,我从"高等院校科协是一个方向"的命题入题,沿着历史发展沿革寻找其两个基本属性,即自然属性和社会属性,通过实证研究,总结了高校科协的工作规律和高校新型学术软环境建设的重要性,从而证明了高校科协是凝聚高校广大科技工作者和准科技工作者的一支集学术、科学、技术、科普于一体的重要的新型学术共同体。时隔 5 年,我又于 2013 年在《中国高校科技》期刊第 11 期发表了《再论高校科协的发展与责任》,并在文章中更进一步阐述了高校科协作为中国科协基层组织的重要性,强调在高校加强科协组织建设工作的必要性,同时也对其他相关热点研究工作进行了深入论述。之后,我又结合中国科协"九大"提出的"'四服务一加强'+'三型'",即为科技工作者服务、为创新驱动发展服务、为提高全民科学素质服务、为党和政府科学决策服务,加强自身建设,推动开放型、枢纽型、平台型科协组织建设的战略发展思路,完成了文章《略论:高校科协是中国科协的基层组织》,该文在 2016 年重庆市科学技术协会"科协改革与科技创新"研讨会上被评为优秀论文,收录在由重庆市科学技术协会编印的《科协改革纵横谈》中(图 4-5)。

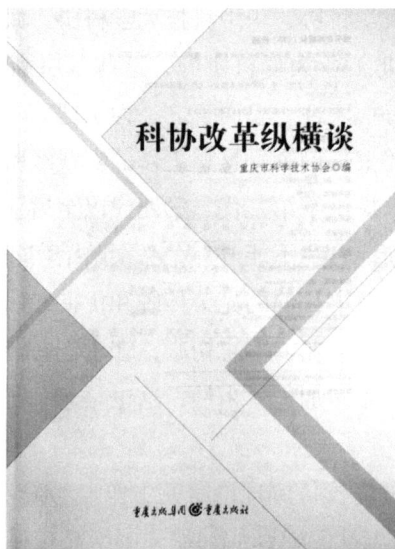

图 4-5　重庆市科学技术协会编《科协改革纵横谈》(靳萍 摄)

2017 年 11 月 7 日，我在《大学科普》编辑部的邮箱里，收到一封王艺霏老师发来的中国科协培训和人才服务中心的约稿邮件，邮件的大体内容如下：中国科协培训中心请王艺霏老师联系我撰写一篇关于"高校科协发展历程"的特约专稿。我依然应约并按时完稿。在这篇文章中，我用了全国高校科协"老兵营"学者们的一致学术观点和自己的回忆，归纳总结出高校科协"321 工程"理论研究进程，即"三个历史发展阶段"进程和"两个黄金发展时期"以及"一个里程碑式的转折"，力图在文章中证明高校科协在高校具有非行政化的学术组织即"无形学院"特点，对推进我国高等教育"双一流"建设，具有不可替代的重要作用。后来，这篇文章于 2018 年 6 月被收录于汇编的有关高校科协组织建设的内部学习资料中，而且占了很大的篇幅，在此特别感谢中国科协培训和人才服务中心的编印（图 4-6）。

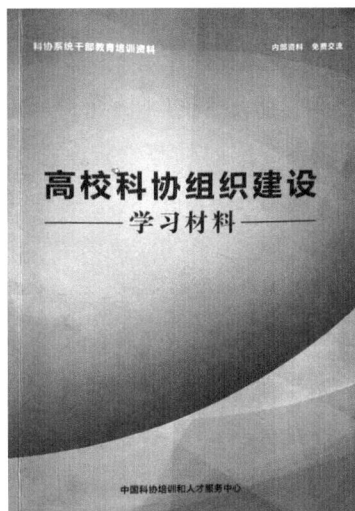

图 4-6　科协系统干部教育培训资料（靳萍 摄）

CNKI 相关文章分析。CNKI（China National Knowledge Infrastructure）即中国知识基础设施工程，CNKI 不仅有学术权威性，而且也具有很强的公信力。在这个庞大的知识信息库里，关于高校科协领域的研究文章，实属沧海一粟。高校科协理论研究成果，能够在这个平台上得到广泛交流，一代又一代的高校科协工作者是做出了贡献的。CNKI 收录的我撰写（独撰和合撰）的关于高校科协理论研究方面的论文有 10 余篇，包括《论高校科协的发展与责任》《再论高校科协的发展与责任》《高校科协的工作规律与实证研究——〈高校科协发展与未来探索〉课题报告要点》《科普创新模式探索——中国高校科协理论与实践》《立足高校优势 探索科协工作规律》《发挥高校科协优势 做科协工作的先行者》《自由探索与学术交流互动机理研究》《学术博弈试探性研究》《关于当代大学生对科学的社会责任感调查研究》等。论文被引频次 1000 余次，下载总量 1515 次。其中，《科普创新模式探索——中国高校科协理论与实践》的引用量与下载量排名第一（该部分研究于 2016 年完成，统计截至 2016 年 8 月 10 日）。关于高校科协理论的研究文章，在 CNKI 查询的中国学术期刊（网络版）收录论文、中国优秀硕士学位论文、中国重要会议论文中，相关理论研究工作的论文被引情况如下。

中国学术期刊（网络版）收录论文情况。郭辰发表在《赤峰学院学报》（汉文哲学社会科学版）上的《完善高校社会科学普及功能的对策研究》，刘韬容发表在《广西师范学院学报》（自然科学版）上的《高师与科普基地合作开展青少年科普的实践与创新研究》，王勇卫发表在《湖北第二师范学院学报》上的《高校在推进科学理论进基层中的作用》，卞一洋和张治河发表在《生态经济》上的《关于低碳经济和生态伦理规范普及工作的思考》，沈扬和万群发表在《中国高校科技与产业化》上的《我国中部地区高校科普人才培养现状问题与建议》，万群、杨湘杰和沈琼发表在《科普研究》上的《中部地区高校科普人才培养研究》，贺佩珍发表在《农业科技管理》上的《地市农科所科普工作的模式探讨》，李云庆和王慧兰发表在《天津科技》上的《发挥科普教育基地作用 开展特色科普活动》，靳萍和李树财发表在《科普研究》上的《普及生态价值观初探——从科普创新的视界看》，李国梁发表在《中国高校科技》上的《高校科协组织运行规律及其管理启示》，高宏斌、付敬玲和胡俊平发表在《科技与企业》上的《高校科普研究进展》，马新飞和金英华发表在《江苏科技信息》上的《中医药院校大学生科协工作的探索与思考——以南京中医药大学大学生科协为例》，李春华、刘维亭和杨奕飞发表在《科技论坛》（下半月）上的《浅议高校科协促进大学生创新能力培养的新模式》，韩祥宗发表在《科技创业家》上的《高校科协在新时期科协工作中的着力点》，孙小梅发表在《学会》上的《高校科协文化价值体系建设之研究》，彭涛、柏坤和何国祥发表在《中国科技论坛》上的《高校科协组织治理结构理论研究》，李祖超和钟苹发表在《高等工程教育研究》上的《基于粒子群算法的大学生创新绩效影响关键因素研究》，杜宝贵发表在《中国冶金教育》上的《高校"组织化协同创新"思路探析》，王东和刘国亮发表在《图书馆情报工作》上的《虚拟学术社区的知识共享过程及其参与主体间关系研究》，王东和刘国亮发表在《科技进步与对策》上的《虚拟学术社区及其知识共享实现机制研究框架》，张国玲和田旭发表在《科技管理研究》上的《欧美国家科技社团发展的机制与借鉴》，刘国亮等发表在《情报科学》上的《网络环境下学术交流的知识共享实现模式研究》等。

中国博士学位论文情况。杨杰《社会转型期中国体育科学学会改革研究》，张素芳《网络社区学术资源关联研究》，王东《虚拟学术社区知识共享实现机制研究》等。

中国硕士学位论文情况。张佳鹏《高师开展科普教育的现状与发展研究》，彭金林《创新型城市科普模式的研究》，苏石磊《普通高校物理演示实验室科普资源开发研究》，周丹《音乐专业大学生社会责任感现状及对策研究》，周巍《论大众传播时代媒体的科学理性》，黄梦梅《基于演化博弈论的学术社区中用户知识共享行为研究》等。

中国重要会议论文情况。陈凤芬和曾荣今发表在《全国高校科协发展论坛（2013 年）论文集》上的《论高校科协在科技软环境建设中的软性管理功能》，赵中洲发表在《第九届沈阳科学学术年会论文集》（经济管理与人文科学分册）上的《高校科协工作的现状与发展》，王延鸿发表在《第 26 届中国气象学会年会公共气象服务论坛——以公共气象服务引领气象科普工作分会场论文集》上的《高校大学生气象科普工作及其研究思考》等。

受到专家指导。我在担任重庆大学科协秘书长期间，具体实施重庆市科协"高校科协发展与未来探索"重点项目时，围绕高校科协发展沿革、基本性质、工作职能和主要工作任务以及新时期高校科协发展的新思路和组织基础建设对策进行研究，收获非常大。课题严格按照重庆市科协的立项要求，在重庆大学科协第三届主席孙才新院士和重庆大学科协第二届秘书长应永铭老师的悉心指导下，第一次深入研究了重庆大学科协的发展历史，并拓展到对区域性高校科协联合组织（重庆市高校科协）和全国高校科协联合组织工作和历史过程的梳理。课题历时两年（2004～2006 年），研究成果经过教育部科技查新工作站查新，通过教育部科技成果中心评审后，在教育部进行了科技成果登记（成果登记号：360-06-11910221-01）。

课题评审专家组的评审意见。评审专家组组长由中国工程院院士、时任北京工业大学校长左铁镛担任，他在评审意见中指出："高校科协发展与未来探索"课题以我国高校科学教育的发展为主线，较系统地研究了我国高校科协工作的历史、现状和问题。从实际出发，参考了大量的文献与资料，较为全面地分析探讨了高校科协工作的发展现状。从科协工作的全局出发，重点概括高校科协在新形势下工作的性质、任务、特点及工作目标，突出了科协工作"三个服务和一个加强"工作重点。研究报告从理论层面探索了高校科协工作的规律，阐述了高校科协的工作定位与独特作用，是推动高校科协工作理论创新、促进高校科协工作科学化发展的有意义尝试。建议在此课题研究的基础上，紧密结合我国科学教育实际特点，结合高校科协当前乃至今后重要战略机遇中的实践，进一步在理论层面深入探究结合我国国情的高校科协工作发展规律，将课题研究持续下去，不断充实，更好地发挥高校科协的作用。时任四川省科协副主席曾祥炜担任评审专家组副组长，他在评审意见中写道：高校科协的创立，犹如改革开放浪潮中呱呱落地的"婴儿"，成为中国科协基层组织建设的一件新生事物，其活动和认识，都是崭新的。正是基于这种情况，高校科协诞生之后不久，一些从事高校科协工作和关心高校科协发展的中国科协领导和专家以及地方科协的领导和专家，经常参加全国高校科协工作研讨会和地方高校科协研讨会，引领基层高校科协一线工作者去研究、探索、思考，哪怕是比较初步的经验，以便比较和借鉴，就是在这样的工作交流基础上，形成了中国高校科协发展战略思想的研究结晶。最后，评审专家组专家给出了一致的评审意见："高校科协发展与未来探索"是在当前我国建设创新型国家、建设有中国特色国家创新体系的大环境下提出的课题，立项选题具有深刻的现实意义。中国科协模式在世界是一种创新；高校科协在现有模式下是又一创新；研究高校科协没有固定的模式，没先例、没样板，必须有创新的思维。研究报告深刻地揭示了新时期高校科协工作的基本规律，结论可信度高，是一项属于国内首创、具有国内领先水平的有价值的创新性研究成果，对未来高校科协发展具有重要的指导意义，可在全国范围内推广，研究成果亦可作为政府部门制定相关政策的参考依据。

科技部科技信息查新报告。查新报告给出了权威的查新结论，综合检索的国内相关文献并结合"高校科协发展与未来探索"项目提供的查新点和相关研究报告进行对比分析，查新结论如下。

（1）检索的国内相关文献表明：涉及高校科协发展的趋势、高校科协的模式、高校科协的职责、高校科协的性质、高校科协的任务、高校科协的地位以及在促进科技创新过程中的作用、高校科协开展科学技术普及、促进科技成果转换、高校科协对挂靠学会的管理、院校学会、群团管理、高校科协的类型及适应方式等相关研究，国内文献中已有不同程度的报道。经分析，本课题组研究人员在十余年的高校科协发展与未来探索工作研究中，提出的高校科协在整合学术力量上的创新思路和优化组合研究特点，公开的国内同类文献中，目前尚未见到类似的文献报道。

（2）研究中对高校科协组织结构、工作职能等创新研究特点，提出的高校科协工作对象没有排他性，从而更显高校科协在自主创新、构建和谐社会中的独特作用的观点，公开的国内同类文献中，目前尚未见到类似的文献报道。

（3）研究中对高校科协在科普源头上的创新研究特点，提出的以科普理论研究和人才培养为基础，以高校科协科普工作为中心，与学科相结合设立科学传播专业，加强对科普的基础性理论研究，培养专业化科普人才等构想，公开的国内同类文献中，目前尚未见到类似的文献报道。

（4）研究中提出的从建立自主创新型国家、培养文理综合的高素质人才、扩展第二课堂；高职专科学校以省、市或地区为单位，可以联合成立科协，以文科为主的院校可成立学校科协等构想，公开的国内同类文献中，目前尚未见到类似的文献报道。

（5）研究中通过系列创新得出了国家及省、市科协举荐、评选优秀科技工作者特别是青年科技工作者，奖励应重在人，重在科学精神，突出以人为本的激励机制，公开的国内同类文献中目前尚未见到类似的文献报道。

（6）研究中，提出的高校科协是发挥老教授、老专家科技人才的最佳平台的建议，公开的国内同类文献中，目前尚未见到类似的文献报道。

（7）在研究内容、深度、范围上与国内同类研究相比，在理论层面上探索的高校科协工作规律、推动自主创新以及促进高校科协工作沿着科学化的方向发展所做的尝试和探索，其研究工作的深度和难度优于现有文献中公开的研究深度。

（8）研究中，提出的对于学术交流而言，具有中国特色的高校科协优于国外高等学校的观点，尚未见报道。

时隔多年，再读评审专家组的评审意见时，看到当时专家们对高校科协未来充满了期望，仿佛把我又带回了激情澎湃的当年。为了把这些珍贵的历史研究资料保存下来，我在 2000 年拟定了一个初步计划，把自己与高校科协理论研究紧密相关的工作，汇聚成"三本书"出版，也许这是一件很有意义的事。我从这个计划出发开始了漫长而艰难的出版岁月，选题立项、撰稿、编辑、出版……按照出版计划，我依次出版了第一部作品《科技前沿和未来（第一辑）》和第二部作品《科学的发展与大学科普》，第三部作品《高校科协的发展与未来》也即将出版。在这三部作品的出版过程中，有了意外的收获，延伸出了"大学科普丛书"第一辑和第二辑各 12 个分册。

"宠辱不惊"的研究收获。"宠辱不惊"出自刘义庆《世说新语·文学》的《研究》一文，他对研究工作有这样的解释：研究，意思是主动寻求根本性原因与更高可靠性依据，从而为提高事业或功利的可靠性和稳健性而做的工作。我在做这些研究工作时，最有兴趣的还是对高校科协的理论研究，这是一项很有希望的工作，因而做起来就会很有力量，有一种"幸福都是奋斗出来"的实实在在的感受。

"受宠若惊"的研究体会。当自己坚定地走在"幸福都是奋斗出来"的道路上时，科学出版社却给了我一次又一次的"受宠若惊"的荣誉。

科学出版社本部办公地址在皇城根遗址公园附近，我非常喜欢这个地方。科学出版社的科学人文分社，也是国家科技政策、科学普及和科学文化出版的重要阵地，其主要出版方向有科学传播与普及、科技史、科学哲学、科技政策与学科发展报告等。据我了解，科学出版社出版了不少有名的科学人文出版物，例如：路甬祥主编"中国可持续发展总纲"丛书、李约瑟著《中国科学技术史》、卢嘉锡主编"中国科学技术史"丛书、张景中院士主编"好玩的数学"丛书、"20世纪科普经典特藏"、中国科学院科学与社会年度系列报告、"环球科技丛书"、"体验新科学系列"、"物理改变世界"丛书、"科学大师人生系列"、"生活与科学文库"、"大学科普丛书"等。特别是科学人文分社严谨的科学态度和厚重的人文底蕴对我的触动非常大，于是，我开始思考：高山仰止，景行行止。虽不能至，心向往之。

我与科学出版社科学人文分社相遇的过程。记得那是在2006年年末，重庆大学科协老秘书长应永铭老师告诉我：我们重庆大学科协的工作不能再继续"广种薄收"了，应该多做一些"精耕细作"的研究工作了。于是，在老师的引导下，我开始静下心来，瞄准高校科协理论研究和基层高校科协开展大学科普的工作创新，并进行了深入思考。当时的一大堆资料中，有经验总结、先进事迹、研究报告等，这些弥足珍贵的"一线"实践原始材料，如何保留、如何梳理、如何出版……原本是为了出版汇总的关于高校科协理论研究的一般性结论，却遇到了出版社的选择问题。当时，我的领导，重庆大学科协主席孙才新院士向我推荐了科学出版社。随后，我和科学出版社科学人文分社进行了邮件联系，很快便收到科学出版社科学人文分社侯俊琳社长的回复。后来，在很长一段时间里，我们一直保持着电子邮件的联系。再后来，侯俊琳社长不仅精心指导和鼓励我们开展有关高校科协工作研究成果的出版，还鼓励和支持我们坚持做好《大学科普》杂志平台的工作，由此，开启了全国高校科协（编委会）推荐持续做出版原创科普著作的新征程。据我了解，截至2023年12月，我们高校科协相关团队在科学出版社已出版18部著作。其中，我撰写和参与的内容可分为两部分。

1. 第一部分：我撰写的有关科技、科学、科协的3部著作

自2006年以来，为了记载重庆大学科协在全国高校科协工作研究会承担理论研究工作任务的一份责任与义务，我通过多年来的不懈努力，终于在科学出版社陆续出版了三部著作，即《科技前沿和未来（第一辑）》《科学的发展与大学科普》《高校科协的发展与未来》。

《科技前沿和未来（第一辑）》。该书分为自然科学、工程科学、社会科学三大部分。第一部分，从引力波、量子科学等前沿理论阐述；第二部分，追踪LED光源、新能源、智能控制、计算网络技术、建筑规划学、建筑节能等工程科学前沿动态；第三部分，社会科学，通过对人类心智的斯芬克斯之谜等领域的大学科普探究，重新认识社会科学的普及。此书在结构布局阶段瞄准和追踪前沿科学理论，同时也关注工程科学、应用科学的热点，构建了基础研究与应用科学的知识普及体系，并将文学与科学融合，将晦涩深奥的科学前沿知识娓娓道来，增强了文章的可读性。此书撰写和出版过程中，时任重庆大学校长/中国工程院院士李晓红、中国工程院院士孙才新、中国工程院院士鲜学福、中国工程院院士杨士中、中国工程院院士黄尚廉、时任重庆大学副校长的张宗益与白晨光、原重庆大学党委书记祝家麟等多位专家领导给予了鼎力支持和诸多有益的指导，推动了该书的出版。我将在本书第七章详细介绍重庆大学领导和专家对本书的题词和给予的希望。

《科学的发展与大学科普》。该书由以下五大部分构成：科学的源起与大学的诞生，数学、物理学、化学等基础学科的发展历程，科学实验与科学发现的重要意义，国内外具有代表性的科学奖项，"大学科普"对科普创新的引导。以大学科普和人文素质创新教育为主线，旨在普及科学知识的同时，注重倡导科学方法、传播科学思想、弘扬科学精神，以帮助更多热爱科学的读者开阔科学视野、扩展科学思维。书中还通过追溯科学的发展历程，强调重新认识科学与科普之间的必然关系，即"科学必然应科普，科普必然要科学"；还突出了在迎接大科学时代与大科普格局时代浪潮中，科普工作在推动科学事业进步和发展中的作用，而大学的科普工作将成为重要的中坚力量。

《高校科协的发展与未来》。此书意在理清高校科协的一些基本概念和属性，重新分析了高校科协工作规律，明确提出了高校科协"五指理论"，并结合具体案例对高校科协的五个主要方面的工作进行了阐释。高校科协相关理论储备和成果积淀证明高校科协这一新型学术共同体的悄然兴起。此书历经了十余年的打磨，过程曲折，终于冲破艰难困苦得以出版。虽然过程艰难，但这是自己对高校科协理论研究一点微不足道的贡献，仅供大家参考。

2. 第二部分：我担任"大学科普丛书"副主编出版的科普作品

"大学科普丛书"（第一辑）12个分册，已全部由科学出版社出版发行。这是全国高校科协开展大学科普工作的成功实践。丛书第一辑的内容涉及科学领域的多个方向，聚焦不同科学领域的热点问题，通过编委会精心遴选，将科学与文学紧密结合起来，最大程度上实现了跨学科的科学信息交流。12个分册的作者，对著作精益求精，将自己专业领域的研究内容以生动故事的形式通俗易懂地表达出来，可以说是各学科领域的优秀科普作者。作者和著作介绍如下：武汉大学科协推荐的南极测绘第一人、德高望重的科学家鄂栋臣，他把自己在极地科考的日记撰写成通俗易懂的科普故事，著成《极地征途：中国南极科考日记档案》；南京理工大学科协推荐的火炮大专家钱林方，他带领着一支优秀科普创作团队，把缘起"哈军工"的王牌专业到现在南京理工大学的王牌学科的发展历程及相关专业知识，著成《火器传奇——改变人类历史的枪与炮》；赫赫有名的科学史学家江晓原，著成《在数字城堡遇见戈尔和斯诺登：江晓原科学评论集》；中国航空学会秘书长张聚恩，著成《大国航空：从百年奋发到世纪辉煌》；国际试飞员徐勇凌，著成《鹤舞凌霄：中国试飞员笔记》；李革，编著《眼睛的奥秘：看见自然的神奇与人类的智慧》；袁位，编著《天问：宇宙的探索与发现》；青年学者刘夙，著成《万年的竞争：新著世界科学技术文化简史》；李轻舟，著成《德尔斐的囚徒：从苏格拉底到爱因斯坦》；汤波，著成《动物世界奇遇记》；魏昕宇，著成《塑料的世界》；刘伟，著成《追问人工智能：从剑桥到北京》。这些科普作品选题内容的创新性，彰显了高校作者们厚重的科学文化底蕴和科普创作实力。

经过"大学科普丛书"（第一辑）的组织出版过程，"大学科普丛书"编委会和《大学科普》杂志编委会两个编委会的实力得以增强，全国高校科协开展的科普工作很好地发挥了高校高端优质科普资源的优势，特别是面向高校科学家进行精心组稿的同时，调动了更多的青年科学家参加大学科普工作的积极性，使优秀科普作者能够更好地脱颖而出。我们在组稿过程中发现，有些青年科学家，不仅学问做得出色，而且也乐意做大学科普工作，他们把科研成果撰写成科普文章，在《大学科普》杂志进行预发表后，受到不同学科大学生的关注和青睐。我们从《大学科普》杂志中发现一批高质量的前沿科普选题，推荐给科学出版社科学人文分社，通过较长时间的互动打磨后定稿，然后科学出版社组织高水平的编辑进行编辑、审校后陆续出版。由此，形成了"大学科普丛书"编委会带领着全国高校科协热心科协理论研究的同仁们，共同打造高校科普原创作品的创新平台，也因此与科学出版社人文分社结下出版之缘，我感到做高校科协理论研究工作更加自信、更加有力量。2020 年，我有幸被科学出版社评为优秀作者（图 4-7～图 4-9）。

图 4-7 荣获科学出版社优秀作者荣誉证书

图 4-8 科学出版社表彰大会部分优秀作者合影（左四靳萍）（来源：科学出版社官网）

图 4-9 科学出版社表彰大会到会优秀作者合影（来源：科学出版社官网）

　　《大学科普》杂志所属的"大学科普丛书"（第二辑）的工作正在有序进行中，分册中的《科普演讲，你准备好了吗？》《沙都散记》《科学文化漫谈》《生物学传奇》《筑梦南极：南极在向你招手》已相继正式出版，其他分册还在选题立项和出版流程之中。这些原创科普作品，通过线上和线下科学传播，受到读者的广泛好评。由此《大学科普》杂志社在 2021 年全国科技活动周及重大示范活动中获得了表现优异的荣誉（图 4-10）。"大学科普丛书"（第一辑）荣获"2020 年重庆市优秀科普作品"和"2020 年全国优秀科普作品"奖项（图 4-11）。

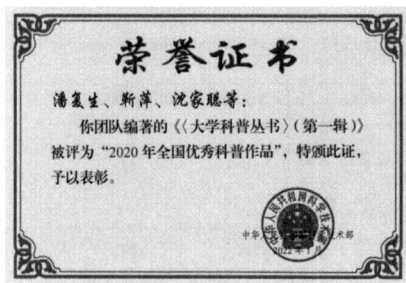

图 4-10　《大学科普》杂志社在 2021 年全　图 4-11　"大学科普丛书"（第一辑）荣
　　　　国科技活动周及重大示范活动中获奖　　　　　获"2020 年全国优秀科普作品"

　　其实，我在梳理以上高校科协工作研究时才发现，高校科协开展大学科普工作的成绩成为最为突出亮点，这让我感到十分欣慰，再一次点燃了我对高校科协理论研究的热情、激情和深情。特别是能与全国高校科协的编委们在一起做一些力所能及的事，不仅收获了愉悦，而且幸福感满满。如今，"大学科普丛书"和《大学科普》杂志两个编委会的编委们还提议：看能不能把高校科协理论研究工作的成果做成系列丛书，如进一步开展《中国高校科协理论研究》《高校科协人物事迹》《高校科协工作方法指南》《高校科协发展历程》《高校科协工作特色》等分册的撰写工作……在此，我也表示愿意参与，与大家携手共同去完成这样让人快乐且幸福的夙愿！如今，我与全国高校科协"老兵营"的"老兵"们，依然保持着友好联系。他们中有耄耋之年的老秘书长,也有花甲之年的老秘书长,还有在岗年轻有为的新任秘书长,因为大家对于高校科协的发展与未来,有着共同的兴趣、共同的话题和共同的理想。其实,高校科协也是一个人才辈出的地方。目前,在岗的秘书长里,在高校科协理论研究方面很有才气的代表性人物有很多,其中如东北石油大学科协的张志军、南京理工大学科协的沈家聪、华中科技大学科协的柳会祥、北京大学科协的郑英姿、东南大学科协的张志强、南京大学科协的龚俊、北京航空航天大学科协的王晓峰、中国人民大学科协的沈健、武汉大学科协的王颂、北京理工大学科协的胡晗、中国科学院大学科协的吴宝俊、兰州大学科协的许鹏飞……大家一起为中国高校科协欣欣向荣的未来而努力奋斗,"士不可以不弘毅,任重而道远"。

参 考 文 献

[1] 重庆大学科学技术协会. 科技前沿和未来(第一辑)[M]. 孙才新序. 北京:科学出版社,2009.

[2] 靳萍. 高校科协"五指理论"(节选)[J]. 大学科普,2017:79-81.

[3] 中国科协发展研究中心课题组. 近代中国科技社团[M]. 北京:中国科学技术出版社,2014.

[4] 孙诚,吕华. 我国高校科协组织建设与发展的调查研究[J]. 大学(学术版),2009:37-48.

[5] 王国强. 回望中国特色科技社团体系的百年之旅[EB/OL].(2022-08-03)[2024-02-03]. http://www.cnais.org.cn/zkdt/xgd/art/2022/art_036a73911528425aa295a5e1398b2784.html.

[6] 新华社. 习近平:为建设世界科技强国而奋斗[EB/OL].(2016-05-31)[2024-02-03]. http://politics.people.com.cn/n1/2016/0531/c1001-28399962.html.

第五章
组织学术交流活动

科学精神就是求真的人文精神，人文精神就是求善的科学精神。[1]——杨叔子

（中国科学院院士、华中理工大学校长、华中理工大学科学技术协会主席、《大学科普》杂志科学顾问）

本章阐释高校科协的第一项主要工作职责——组织学术交流活动，围绕学校学术中心工作，对服务学校学术需求、营造学校学术软环境、扩大学校学术影响力等方面的工作进行分析，进而揭示高校的科协组织在组织学术交流活动中所具备的独特优势。以华中科技大学科协为典型案例，华中科技大学科协在组织学术交流活动中被全国高校科协公认为具有代表性的基层高校科协样板学校。

第一节 积淀与创新

在湖北省武汉，有一所著名的综合性研究型大学，被教育界誉为"新中国高等教育发展的缩影"，这所大学就是华中科技大学，简称"华中大"，由原华中理工大学、同济医科大学、武汉城市建设学院合并组建。在 20 世纪 80 年代，全国高校科协工作研究会召开的工作经验交流会年年都有，而基层高校科协之间的交流活动不是太多，但参加会议的高校代表比较多，而大家对各高校的校名变化还不太熟悉。当时，华中科技大学的校名进行了变更，高校科协的老秘书长们告诉我们年轻人，记住"华科大"就行了，"华科大"就成为当时大家称呼华中科技大学的习惯用语。不过现在，华中科技大学官方统一使用"华中大"的简称，我们也慢慢地把习惯改过来了，开始使用"华中大"。

一、历尽沧桑的百年历史

华中科技大学是教育部直属重点综合性大学。由原华中理工大学、同济医科大学、武汉城市建设学院于 2000 年 5 月 26 日合并组建，是国家"211 工程"重点建设和"985 工程"建设高校之一，也是国家首批"双一流"建设高校。原华中理工大学（1988 年 1 月～2000 年 5 月）的前身是华中工学院（1952 年 11 月～1988 年 1 月）；原同济医科大学前身为上海德文医学堂（1907 年创办）；原武汉城市建设学院的前身是中南建筑工程学校（1952 年 8 月组建）。原华中理工大学、同济医科大学、武汉城市建设学院办学历史悠久，学科特色鲜明，人文底蕴厚重，学校合并后十分重视学术交流工作，加强科协组织建设，重组合校前的华中理工大学科协、同济医科大学科协、武汉城市建设学院科协，成立了新的华中科技大学科协。

二、明德厚学的学校特色

华中工学院是以工科为主要特色的学校，直到合校后的今天，华中科技大学成为中华人民共和国教育部直属的综合性全国重点大学，中央直管副部级高校，国家首批"985 工程""211 工程""2011 计划"重点建设高校，"卓越工程师教育培养计划""卓越医生教育培养计划""111 计划"入选高校，是 21 世纪学术联盟、中俄工科大学联盟、中欧工程教育平台、七校联合办学、国家海外高层次人才创新创业基地等成员，是与国家卫生和计划生育委员会共建医学院的十所院校之一，拥有国家实验室和国家大科学中心的四所大学之一，是被美国制造工程师协会（SME）授予"大学领先奖"的两所中国大学之一（另一所为清华大学）。

华中科技大学在实施"人才兴校"战略中，师资力量雄厚。学校贯彻建设"学生、学者与学术的大学"的教育思想，秉承"育人为本、创新是魂、责任以行"的办学理念，坚持"一流教学一流本科"的建设目标，采取多种举措，深化教育教学改革，全面推进素质教育，构建和完善充满活力的创新人才培养体系。如今，华中科技大学正以创建世界一流大学为目标，秉持"明德厚学，求是创新"的校训，敢于竞争，善于转化，聚精会神，科学发展，全面提升办学水平，努力开创更加辉煌灿烂的明天。

三、求是创新的学科优势

华中科技大学的学科齐全、结构合理，基本构建了综合性、研究型大学的学科体系。拥有哲学、经济学、法学、教育学、文学、历史学、理学、工学、农学、医学、管理学、艺术学等学科门类。

华中科技大学的学科是按照"应用领先、基础突破、协调发展"的科技发展方略布局的，构建了覆盖基础研究层、高新技术研究层、技术开发层三个层次的科技创新体系，强有力地依托科学研究支撑学科的发现与创新。学校坚持"服务乃宗旨，贡献即发展"的科技创新思路，面向国民经济建设主战场，产学研相结合，密切与地方政府、大型企业合作，通过设立驻外研究院、产业化基地，开展横向科技合作等方式为区域经济建设服务。附属协和医院、同济医院是集医疗、教学、科研、培训为一体的大型现代化综合性医院，是湖北省乃至中南地区的医疗诊治中心。附属梨园医院突出老年病学的特色，是湖北省老年病防治研究中心。

第二节　学术活动与学术影响

随着中国高等教育的发展步伐日益加快，重点高校自身的办学特色越来越突出，而华中科技大学坚持开放式办学理念，积极开展全方位、多层次的国际国内学术交流成为华中科技大学的显著特点，学校党委和行政专门赋予学校科协的任务是科协工作要在服务学术交流工作中突出创新。面对服务学校学术发展的新机遇与新挑战，在服务学术交流工作中突出创新这项工作就成为华中科技大学科协工作的重中之重。由此，策划、组织、动员、服务在校内举办的国际国内学术会议，成为华中科技大学科协服务于学校开展合作与交流的一项重要工作任务。多年来，华中科技大学科协通过举办高水平的国际国内学术会议（含双边学术会议），使全校师生及时了解国际前沿学术信息和最新学术成果，有效地推进了校内新兴学科的建设与发展，同时在积极服务高水平科学研究领域的国际交流与合作方面做出了很有特色的科协创新工作成绩。在校科协的努力下，学校召开的国际国内学术会议呈现出数量多、级别高、领域广的特点，对促进后续的科学研究与合作很有帮助，也表现出学校科协在服务学术交流活动中发挥着不可替代的桥梁和纽带作用，特别是通过中国科协学术共同体，提升了华中科技大学在学术界的学术影响力和国际声誉，实实在在地推进了学校的学术发展。

一、生机勃勃的学术活动

长期以来，华中科技大学党政领导一直十分重视对华中科技大学科协的组织建设工作，使其科协组织的建制在人财物力的配备上得到了充分的保障。学校明确要求校科协要花大力气抓好组织国内外学术交流活动和高水平学术论文发表的工作。校科协按照学校对学术发展的要求，瞄准了五大工作任务：第一，科学信息的获取与交换；第二，在科学思想的交流中，激发创新性思维；第三，服务和发现优秀科技人才；第四，促进科技成果转化和决策科学化；第五，提倡科学精神和维护科学尊严。校科协在组织国际学术交流方面下功夫，不仅制定了《关于举办国际学术会议管理的办法》，而且还专门成立了国际学术会议管理领导小组，联合校内相关部门共同进行组织、管理、协调。领导小组由学校科协负责人担任组长，外事处、校办等校内二级部门的相关领导参加，以便做好统一协调服务工作，采取会议论文征集、发表出版、经费筹集、组织管理、科学考察等一条龙服务。通过多年的努力和经验积累，加上学校硬件设施的不断完善，华中科技大学科协已具备组织承担国际、国内各类大型学术会议的能力，为学校在各学科领域获得最新、最前沿的科技信息提供了有力支撑和保障。

关于华中科技大学科协在组织国际国内学术会议的工作特色上，有这样一个小故事。故事讲的是华中科技大学改革开放后第一次国际学术会议——国际生物力学会议。相关内容是华中科技大学科协常务副主席柳会祥在任期间基于访谈回忆整理的。这个故事记录了华中科技大学在推进学术发展过程中举办的一次具有里程碑意义的学术会议，也是华中科技大学科协在组织学术交流活动能独树一帜的重要佐证资料之一。下面我们从学校领导高瞻远瞩的重大战略决策、新兴学科的诞生、群策群力、学术服务、创新足迹五个方面来分析这一次具有历史意义的学术会议。

第一，高瞻远瞩的重大战略决策。1978年，华中工学院院长朱九思出席了在北京召开的全国科学大会，朱九思院长敏锐地意识到生命科学学科发展的前景，回校后，经过反复斟酌，作出了一个高瞻远瞩的重大决定：筹建华中工学院生物工程系（现华中科技大学生命科学与技术学院），并委任当时在力学系工作而完全没有生物学背景的王君健教授牵头筹办。当时，在刚刚打开国门的改革开放之初，国内对生物工程领域知之甚少，也没有海外关系可得到生物力学方面的资料。在那时，生物工程是一门未来发展的新兴学科。王君健教授，在刚开始的一年多时间里，先是自学生物力学与生物工程方面的相关知识，并想方设法与生物力学创始人、美国加利福尼亚大学冯元桢教授取得联系，表达了想去美国学习生物工程的愿望。冯元桢教授得知情况后，非常欢迎王君健教授到美国学习。在中美邦交正常化的1979年6月，经过多方努力，特别是在冯元桢教授的帮助下，王君健教授终于成行，他以访问学者的身份赴美国加利福尼亚大学圣地亚哥分校，师从冯元桢教授学习生物力学，三个月后如期归国。之后，华中工学院邀请了以加利福尼亚大学伯克利分校校长为代表的一行九人访问团到武汉进行学术访问，并签订了双方的校际合作协定。访问结束后，冯元桢教授应邀留下来在华中工学院讲学，举办了全国生物力学与生物工程讲习班，培训国内相关领域的学者。后来这些学者逐渐成为国内高校最早一批建立生物工程学院的骨干专家，如重庆大学生物工程学院的创始人吴云鹏（曾担任重庆大学校长）、蔡绍皙（曾任重庆大学生物工程学院学术带头人）、杨力（曾任重庆大学生物工程学院院长）等。

第二，促成新兴学科的诞生。在王君健教授回国后，他看到了我国在生物力学和生物工程研究领域与世界先进国家的差距，便开始思考该如何在华中工学院建立一个实验室，把国外的先进技术带回国内，此想法与时任华中工学院院长朱九思不谋而合。1980年11月，在中国医学科学院名誉院长黄家驷的领导下，经中国科协批准，中国生物医学工程学会在北京正式宣布成立，同时召开了第一次会员代表大会。会上选举产生了以黄家驷为理事长、王君健等为副理事长和理事的第一届理事会。这个消息更加坚定了华中工学院建立生物工程新兴学科的决心。1980年，经教育部批准，华中工学院在力学学科的基础上组建了生物力学专业，随后华中工学院成立了生物工程系，王君健教授担任该系第一任系主任。1981年，华中工学院生物工程系开始招收生物医学工程本科生和硕士研究生。当时，成立之初的华中工学院生物工程系，只有一个生物力学教研室、一个生物科研组，教师还不足十人。

第三，领导、学者群策群力。有了华中工学院生物工程系这样一个学科基础平台，王君健教授思考着如何把生物医学工程方面的国际会议引入学校，进一步加强学科建设，加强与世界先进国家的学术交流，开阔师生在该学科领域的视野，提升华中工学院生物工程系在生物医学工程领域的学术水平。王君健教授把此想法向朱九思院长作了汇报，得到了院领导的大力支持。1981年，王君健教授前往日本参加生物流变学国际学术会议时，再次见到了冯元桢教授，也告诉了他此想法，冯元桢教授当时说可以考虑。同年，冯元桢教授分别给中华人民共和国国家科学技术委员会（后更名为中华人民共和国科学技术部）一局和华中工学院王君健教授致信，建议于1983年在中国武汉举行一次生物力学国际会议。得知此消息后，华中工学院迅速行动起来了。当时的华中工学院科协，就立即按照华中工学院院长、华中工学院科协主席朱九思的意见起草了《关于1983年在武汉举行国际生物力学会议的报告》一文，文中提到：1978年华中工学院王君健教授带领一批同行进入了生物力学这个新兴的边缘学科领域，承担了国家下达的课题，取得了初步的成果。他们撰写的学术论文已两次被国际学术会议所接受。因此，1983 年国际生物力学会议能够在中国武汉召开，对于扩大我国和湖北省国际学术交流影响力，推动生物力学学科的发展，有着十分重要的意义。当时，华中工学院是第一次承办国际学术会议，面临经费严重不足的困难，王君健教授拿着国务院的批件，找到了湖北省政府时任副省长的陈明解决经费问题。陈明副省长非常重视，专门约谈王君健教授后，了解到会议的筹备情况，不久就批复了专项经费 4 万元，专用于该会议。至此，由中国生物医学工程学会、美国生物医学工程学会及日本生物流变学会联合发起召开的第一次中、美、日生物力学国际会议于 1983 年 5 月 9 日至 12 日在武汉东湖招待所如期举行，华中工学院科协学术交流办公室的全体工作人员全程参与会议的会务服务工作。

第四，彰显学术交流服务学科发展的独特优势。这次国际生物力学会议的大会主席由黄家驷、冯元桢和深田荣一共同担任，黄家驷当时是中国生物医学工程学会理事长、中国医学科学院名誉院长，冯元桢当时是美国生物医学工程学会主席、美国国家工程科学院院士、加利福尼亚大学圣地亚哥分校教授，深田荣一当时是日本理化研究所所长。王君健教授担任组织委员会主席。出席该次会议的代表除中、美、日三国的代表外，还有来自荷兰、法国、加拿大和意大利的代表约 30 人，另外还有特邀专家和列席代表以及学生代表约 70 人，华中工学院生物医学工程系的全体师生参加了会议。会议交流的学术论文，跨学科的内容十分丰富，在一定程度上反映了国际生物力学与其他相关学科研究方向的交叉研究工作，给与会代表留下了十分深刻的印象。会议期间，包括王君健教授撰写的《呼吸末期内扰动波的研究》在内的七篇学术论文得以在大会上交流，受到国内外专家的好评。与会代表不仅交流了学术思想，而且也增进了友谊和了解，为后来的学术交往和跨界合作奠定了良好基础。同时，该次会议也打开了华中工学院与世界各国学者交流的新渠道，为华中工学院的师生参加国际学术交流活动起到了重要的推动作用。例如，王君健教授的研究生贺熹，1985 年生物工程专业硕士毕业后，想去美国继续深造，王君健教授向曾经参加会议的美国南加利福尼亚大学索宾教授推荐贺熹，得到了索宾教授的大力支持和热情帮助。贺熹学业成绩优秀，顺利地到加利福尼亚大学圣地亚哥分校深造，并获得了奖学金。贺熹1992 年获加利福尼亚大学圣地亚哥分校生物学博士学位。他的学术成就突出，已于 2007 年成为哈佛医学院神经学终身教授。王君健教授门下的另一学生汪宁，在获得华中工学院生物医学工程硕士学位后赴美深造，1990 年获哈佛大学生理学博士学位，现已成为美国伊利诺伊大学香槟分校终身教授、细胞与分子力学实验室负责人。

第五，记载下了"六个第一"的创新足迹。改革开放后的 1983年 5 月 9 日，在华中工学院举办的中、美、日生物力学国际会议成为中国生物医学工程学会第一次举办的国际交流会议，也是湖北省科协与华中工学院联合举办的第一次生物力学国际学术会议。紧接着，在华中工学院诞生了全国高等教育第一个生物医学工程专业、第一个生物医学工程硕士点、第一个生物医学工程博士点，还有第一位生物医学工程博士生导师王君健教授。

今天，当我们在回顾华中工学院科协参与并服务这次中、美、日生物力学国际会议时，我才真正明白了，为什么全国高校科协的老一辈秘书长们在讲到传承高校科协精神时，就会把华中工学院科协组织学术交流活动当作高校科协的样板，也许，就是因为这"六个第一"表现出来的独特优势吧。华中工学院科协的这段具有历史意义的工作成就，开启了后来华中理工大学科协和华中科技大学科协大力举办各级各类国际与国内学术会议和其他学术交流活动的新篇章。

据华中理工大学科协不完全统计，学校科协曾经举办了上百次的国际学术会议。例如：张培刚教授主持召开的中美经济合作学术会议（1987 年），杨叔子教授主持召开的专家系统工程应用国际学术会议（1989 年），程尚模教授主持召开的第一届国际能量转换及能源工程学术会议（1990 年），李柱教授主持召开的第二届测试技术与智能仪器国际学术会议（1993 年），杨叔子教授和周济教授主持召开的国际智能制造学术会议（1995 年 6 月）、第四届国际 CAD/CG 学术会议

（1995 年 10 月），朱梅林教授组织召开的国际内燃机学术会议（1997年），以及国际光纤传感器会议、中美经济合作学术会议、海内外青年制造科学会议、国际应用无机化学学术会议、第二届国际金属切削学术讨论会、华文报刊及中华文化传播国际会议、激光和生物光学国际会议等。由此，华中理工大学科协成为当时在全国高校科协中，组织国际学术会议最多的高校科协。华中理工大学还开展了其他形式的国际交流活动，如与韩国岭南大学开展的校际学术交流：1992 年华中理工大学科协负责接待了以韩国岭南大学理工学院院长为团长的学术交流团。次年，以华中理工大学科协常务副主席朱梅林教授为团长的 23 位教授团回访了韩国岭南大学，双方进行了多学科的学术交流。合校后，华中科技大学科协 2004 年举办了第三届中德光电子微电子器件与电路专家会议、制造自动化国际会议、脉冲强磁场国际研讨会、全球化与民族精神国际学术研讨会、网络与并行计算国际会议、第四届应激反应的分子生物学国际会议、院校研究与现代大学管理国际学术研讨会、21 世纪城市发展国际会议等国际学术会议。这些学术交流活动对学校学科发展起到了举足轻重的推动作用，也充分体现了华中科技大学科协组织学术交流活动的工作职能。

从 2011 至 2016 年，华中科技大学科协举办了第 64 届国际宇航大会（IAC）、欧洲科学开放论坛（ESOF）、2015 年世界工程师大会、第二十届太平洋地区核能大会、2016 年世界生命科学大会、第6 届全国体外循环暨首届亚太体外生命支持学术年会、首届中国（武汉）期刊交易博览会等国际、国内学术会议。这些国际、国内学术会议的举办对提高华中科技大学学术地位起到了不可低估的重要作用。杨叔子院士、周济院士、李柱教授等专家学者通过组织召开国际学术会议，还创建了相应学科的国际性学会。后来，这些学术带头人，都成为发起全国新兴学会的主要学术领路人，秘书处也设在华中科技大学。

华中科技大学科协以开拓创新的精神，通过组织国内外学术会议，活跃学术气氛，培养创新人才，提高学校学术知名度，更重要的是通过举办高水平的国际会议，为学校走向世界、创办世界一流知名大学起到了积极的推动作用，华中科技大学科协作为学校基层学术组织枢纽为推进学校学术发展作出了不可替代的重要贡献。正因为如此，华中科技大学科协在组织学术交流活动中形成了自身的工作特色和优势。目前华中科技大学科协每年可承担 3～6 个国际会议，10～15 个国内大型学术会议，制定了一套良好的组织学术活动的管理办法，保障学术交流活动的运行。

两校科协长期友好的往来。一直以来，重庆大学科协与曾经的华中工学院科协、华中理工大学科协和现在的华中科技大学科协，保持着长期友好的特别往来。这种特别，也许表现在两校在工科特色上相通。多年来，我们两校之间，无论是学校的党政校领导、还是相近学科的专家学者的交往，主要是通过挂靠在两校相近学科之间的全国各级各类学会开展学术交流等活动进行的。两校交流促进了两校高端人才的流动，使两校科协之间的联系在服务学科发展、学会交往上更加紧密。特别是华中科技大学科协和重庆大学科协在全国高校科协工作研究会中分别担任过理事长单位和副理事长单位，长期联手开展全国高校科协的主要工作，共同树立起了开展全国高校科协工作的一种吃苦耐劳的红色传统精神。在我的记忆里，我是在重庆大学科协第一任秘书长应永铭老师的带领下，走进曾经的华中工学院科协、华中理工大学科协和现在的华中科技大学科协的，历届华中科技大学科协的负责人有朱梅林、吴鸿修、张国德、柳会祥、曹锋、朱川平等常务副主席，大家长期保持着友好的交往和紧密的联系。

在中国科协"三大"、中国科协"四大"和中国科协"五大"期间，朱梅林常务副主席与应永铭秘书长就建立了非常友好的联系，他们常常在一起探讨如何在工科学校开展跨学科、跨学校的学术交流工作以及如何构建全国高校科协工作研究会的组织工作。后来，华中理工大学（现华中科技大学）科协吴鸿修常务副主席接替科协工作后，我作为重庆大学科协秘书长同样和其保持着友好的联系。吴鸿修老师担任全国高校科协工作研究会秘书长时推荐了我担任全国高校科协工作研究会的副秘书长，协助他开展工作。在中国科协"六大"和中国科协"七大"期间，全国高校科协工作研究会的理事们在吴鸿修秘书长的率领下，为推进全国高校科协工作做了很多重要的工作。吴鸿修秘书长对高校科协的发展事业情感很深，他认真负责的工作态度和工作作风，让我很感动。他后来把华中科技大学科协的工作托付给了彭世卿老师和闫亚明老师，同时也把全国高校科协的工作托付给了我和其他的理事们，他的最大心愿就是希望全国高校科协工作研究会托起高校学术交流的未来。

后来，我在 2008 年参加中国科协发展研究中心与中国地质大学（武汉）召开的全国高校科协工作研讨会时联系上了接替华中科技大学科协工作的专职常务副主席张国德，当时代表中国科协负责指导和联系全国高校科协工作研究会工作的单位是中国科协发展研究中心。在这次会议上，我们共同探讨了高校科协的发展。再后来，新任华中科技大学科协专职常务副主席柳会祥到位。柳会祥任职期间，我与他联系十分频繁。他上任一个多月后，就专程来到重庆大学科协与我会面，我很感动，心想遇到同路人了，在这五年里，柳会祥每年会多次来重庆大学科协，还多次邀请我去华中科技大学科协交流工作，这一来一往的互动，让我亲眼见证了他对高校科协工作尽心尽力投入的奉献精神，主要表现在以下三个方面：一是他对华中科技大学科协的历史与未来发展很有研究的激情；二是他对湖北省高校科协工作研究会的工作认真负责；三是他对全国高校科协工作研究会的未来充满信心和希望。直至现在他都让我十分佩服。我把和柳会祥无数次见面的最为深刻的初次见面和他特别邀请我参加的四次国际国内大型高端学术会议的经历记录下来，想从中更加深刻地去了解他们为什么能在组织学术交流活动中成为全国高校科协的一面旗帜，同时，也借此向柳会祥致谢。

十分恳切的初次见面。柳会祥任职华中科技大学科协专职常务副主席后，于 2012 年 10 月 18 日率领华中科技大学科协秘书长鲁亚莉一行，专程来到重庆大学科协与我会面。这是我们第一次见面。柳会祥是带着问题来的，他提出了高校科协的工作职能、高校科协的组织建设、高校科协的发展与未来以及如何启动全国高校科协的工作等一系列问题。这些问题，也是我一直关心和思考的问题，因此，我们一见如故，就这些话题，开展了真诚的深入交流。在重庆大学科协召开的座谈会上，柳会祥十分恳切地说道："我非常高兴能来到被誉为'全国高校科协的一面旗帜'的重庆大学科协请教学习。这次来，我是来找标杆、找旗帜的，希望借鉴兄弟院校科协先进的、优秀的、丰富的工作经验，拓展我们华中科技大学科协未来的工作。"（注：重庆大学科协，在中国科协"七大"和中国科协"八大"期间，被中国科协誉为"全国高校科协的一面旗帜"）我们通过在座谈会上的交流，了解到华中科技大学科协当时在搭建高水平学术交流平台工作中，对服务挂靠学会、管理科技期刊、科技论文奖励、推广科技成果以及申报中国科协一系列项目等工作中有很多值得我们借鉴之处。

同时，华中科技大学科协秘书长鲁亚莉还详细介绍了华中科技大学科协与地方科协合作，如何促进院校科技成果转化等方面工作的经验。时任重庆大学科协副秘书长刘辉博士就重庆大学科协的组织构架、举办科学前沿论坛、制定学术工作联系人制度、开展"大学科普"的工作实践和理论的创新、指导学生科技社团和服务挂靠学会以及重庆大学科协网站建设等工作进行了介绍。最后，我们共同就全国高校科协的发展与未来，构建全国高校科协联盟，整合学术资源和科普资源优势进行了更加深入的讨论。柳会祥还语重心长地对我说："您的肺腑之言，我们将牢记在心，您的敬业精神，是我们永远学习的榜样！"这次交流，我感受最为深切的是，柳会祥、鲁亚莉作为高校科协专职新兵，对高校科协理论研究具有深切的认识，对高校科协工作十分热忱，具有从事高校科协这份普通工作的不普通的素养和信心。

深情厚意的特邀。在 2012 年至 2015 年的四年里，我接受了华中科技大学科协柳会祥常务副主席的特别邀请，作为特邀代表参加了由华中科技大学科协参与组织的四次国际国内大型高端学术会议。第一次是 2012 年的第八届中国科技期刊发展论坛（2012 年 10 月 26 日～27 日），第二次是 2013 年的全国高校科协发展论坛（2013 年 11 月 5 日～6 日），第三次是 2014 年的第三届中德智能城市建设研讨会（2014 年 10 月 29 日～31 日），第四次是 2015 年的聚焦"先进制造"中日韩工程院圆桌会议（2015 年 11 月 2 日）。参加这四次会议后，我对高校科协组织大型高端学术会议感悟很深，也找到了高校科协在学术共同体中不可替代的主要位置。的确，在组织学术交流活动工作中，华中科技大学科协已经成为"全国高校科协的一面旗帜"，实至名归。

2016 年底，华中科技大学科协专职负责人换帅，由曹锋常务副主席主持科协日常工作。时间荏苒，一晃又是五年，我很感谢曹锋在这五年里每年都多次不辞辛苦地来重庆大学看望我，给我带来了很多坚持做《大学科普》杂志的力量。特别是由华中科技大学科协协助《大学科普》编辑部于 2019 年 12 月在海南大学举办《大学科普》编委会会议（海南会议），2020 年 1 月 2 日～ 5 日他又陪同我们编辑部一行，应邀访问河北工业大学科协、北京航空航天大学科协、北京大学科协以及参加科学出版社的颁奖大会。这些点点滴滴的往事，表达了曹锋为了更好地推进高校科协开展大学科普工作的真情实意。2022 年，接任华中科技大学科协常务副主席的朱川平到位，在 2023 年华中科技大学 70 周年华诞时，他率领华中科技大学科协参与出版了华中科技大学 70 周年校庆丛书，我从这套丛书再次感受到了华中科技大学科协组织学术交流活动的力量。写到这里，华中科技大学科协专职科协常务副主席又换届了。

二、相得益彰的学术影响

学术是时代文化的精华，期刊乃引领学术之旗帜，而学术话语权既是国家实力的组成部分，也是国家实力的一种重要体现。遵循科学发展规律，学术话语权的提升需要强大的学术实力，要有繁荣的学术交流作为支撑，需要有敏于学术前沿的大师的引领，有学术话语权才能反映时代的重大研究问题，将学术问题寓于国际研究之中。对学术研究来说，学术话语权与学术成果的评价和学术资源的分配密切相关，系统性也非常强。其中，学术期刊就是学术成果发布的重要阵地之一，而学术期刊对学术成果的评价、选择和推荐，对学术研究方向起着重要的引导作用。

目前，我国学术期刊缺乏国际话语权的根本原因在于我国学术期刊在公信力、期刊质量和传播能力等方面与国际领先期刊相比尚有差距。提高出版质量是我国学术期刊增强国际话语权的治本之道。而今，学术期刊国际化已经成为全球期刊发展的大势所趋。在国际学术话语权的争夺日趋激烈的今天，西方国家借助优势对国际学术期刊的话语权实施垄断。因此，当下努力打造具有国际竞争力的学术期刊，同时积极参与国际学术话语权的竞争，避免我国学术成果外流，已成为当务之急。

引领学术研究方向，掌握学术评价话语权，已经成为学术组织的第一要务。长期以来，华中科技大学科协不但实实在在瞄准科学前沿，为繁荣学校学术氛围作出了重要贡献，而且在服务学术期刊的发展上也下了很大的功夫，为学校的学术发展作出了重要的贡献。柳会祥在任期间总结了服务学术交流工作：中国科协"三大"以后，钱学森主席多次提出，要提高学术活动的质量。中国科协书记处的领导同志也多次提出要研究高校科协开展学术交流工作，对取得的成果进行评价，还设立了专门的研究课题。这个问题得到重视，客观地反映了学术交流新发展的一个重要导向。对学术交流成果的科学的评价，有助于提高高校科协组织学术交流活动的质量，对发展科学技术和促进经济建设将起到更大的积极作用。对学术交流质量和效益的重视，也是学术交流新发展在深度上的具体体现。只拓展学术交流的内容和形式还不够，还应特别注重提高学术交流质量和学术交流的效果。目前，我国学术交流质量的评价体系还在逐步完善中，其主要导向有五个方面："一是跟踪世界科学前沿和突出技术热点；二是科学地进行定性分析和定量统计；三是建立优秀论文评选奖励制度；四是以学术会议和学术刊物而论，数量逐年增加，需要提高语言文字的表述能力；五是增强和扩大公众理解和重视科学传播媒体。"[2]

华中科技大学科协承担了对全校学术期刊的统计工作，截至2009年，各级各类刊物主要分为三个大类，呈逐年上升趋势：

理工类期刊9个：《华中科技大学学报（自然科学版）》、《土木工程与管理学报》、*Frontiers of Optoelectronics*、*Frontiers of Mechanical Engineering*、《水电能源科学》、《固体力学学报（中文版）》、*Acta*

Mechanica Solida Sinica、《新建筑》、《应用数学》。

文管类期刊 6 个：《华中科技大学学报（社会科学版）》、《管理学报》、《语言研究》、《高等教育研究》、《高等工程教育研究》、《新闻与信息传播研究》（内部刊号）。

医学综合类期刊 26 个：《华中科技大学学报（医学版）》、*Journal of Huazhong University of Science and Technology*（*Medical Sciences*）、《医学分子生物学杂志》、《医学与社会》、《中国社会医学杂志》、《中西医结合研究》、《中国组织化学与细胞化学杂志》、《医药导报》、《现代泌尿生殖肿瘤杂志》、《临床泌尿外科杂志》、《临床心血管病杂志》、《临床耳鼻咽喉头颈外科杂志》、《临床血液学杂志》、《临床急诊杂志》、《临床消化病杂志》、《中国中西医结合消化杂志》、《放射学实践》、《护理学杂志》、《中国康复》、《内科急危重症杂志》、《临床口腔医学杂志》、《肿瘤学与转化医学》（英文版）、《神经损伤与功能重建》、《中华物理医学与康复杂志》、《骨科》、《国际学术动态》（内部刊号）。

根据中国科学技术信息研究所论文统计滞后一年的统计情况，可以得到一些参考数据，华中科技大学科协进行了系统分析。比如，华中科技大学 2006～2009 年发表论文中，SCI 收录数从 936 篇上升到 1752 篇；SSCI 收录数 2008～2009 年上升了 22 篇；ISTP（CPCI-S）收录数从 673 篇上升到 1099 篇；EDLINE 收录数从 797 篇上升到 877 篇。收录论文数大体均呈上升趋势，在全国高校中名列前茅。（注：以上数据由柳会祥在任期间提供，之后由于换届暂无统计数据）

华中科技大学科协柳会祥常务副主席还告诉我，他们通过组织学术交流活动，在服务提升学术期刊质量上下功夫，使学校在国际、国内的学术影响力大大扩大。他说，学术影响通常用影响因子体现。影响因子是汤森路透（Thomson Reuters）出品的 JCR 中的一项数据，即某期刊前两年发表的论文在该报告年份（JCR year）中被引用总次数除以该期刊在这两年内发表的论文总数。这是一个国际上通用的期刊评价指标。它不仅是测度期刊有用性和显示度的指标，而且也是测度期刊的学术水平和论文质量的重要指标。影响因子是一个相对的统计量。[2]

三、中德国际学术交流的成功典范

2000 年 5 月 26 日，原同济医科大学并入华中科技大学，同济是德语中 Deutsch（德意志）的音译，合校后的华中科技大学开启了医学学科发展的新征程。原同济医科大学科协，也是全国高校科协工作研究会和湖北省高校科协工作研究会的理事单位。随着原同济医科大学合并到华中科技大学，原同济医科大学科协，也合并到华中科技大学科协。我们在前面介绍的华中科技大学科协柳会祥常务副主席，就是在华中科技大学合校前原同济医科大学科技处工作，兼职负责科协日常工作。合校之后，他担任华中科技大学科协专职常务副主席。有关华中科技大学科协在医学学科领域的学术交流工作，按照柳会祥常务副主席的说法就是"得心应手"，柳会祥通过原同济医科大学科协的学术交流工作很快就融入华中科技大学科协的学术交流工作之中并开展了一系列的高水平医学学术交流活动。2019 年的一次国际学术交流活动，再次展现了华中科技大学科协在组织学术交流活动中的旗帜地位。

2019 年 9 月 6 日至 7 日，德意志联邦共和国总理安格拉·默克尔访问中国，行程首站是华中科技大学[3]。默克尔在华中科技大学梧桐语问学中心演讲并与学子们交流与互动，又到华中科技大学同济医学院附属同济医院光谷院区与医护人员进行交流互动。默克尔这次武汉之行两处都选择到华中科技大学，缘由要从华中科技大学开展对德合作的国际学术交流传统和特色说起。

德文医学堂。华中科技大学医学部与德国的合作有着上百年的历史。华中科技大学同济医学院的前身是德文医学堂，是中德医学卫生领域交流的一个重要窗口，由德国医生埃里希·宝隆博士于 1907 年创办，于 1950 年迁至武汉。一个多世纪的历史积淀，使今天的华中科技大学同济医学院成为国内首屈一指的医学学府。华中科技大学同济医学院涌现出许多杰出人物，他们为中德两国医学卫生事业做出卓越贡献，其中被誉为"中国外科之父"的裘法祖院士和著名病理学家武忠弼教授都是中德双方百年友谊的见证代表。

中德学术活动。华中科技大学同济医学院积极倡导、组织、促成了中德医学协会和德中医学协会的创立，并促成了全国10多个省（自治区、直辖市）分会的开办，中德双方轮值举办了30多届学术年会以及中德跨境合作创新与知识产权研讨会等一系列高水平的国际学术交流会议。

中德科学研究。为共同携手解决人类重大医学问题，华中科技大学与德国高校联合建立多个国际联合实验室，承担了跨学科重大科学研究项目如"持续性病毒感染中病毒与免疫细胞的相互作用：从基础研究到免疫治疗与预防策略"，研究成果发表在国际顶级学术期刊的超过100篇，其中合作论文超过40篇，极大地促进了病毒学、感染病学等研究领域的发展。2012年，中德临床药物试验中心在武汉成立；2018年，中德同济-Caritas超声医学研究中心、中德天然药物国际联合实验室成立；2019年，中德胰腺癌个体化治疗实验室成立……

中德人才培养。自1962年起，华中科技大学同济医学院创立了全国独树一帜的德医班，该班自开设以来已培养超过900名学生。1981年以来，海德堡大学、洪堡大学等10余所德国高校和华中科技大学同济医学院开展长期临床实习基地合作。2000年，华中科技大学同济医学院有近300名学生赴德国高校进行临床实习。2007年，海德堡大学开启了中德医学教育联合培养师资培训班，作为华中科技大学同济医学院百年庆典的献礼，更进一步推动了华中科技大学医学教育教学改革的新进程，为培养高级专门人才，增添医学教育师资力量作出了巨大贡献。截至2019年，已有近1000名德国学生在华中科技大学同济医学院进行临床实习。2019年以后数据暂未统计。

中德学术成果。华中科技大学丁汉院士作为德国洪堡学者，长期与德国博世中央研究院、德国弗劳恩霍夫机床与成型技术研究所等单位在智能制造领域合作，开展了多项重大国际合作项目。华中科技大学管理学院中德知识产权研究所所长余翔教授2005年建立的中德知识产权研究所，通过与慕尼黑大学、马普知识产权研究所的深度合作，积极开展知识产权战略规划和决策咨询服务。

中德同济双璧。华中科技大学裘法祖院士曾在德国慕尼黑大学获得博士学位，并先后在慕尼黑多所医院就职。第二次世界大战期间，裘法祖冒着极大风险从集中营解救了约 30 名犹太人。1946 年 10 月，他携德籍夫人罗懿回国，后成为同济医科大学名誉校长、华中科技大学同济医学院名誉院长。裘法祖的手术刀开创了中国现代外科学的非凡历史，被誉为"中国外科之父"。1984 年，由裘法祖发起成立中德医学协会，他担任了第一任理事长。1985 年，裘法祖荣获德国政府颁发的大十字功勋勋章。2004 年，裘法祖被授予德国"宝隆奖章"。

与裘法祖并称"同济双璧"的武忠弼教授也享誉中德医学界。武忠弼教授是我国著名病理学家、医学教育家、社会活动家，德国自然科学院院士。他参与和推进中德合作 30 余年。1985 年，为表彰裘法祖与武忠弼为中德友谊做出的杰出贡献，德国政府为他们两位专家颁发大十字功勋勋章。2002 年，武忠弼又获得德国总统颁发的星级大十字勋章。

中德大学开放日。这是华中科技大学与德国高校合作的一个品牌工作亮点。自 2017 年以来，华中科技大学先后举办了华中大–海德堡大学日（2017 年 5 月 19 日）、华中大–杜伊斯堡·埃森大学日（2017 年 5 月 21 日）、华中大–马尔堡大学日（2018 年 5 月 20 日）。大学开放日期间，双方开展了签署协议、受聘荣誉学衔、校友论坛、校园文化宣讲、学术对接交流与科学讲座等活动，传承了华中科技大学对德的友谊，进一步增强了双方情感，深化了伙伴关系。

2018 年，新华社的一则"同学们，到中国去！"的报道在微信、微博上刷屏。德国莱茵美因应用科学大学应用物理专业硕士生尼古拉·米勒的一封"推荐信"登上了该校官网首页。米勒撰文介绍了自己从 2017 年 9 月起在中国武汉华中科技大学数字 PET（正电子发射断层成像）实验室 3 个月的学习交流实习经历，并"强烈推荐"其他同学报名参加。米勒写道：通过这次实习，无论是在专业领域还是个人生活方面，我都学到很多，也对未来的生活和职业发展有了全新视野。随着华中科技大学与德国各高校合作日渐紧密，像米勒一样受益于中德两国优质教学及科研资源的学子越来越多。

以上案例，让我们更进一步了解到，高水平学术交流工作组织的系统性对高校开展高水平国际合作十分重要。柳会祥上任华中科技大学科协专职常务副主席前在同济医学院科协工作，离开科协岗位后又在同济医学院担任办公室主任直至退休，现任高校科协理论研究中心主任，在此特别致谢柳会祥提供以上资料。

第三节　推动学术发展

高校科协不仅是中国科协的基层组织之一，而且也是高校基层学术组织之一。在目前全国基层高校科协中，在推动学校学术发展方面最具代表性的学校科协组织非华中科技大学科协莫属，其独树一帜的科协建制、工作特色、历史成就很值得借鉴和推广。

一、设立专门机构保障学术交流工作的开展

我们在前面介绍过，柳会祥任职华中科技大学科协专职常务副主席期间我们有诸多联系和交流，交往中我们常常讨论华中科技大学科协的历史、现在和未来。他在主持科协工作期间很认真，对科协的工作研究也很有兴趣，还从我这里收集了很多历史资料，同时回学校后到学校档案馆查阅了很多历史资料进行认真研究，更让我佩服的是他工作的高效率，很快就把华中科技大学科协网站创建起来了，在全国高校科协起到了很好的引领作用。

科协组织应时而生。根据华中科技大学档案馆对其科技发展史的档案记载，早在 1960 年，华中工学院被批准成为全国重点高等学校；学院建立后，为贯彻落实"双百"方针，积极开展学术活动，在湖北省科协和武汉市科协的指导和大力支持下，华中工学院科协成立大会于 1962 年 5 月 2 日召开。时任学院党委书记朱九思同志在会上做了题为"发扬愚公移山精神"的重要讲话，号召大家学习愚公移山的顽强

精神，积极开展学术活动，兢兢业业、扎扎实实地干工作，努力提高科学技术水平，为国家的经济建设服务，把新中国成立后的"经济贫穷"与"文化落后"这两座压在头上的大山推倒。华中工学院科协成立大会筹备组组长刘干才同志在大会讲话上强调，要增强科学研究的热情，要有向全国人民负责任的精神，改变我国"一穷二白"的落后面貌。我们科学技术人员的任务就是要提高科学技术水平，为祖国的社会主义建设服务，希望大家"树雄心，立大志，发奋图强，自力更生""攀登世界科学高峰"。

华中工学院科协成立不久，"文化大革命"开始了，华中工学院科协也没能很好地开展工作，名存实亡，直到"文化大革命"即将结束时，华中工学院抓住历史机遇，先后引进了大批学术骨干，提出"教学和科研"并重的办学原则，及时启动并推进了学院的科研工作，短短几年时间就取得了一批有水平的科研成果，并于1978年在北京召开的全国科学大会上被评为全国高校唯一的先进单位。

科协组织顺时重建。到了1978年，在改革开放的初期，尽管当时华中工学院许多教师在科研方面做了很多工作，也取得了一些成绩，但总体来看，学院开展学术交流活动较少，多数教师还不善于进行学术总结；发表高水平学术论文也少，学院整体学术水平不高。直到1984年底，华中工学院党政领导班子换届，新班子组成后，领导敏锐地认识到提高华中工学院学术交流水平的重要性，学院需要设立专门的学术工作机构来进行管理服务。当时，华中工学院已有挂靠在校内的全国性学会、湖北省科协和武汉市科协各级各类学会、协会、研究会以及全国性学会的理工科专业委员会30余个。其中，有全国学会1个即中国工程图学会；省级挂靠学会有湖北省工程图学会、湖北省未来学会、湖北省激光学会、湖北省力学学会、湖北省自动化学会、湖北省生物医学工程学会、湖北省内燃机学会等。随着校内挂靠学会的增加，学术管理工作任务加重，于是，华中工学院党政领导考虑到需要设立一个专门机构来对学术工作进行统一管理，保障学会学术交流工作的顺利开展。

华中工学院于1985年3月13日向湖北省科协正式提交成立华中

工学院科学技术协会的申请，很快就得到了湖北省科协批准。1985年6月20日下午，华中工学院再次召开了华中工学院科协的成立大会。华中工学院科协配备5名全职编制人员，提供了专门的办公场所，被允许根据湖北省科协的规定，建立独立的财务账号，并且每年获得学校下拨的专项行政管理运行经费。学校还授权科协负责管理全院学术工作，并归口管理协调挂靠校内的各级各类学术团体办事机构的联系工作。之后，在1988年1月，由国家教委批准华中工学院更名为华中理工大学，由此，华中工学院科协也随之更名为华中理工大学科协。

科协组织随合校而合并。20世纪初，随着全国高校合校热潮的掀起，2000年5月26日，华中理工大学与同济医科大学、武汉城市建设学院合并，组建成华中科技大学。原华中理工大学科协于1985年6月经湖北省科协批准成立，原同济医科大学科协于1987年6月经湖北省科协批准成立。华中理工大学科协、同济医科大学科协、武汉城市建设学院科协三校科协合并组建成新的华中科技大学科协。

2000年合校后的华中科技大学科协，在保持和发扬原华中理工大学科协、原同济医科大学科协、原武汉城市建设学院科协的组织优势和工作特色的基础上，结合新的形势和新的任务，提出了"围绕中心，服务大局；发挥优势，开拓创新；提高质量，主动服务"的新的工作思路，明确了新的工作目标。以创建品牌为抓手，打造服务学校学科建设的学术交流特色平台；以规范管理和服务为工作抓手，打造学术组织与学术团体管理服务平台；以提升学术质量为目标，打造学术期刊提升平台；以奖励优秀为导向，打造优秀学术论文激励平台；以改革创新为动力，打造科学普及与成果推广平台；以上级科协为渠道，加强联系，打造举荐优秀科技人才、评奖推优等服务平台。

科协组织建制。华中科技大学科协在学校党委和行政领导下开展工作，由主管科技工作的校长分管科协工作，实行团体会员制，包括会员代表大会制度、全委会制度、常务委员会制度；下设学术交流委员会、科普活动委员会、科技咨询委员会、科技维权委员会四个专业委员会，日常工作由科协办公室负责。长期以来，华中科技大学对学校科协的编制，实行正处级单位独立建制，确保人力、财力、物力配置（图 5-1）。

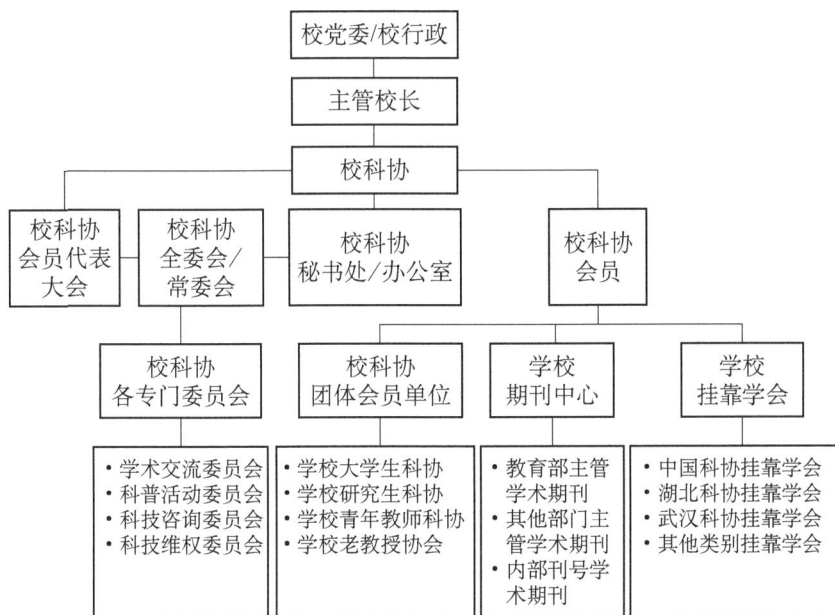

图 5-1 华中科技大学科协组织结构图

历届科协代表大会。华中科技大学科协成立至今，一共召开了四次科协会员代表大会。其中，华中工学院科协成立后，召开了两次科协代表大会：第一次华中工学院科协成立大会于 1962 年 5 月 2 日召开。改革开放后的 1985 年又召开了一次华中工学院科协成立大会，而这段时期，也是华中工学院科协进入快速发展的时期。随着华中工学院更名为华中理工大学，华中理工大学科协于 1990 年 6 月 30 日召开了华中理工大学科协代表大会。在这次代表大会上，时任华中理工大学党委书记李德焕同志，在大会讲话中强调：华中理工大学科协成立的历史虽然不长，但实践证明，学校科协是可以大有作为的。钱学森指出"高等院校科协是一个方向"，他还提出把高校科协作为中国科协的第四个基础组织。时任国务委员、国家科委（后更名为科学技术部）主任宋健同志也非常关心高校科协的工作。学校党委和行政领导将加强对学校科协的领导，为学校科协的工作创造更好的条件，要求学校各有关部门要支持学校科协的工作。希望学校科协的同志们进一步振奋精神、团结协作、不图虚名、多办实事，为学校两个文明建设做出更大贡献。当时，李德焕书记还对学校科协提出了三点要求：一是要进一步发挥学校科协作为学校党委和行政联系广大科技工作者的纽带和桥梁作用；二是要进一步发挥学校科协作为学校党委和行政发展科技、教育事业的助手作用；三是学校科协要为维护学校稳定，为安定团结贡献力量。在这次代表大会上，时任常务副校长钟伟芳当选为科协主席，朱梅林、陶绪楠、李柱等当选为副主席，朱梅林担任校科协专职常务副主席。之后的 1996 年底，华中理工大学科协召开了第三次代表大会，吴鸿修教授当选为学校科协专职常务副主席。据华中科技大学科协老一辈专兼职工作人员回忆：在华中理工大学科协召开第三次代表大会后的这段时期，是学校科协服务学校学术发展最有成效的时期，特别是学校科协制定了专门为华中理工大学科协代表大会选举产生的四十多位委员服务的工作，比如，每年为每一位科协委员在生日那天赠送一个大蛋糕……这些温馨的具体服务工作体现了科技工作者之家的温暖，也加强了科协与专家学者们的联系，增强了科协凝聚力。[4]

我曾经就华中科技大学科协召开代表大会的工作进行了系统研究，还与张国德、柳会祥、曹锋三任常务专职副主席进行过讨论，其中，柳会祥说学校一直在筹备召开华中科技大学科协代表大会，直到他调离科协岗位，我还没有找到关于华中科技大学科协召开科协代表大会的任何信息和资料。最近我又与新上任的华中科技大学科协常务副主席朱川平联系，他说看看能不能在今明两年召开华中科技大学科协代表大会，同时朱川平与华中科技大学国家脉冲强磁场科学中心的青年科学家牵头正在筹备成立华中科技大学青年教师科协的工作……

对于高校科协，配备基层高校科协组织的行政编制很重要，更为重要的还是应该重视基层高校科协自身的组织建设，应该按照章程规定，定期召开学校科协代表大会。基层高校科协在组织建设方面，不妨研究一下高校党群组织系统中的其他群团组织，比如学校的工会和共青团，工会和共青团能够按时召开换届大会，科协同样也应该能按时进行换届，只是按行政任职时间进行行政职务任免而不按照章程规定按时召开科协代表大会进行换届，对基层高校科协组织的战斗力提升十分不利，同时也会影响基层高校科协的健康有序发展。

二、抓住推进学术创新交流这一工作主线

华中科技大学科协自成立以来，组织定位明确，工作职能准确，始终坚持有序地狠抓推进学术创新交流这一工作主线，通过组织学术活动凝聚学者和学生的学术创造力，营造良好的学术氛围，其组织学术交流活动的出色工作成绩，得到了中国科协、湖北省科协、武汉市科协的表彰，成为全国高校科协学习的榜样。

2014 ~ 2016 年，华中科技大学科协专职常务副主席柳会祥，多次来到重庆大学与我讨论如何构建华中科技大学科协的网站。我们在一起认真研究和分析了全国各地基层高校科协网站建设的特点，了解到这些网站的内容中有反映学校科协工作特色的，也有与其他科技管理部门联合发布科协信息的，不同的网站信息发布，各有所长。当时，我们一致认为，北京航空航天大学科协的网站很有基层高校科协的品位和特色，于是，柳会祥雄心勃勃地说道：可以争取超越。其实，基层高校科协网站可以上传很多中国科协学术信息，但系统地结合基层高校科协工作性质、工作任务、工作职能、自身特色等主业，精心构建引领性的内容，给出真正的学术科技创新的导向还是有难度的。我们一致认为，最难的是基层高校科协自身组织建设的构架。后来，柳会祥回到学校，花了不少时间和精力，我们也通了无数次的电话专门进行讨论，终于在 2015 年年底，完成了华中科技大学科协网站建设。

华中科技大学科协的网站，首先上传了华中科技大学科协的 11 项工作职责：负责推选中国工程院院士候选人及跟踪服务；管理并服务于学校主办的学术期刊；管理并服务于学校各级挂靠学术社团；管理并服务于学校内部各类学术社团；组织开展各类高水平的学术交流活动；组织开展科技普及与科技咨询活动；实施学校年度论文统计与高水平学术论文奖励；积极向上级科协举荐人才、评奖评优、申报项目；发挥桥梁和纽带作用，促进校企间科技合作；开展科技维权活动，服务全校科技人员；完成学校领导和上级科协交办的各项工作。这11项工作职责，紧紧围绕推进学校学术发展主线，体现了华中科技大学科协有所为有所不为的学术服务思想精髓。下面我们从三个方面来看华中科技大学科协的工作经验。

1. 围绕学校学术发展中心工作，明确科协服务学术的任务

华中科技大学科协为促进学校学术繁荣，通过组织国际学术活动、国内学术活动和校内学术活动三大类特色学术交流活动开展服务工作，前两类高水平的学术交流活动，我们已在第二节"学术活动与学术影响"作了介绍和解读，下面我们重点分享华中科技大学科协在积极组织开展校内学术活动中呈现出的多样化精湛做法。据历届全国高校科协工作研讨会的论文交流文献记载，华中科技大学科协延续了华中工学院科协和华中理工大学科协的优良传统，长期坚持服务学术交流的工作。曾经，华中理工大学科协向学校申请了固定的会议场所。1988年4月15日，华中理工大学专门印发了《关于印发华中理工大学学术交流中心教室使用管理办法》，规定凡在华中理工大学召开的学术会议，可免费使用学校学术交流中心一号楼四间教室。这四间教室不间断地召开各学科和各学会的学术会议至今。

"华中大讲坛"。"华中大讲坛"自2005年开设以来，已有20余年的历史。讲坛每年都会举办几十场讲座，而讲座的学科内容涉及自然科学、社会科学、思维科学，重点涵盖理、工、农、医等学科门类。"华中大讲坛"作为学校学术交流的品牌，始终瞄准科学最前沿的热点组织选题。例如：2005年17场讲座中的"做负责任的科学研究""爱科学才能做好科学"等；2006年58场中的"'基因是上帝的语言'欠妥""引领探究物理的奥秘"等；2007年84场中的"纳米也疯狂　微观科技的巨大前景""中国人登月至少要分三步走""应优先考虑湖北建立核电站"等；2008年50场中的"核技术与两型社会建设""深析核能形势与发展""科学精神与实践"等；2009年110场中的"开掘新领域中的'生命之泉'""脉冲强磁场下的前沿科学问题"

等；2010 年 73 场中的 "电磁斗篷理论与黎曼几何、压缩测量新理论" "表面等离子体和人工电磁介质纳米光子器件" "Next Rays？T-Ray！" 等；2011 年 52 场中的 "癌症转移机制研究" "Meeting Einstein's Challenge：The Detection of His Prediction, Gravitational Waves RNA Binding Proteins Regulate MicroRNA Function in Cell Determination" 等；2012 年 53 场中的 "燃料电池：从电催化到关键材料" "Morais 教授带你走进磁纳米的世界" 等；2013 年 80 场中的 "揭开地球物理学面纱" "燃烧领域的挑战与前沿" 等；2014 年 105 场中的 "人生・事业・国家" "代谢异常与肿瘤的全新解读" 等；2015 年 51 场中的 "临床生物光子学" "探索深海——奇异的生物世界，潜在的超级资源" 等；2016 年 62 场中的 "脑科学让你脑洞大开——探秘脑连接图谱" "科技前沿与科学家学术思想" 等；2017 年 28 场中的 "在海疆防御领域形成国防'重拳'" "智能制造中的机器人技术：从智能机器人到共融机器人" 等。"华中大讲坛" 开展的学术交流活动，背后有学术选题遴选、报告人推荐、组织服务等大量工作，华中科技大学科协的组织服务工作可见一斑，营造了学校润物细无声的学术育人环境。

学术报告月。为了迎接一年一度的华中科技大学校庆纪念活动，华中科技大学科协都要承担组织 "学术报告月" 活动的工作。其目的在于引导教师和学生积极参与校内学术活动，首先在校内组织学术征文活动，鼓励广大师生积极踊跃投稿，通过评选，获得优秀论文的文章汇编在《华中理工大学学报》（后更名为《华中科技大学学报》）出版，所需经费由校科协向学校申请，专款专用。同时，还鼓励广大科技工作者积极向国际刊物和国际会议投稿，特别要强调的是凡科技工作者向境外投稿，学校科协负责办理保密审查手续，同时，学校科协还专门制定了华中科技大学奖励在国际重要刊物和会议上发表论文的规定，配合学校研究生院和学校教师工作处开展研究生毕业、教师职称晋升在学术刊物上发表论文的统计和评定，学校科协的这些服务工作，对华中科技大学学术论文数量和质量的提升起到了很大的推动作用。由此，华中科技大学曾连续三年获得全国高校国内重要刊物上发表论文数量的第一名，国际重要刊物上发表的论文数量排名在全国高校第 10 名左右。华中科技大学是全国高校第一个发表论文数超 1000 篇的高校，至此，学校的学术地位在国内学术界得到了显著提升，学术水平也逐步得到同行的广泛认可。[5]

鼓励学者发起学术会议。为了在校内召开高水平学术会议，华中科技大学科协的做法很值得借鉴。首先鼓励学术带头人和高水平的专家学者向国内外发起召开国际或国内学术会议，学校科协为他们提供全方位的服务。发起召开会议的专家学者负责学术工作，如论文的审稿、编辑、安排主题学术报告、论文评审、论文出版等工作，会务经费由华中科技大学科协牵头到中国科协、湖北省科协、武汉市科协逐级申请筹措，原则上不需要学校拨款，学校只提供校内硬件服务，如会场、科研基地考察等；会务的组织工作也由华中科技大学科协负责，这些举措极大地调动了专家学者发起召开学术会议的积极性。学校科协在这期间组织召开了约 40 次国际学术会议，每次召开国际学术会议都正式出版论文集，有的论文集在国内出版，如通过北京国际学术出版社和中国外文出版社等出版；有的论文集在国外出版，如通过美国的国际光学工程学会（Society of Photo-Optical Instrumentation Engineers，SPIE）出版等。

"下午茶"学术沙龙。这项学术交流活动，属于华中科技大学科协团体会员单位华中科技大学研究生科协的品牌活动。学校科协专门为"下午茶"学术沙龙提供必要条件，瞄准前沿科学研究进行科学选题，让科学大师、优秀青年科学家与优秀研究生开展近距离学术交流。例如，2016 年华中科技大学研究生科协举办的"下午茶"学术沙龙第三十期"设茗聚百贤，品味创新思想"。2016 年 5 月 27 日下午，华中科技大学科协主办、研究生科协承办了"下午茶"学术沙龙——走进能源光电子功能实验室之"揭秘光电效应，畅谈光伏技术"。活动邀请到了唐江教授，他是能源光电子功能实验室的专家，他是华中科技大学武汉光电国家实验室（筹）下属六大功能实验室负责人之一，这个实验室致力于运用半导体光电子学原理解决目前所面临的严峻的能源问题。实验室科研实力雄厚，拥有一大批学术领军人才，多次在《科学》和《自然》期刊的子刊等顶级期刊上以第一单位或合作单位发表学术论文。在参观能源光电子功能实验室环节，专家们为大家讲解薄膜太阳能电池的基本工作原理以及制备流程，介绍了实验室大型往返式磁控溅射设备、快速热蒸发炉、双温区管式炉等真空法薄膜制备设备的原理以及优缺点，还介绍了实验室开发的全自动喷涂镀膜设备和常见溶液法薄膜制备工艺的特性与基本操作。在参观完实验室后，唐江教授还给大家作了以"揭秘光电效应，畅谈光伏技术"为主题的报告，专门围绕太阳能核心优势、太阳能发电的原理和太阳能电池的应用进行讲解，通过对比现有水力、风力、火力发电，说明光伏发电是解决当前能源危机与环境污染最有效可行的途径。太阳能核心优势是储能巨大，而且这种转换绿色安全无污染，对环境影响小，易于建筑集成，可广泛安装使用。之后，还为大家简述了太阳能电池的种类以及发展历程，太阳能电池已经在太阳能农场、太阳能蔬菜大棚、太阳能路灯、太阳能背包、太阳能汽车等领域得到了较为广泛的应用。最后，唐江教授告诉大家，做科研就应该勇于开创新的方向、新的领域，不能一直跟在别人后面走，他最大的梦想就是在世界太阳能电池效率记录表上留下属于中国人的记录。讲座结束之后，在场的同学们积极提出自己在科研方面的疑问，唐江教授一一解答，并欢迎对该研究方向感兴趣的不同背景的同学加入实验室和课题组。

让学生参与重要学术活动。华中科技大学大学生科协是华中科技大学科协在承接国际国内高水平学术会议时开展服务工作的坚强后盾。华中科技大学大学生科协的小伙子和姑娘们，绝大多数都是理工科专业的学生，他们在参加学术会议时，通过培训，成为学术会务服务的志愿者。这是华中科技大学科协为大学生拓展前沿科学视野，提升学术交流能力，近距离接触国际国内著名学者提供的难得机会。同时还让大学生科协承担宣传各种学术会议，向学校申请专项经费，请总务处制作广告牌，专门张贴学术会议的信息，在校内各学院进行传播等工作。

2. 加强学校基层学术组织建设，服务挂靠学会

如今，当高校的科学研究工作朝着多元化、大项目、跨领域、交叉合作方向发展时，科研工作就会出现新常态，而现有的基层学术组织管理架构已不能完全适应变革的需要。基于高校基层学术组织管理机制的科学合理动态调整，以满足学术组织结构、学术共同体、学术公信力等方面的改革成为重中之重。华中科技大学科协牢牢把握基层学术组织的学科优势，鼓励学者担任学术兼职工作，承担各级各类学会、协会、研究会职务，服务挂靠校内的各级各类学会，并推出了一系列举措，为推进华中科技大学在新时期的学术发展和创新开展了有益的尝试。

发现优秀人才，鼓励学术兼职。华中科技大学历任党政领导，几乎都分别在中国科协、湖北省科协和武汉市科协兼任学术领导职务。如今，华中科技大学校长尤政院士，兼任中国科协副主席；曾经，华中科技大学樊明武院士兼任中国科协常委、湖北省科协荣誉主席，原校长李培根院士和学校党委常委、协和医院党委书记兼院长王国斌教授兼任湖北省科协副主席，原副校长罗俊和同济医院党委书记兼院长陈安民教授曾兼任武汉市科协副主席等学术兼职；还有华中科技大学的专家、学者曾担任中国科协、湖北省科协、武汉市科协的常委、委员或全国性、全省性、全市性学术组织的理事长、常务理事或理事等学术职务。

服务挂靠学会和校内外社团，强化校内学术组织建设。2016年，华中科技大学科协对中国科协系统挂靠校内的学术组织和学校科协的团体会员单位进行认真统计，各级各类学会共有 51 个。其中中国科协及其他部门主管的学术性科技社团 4 个：中德医学协会、中国人工智能学会智能制造专业委员会、中国人工智能学会智能机器人专业委员会、湖北省心理卫生协会；湖北省科协主管的科技社团 27 个：湖北省激光学会、湖北省力学学会等；武汉市科协主管的学术社团 16 个：武汉激光学会、武汉力学学会、武汉计算机学会等。[6]属于华中科技大学科协团体会员单位的校内学术社团 4 个：华中科技大

学大学生科协、华中科技大学研究生科协、华中科技大学青年教师科协、华中科技大学老教授协会等。

华中科技大学科协，还承担了学校对挂靠在华中科技大学的各级各类科技社团办事机构的管理服务工作，负责协调这些挂靠机构与校内各部门之间的工作，及时了解和掌握需求动态，为办事机构提供多方面的服务。在开展服务过程中，华中科技大学科协提出"服务第一"的工作思路，对于未设立独立账号的挂靠学会，华中科技大学科协提供服务，不收取任何管理费用。曾经，华中科技大学科协还坚持了一段时间派专车专人接送校内老专家参加湖北省科协和武汉市科协召开的一系列工作会议的服务工作。挂靠学会在华中科技大学召开学术会议或理事会，使用会议室均提供免费服务。华中科技大学科协曾经创新了一条很有意思的服务规定：不让科协的同志打电话要求教师来科协取文件，所有的文件通知、论文等资料都派专职人员送达。这些服务专家学者的工作，后来成为科协凝聚科技工作者的优良传统，一直延续下来了。

3. 强化学术管理服务，推进科协工作多样化

下面，我们通过几个工作流程图（图 5-2～图 5-5）来了解华中科技大学科协在服务挂靠校内的各级各类学会、协会、研究会时要经过工作流程。

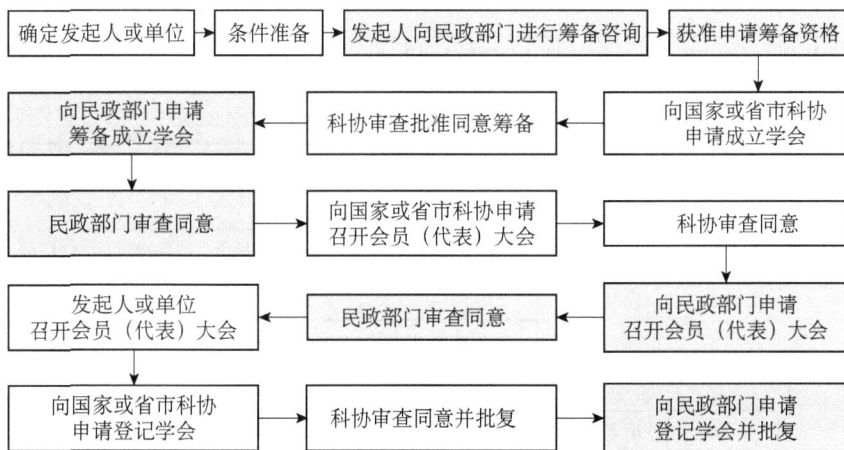

图 5-2　学术社团申请成立流程图

```
学会理事会任期届满    →    主管科协审查同意    →    组织实施换届
前6个月报送换届方案                                 筹备工作
```

```
主管科协审查同意    ←    在会员(代表)大会前1个月报送召开代表大会请示
```

```
在会员(代表)大会前1个月报送召开代表大会请示    →    民政部门审查同意
```

```
向主管科协提交有关备案材料    ←    学会组织召开会员（代表）大会
```

```
向民政部门办理有关备案和变更手续
```

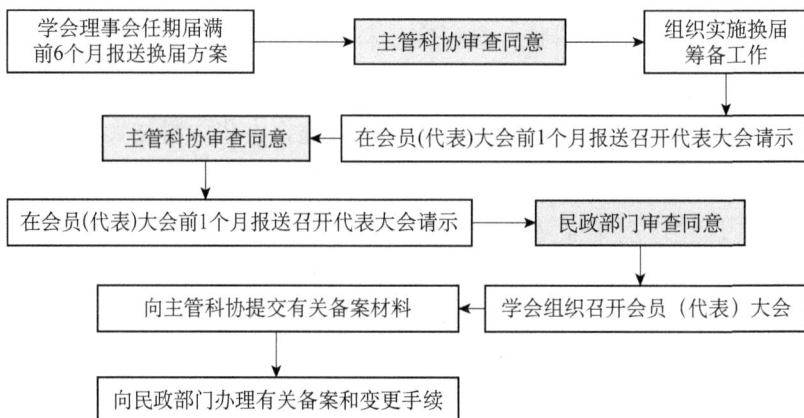

图 5-3　学术社团换届报批流程图

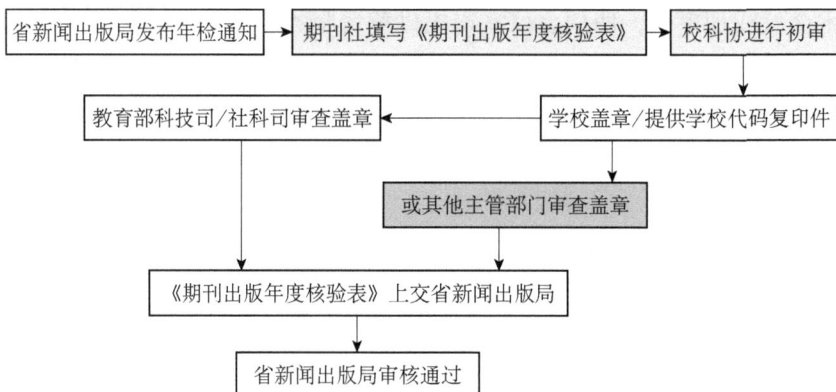

```
省新闻出版局发布年检通知    →    期刊社填写《期刊出版年度核验表》    →    校科协进行初审
```

```
教育部科技司/社科司审查盖章    ←    学校盖章/提供学校代码复印件
```

```
或其他主管部门审查盖章
```

```
《期刊出版年度核验表》上交省新闻出版局
```

```
省新闻出版局审核通过
```

图 5-4　学术期刊年度审验流程图

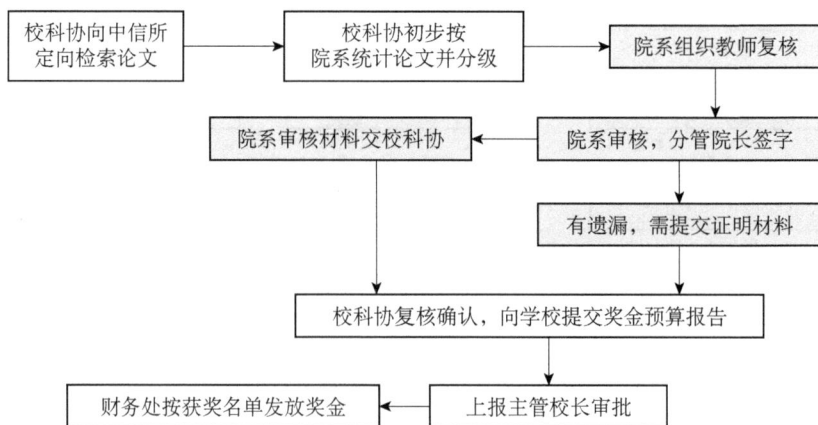

```
校科协向中信所    →    校科协初步按    →    院系组织教师复核
定向检索论文          院系统计论文并分级
```

```
院系审核材料交校科协    ←    院系审核，分管院长签字
```

```
有遗漏，需提交证明材料
```

```
校科协复核确认，向学校提交奖金预算报告
```

```
财务处按获奖名单发放奖金    ←    上报主管校长审批
```

图 5-5　学校优秀论文奖励流程图

图 5-2～图 5-5 所示流程从侧面反映了华中科技大学科协制度和流程的完善，为科协的高效运转和高质量服务学术研究提供了保障。

三、独立建制，注重工作规律和管理方法

华中科技大学科协工作成绩出色，一直保持在全国高校科协的前列，历届科协工作者都坚守着优良工作作风，为全国高校从事基层科协工作的同行树立了榜样。他们恪尽职守，为推进学校的学术发展作出了很大贡献，取得了成绩，在组织高水平学术交流工作中体现了很强的协调服务能力，得到了挂靠学会的认可；特别是华中科技大学科协在承担区域性高校科协联合组织和全国高校科协联合组织的工作中所付出的努力，大家都看在眼里。这些辛勤的付出，得到了兄弟院校高校科协同仁们的广泛认可，也让大家由衷地钦佩。我从以下三个方面对华中科技大学科协的突出工作和成就进行总结。

1. 独立建制，发挥各类人才的作用，积极开拓，成绩突出

纵观华中科技大学科协的发展历史，合校前的原同济医科大学科协，以医学学会多、知名医学专家多、高水平的学术会议多而享誉全国高校科协，一直也是湖北省科协和武汉市科协的基层科协组织，年年被评为湖北省科协和武汉市科协的先进单位。而原华中工学院科协和华中理工大学科协经常组织召开高水平的国际学术会议，率先奖励优秀学术论文、承办亿利达青少年发明奖等创造性的工作蜚声全国高校的大学科协，彰显出华中科技大学科协服务学术工作的灵魂和精神气质。合校后的华中科技大学科协，开展科协工作的实力更强，所取得的成绩得到了学校领导、专家、学者、学生的广泛认同，其所取得的工作成绩得益于华中科技大学科协有独立建制，为工作的开展提供了保障，铸造了坚实的科协组织，使得华中科技大学科协成为中国科协提出的开放型、枢纽型、平台型的不可或缺的旗帜性的学术服务阵地。华中理工大学（现华中科技大学）科协常务副主席吴鸿修于 1993 年出席中国科协第六次代表大会，被湖北省科协、省人事厅联合评为科协十佳先进个人，同年被评为中国科协先进工作者。2017 年华中科

技大学科协常务副主席柳会祥作为中国科协第九次代表大会代表出席了大会，在这次大会上，华中科技大学科协成为全国高校唯一获得"全国科协系统先进集体标兵"荣誉称号的基层高校科协组织。2021年华中科技大学科协常务副主席曹锋作为中国科协第十次代表大会代表，出席了大会。

2. 科协成立时间早，注重运行规律和管理方法，引领区域性科协工作

华中科技大学科协是湖北省高校最早建立科协组织的学校，其组织模式符合湖北省科协学术性科技社团的管理和运行规律。华中科技大学科协在合并前后连续三届担任湖北省高校科协工作研究会理事长单位，作为省级学会的牵头单位，对湖北省高校科协工作从发起到后来扩大组织，起到了至关重要的作用，由此，华中科技大学科协年年被评为湖北省科协和武汉市科协先进单位。

3. 专职编制，牵头组织工作，主动承担更多工作

长期以来，华中科技大学科协具备组织建制的优势，有稳定的专职编制，专职人员在3～6人之间。这种建制模式在全国基层高校科协的组织建设上处于领先地位。华中科技大学科协主动承担起了全国高校科协的很多工作。1987年，华中工学院牵头发起了第一次全国高校科协工作会议；1988年，中国科协主席钱学森同志在谈到科协工作时也曾提到高校科协组织建设的重要性，如从全国高校科协联合会（筹）的成立始末来看，联合会的筹备先是从华中工学院开始的，然后在东北工学院（现东北大学）、重庆大学、北京航空航天大学等以工科为主的院校推进建立起科协组织。华中科技大学科协，在全国高校科协曾担任过副理事长单位（华中工学院科协）、理事长单位（华中理工大学科协）……后来，华中科技大学科协撰写的《探索华中科技大学科协发展的基本模式》发表在《学会》杂志上后，于1996年被中国"八五"科学技术成果编审委员会编入《中国"八五"科学技术成果选》，华中科技大学科协对全国高校科协发展所做的贡献，可归纳为三大历史性贡献[7]。

第一个历史性贡献：功在引领。自 1962 年华中工学院科协成立到 1987 年学校更名为华中理工大学科协的 25 年里，华中科技大学科协，不仅是最早一批成立高校科协的学校之一，而且还最早发起建立区域性高校科协联合组织，推动成立了湖北省高校工作研究会。它还与东北大学科协、北京航空航天大学科协、重庆大学科协、南京理工大学科协、中南大学科协、西北工业大学科协等单位共同发起成立全国高校科协联合会（筹）。这对当时基层高校科协组织建设、区域性高校科协联合组织建设、全国高校科协联合组织建设的引领性贡献，绝无仅有。

第二个历史性贡献：功在创新。在 1988 年华中理工大学科协到 2000 年学校更名为华中科技大学的 20 余年里，曾担任过全国高校科协联合会（筹）的副理事长单位和全国高校科协工作研究会的理事长单位，承担了很多次不同形式的全国高校科协学术交流研讨会和工作经验交流会，用华中科技大学科协满满的正能量凝聚到会代表，会后还编辑出版了《第三届全国高校科协工作研讨会论文集》，特别是编辑出版的《高校科协会刊》，为推进全国高校科协发展作出了创造性的贡献（图 5-6、图 5-7）。

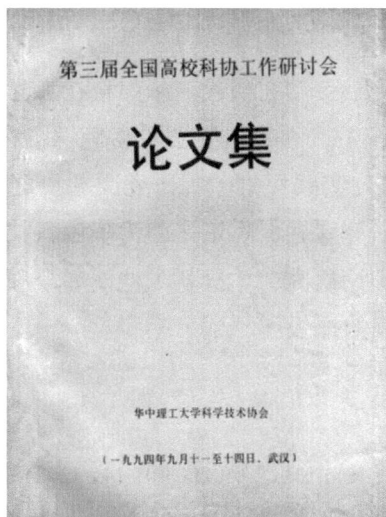

图 5-6　《第三届全国高校科协工作研讨会论文集》（靳萍 摄）

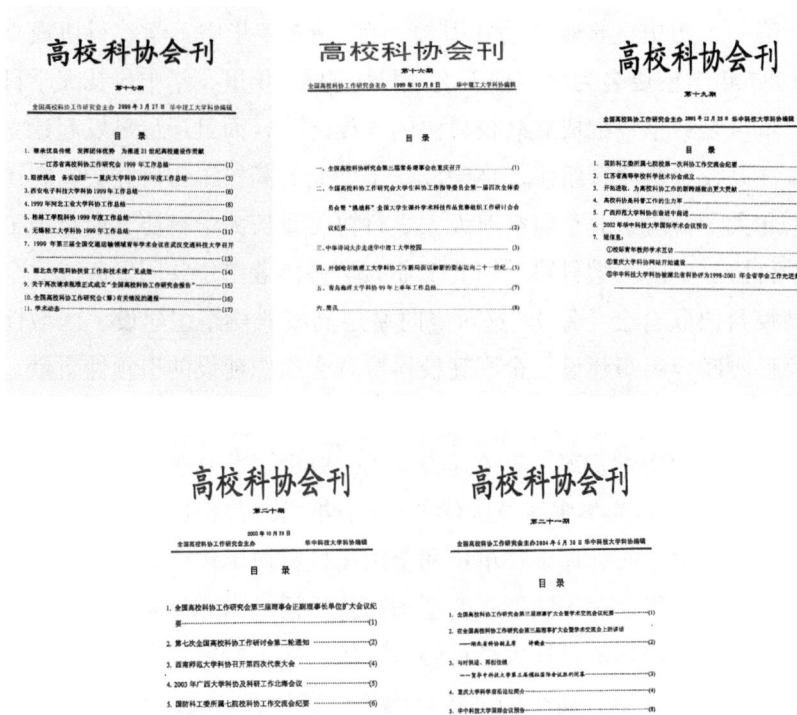

图 5-7　各期《高校科协会刊》（靳萍 摄）

　　第三个历史性贡献：功在当代。华中科技大学科协在推进全国高校科协组织建设工作中，编辑出版了《高等学校科协工作指导手册》《高校科协理论研究与实践探索》等研究成果。之后，还承担了一系列关于高校科协的研究课题，也正是因为华中科技大学科协非常重视对高校科协工作的理论研究，才成就了他们如今独树一帜具有示范性的基层高校科协组织的样板。

参 考 文 献

[1] 杨叔子. 科学离不开人文[EB/OL].（2003-07-14）[2024-02-09]. https://www.cas.cn/xw/zjsd/200906/t20090608_642882.shtml.

[2] 华中科技大学科协. 组织高水平学术交流活动 服务挂靠学会和学术期刊[C].

上海交通大学科学技术协会成立仪式暨中国高校科协建设论坛，2016-10-18.

[3] 默克尔的武汉之行为何选择华中科技大学[EB/OL].（2019-09-07）[2024-03-07].
http://news.hust.edu.cn/info/1002/36250.htm.

[4] 阎亚明，彭世卿. 为青年科技人才成长铺路搭桥是高校科协工作的重要任务
[C]. 湖北省高等院校科协工作研讨会论文集. 湖北省高等院校科协联合会
（筹），1990：1-8.

[5] 彭世卿，阎亚明，雷华灵. 科协在高校学术交流中的作用[C]. 第二届全国高等
院校科协工作研讨会论文集. 东北工学院科学技术协会，1988：18-20.

[6] 柳会祥，李健. 高校科协开展各类学术活动的实践与思考[C]. 湖北省高等院校
科协工作研讨会论文集. 湖北省高等院校科协联合会（筹），1990.

[7] 何齐渔，雷华灵. 搞好学术交流、促进高校发展[C]. 第三届全国高校科协工作
研讨会论文集. 华中理工大学科学技术协会，1994.

第六章
举荐优秀科技工作者

积极弘扬科协文化的共同精神。[1]——陈佳洱

（中国科学院院士、北京大学原校长、北京市科学技术原主席、第一届北京大学科学技术协会主席）

本章阐释高校科协的第二项主要工作职责——举荐优秀科技工作者[2]。高校科协在举荐优秀科技工作者方面起到了重要作用，而这些优秀科技工作者是在学校优秀文化的熏陶下成长起来的。本章以北京大学科协为典型案例进行阐释。

我与北京大学科协（北大科协）的情缘，从 20 世纪 90 年代末延续至今。随着时间的流逝，那些与北大科协兼职老师们共同奋战在高校科协工作一线的回忆让我至今难以忘怀。记得那是在 2000 年以前很长一段时间里，在全国高校科协老一辈秘书长们的率领下，全国高校科协工作研究会一年一度的学术年会或工作经验交流会都会如期举行。我作为全国高校科协工作研究会副理事长单位的重庆大学科协代表，每次会议都会义不容辞地或多或少承担一些烦琐的具体工作任务。在那些年里，几乎每次会议我都不会缺席。特别是在召开关于高校科协基层组织建设的工作会议时，还会邀请全国高校当时还没有成立科协组织的部分高校代表参会。那时，北京大学也属于没有成立科协组织的学校之一。北京大学科学研究部成果专利办公室的王进老师经常被邀请参加会议。北京大学科协的日常工作由王进老师代管，她比较了解北大科协的工作情况，我也因此在工作交流中有幸认识了王进老师。我们这些高校科协工作者每次见面，都会谈及一个大家非常关心的北京大学科协成立时间的问题，而王进老师每次都会肯定地告诉大家：快了，学校党政领导非常重视。在 2008 年 12 月 29 日，北京大学科协正式成立了。当时全国各地高校科协的新老秘书长们得知北大科协成立，都很激动，奔走相告，述说着中国高校科协发展的未来和希望。之后，王进老师退休后，我与北大科协的联系就不太多了。

2013 年我退休后，专职担任《大学科普》杂志执行主编，通过

开展高校科普工作，一直与全国高校科协的专兼职老师们保持联系，在通过科普工作广泛深入交流高校科协工作的过程中，我又有幸认识了北京大学科协副秘书长郑英姿。之后，邀请郑英姿担任《大学科普》杂志和"大学科普丛书"两个编委会的编委，并承担了《大学科普》的撰稿、组稿、审稿及编辑等工作。郑英姿对高校科协开展大学科普工作的理解十分到位，在审阅跨学科和跨行业的前沿科普文章时得心应手，在前期把关"科学人物"栏目方面始终把握着"才高德大"的原则。她参与推荐的北京大学刘华杰教授著的《檀岛花事：夏威夷植物日记》一书，荣获了 2017 年度教育部科技进步二等奖（科普类）。这是教育部第一次把优秀科普作品列为部级成果进行评审，体现了高校开展科普工作的重要性，为高等学校的考核能够认可科普工作开辟了新路。

第一节　文化熏陶、守正创新与追求卓越

北京大学是"孕育名人学者"的学府。北京大学在中国高等教育的引领作用，毋庸置疑，主要表现在学科建设、人才培养、师资队伍建设、教学科研等各方面取得的显著成绩，已经成为国家培养高素质人才和创造性人才的重要阵地，也是我国科学研究前沿和知识创新在国际交流中的重要桥梁和窗口。

我研究北京大学科协之初，正好赶上 2018 年北京大学 120 周年校庆，我便跟随北京大学校庆的宣传步伐，从校庆宣传专题的栏目开始，系统地走进了北京大学。"北大是常为新的，改进的运动的先锋，要使中国向着好的，往上的道路走。"这是我从北京大学官方网站引用的。我用了很多时间去学习有关北京大学的知识，感觉越学越有兴趣，越学越有力量。后来，我从悠久厚重的历史文化、守正

创新的科学文化、追求卓越的人文文化三个方面收获颇丰，与大家分享。

一、悠久厚重的历史文化

北京大学是我国首屈一指的高等教育学府和多项教育改革的前沿阵地，其引领作用就不言而喻了。要了解北京大学科协，就不得不去了解这所学校的历史、文化、特色，只有这样，才能够真正了解这所学校的科协组织。那时，我就计划着，借北京大学 120 周年校庆之机，学习北京大学的历史文化，然后分两个阶段进行学习：一为"浅读"，二为"深思"。当我"浅读"这所学校悠久厚重的历史时，深感高深莫测，曾望之却步。后来，一位特殊人物改变了我，把我带进了"深思"的境界，也是他，指引着我坚守在高校科协和大学科普的征途上并一往无前。这位特殊人物，曾担任过三所"985"高校的校长，践行"一人"联"渝、浙、京"三校的高等教育工作，曾任重庆大学校长（2010 年 12 月至 2013 年 6 月）、浙江大学校长（2013 年 6 月至 2015 年 2 月）、北京大学校长（2015 年 2 月至 2018 年 3 月），他就是林建华校长，林校长的校长履历从侧面反映了其强大的现代高等教育管理能力，也激发起了我去了解燕园文化的浓厚兴趣。

林建华，重庆大学第十五任校长，他在重庆大学任职期间，我的工作岗位经历了由科协秘书长到科协工作人员，然后再到退休职工的变化。我在经历这三个位置的变化后，才开始领悟到高校科协与大学科普之间的必然联系，也因此一直坚持到现在。林建华校长十分重视基层高校科协的发展，他不仅主持过北京大学科协的成立大会，而且还担任过重庆大学科协主席，也许就是这个原因吧，林建华校长的现代高等教育新思想引领着基层高校科协服务青年科技工作者。2008 年 12 月 29 日，北京大学召开了科协成立大会，时任北京大学常务副校长林建华在主持大会时指出：北京大学科协的成立既是北京大学在创建世界一流大学过程中的内在要求，也是贯彻落实胡锦涛总书记在纪念中国科协成立 50 周年大会上重要讲话精神的具体体现。2010 年

12 月，北京大学常务副校长林建华来到重庆大学接替重庆大学第十四任校长李晓红担任重庆大学第十五任校长后，2012 年 9 月 21 日，第五次重庆大学科协代表大会召开，林建华校长当选为第五届重庆大学科协主席。林建华校长十分重视重庆大学科协的工作，对学校青年教师科协由衷地爱护，对研究生科协和大学生科协的学生们更是关怀备至，他还担任了《大学科普》杂志的科学顾问，并通过重庆大学科协，鼓励和支持基层高校科协开展跨学科的大学科普工作。记得有一次他专程来到科协办公室调研，与时任重庆大学青年教师科协主席蔡开勇等青年科学家和研究生科协、大学生科协的代表们座谈，他平易近人，完全融入在了科技工作者之家里，他的亲切待人至今还令人难以忘怀。林建华校长告诉大家，自己不单是校长，更重要的还是大学的一名普通教师，他更喜欢大家称呼他为"林老师"，而不是"林校长"。之后，我们重庆大学科协的青年教师们，又给了他一个尊称："现代高等教育改革的蔡元培"。如今回忆起来，真是感慨万分。如果没有林建华老师的悉心指引，我真的不知道该怎样去面对那时的一些遭遇，更不知道今天又会是一个什么样的结局，哪里还能坚守到今天，并且还激情洋溢地在这里爬格子，撰写《高校科协的发展与未来》。再后来，林老师到北京大学工作后，我也与北京大学科协取得了联系并在郑英姿副秘书长的指导下，把走进"燕园"的历史文化作为提高自身修养和完善"大学科普文化"研究工作的重要任务。

继往开来的学府。北京大学作为我国第一所综合性大学，一百多年来，始终与祖国和人民共命运，与时代和社会同前进，是培养和造就高素质创造性人才的摇篮。北京大学为中国革命、建设、改革事业作出了重要贡献，在中国现代化的进程中起到了先锋作用。从 1898 年京师大学堂的创办到 120 周年校庆的隆重举行，百年岁月的历史长河见证了北京大学的发展与成长。纵观百年北大的历史发展脉络，可概括为 120 年光辉历程和 17 个重要历史节点（图 6-1）。

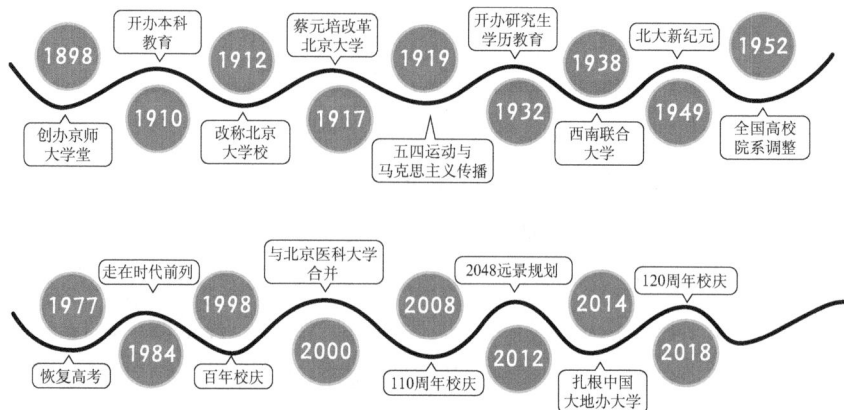

图 6-1 北京大学 120 年光辉历程和 17 个重要历史节点（刘龙 绘）

北京大学 120 周年校庆，以"守正创新、引领未来"为主题，从"成就、反思、未来"三个维度，思考面向未来的高等教育，在新时代勇于新作为、开启新征程。120 年，漫漫求索，中流击水。两个甲子的峥嵘岁月，放在世界高等教育的长河中打量，并不算长，但聚焦于中国的发展来看，却已是中国近代史的凝练与概括。120 年，峥嵘岁月，风雨华章。站在新起点上的北大，要留给世人的，不仅是一所大学对往昔的回望，更是对中国高等教育发展的瞩望，是对中国新思想、新文化、新教育的历史性纪念和对未来大学发展的系统筹划，对一流大学建设的时代宣言。

二、守正创新的科学文化

"博学之，审问之，慎思之，明辨之，笃行之"是北大人的求学之道。北京大学校长林建华在致高考学子的邀请信中写道："巍巍上庠，百年辉煌"。作为中国第一所综合性大学，北大始终与祖国和人民同呼吸、共命运，与时代和社会同发展、共进步。从两个甲子的历史中走来，北大在思想创新、社会变革、国家振兴的过程中从未缺席；在时代发展的洪流中，北大人始终怀有强烈的家国情怀和世界眼光，成为国家和民族的中流砥柱。"守正创新，引领未来"是北大坚定的选择，也是希望能够与你共同践行的使命。北京大学守正创新的科学文化内涵我们可以从学术期刊、自然科学研究、人文社会科学研究、产学研布局等方面来进行解读。

1. 学术期刊

根据北京大学期刊网，截至 2018 年 12 月，北京大学学术期刊 113 种，其中，社会科学类 52 种、医学类 20 种、人文学类 28 种、理学类 8 种、综合类 4 种、信息与工程学类 1 种。在这些学术期刊中，有北京大学独立创办的期刊，也有与中国科协所属全国一级学会合办的期刊，还有接受其他部委委托方式出版的期刊等。北京大学学术期刊的发展趋势对深入研究我国学术刊物以及学术话语权等方面的工作有着极其重要的意义。

社会科学类期刊（52 种）：中文期刊有《经济学（季刊）》《经济科学》《经济法研究》《金融法苑》《互联网法律通讯》《国际政治研究》《国际战略研究简报》《公共参与观察》《港澳动态》《妇女研究动态》《房地产法前沿》《法治动态》《法律书评》《法律和社会科学》《多媒体广场》《动态与观察》《大学图书馆学报》《财税法论丛》《北京大学中国经济研究中心学刊》《北京大学学报（哲学社会科学版）》《北京大学教育评论》《北大知识产权评论》《北大商业评论》《北大马克思主义研究》《北大教育经济研究》《北大国际法与比较法评论》《北大法律人》《北大法律评论》《北大法律和金融评论》《经济学与金融学年刊》《科技与法律》《民族社会学研究通讯》《人口与发展》《社会研究》《私法》《网络法律评论》《香港舆情》《刑事法判解》《刑事法评论》《行政法论丛》《亚非研究动态》《亚太研究论丛》《月旦财经法杂志》《政治与法律评论》《中德私法研究》《中俄关系的历史与现实》《中国发展动态》《中国公众参与观察》《中国社会工作研究》《中国职业观察》《中外法学》，英文期刊有 *Peking University Law Journal*。

医学类期刊（20 种）:《北京大学学报（医学版）》《毒理学杂志》《降低危害资讯》《临床心电学杂志》《临床血液学杂志》《生理科学进展》《实用骨科杂志》《现代口腔医学杂志》《医院管理论坛》《中国 CT 和 MRI 杂志》《中国妇产科临床杂志》《中国介入心脏病学杂志》《中国生物化学与分子生物学报》《中国生育健康杂志》《中国糖尿病

杂志》《中国疼痛医学杂志》《中国微创外科杂志》《中国斜视与小儿眼科杂志》《中国新生儿科杂志》《中国药物依赖性杂志》。

人文学类期刊（28 种）：《北大史学》《北大文化产业评论》《北大中国文化研究》《北京大学中国古文献研究中心集刊》《东方文学研究通讯》《古代文明》《古代文明研究通讯》《国外文学》《国学研究》《汉语教学学刊》《跨文化对话》《欧美文学论丛》《青年考古学家》《人类学与民俗研究通讯》《人文宗教研究》《儒藏通讯》《诗探索》《唐研究》《现代化研究》《学园（北京）》《燕园史学》《意象》《语言学论丛》《语言学研究》《哲学门》《中国比较文学通讯》《中国语言学》《中文学刊》。

理学类期刊（8 种）：《观察与交流》《物理化学学报》《北京大学学报（自然科学版）》《数学进展》《非线性科学与数值模拟通讯》《地学前缘》《景观设计学》《大学化学》。

综合类期刊（4 种）：《清华北大理工学报》《北大青年工作研究》《北京大学研究生学志》《北大青年研究》。

信息与工程学类期刊（1 种）：《网络安全技术与应用》。

学术期刊是一种经过同行评议的期刊，发表在学术期刊上的文章通常涉及特定的学科；学术期刊展示了研究领域的成果，并起到公示其科学研究工作发现或创新优先权等重要作用。

"学术期刊是知识传播和学术交流的重要媒介，对于服务创新型国家建设、培育良好的科学文化具有重要作用。2019 年，中国科协、中宣部、教育部、科技部联合印发《关于深化改革 培育世界一流科技期刊的意见》，提出以中国科技期刊卓越行动计划为统领，推动我国科技期刊改革发展。"[3]

2. 自然科学研究

北京大学在我国自然科学研究工作中表现出的领导能力，在前沿科学与学科主流方向的标志性成果，在面向国家需求为国家安全和经济社会发展中做出的巨大贡献，彰显出了其"守正创新、引领未来"的风格。北京大学的自然科学研究（理、工、医）的管理工作，瞄准了为基础性科研做好管理服务的扎实工作，还结合北京大学自身科研特色，发掘北京大学现有优势，加强组织协调和策划工作；努力争取重大国家科技项目；落实教育部"高等学校创新能力提升计划"，积极策划组建了"2011计划"协同创新研究平台；加强科研平台的建设，协调促进各类各级重点研究基地建设，推动重大科学设施建设；服务人才成长，尤其强化了对青年科技工作者的科研管理服务；积极组织科技支撑文化发展项目，推动北京大学文理医科交叉科学研究。

3. 人文社会科学强大的学术实力

百年的历史积淀，悠久的学术传承，造就了北京大学人文社会科学厚重的思想根基、浓郁的学术氛围。兼容并包的学术视野，学术自由的治学氛围，奠定了北大人文社会科学大师云集、群星璀璨的恢宏气象。众多高水平的学术机构，一代又一代学者用毕生心血凝聚了丰硕的学术成果，更彰显出北京大学人文社会科学强大的学术实力。门类齐全的高水平学科、充满活力的众多研究机构，构成了北京大学人文社会科学完备的科研体系，为围绕国家经济建设和社会发展中的重大问题开展跨学科合作奠定了坚实的基础。汤用彤、冯友兰、翦伯赞、王力、曹靖华、朱光潜、冯至、冯定、马寅初、陈岱孙、金克木、季羡林、费孝通、张岱年、林庚、宿白、王铁崖、李赋宁等，都在这里为中国现代人文社会科学体系的建立和发展作出了杰出的贡献。改革开放以来，更是涌现出厉以宁、袁行霈、萧蔚云、田余庆、黄楠森、汤一介、赵宝煦等一大批活跃在国内外学术舞台上的知名学者。表现了新一代北大人文社会科学学者正秉承"思想自由、兼容并包"的精神，牢固树立"战略思维、世界眼光、精品意识、创新思想"，力图在弘扬中华民族优秀文化、推进中国现代化建设的历史进程中发挥作用，为整个人类的自由与进步、全世界的和平与发展做出自己的贡献。

4. 北大特色的产学研发展道路[4]

从20世纪80年代初到现在，北京大学的产学研工作经过几十年的发展，一批重要的科研成果逐渐走出实验室，通过规范的产业化运作，逐渐形成了一批具有良好经济效益和社会效益的企业，探索出了一条具有北大特色的产学研发展道路。如今，北京大学以其宝贵的人才和科技资源，结合国家和地方的发展需求，积极推动科技成果转移转化，继续为促进国民经济发展和创新型国家建设努力贡献力量。以北京大学原创技术成立的北大方正集团、北大维信公司、北京北大先行科技有限公司、北大先锋科技有限公司等已发展成为各自领域有影响力的企业，产值占到全国高校校办产业产值的1/3。北京大学与社会企业进行多领域的技术合作，也取得了良好的收益，如：信息科学技术学院与北京万东医疗成立北京大学-万东医疗磁共振成像联合研发中心，共同开发开放式永磁磁共振成像谱仪，生产的系列产品达到国际先进水平并通过了美国FDA认证和欧盟的CE认证，已在国内外共计销售近百台，其中近半数出口到了国外；环境科学学院承接的"2008奥运前后臭氧污染现状监测与控制效果评估"项目，实施了华北地区大气环境大型综合观测国际合作计划，为政府提出大气控制措施建议，有力保障了奥运会期间的空气质量，并为我国推动区域大气污染防治战略提供了重要的依据；物理学院利用自身在大气物理研究方面的领先优势，为二十多家核电站选址工程提供气象观测分析及大气扩散实验技术服务，取得了良好的效果；地球与空间科学学院石油与天然气研究中心整合校内研究资源与人员，推动与大型石油、石化和天然气企业合作，服务国家石油勘探事业，成效显著。2012年，北京大学与东莞市共建北京大学东莞光电技术研究院，以北京大学在半导体材料技术方面的多年研究成果为核心，吸引国际顶尖人才积极参与研发，逐渐形成光电产业的研发、生产、销售的产业集群，积极为区域经济发展培育新增长点。

三、追求卓越的人文文化

不知从什么时候开始，北大人开始用"一塔湖图"来总括燕园的风景，语虽诙谐，个中蕴涵着北大人追求卓越的人文文化。"一塔湖图"之"塔"指博雅塔，"湖"指未名湖，"图"指北大图书馆。这一塔、一湖、一图，堪称北京大学校园最具有代表性、也最醒目的三大景观名迹。博雅塔雄健挺拔，体现着北大人自强不息的阳刚之气，未名湖柔波荡漾，象征着北大厚德载物的阴柔之美。塔与湖的景色，形成一纵一横，一刚一柔，一凸一凹，一沉稳凝重、一欢快空灵。图书馆则涵盖了古今的经典，容纳了中外的理论。有一位北大人曾这样描述图书馆内的精神气象："静，轰轰烈烈的静！"多少年来，围绕着未名湖、博雅塔和图书馆，人们为燕园留下了很多美好的传说，也涌现出了很多巧妙的解释。有人说，博雅塔是一支硕大的神来之笔，而未名湖则是一方来自天池的巨砚，一代又一代的北大人挥动着这支神笔，饱蘸未名之墨，共同书写了百年北大的辉煌历史，而图书馆则正好是北大百年历史的最好见证和保存者……这样的传说和深化，实在是举不胜举。

博雅塔。据记载，博雅塔仿通州燃灯古塔取辽代密檐砖塔样式建造而成。沧桑的博雅塔原是一座普通的水塔。1921 年，未名湖一带成为燕京大学新校址，为了解决全校师生的生活用水问题，当时有人提议，在燕园的古典建筑群中建一座古塔式的水楼，使之与未名湖畔的风景相协调。这个建议在当时颇有争议，因为古塔在中国古代多建于寺庙内，建于学校校园内是否合适还是一个问题。后来燕大校方向当时的社会名流征求意见，得到赞同后才决定建立塔式水楼。由于当时燕京大学校园内的建筑都是以捐款人的姓氏命名的，这座水塔主要是由当时燕京大学哲学系教授博晨光的叔父捐资兴建，所以被命名为"博雅塔"。

未名湖。未名湖是北京大学校园内最大的人工湖，位于校园中北部，形状呈 U 形，也是北京大学的标志景观之一。未名湖美丽之中也充满着神韵，在这诗情画意的背后，有一段很有趣的历史故事。据说，当时为未名湖取名时，征集了很多参选名称，最后国学大师钱穆先生一锤定音，直接用"未名"称之。在今天看来，空旷的未名湖，配上"未名"二字，正体现了知识分子追求的心境：淡泊名利，宽容无争。

北大图书馆。北大图书馆的新馆位于风景秀丽的未名湖畔，正门向东，两翼为文史楼、地学楼，与北大东门连成一线，形成了一个开阔的视觉通道。著名的建筑学家吴良镛在设计图书馆时将传统与现代建筑风格相融合，造型以传统风格为主，质朴大方、端庄稳重，高大巍峨的图书馆与周围原有的建筑和谐统一。

有人说"北大的空气也是养人的"。在这里，塔，象征着思想自由，卓尔不群，特立独行，敢于创新，科学求真；湖，隐喻了兼容并包，虚怀若谷，整合精深，和而不同，民主多元。二者刚柔相济，珠联璧合，相映生辉，缺一不可，暗含着北大人的精神品格。古话说"大象无形"，历史居然充溢在空气中，把原本无形的"北大精神""少年气象""风骨气韵"有形化，与可视的燕园景观融在一起。再说"图"，把塔和湖比作笔和砚，固然生动，把那一阳一阴的塔和湖简化地理解为二进制的 1 和 0，排列组合，千变万化，永永不绝，生生不息。正所谓：一生二，二生三，三生万物。百年来，图书馆保存了前辈圣贤睿智思维的结晶，数千年来人类文明进步的成果都物化为文献典籍，收藏在这"百年书城"里。一代又一代学者把心血和智慧化作书籍聚入册府，薪火相传，再向后辈学子们播撒光明。许多名师把自己最珍贵的手稿、奖状、徽章、证书、书法、绘画作品等无偿捐赠给"北大文库"，感人至深，蕴含深意。"海纳百川，有容乃大"，无论是搞学术研究还是待人处世，北大人有博大的胸怀；同时，也需正确、全面地看待北大和北大人，既不能以整体掩盖局部，也不能因枝节而否定主流。北大是"神圣的理性殿堂，人文的精神圣地"，也是实至名归的世界一流大学。

第二节　著名科学家的经典科普

北京大学，人才辈出，也是群星璀璨的学府。在这里，我选取了曾在北京大学求学或任教的十位著名科学家或学者开展科普工作的经典案例，他们中有被誉为"中国现代数学之父"的华罗庚，有被誉为"生命天使"的林巧稚，也有曾荣获国家最高科学技术奖的吴文俊，还有担任过中国科协历届主席的李四光、周培源、朱光亚、周光召、韩启德五位科学家，以及曾任北京市科协主席、第一届北京大学科协主席的陈佳洱和第二届北京大学科协主席的许智宏。这十位科学家，他们既有科学的情缘，在科学研究工作中取得了突出的成就；也有科普的情结，在面向公众的普及教育上作出了杰出的贡献。他们独具特色的科普模式，传递着一种共同的科学精神，成为后人传承科学文化的宝贵精髓；他们怀揣家国情怀，在各自学科领域开展科普工作，树立起了一座又一座科学丰碑。这十位科普大家，在本书中被敬为"北大科协'科普十大家'"。

一、李四光科普模式

李四光，中国著名地质学家，首创地质力学。他在北京大学的重要历史人物中，是在地质学界的重要科学人物，为中国甩掉"贫油"帽子，创立地质力学理论，他的科学贡献，启迪着一代又一代的青少年对探索地球科学事业的追寻，留下了"李四光科普模式"的许许多多感人的故事。李四光一生笔耕不辍，在综合性科普期刊《知识就是力量》中作为专栏作者，撰写了大量科普文章，引领着中国青年走上攀登科学高峰的成长之路。李四光编写的《天文、地质、古生物资料摘要（初稿）》更是极大地推动了地质学及相关学科的科学传播，国际永久编号第 137039 号小行星被命名为"李四光星"，载着博大精深的地学科学中国科学家精神传播在茫茫太空，引领着一代又一代的青少年去攀登科学的高峰。历史无言、精神不朽，"李四光科普模式"早已形成了一种自觉的科普激励机制。这种模式，影响巨大、生命力极强；这种模式，早已超越了时空领域、学校领域和学科领域，成为一朵耀眼的地球科学之花，绽放在万紫千红中。

二、林巧稚科普模式

林巧稚，医学家，北京协和医院第一位中国籍妇产科主任及中国科学院首届唯一的女性学部委员（院士）。1921 年夏天，林巧稚为了圆自己的济世之梦，前往上海参加北京协和医学院考试。考试期间，她的一位女性朋友突然晕倒，见此情景，林巧稚坚决放下手中还未完成的试卷去照顾病人，然而，当她再次回到考场时，考试时间已过，林巧稚不得不遗憾离场，也不再对考试结果抱有期望。然而，当考试成绩公布时，林巧稚却发现她的名字赫然出现在名单顶端！原来，正是因为她在参加考试时，临危救人的高尚品德，表现出了作为一名医护工作者最美的精神和风貌，使得她被协和医学院录取，也就此迈出了救死扶伤之路的第一步。林巧稚终身致力于胎儿宫内呼吸的研究，对滋养细胞肿瘤发生及发展规律、女性盆器结核的发生及其治疗进行了深入研究，是中国妇产科学的主要开拓者之一。曾经，林巧稚在短文《打开协和窗户看祖国》一文中写道："协和的窗户打开了，竖起了五星红旗……我们为祖国伟大的进步感到光荣骄傲。"她是忠实的爱国者，也是享誉世界的医学泰斗，她以祖国为荣，祖国也为她感到骄傲。兢兢业业，朝乾夕惕，数万个在她手中被接生出的孩子，托举起中华民族的明天。如今林巧稚纪念馆坐落在厦门的鼓浪屿毓园。我2020 年 11 月 去了林巧稚纪念馆。毓园中耸立着林巧稚大夫的汉白玉雕像，还建有林巧稚大夫生平事迹展览室，邓颖超同志亲手在园中种植的两株南洋杉象征着林大夫秀逸高洁的品格。在展览室里，巧稚大夫不仅是医界泰斗，也是科普的大家。她在妇幼保健科普领域树立起来林巧稚科普模式的典范。特别是她根据中国农村基层医疗的实际情况，编写了妇幼卫生科普通俗读物《农村妇幼卫生常识问答》《家庭卫生顾问》等书，并做了大量的妇幼保健科普知识普及工作，被尊称为"万婴之母""生命天使"。

三、周培源科普模式

周培源，中国科学院院士，我国理论物理和近代力学奠基人之一，湍流模式理论的奠基人，被誉为当代世界流体力学四位巨人之一。曾任北京大学校长、中国科学院副院长、第二届中国科协主席等职务。他毕生从事爱因斯坦广义相对论中的引力论和流体力学中湍流理论的研究，奠定了湍流理论的基础；他一生心系教育事业，鲐背之年仍招收博士研究生，几十年的教育生涯，培养出了王竹溪、彭桓武等几代力学家和物理学家，为世界物理学作出了卓越贡献。1986

年，为振兴教育，服务教学、促进高等学校力学基础课程改革与建设，为培养新一代高素质创新人才，教育部委托中国力学学会和周培源基金会共同主办全国周培源大学生力学竞赛，每两年举行一次。1997年周培源基金会设立周培源物理奖，每两年进行一次颁奖，知名物理学家赵光达、李重生、解思深、王恩哥等都曾获过该奖。奖项的设立，不仅是对周培源先生在中国近代力学和近代理论物理领域的学术地位的肯定，也是对他探求真理、坚持实事求是的科学精神的赞扬。如今，高中物理和大学物理形成了独有的周培源科普模式，帮助高中生和大学生夯实物理基础知识。

四、华罗庚科普模式

华罗庚，数学家，中国科学院院士，曾在西南联合大学等高校任教，是中国研究指数和估计、解析数论、典型群、矩阵几何、自守函数论与多复变函数论等领域的创始人和开拓者，其作品被译为俄、日、德、匈、英等在世界传播，其中他撰写了10余部科普作品。华罗庚关于完整三角和的研究成果被国际数学界称为"华氏定理"。他开创了颇具国际盛名的中国解析数论学派，培养出陈景润、万哲先等一批优秀青年数学家。1991年，由湖南教育出版社捐资，与中国数学会共同主办"华罗庚数学奖"，每两年评选和颁发一次。他的科普作品，通俗易懂，老少皆宜，如《从杨辉三角谈起》《从祖冲之的圆周率谈起》《从孙子的神奇妙策谈起》《数学归纳法》等，不仅是传播数学知识的教材，而且是对群众进行爱国主义教育的佳作。华罗庚科普思想集中体现在：群众性，即所提出来的方法，只有让群众听得懂，学得会，用得上，才能见成效；实践性，即每个方法在推广之前都要经过实践，通过实践去检验这个方法可以运用的范围，要从小范围做起，然后在大的范围内进行推广；科学性，即强调科学普及必须有较高的科学水平。只有达到了一定的科学理论水平，才能在实践中有所创造。"科学上没有平坦的大道，真理的长河中有无数礁石险滩"，华罗庚常用这句话警示自己也勉励他人。华罗庚科普模式独到的普及教育方法，传承至今，将永远为人所铭记。

五、吴文俊科普模式

吴文俊，著名数学家、中国科学院院士、首届国家最高科技奖获得者、中国科学院数学与系统科学研究院研究员，曾担任中国数学会理事长、中国科学院数理学部主任等职务。吴文俊 1940 年毕业于上海交通大学，1946 年到中央研究院数学所工作，1947 年赴法国斯特拉斯堡大学留学，1949 年获得法国国家博士学位，随后在法国国家科学中心任研究员，1951 年回国后先后在北京大学、中国科学院数学所、中国科学院系统所、中国科学院数学与系统科学研究院任职。他对数学领域的拓扑学研究作出了重大贡献，引进的示性类和示嵌类被称为"吴示性类"和"吴示嵌类"，导出的示性类之间的关系式被称为"吴公式"，这是他在 20 世纪 50 年代前后在拓扑学上的重大突破之一，成为影响深远的经典性成果。20 世纪 70 年代后期，他开创了崭新的数学机械化领域，提出了用计算机证明几何定理的"吴方法"，被认为是自动推理领域的先驱性工作，他是我国最具国际影响的数学家之一，对数学与计算机科学研究影响深远。2000 年荣获首届国家最高科技奖。"科研是永远做不完的。坚持做科研可能是中国科学家的特点，中国科学家后劲很足，年轻时做科研，六七十岁后仍在做科研，甚至八十岁后还在做。"这是吴文俊先生在回首漫漫科研路时饱含深情的一段话。一辈子做好一件事，他将自己最美好的时光都贡献给了数学。如今，有一颗星在天空中闪耀，国际永久编号第 7683 号小行星被命名为"吴文俊星"，这颗星，承载着吴文俊科普模式，影响着一代又一代的青少年去攀登数学金字塔的高峰。

六、朱光亚科普模式

朱光亚，中国核科学事业的主要开拓者之一，吉林大学物理学院创始人之一，曾执教于北京大学物理系，我国"两弹一星功勋奖章"获得者，入选"感动中国 2011 年度人物"，被誉为"中国工程科学界支柱性的科学家""中国科技众帅之帅"。1991 年，担任第四届中国科协主席，1996 年，被推举为中国科协名誉主席；1999 年，任总装备部科技委主任。1994 年，被选聘为首批中国工程院院士，并任中国工程院院长、党组书记。朱光亚早期主要从事核物理、原子能技术方面的教学与科学研究工作。1950 年，25 岁的朱光亚就站在了北京大学物理系的讲台上主讲光学和普通物理，他是当时北京大学最年轻的教授。在这期间，他的专著《原子能和原子弹》由商务印书馆出版，可以说是中国当时系统论述核武器的重要学术著作。面对繁重的教学任务，他没有停止对原子弹之梦的追逐。后来，我国第一颗原子弹爆炸成功后，紧接着他又主持了机载核航弹、导弹运载核弹头的爆炸试验，以及氢弹研制和爆炸工作，成功实现了我国核武器研制的"三级跳"计划。20 世纪 50 年代末，他负责并组织领导中国原子弹、氢弹的研究、设计、制造与试验工作，参与并领导了国家高技术研究发展计划的制订与实施以及国防科学技术发展战略研究，组织并领导了禁核试条件下中国核武器技术持续发展研究、军备控制研究及武器装备发展战略研究等工作，为中国核科技事业和国防科技事业的发展作出了突出贡献。

朱光亚在科学研究之余心系科普事业，参加中国科协直属机关——中国科普研究所举办的北京领导干部高科技知识系列报告活动，作了科普报告。朱光亚担任中国工程院院长期间，曾率中国工程院院士报告团专门作科普报告，他的有关当代工程技术发展趋势及应引起重视的几个问题的首场科普报告，掀起了学习科学知识的热潮。国际永久编号第 10388 号小行星被命名为"朱光亚星"。

七、周光召科普模式

周光召，理论物理学家，中国科学院院士，"两弹一星功勋奖章"获得者[5]，中国工程物理研究院研究员，原中国科学院院长、党组书记，第五届、第六届中国科协主席，第七届中国科协名誉主席，第九届全国人大常委会副委员长。1946～1951 年在清华大学选修班、物理系物理专业学习，1954 年研究生毕业于北京大学理论物理专业，曾在北京大学物理系任教。

周光召在担任中国科协主席期间，十分重视科普工作。他用自己的行动推动着《中华人民共和国科学技术普及法》（简称《科普法》）颁布和实施。2002 年，经全国人民代表大会审议通过，《科普法》正式颁布。作为全世界第一部《科普法》，这是中国科普发展史上的一个里程碑，把普及科学技术上升为国家的意志，标志着我国科普工作纳入到了法治轨道。2003 年，在周光召主持召开的纪念《科普法》颁布一周年座谈会上，他强调：切实提高公众科学素质，充分发挥科学普及在经济和社会发展中的重要作用，应同重视科技创新一样重视科普；科普工作应坚持群众性、社会性和经常性；要弘扬科学精神，提高公众科学素质；要采取公众易于理解、接受、参与的方式，切实提高科普工作实效。2006 年 10 月，全民科学素质行动计划制定工作领导小组成立，周光召担任领导小组组长，启动了全民科学素质行动计划。在《全民科学素质行动计划纲要（2006—2010—2020 年）》编制完成后他指出："科技工作者除做好本职工作，还应以撰写科普文章、举办科学讲座、为农民提供技术服务和培训等多种方式和形式参与到提高公民科学素质的实践中去。"[6]

周光召在科学研究中秉承严谨的科学精神，在科普工作上，还通过作科普报告、撰写科普文章等工作，为科技工作者树立了带头做科普工作的榜样；他在担任第五届、第六届中国科协主席期间，从战略的高度推动着中国科普事业的发展，提升大众科学素质，开创科普事业的新局面。科学的事业是集体事业。制造原子弹，好比写一篇惊心动魄的文章。这文章，是工人、解放军战士、工程和科学技术人员不下十万人谱写出来的！周光召就是其中的"十万分之一"，他就是那不可或缺的"十万分之一"。1996 年，国际永久编号第 3462 号小行星被命名为"周光召星"。

八、韩启德科普模式

韩启德，病理学家和生理学家，中国科学院院士、发展中国家科学院院士，北京大学教授、博士研究生导师，第七届、第八届中国科协主席，第九届中国科协名誉主席，第十一、十二、十三届九三学社中央委员会主席，中国人民政治协商会议第十二届全国委员会副主

席。韩启德在国际上首先证实了 α1-肾上腺素受体（α1-AR）包含
α1A 与 α1B 两种亚型的假说，并深入研究了各种亚型 α1-AR 在心脏
和血管的分布、介导的效应、调节特征、与 α1-AR 的交互作用以及
多种病理状况下的改变等，揭示了多种亚型 α1-AR 在心血管同时存
在的生理与病理生理意义。在心血管神经肽研究方面发现血浆和血小
板中神经肽 Y 的改变与脑血管痉挛和高血压的发病有关。与他人合
作在国际上首先提出降钙素基因相关肽为神经-免疫系统间共用信息
分子的假说。曾获国家自然科学奖、国家教委科技进步奖、高校自然
科学奖、卫生部科技进步奖等奖项。

　　韩启德主席十分重视科普工作，他从国家战略的高度多次指出要
重视科普工作，他说："做好科普工作关键在惠及人民群众。"[7]"推
动形成社会化科普工作格局。"[8]"在人人都是麦克风的新媒体时
代，尽管每个人都有发表言论的机会，但只有最优质的信息资源才能
脱颖而出，获得指数级的传播。科普工作不能再墨守成规，满足于传
统的途径和手段，而要充分发挥微博、微信等新媒体的作用，让群众
自发参与、乐在其中，而不是被动接受。只有这样，科普工作才有可
能取得效果。"[9] 韩启德主席在第十七届中国科协年会开幕式致辞时
提及《星际穿越》这部电影涉及黑洞、虫洞、五维空间等大量物理学
的前沿理论，借以指出中国科学家的科普缺位：紧随其后的科普文章
有些是美国人为配合电影发行制作的，有些是国内记者改写或采写
的。他说："没有一篇文章是由我国某位科学家或某个学会代表发表
的，作为中国科协主席，我多少有些失望。"[10]韩启德主席还在一次
演讲中指出：科学技术的发展，离不开其土壤和环境——科学文化。
由于历史原因以及其他种种因素，我国发展科学的土壤相对贫瘠。如
果追溯起来会发现，现在一些不尽如人意的地方，其根源往往是精神
层面、文化层面的问题。如果我国要进一步在世界科技格局中占据自
己应有的地位，培育和发展适于创新的科学文化是非常重要的。他还
指出："经过多年努力，我国科普工作成效明显，全民科学素质显著
提高。做好科普工作，关键在于弘扬科学精神、惠及人民群众。提高
全民族的科学素质需要全社会共同努力。要在科学精神的弘扬、科学

思想的宣传和科学方法的传播方面加大力度，要让科技更加贴近公众，要用好信息和传媒手段，积极拓展网上科普阵地，下大力气建设基于网络的数字科技馆，提升人们参与科普的兴趣和热情。"[7]

九、陈佳洱科普模式

陈佳洱，核物理学家、教育家，中国科学院院士、第三世界科学院院士、北京大学原校长。先后担任国家重点基础研究计划（973 计划）专家顾问组副组长、中国物理学会理事长、亚太物理学会联合会主席、全国政协十届常委、国家自然科学基金委员会顾问、国务院学位委员会委员、中国科协荣誉委员、中国博士后科学基金会名誉主席、国际纯粹与应用物理学联合会（IUPAP）执委会副主席、萨拉姆国际理论物理研究中心科学理事会理事、亚太物理学会联合会理事长、中国物理学会第六与第七届理事长、周培源基金会第一届理事会理事与第二届理事会副理事长、北京市科协第五届与第六届主席、北京大学科协第一届主席。

2003 年 6 月 29 日，在《中华人民共和国科学技术普及法》正式颁布实施一周年之际，为掀起宣传贯彻落实《科普法》的热潮，中国科协在全国范围内开展了一系列科普活动。于是，科技部于 2004 年 5 月 15 ～ 19 日，举办了全国科技活动周暨北京市科技活动，在北京市科协科技活动中心举行了开幕式。我受北京市科协邀请，作为全国高校科协唯一的一位代表参加了开幕式，这次全国科技活动周活动让我大开眼界。在科学家系列科普报告活动中，我聆听了大科学家讲前沿科学的科普报告。当时，第一个科学家科普报告就是由北京市科协主席陈佳洱院士作的，他以"问天"为题，讲述了人类追求万物之穷理的经典故事……还有欧阳自远院士作了探月工程的报告……科学家们精彩的报告，让我深受启迪，促使我对高校科协做大学科普工作进行深刻思考，直到今天一直指引着我们前行。之后，在 2008 年 12 月 29 日北京大学科协成立大会上，陈佳洱院士当选为第一届北京大学科协主席，再后来，我才悟到了，北京大学科协主席带头做科普的时代意义，也许这就是"陈佳洱科普模式"。

十、许智宏科普模式

许智宏，植物生理学家，中国科学院院士、第三世界科学院院士。曾担任中国科学院植物分子遗传国家重点实验室主任、中国科学院副院长、北京大学生命科学学院教授，北京大学现代农学院院长、北京大学校长、国际植物组织培养和生物技术协会主席联合国教科文组织中国人与生物圈国家委员会主席。许智宏长期从事植物发育生物学、植物细胞培养及其遗传操作、植物生物工程的研究。完成了由大豆、花生、毛白杨等 15 种重要作物和林木的原生质体培养，并在再生植株在生长素作用的研究中，首次揭示了生长素的极性运输在胚胎发育和叶片两侧对称生长中的作用，利用花药培养证实花药中存在促进雄核发育的物质，利用转基因植物进而揭示了花药绒毡层中的 IAA 代谢在花粉胚中的重要作用。曾获中国科学院自然科学奖、国家自然科学奖等奖项。

作为北京大学科协主席，许智宏编著的《燕园草木》(普及版），成为传播北京大学一草一木美名的芳录，多次再版，长期深受读者青睐。全书共收录了 180 多种植物，图文并茂，科学性很强，展现了北京大学燕园草木花卉的丰富与美丽。书中，有对植物严谨的科学描述，也有通俗易懂的花语和精美图片，还有北京大学老师们对燕园草木的回忆和感悟，为读者呈现出一座百年丰富园林的自然生态和北大人拥有的深厚人文底蕴，是一本名副其实的精品科普读物。阅读该书时，读者似乎置身燕园，品读这里的一草一木，读着书中的科学介绍，感受文字传达的人文精神，浸润在美丽的草木中，科学与文化相互交融。许智宏院士在植物生理学领域孜孜不倦、专注如一，影响着一代又一代的学子走进燕园植物，领悟大自然；他作为北京大学第二届科协主席，重视植物生物学科普工作，不仅把一所高等学府的植物写进了这部科普著作之中，而且把高等学府的校园文化融入其中，更加突出了燕园天人合一的育人意义，"许智宏科普模式"堪称高校科普的典型范例。

我们从以上十种科普模式中，看到了老一辈科学家在做科研时，有一种特殊的情怀，其科普形式也多种多样，形成了大科学家做科普的独具特色，他们在各自的学科领域形成了独树一帜的科普模式。这些多样化的科普工作方式、途径打破了很多人对科普形式与科普内容的固有认知，很值得青年科学家们学习，更值得高校科协去深入研究，以更加深入开展科普工作，更好地发挥高校科普优势，更进一步推进跨学科、跨学校、跨领域的大学科普工作。

第三节　科协文化的共同精神

这一节，我们将从北京大学老一辈大家的精神传承、北京大学青年科学家的科协情缘、北大科协肩负的引领作用等三方面，与大家一起学习和分享。

一、北京大学老一辈大家的精神传承

感悟爱国、创新、求实、奉献、协同、育人等精神。2020 年 1 月 5 日上午，我、华中科技大学科协常务副主席曹锋、华中科技大学科协办公室主任王正伦以及《大学科普》杂志编辑部刘龙、王柳、刘畅等一行 6 人，有幸在北京大学科协副秘书长郑英姿的陪同下来到北京大学校史馆参观学习。

校史馆主展厅设有北京大学百年校史陈列展，展览以北大"爱国、进步、民主、科学"的光荣革命传统和"勤奋、严谨、求实、创新"的优良学术传统为主线，用数百张图片、实物将北大百年发展历程分为九个阶段依次展示。我们从展览中感受到了所传承的精神，例如：具有百年历史的物件京师大学堂钟，是为纪念京师大学堂首批毕业生而铸，京师大学堂"开民智""树风声"的期盼是寄托在它的毕业生身上的；看到胡适先生用过的木书柜，我想到了育人精神；看到毛泽东主席为北大题写校名的手迹，我想到了独立自主的探索和实践精神；看到北京大学早期的一些学术刊物，我想到了民主科学思想和兼收并蓄的教育创新；看到鲁迅先生设计的北京大学的校徽，我想到了爱国、奉献、斗争精神。鲁迅先生用"北"和"大"两个篆字进行上下排列组合成了北京大学的校徽，其中"北"字构成背对背的两个侧立的人像，而"大"字构成了一个正面站立的人像，突出的理念在于"以人为本"，北大校徽的象征意义在于北大当肩负开启民智的重大使命，这个校徽一直沿用至今。后来修改后的北大校徽标志是在鲁迅先生设计的校徽图案基础上丰富和发展而来。大学，因大师而大，更因大学生而大。

校史馆专题展厅设有"中国共产党与北京大学""书生本色、学者风范""我们的北大岁月""北大的校长们"等专题。走到"书生本色、学者风范"专题展前，我不由自主地停下来了，我看到了我通过做科普工作而十分熟悉的一大批著名科学家，有诺贝尔奖获得者李政道、杨振宁、屠呦呦等，还有从北京大学教师当中脱颖而出的中国科学院院士和中国工程院院士。他们让我想到了勇攀高峰、敢为人先的创新精神，追求真理、严谨治学的求实精神，淡泊名利、潜心研究的奉献精神。作为中国具有代表性的高等学府，北大聚集了各个历史时期的众多著名科学家和著名学者，培养出一代又一代的优秀人才，创造了一批又一批的重大科学成果，对中国思想理论、科学技术、文化教育、社会发展等产生了重要影响。

在这里，还有一段很值得我们中国人自豪而不能忘记的历史成就。那是在 20 世纪 60 年代，我国曾经取得过领先世界的一项重大科研成果，也是诺贝尔化学奖的候选项目之一，即结晶牛胰岛素的结构测定和人工全合成，这项成果在当时是世界其他各国学术界望尘莫及的。

参观完展览后，我心里涌出一个问题，今天我们是全国高校科协的部分代表聚在北大科协，从北大校史馆看到了北大诸多历史人物，其中不少人物是担任过中国科协主席的科学家，那么，从整个中国科协来看，科协主席中都有哪些科学家呢？自 1958 年到 2016 年，中国科协召开过九次全国代表大会，选举产生了九届中国科协主席：李四光担任第一届主席，周培源担任第二届主席，钱学森担任第三届主席，朱光亚担任第四届主席，周光召担任第五届和第六届主席，韩启德担任第七届和第八届主席，万钢担任第九届主席。中国科协在一个甲子的发展历程中选举产生的九届中国科协主席，有七届的主席都来自北京大学。

这次北大校史馆一行，让我更加深刻地认识到，中国科协、北京大学、北京大学科协的联系非常紧密。回到重庆大学后，我重温了第一届北京大学科协主席陈佳洱院士在 2013 年 2 月 21 日举行的钱学森科协文化思想与当代文化建设研讨会上的讲话，陈佳洱主席专门针对科协文化的共同精神首次提出了科协文化建设的六个内涵。

科协文化有一个共同的特征。从历届中国科协主席李四光、周培源、钱学森、朱光亚、周光召等老一辈科学家所引领的文化风潮和他们提倡的科协文化中可以看到，科协文化有一个共同的特征，那就是热爱祖国、献身科学、追求真理、服务人民。他们始终坚持"献身、创新、求实"的科学态度和"三老四严"的优良作风即"做老实人、办老实事、说老实话，严肃、严格、严密、严谨"。他们探索科学新知，深入开展基础研究，全心全意探索自然科学规律，努力在世界科学前沿取得更多的研究成果，为人类的和平发展和文明的进步拓展空间，用科学技术引领未来。

科协文化是一种精神特质。科协文化，首先应体现出科协人共同的精神特色、价值观以及相应的行为规则和方式，突出科技工作者群体的共同特征。科协作为广大科技工作者之家，具有自己的一种独特文化，这种文化表现在广大科技工作者把自身事业追求和人生价值同国家的富强、社会的进步、人民的幸福紧密联系在一起，坚持科技为经济社会发展和为人民服务，坚持以人民利益为最高利益，以报效祖国为最高目标，在倡导一流的科技事业中谱写人生的辉煌。

百家争鸣和百花齐放的文化。科协要引导科技工作者让更多的创新要素向企业集聚，加快构建以企业为主体、以市场为导向、产学研相结合的技术创新体系，促进科技成果更多更好地转化为生产力。此外，为了促进科技工作者提高自身的自主创新能力，科协要通过组织各种各样的学术论坛或交流会，培育百家争鸣和百花齐放的文化，鼓励科技工作者就不同学术思想观念、不同方法路线进行交流，以碰撞出创新的火花。

发现、培养和举荐年轻人才。培育和激励科技人才，特别是青年科技工作者在科技和社会实践中不断成长，他们是科技事业未来希望之所在。老一辈要把发现、培养和举荐年轻人才作为义不容辞的责任，更加自觉地当人梯，努力为国家科技事业的繁荣发展培养优秀的后备人才。科协也应建立激励和保障机制，激励青年科学家中的优秀人才，确保他们能够承担科研工作，使科技界和全社会各方面的优秀人才在科协文化的熏陶下大量涌现。

科普文化是科协文化的传统特色。科协人应大力促进科学技术的普及和推广，更好地为全面提高公众科学素质服务。科协应通过各种各样的活动，推动全社会科普工作广泛开展，不断加快、加大科技知识向全社会传播的速度和广度。

为科技工作者服务是科协的根本任务。建设科协文化，首先要在各级科协组织中弘扬共同的精神特征和价值观，规范科技工作者的思想和行为方式，激励广大科技工作者创新的热情和活力。其次，把科协建设成广大科技工作者之家。在这个"大家庭"里牢固树立以科技工作者为本的文化理念，把为科技工作者服务作为科协的根本任务，经常倾听科研一线科技工作者的心声和诉求，帮助他们排解在科技研究中遇到的种种困难，并建立起良好的人尽其才的生态环境，让科研人员能心无旁骛地专心研究，并唤起他们建设和发展科协组织和科协文化的使命感、责任感。

科协文化，是一种永恒而富有感染力的精神特质，孕育了一代又一代的中国科技工作者。在2013年2月21日举行的钱学森科协文化思想与当代文化建设研讨会上，时任北京大学科协主席陈佳洱强调：要使我国进入创新型国家的行列，到新中国成立100年时，从科学大国转变成科技强国，最关键的还是要大幅度提高科技自主创新能力，为我国经济社会发展提供持久的驱动力。因此，促进先进科技和产业的深度融合，先进成果惠及民生，应是科协文化又一特点[1]。

　　这次北大校史馆的参观学习我最大的收获是感悟到了"科协文化的共同精神"。非常感谢北京大学科协郑英姿的陪同,让我们更加深刻地了解到中国科协与北京大学的历史渊源;同时,我也更加明白了,全国高校老一辈科协秘书长们一直期望北京大学尽快成立科协组织的深意。

二、北京大学青年科学家的科协情缘

　　其实,在中国科协学术共同体里,年轻一代科学家的成长与中国科协系统深深相系,特别是与高校科协情缘很深。在这里,我们围绕"中国青年科技奖"的创立与青年科学家的成长进行讨论,重点剖析北京大学青年科学家荣获"中国青年科技奖"的获奖情况,通过走近青年科学家的研究领域,分析他们在科学前沿领域做出的重要贡献和发挥的引领作用。

　　"中国科协青年科技奖"的创立。那是在20世纪80年代初期,中国科协针对"文化大革命"造成的科技人才断层、青黄不接和"出国潮"引起的科技人才流失及科技界存在较严重的论资排辈现象等问题进行了深入的讨论,第三届中国科协主席钱学森在中国科协第三届六次常委会上提议,设立一项面向全国青年科技工作者的奖项,以促进优秀青年科技人才脱颖而出,为报效祖国、投身社会主义现代化建设做出积极贡献。提议得到了朱光亚、王大珩、汪德昭、黄汲清等老一辈科学家的积极响应和大力支持。1987年9月正式设立了中国科学技术协会青年科技奖,并制定了中国科学技术协会青年科技奖条例,要求获奖者年龄在35岁以内。1988年9月23日,首届中国科学技术协会青年科技奖颁奖典礼在中南海怀仁堂举行。

　　更名为"中国青年科技奖"。为了更好地贯彻落实党中央提出的培养和造就一批进入世界科技前沿的跨世纪青年学术和技术带头人的指示精神,1994年11月,经中组部、人事部、中国科协研究决定,将"中国科学技术协会青年科技奖"更名为"中国青年科技奖",并联合印发《关于设立"中国青年科技奖"的通知》,共同组织实施评选表彰的各项工作,获奖者年龄扩大到40岁以内。中国青年科技奖每两年评选一届，每届获奖者不超过 100 名。之后，又在 2009 年 6 月，第十届中国青年科技奖中，为表彰在"探月工程"第一阶段任务"绕月工程"中做出突出贡献的科技工作者，增设了中国青年科技奖集体奖 1 个和特别奖 10 名，经评选产生了 109 名获奖者。30 多年来，中国青年科技奖已评选表彰了十七届，共有上千名青年科技工作者获奖。

中国青年科技奖的评选，既注重学术成果的贡献，又注重考察科学道德学风，还重视发展潜力。这一特点在我国当前主要以科技成果为导向的评奖体系中显得非常突出，也符合青年科学家成才的规律与要求。中国青年科技奖的评选，塑造了一个公平、公正、科学的评奖环境和氛围，使真正优秀的人才能获奖，这无疑对鼓励青年科技人才踏踏实实做学问有重要的引导作用。中国青年科技奖在我国青年科技人才的培养和选拔方面发挥了积极作用：奖项的评审机制合理，使优秀青年科技人才脱颖而出，激励获奖者更加努力工作，从而取得更多的成就；通过优秀青年科技人才的模范作用，带动广大青年科技工作者努力工作，引导全社会树立尊重劳动、尊重知识、尊重人才、尊重创造的氛围，并对国家创新体系、科技界和教育界、国家经济和社会产生积极影响。

至今已有上千名青年科学家获奖，其中，有相当大一部分获奖者来自高校。如今，这些青年科学家获奖者很多已成为各个学科领域的学术带头人，负责或承担着国家和省区市、部委等各级重点课题或项目，他们有的成为国家"863 计划"基础研究重点项目首席科学家，有的成为国家"973 计划"基础研究重点项目首席科学家，有的当选为中国科学院和中国工程院院士，有的走上了科技工作和管理工作的领导岗位。他们在国际国内舞台上崭露头角。

"中国青年科技奖"自 1987 年 9 月正式设立至 2023 年，已经颁发了十八届，在申报推荐过程中，全国各地基层高校科协做了大量的举荐工作。我自己曾在科协工作岗位上就参与了从第一届到十二届的申报推荐工作。近年来，我和《大学科普》杂志的全国高校科协编委会，对全国部分高校荣获"中国青年科技奖"的情况进行过统计。北大科协郑英姿曾问我为什么在那么多奖项中只统计"中国青年科技奖"。我告诉她：一是因为高校科协做"中国青年科技奖"推荐申报工作时间比较长，二是中国科协通过基层高校科协与全国各高校的青年教师科协建立的一种特殊的情缘。2019 年，我们围绕北京大学历届"中国青年科技奖"获奖者的学术成就进行撰稿、组稿、审稿等工作，分别在《大学科普》杂志 2019 年第 1 期、第 2 期、第 3 期、第 4 期上进行连载；随后，通过新浪微博大学科普超级话题转发，与北京大学官微互动，得到读者的点赞和再转发，阅读量很快超过 100 万，关键是内容很受大学生读者的青睐。北京大学"中国青年科技奖"获奖者出类拔萃，其中两位"拉马努金奖"获得者史宇光和许晨阳更是受到了大学生追捧。

史宇光与几何的故事。北京大学是这位青年科学家史宇光的重要触发地，这里有宽松的环境、自由的氛围，对数学研究的大力支持和聚集在这里的数学家和优秀学生，这些都对他的研究产生了很大的影响，他孜孜以求并乐此不疲地努力耕耘，在（非压缩）黎曼多面体几何学、准局部质量和无症状双曲歧管的刚性研究上作出了杰出贡献，他还专注于用几何语言去探索宇宙之美，他对研究工作的兴趣，就像庞加莱笔下的"感觉到数学之美，感觉到数与形的协调，感觉到几何的优雅，这是所有真正的数学家都清楚的真实的美的感觉"。2010 年，"拉马努金奖"揭晓，史宇光凭借其杰出的贡献获得了这一殊荣。这不仅是对史宇光在完全（非紧）黎曼流形几何的研究中所做出的卓然成就的肯定，也是对他 15 年来在中国从事数学教学和数学研究工作中做出重要贡献的褒奖。这位年轻的中国数学家实至名归，他把数学揉进血液里，钻入数学空间，爬进"几何的列车"，松开"刹车"那一刻，故事也将当之无愧地驶向"远方"。

许晨阳的探索征途。1999～2004 年，许晨阳在北京大学数学科学学院学习，获学士和硕士学位后；在 2008 年获普林斯顿大学数学博士学位；毕业后曾在美国麻省理工学院等著名高校任教。2012 年回到北京大学，加入北京国际数学研究中心。他主要从事基础数学核心领域代数几何方向的研究，并在高维代数几何领域取得了一系列突破性的成果，成为代数几何方向的青年领军数学家。他的主要研究成果包括一般型对数典范偶的有界性理论，证明了对数典范阈值的上升链猜想，极大推动了正特征三维极小模型纲领，在对数典范奇点的极小模型纲领中有所突破，证明了田刚和 Donaldson 关于 K-稳定性定义的等价性，解决了《几何不变式论》前言里关于典范极化簇渐进周稳定紧化不存在的问题，并系统研究和发展了对偶复形理论。2013年，许晨阳获求是基金会杰出青年科学家奖和中国青年科技奖，2014年被聘为北京大学长江特聘教授，2016 年获"拉马努金奖"……强大的内心推动他在数学研究之路上所向披靡。他对数学深沉的爱，实在是宽容大气又美好；他在数学研究中保持理性和严谨，也展示出中国数学家的魅力和品格。

"拉马努金奖"，是为了纪念曾经这位像神一样的数学天才，更是为了彰显青年数学家的风范。在中国，许多年轻的数学家也在不断探索，走向数学研究的最前沿，推动着中国乃至世界数学的发展。中国数学从未止步，观今日数学界，数风流人物，还看今朝。[①]

拉马努金奖，由国际理论物理中心（ICTP）、印度科技部和国际数学联盟（IMU）共同颁发，每年颁发一次，颁予当年 12 月 31 日前未满 45 周岁并作出了杰出科研贡献的发展中国家的青年数学家。拉马努金奖设立以来，北京大学就有史宇光、田野和许晨阳三位中国年轻数学家获奖，分别于 2010 年、2013 年和 2016 年获得该奖项。

中国青年科技奖第 1～17 届的获奖者中北京大学青年科学家有47 位（表 6-1）。这 47 位获奖者大部分是中国科学院和中国工程院两院院士的候选人，相当一部分两院院士曾经荣获过"中国青年科技奖"。

表 6-1　北京大学历届"中国青年科技奖"获奖者（1～17 届）

序号	届次	姓名	单位	研究领域
1	第一届	张继平	北京大学数学科学学院	数学
2	第二届	陈章良	北京大学生命科学学院	植物基因工程
3	第四届	严纯华	北京大学化学与分子工程学院	稀土功能材料

① 拉马努金奖：为纪念在短暂的人生中发明了近 3900 个数学公式和命题的斯里尼瓦瑟·拉马努金而设立的奖。

序号	届次	姓名	单位	研究领域
4	第四届	倪晋仁	北京大学环境科学与工程学院	流域水沙运动理论
5	第五届	陈钟	北京大学信息科学技术学院	软件工程
6	第六届	王健平	北京大学工学院	计算流体力学
7	第六届	杨开忠	北京大学城市与环境学院	经济地理学
8	第六届	张世秋	北京大学环境科学与工程学院	环境经济学
9	第六届	唐建国	北京大学生命科学学院	蛋白质结构与功能
10	第六届	龚旗煌	北京大学物理学院	光学基础研究
11	第八届	宗传明	北京大学数学科学学院	数的几何
12	第八届	高松	北京大学化学与分子工程学院	配位化学与分子磁性
13	第八届	梅宏	北京大学信息科学技术学院	软件工程
14	第八届	韩世辉	北京大学心理与认知科学学院	认知心理学
15	第八届	汤帜	北京大学计算机科学技术研究所	数字版权保护
16	第九届	尚永丰	北京大学医学部	基因转录调控
17	第九届	黄如	北京大学信息科学技术学院	微电子低功耗器件
18	第十届	孙聆东	北京大学化学与分子工程学院	半导体纳米材料
19	第十届	朱世琳	北京大学物理学院	标准模型理论
20	第十届	赵东岩	北京大学计算机科学技术研究所	计算机网络
21	第十届	瞿礼嘉	北京大学生命科学学院	基因的功能鉴定
22	第十一届	史宇光	北京大学数学科学学院	几何分析
23	第十一届	魏丽萍	北京大学生命科学学院	海量生物数据分析
24	第十二届	朴世龙	北京大学城市与环境学院	生态模型研究
25	第十二届	郭红卫	北京大学生命科学学院	植物激素
26	第十二届	韩鸿宾	北京大学医学部	脑缺血基础与临床
27	第十三届	黄罡教	北京大学信息科学技术学院	系统软件
28	第十三届	陈鹏	北京大学化学与分子工程学院	蛋白质工程
29	第十三届	刘永	北京大学环境科学与工程学院	环境生态系统
30	第十三届	许晨阳	北京大学北京国际数学研究中心	基础数学
31	第十四届	段慧玲	北京大学工学院	结构力学
32	第十四届	孔炜教	北京大学医学部	病理学
33	第十四届	文再文	北京大学北京国际数学研究中心	优化算法
34	第十五届	关启安	北京大学数学科学学院	多复变函数论

续表

序号	届次	姓名	单位	研究领域
35	第十五届	杨莉	北京大学医学部	肾损伤及修复研究
36	第十五届	江颖	北京大学国际量子材料中心	凝聚态物理
37	第十五届	张志勇	北京大学信息科学技术学院	纳米电子学
38	第十六届	刘若川	北京大学北京国际数学研究中心	算术几何与代数数论
39	第十六届	肖云峰	北京大学物理学院	非对称光学微腔物理
40	第十六届	宋令阳	北京大学信息科学技术学院	无线通信
41	第十六届	陈兴	北京大学化学与分子工程学院	化学与生命科学
42	第十六届	姜长寿	北京大学医学部	运用代谢组学
43	第十六届	郭少军	北京大学工学院	纳米晶合成方法学
44	第十七届	方博汉	北京大学北京国际数学研究中心	几何与数学物理
45	第十七届	田晖	北京大学地球与空间科学学院	从事太阳活动研究
46	第十七届	冯旭	北京大学物理学院	高能物理
47	第十七届	周欢萍	北京大学材料科学与工程学院	功能材料及能源器件

三、北大科协肩负的引领作用

基层高校科协的发展，肩负着光荣而艰巨的历史责任。北京大学科协自成立以来，始终坚持着科协文化的理念，推进全国高校科协的发展。

北京大学科协成立。2008 年，北京大学迎来了建校 110 周年校庆，5 月 4 日校长许智宏在纪念大会上作了"迈向一流大学之路"的重要讲话。紧接着同年 12 月 29 日，北京大学科学技术协会成立大会在北京大学博雅国际会议中心隆重举行，成立大会是由时任北京大学常务副校长林建华教授主持，时任中国科学技术协会常务副主席、书记处书记邓楠到会并讲话，北京市科协常务副主席、党组书记田小平，北京市科协副主席周立军，北京市海淀区科协主席李云飞，北京大学科协副主席方精云院士、高松院士、涂传诒院士、王诗宬院士、张震康教授以及清华大学、北京航空航天大学科协、北京邮电大学科协、北京科技大学科协、《科技日报》《科学时报》等单位的代表到会祝贺。

时任北京航空航天大学科协秘书长白如冰代表全国高校科协工作研究会和北京航空航天大学科协宣读贺词。中国科协书记处书记邓楠传达了中国科协党组对促进高校科协发展的精神，她在讲话中指出："高等学校是科技工作者最为集中的地方，也是开展基础研究，推动原始创新的重要阵地。在高校建立科协体系，有助于科技工作者开展跨学科学术交流，有助于实现科技工作者加强横向联系，探寻合作机会的强烈愿望；符合中央提出的哪里有科技工作者，科协的工作就要做到哪里，哪里科技工作者密集，科协的组织就要建到哪里的要求。""希望北大科协围绕中心，服务大局，发挥优势，突出特色，为走出一条中国特色的社会主义道路做出自己的贡献。"[11]

当选北京大学科协第一届主席的陈佳洱院士在讲话中强调：北京大学科协要自觉坚持党的领导，坚持围绕中心、服务大局，始终把加强党和政府同科技工作者的联系作为基本职责，把竭诚为科技工作者服务作为根本任务，把北京大学科协建成我校科技工作者之家，把科技人员是否满意作为衡量工作的主要标准，在促进学校科技繁荣发展、科技普及推广、科技人才成长提高、科技与经济相结合等方面做出成绩，成为推动北京大学科技事业发展的重要力量。最后，陈佳洱院士还表示：能够担任第一届北京大学科协主席一职，深感荣幸并感到责任重大。他说，北京大学科协的成立将为进一步发挥学术科技团体的作用，为支持其学术和科普活动搭建一个平台，将北京大学科协建成"科技人员之家"。

北京大学科协是在学校党委和行政领导下的教师、科研人员、管理人员和学生自愿参加的群众性学术组织，是学校发展科学技术事业的重要力量。北京大学科协也将利用北京大学的人才优势、学术优势和资源优势，服务首都社会和人民，为建设"人文北京""科技北京""绿色北京"贡献力量。于是，2008年12月29日就被定为北京大学科协成立的纪念日。北京大学科协的成立，是全国高校科协组织建设成果最为突出的表现之一，对于后期推进全国高校科协组织建设的发展，起到十分重要的引领作用。

北京大学科协成立以来踏踏实实一步一个脚印地开展高校科协的

工作。在北京大学科协秘书处网站可以看到北京大学科协把工作重点进行了系统分类，由交流讲座、人才举荐、科协项目、科普活动、科普园地等部分组成。北京大学科协作为学校学术组织枢纽，不仅服务于校内跨学科基层学术组织，而且还服务于校外的全国学会的学术交流工作，在全国高校科协起到了发布"学术信息"的引领作用，同时，北京大学科协的工作取得了不少成绩。我们通过北京大学科协召开的以下四次会议来了解北京大学科协的日常工作。

北京大学科协是高校科协的"排头兵"。2011年3月18日，北京市科协党组书记、常务副主席夏强和副主席周立军等到北京大学科协调研，看望北京市科协名誉主席、北京大学科协第一届主席陈佳洱院士，并受到时任北京大学校长周其凤的亲切接见。在调研座谈会上，北京大学科研部部长兼北京大学科协秘书长周辉汇报了北京大学科协的工作情况，夏强对北京大学科协工作给予了高度评价。他说：北京大学科协工作有特色、有亮点，起到了北京市高校科协工作引导作用。他介绍了北京市科协开展的决策咨询、学术交流、科普工作等情况，表示北京市科协要为促进北京大学资源优势的进一步发挥服务，使北京大学更好地服务社会，提出首先要为中关村自主创新示范区发展做好服务工作。北京市科协办公室、调宣部、科普部和北京大学科研部、团委、生命科学学院、信息学院等单位的负责同志一同参加座谈。北京市科协到基层高校科协调研，为加强北京大学科协的组织建设、工作创新起到了积极的推进作用。

科普是高校科协的重点工作之一。2012年度北京市高校科协工作会议在香山杏林山庄召开。出席会议的有以下部门和负责人：北京大学科协主席陈佳洱、北京市科协副主席周立军，科技部政策法规司、北京市科协科普部，北京理工大学科协、北京航空航天大学科协，北京大学科协秘书长、副秘书长以及相关职能部门的负责人等。北京大学科协秘书长周辉汇报了北京大学科协成立以来所做的主要工作。他说，北京大学科协在校党委的领导下和北京市科协的指导下发挥了积极作用，如举办名家科普讲座、组织国际生物多样性活动和化学年活动、北京科技周活动、女科学家进校园活动等。最后，陈佳洱主席在会上指出：科普是高校科协的重点工作。通过科普宣传工作，要提高教师和学生对科学的兴趣，对如何做科研有所了解，吸引青少年到科学家身边工作，同时要了解学术自由、批判性思维、兼容并包的精神，影响青少年成长。周立军副主席在讲话中指出：科协工作没有边界，但要符合自身的定位；科协是党的群众组织，是科技工作者的群众组织，科协工作要围绕"三服务一加强"，服务经济、服务素质教育、服务科技工作者，加强科协组织建设。会上，科技部、兄弟院校、北京大学医学部、团委、科研部等有关职能部门和教师代表分别做了发言。

北京大学科协换届及工作研讨会召开。2014 年 5 月 13 日，北京大学科协换届及工作研讨会在北京大学红楼召开。会议由北京大学科协秘书长周辉主持。为了进一步整合全校的科普资源和科普力量，密切与学院学术组织和学生科协的联系，形成学校科协秘书处与基层学术组织机构和相关职能部门协同工作的机制，郑英姿代表科协秘书处作了近年来北京大学科协围绕学术研讨、科学普及、科技竞赛等方面开展科协工作的汇报，特别是校科协通过与校团委和学院开展丰富的科学普及和宣传工作，借助北京大学现有的科普基地，组织地质博物馆、理科教学实验室和相关院系，参与每年北京科技周和全国科普日活动。通过组织国际植物日、世界地球日等大型公益活动，激发学生研究兴趣，也为教师和学生服务社会搭建了一个非常好的服务平台；比如，近年来校科协组织的系列科普讲座、大学生科学年、大学向社会开放、大学生物联网创新创业大赛、青少年科学营等科普活动，得到了学校及社会的广泛认可和好评。

北京大学科协的成立扩展并充实了科协力量，简化了组织结构。北京大学科协第二届主席由许智宏院士担任，副主席由方精云院士、严纯华院士和乔杰教授担任，校科协常委由 16 名委员组成，分别来自学校各院系和临床医学部。陈佳洱院士指出：大学是科普工作的主力军。北京大学科协要发挥优势，推动科学知识向社会的普及，促进不同学科间的学术交流，传播科学精神和科学文化。许智宏院士强调：科普工作对社会发展具有重要意义。对于食品安全、健康、环保等热点问题，还需要科技工作者向社会普及更多的科学知识；纳米、干细胞、网络等领域的科学伦理问题，需要由科技工作者来共同探讨；北京大学科协，要进一步加强组织建设工作，为推动社会健康发展服务。最后，来自数学学院、物理学院、生命学院、地空学院、信息学院、工学院、科研部、设备部、团委、学生资助中心、医学部科研处和附属医院的北京大学科协第二届常委和秘书处成员参加了会议，并对学校科协未来的发展献计献策。

北京大学科协在加强组织建设工作方面的做法。2016 年 5 月 30 日，正是全国科技"三会"即全国科技创新大会、中国科学院第十八次院士大会和中国工程院第十三次院士大会、中国科学技术协会第九次全国代表大会在人民大会堂隆重召开。中共中央总书记、国家主席、中央军委主席习近平出席大会并发表重要讲话。5 月 31 日上午，中国科学技术协会第九次全国代表大会在人民大会堂举行；中共中央政治局常委、中央书记处书记刘云山到会祝贺，代表党中央作了题为《科技工作者要争做创新发展的时代先锋》的祝词；中国科协主席、大会主席团主席韩启德主持会议并代表第八届全国委员会作了工作报告，他指出："本次大会的主题是高举中国特色社会主义伟大旗帜，深入贯彻落实习近平总书记重要讲话精神，坚定不移地走中国特色社会主义群团发展道路，切实履行为科技工作者服务、为创新驱动发展服务、为提高全民科学素质服务、为党和政府科学决策服务的职责定位，全面推进开放型、枢纽型、平台型科协组织建设，团结带领广大科技工作者为决胜全面建成小康社会、建设世界科技强国创新争先、再立新功。"[12]韩启德主席还总结回顾了过去五年中国科协的工作，对今后五年的科协工作提出了建议；6 月 1 日，中国科协第九次全国代表大会在北京人民大会堂举行全体代表会议，选举产生中国科协第九届全国委员会委员。

参加这次全国科技"三会"的北京大学代表，表现更是非同凡响，特别是在中国科协"九大"会议上，北京大学共有 14 位专家学者当选为中国科协第九届全国委员会委员，有高松、龚旗煌、严纯华、梅宏、黄如、俞光岩、姜保国、张幼怡、王韵、郝卫东、周辉、苏晓东、蒋尚达、王芗祥。北京大学副校长高松院士当选为中国科协第九届全国委员会副主席，高松院士、龚旗煌院士当选为第九届中国科协全国委员会常务委员会常委。

中国科协"九大"闭幕之后，北京大学科协为了加强学校科协的组织建设工作，于2016年6月6日召开了学校科协工作会议。这次会议，北京大学科协主席许智宏院士，副主席、副校长王杰教授，实验室与设备管理部、校团委、学生资助中心、科学研究部、医学部、科研部等相关部门负责人以及生命科学学院、化学与分子工程学院、信息科学技术学院、工学院、附属医院的第二届科协委员会委员参加了会议，同时还特别邀请了科技部政策法规司人才与科普处处长邱成利出席会议。

会上，北京大学科学研究部部长兼科协秘书长周辉代表学校科协秘书处汇报了北京大学教师参加中国科协第九次全国代表大会的情况，并重点解读了中国科协、教育部和北京市科协相关最新文件。周辉秘书长还回顾总结了本届科协成立以来的工作亮点。他说：第二届北京大学科协两年来的工作，在全校各部门、各院系和全体师生的共同努力下，在科技宣传和开放活动、科普基地建设、科协项目组织实施、人才举荐以及学生科协工作等方面做出了显著成绩。校团委书记陈永利、实验室与设备管理部副部长黄凯、学生资助中心主任杨爱民以及第一附属医院科研处处长赵明辉教授，分别就学生科协活动、科普基地建设、学生科普活动作了典型汇报。与会代表就本人及所在单位参加和举行的相关科协工作以及今后工作设想和建议等进行了讨论。邱成利对北京大学科协开展科普工作提出了很好的意见和建议，如建设博物馆等科普集中展示区、编写原创性科普著作、利用微博和微信公众号等新媒体进行科学传播和科普宣传等。副校长王杰副主席在发言中指出：北京大学科协的科普工作要统一整合规划，鼓励一线科研教师热心科普事业，为提高全校师生和社会公众对科学的认识作出应有贡献。他还谈到对于学校科协组织的新形势和新任务，如组织科协联盟、承接政府下放职能等，要予以重点关注，并希望今后加强与国际组织的联系与合作。北京大学科协主席许智宏院士在听取大家的发言后作了总结讲话，他指出：北京大学科协要更好地利用人才和资源优势，有效整合；进一步推动学校的学术交流，激发全校师生的创新活力；利用好讲座和图书、网络等媒体，培养学生以及大众的科学思维和科研方法，做好知识传播和科学普及工作，努力提高全校师生以及全民的科学素质。

这次北京大学科协召开的工作会议，一方面总结交流了北京大学科协的工作情况，另一方面还研究讨论了如何将北京大学科协建设成为开放型、枢纽型、平台型的科协组织，对于北京大学科协未来工作部署具有十分重要的意义。最后，北京大学科协秘书处提出：在做好学校科协常规工作的同时，要更贴近全校科研人员的需求，为科研人员提供全方位的服务，调动好科研人员的积极性和创造性。同时，加强学校科协干部队伍建设，积极争取各方资源，为学校科协发展创造有利条件，为学校科协工作提供有力支撑和保障。（北京大学科协提供）

关于两个"双一流"联系。2015 年 8 月 18 日，中央全面深化改革领导小组会议审议通过《统筹推进世界一流大学和一流学科建设总体方案》，我国正式在大学建设上提出了"双一流建设"即"一流学科建设"和"一流学校建设"目标。2018 年，中国科协在学术共同体的建设上，也提出"双一流学术建设"即"一流学会建设"和"一流期刊建设"目标。目前，在国内高等学校，北京大学是全国高校挂靠全国"一流学会"最多的大学之一，也是承办表达学术话语权"一流期刊"最多的大学之一，郑英姿认为：北京大学科协的核心任务还是要发挥科协组织举荐人才的作用，北京大学人才众多，通过科协这一重要渠道，希望能让更多的优秀人才脱颖而出，同时也要更加重视科协开展科普的工作。

北京市科协的先进集体和先进工作者。2017 年 6 月 2 日，北京市科学技术协会第九次代表大会召开，大会表彰了 2012 年至 2016 年度 60 个北京市科协先进集体和 105 名北京市科协先进工作者，其中，北京大学科协荣获北京市科协先进集体，北京大学科协副秘书长郑英姿荣获北京市科协先进工作者。《大学科普》杂志 2021 年第一期

"高校科协"栏目刊登了一篇北京大学科协郑英姿的文章《2020 北大科协》，这篇文章突出了北京大学科协在不平常的 2020 年的工作。这一年，北京大学和全国其他学校一样，面临着封城封路、停工停学等各种各样的困难，但北京大学的各项工作没有停摆，北京大学科协工作也因临危不惧、超常运行而留下浓墨重彩的一页。主要表现在以下几个方面。

2020 年北大科协工作之一：主题突出、形式多样的科普工作。疫情防控期间，科普工作做什么、怎么做？北京大学科协的做法是，以"科技创新，共抗疫情"为主题，突出"聚焦时事，形式多样，公众参与"特色，开展线上科普、特色科普活动，从而在发扬科学精神、加强科技创新、提升科学素养、建设科技强国等方面，体现了北京大学的责任和担当。2020 年北大科协工作之二：多学科、跨院系的学术交流活动。疫情肆虐，交流不停。2020 年，北京大学因势而动、因时而变，把现场交流改为线上交流，或者线上线下结合的交流，使得学术交流活动正常开展。2020 年北大科协工作之三：举荐优秀科技人才。北京大学科协积极举荐优秀科技人才，2020 年各类奖项申报工作均取得优异成绩，特别是对于三年一次的全国创新争先奖和两年一次的中国青年科技奖的组织申报推荐工作，由于北京大学专家学者表现突出，收到了北京市科协的感谢信，北京大学科协因在举荐优秀科技工作者工作中做出认真负责的推荐而受到表扬和鼓励。2020 年北大科协工作之四：公众科学素质促进工作。除了举荐科技人才外，北京大学科协还向地方科协积极推荐在科协工作中涌现出的先进个人和集体。近两年来相关院系的科普工作情况如下：积极参加"'典赞·2020 科普中国'宣传推选活动"，推荐优秀科普工作者 4 人（包括科研科普人物 2 人、科普特别人物 2 人）、科普作品 4 项（包括科普图书图文 2 项、科普影音视频 1 项、科普展览展品 1 项）。最终，北京大学共有 2 位老师入选年度科普特别人物奖，1 项科普展览展品获得年度科普展览展品奖。北京大学科协通过学校新闻网、微信公众号等多种渠道，对首批入选该活动的获奖者和获奖作品进行了广泛宣传和表彰。由此进一步调动了学校广大师生参与科普工作积极性，为开展北大创新发展的"科普之翼"增添了动力。[13]北京大学科协已成为全国高校科协"举荐优秀科技工作者的重要平台"，并将持续发挥重要的作用。

参 考 文 献

[1] 张巧玲. 陈佳洱院士：积极弘扬科协文化的共同精神[N/OL]. 中国科学报，2013-02-21（1）.

[2] 靳萍. 举荐科技优秀工作者的摇篮——北京大学科协（节选）[J]. 大学科普，2018（1）：72-75.

[3] 张久珍. 如何建设国内顶级的、世界水准的学术刊物[EB/OL].（2020-11-30）[2024-01-28]. https://zys.pku.edu.cn/zcyj/1334738.htm.

[4] 北大校办产业：科学管理 夯实基础 改革创新 促进发展[EB/OL].（2012-06-08）[2023-02-28]. https://news.pku.edu.cn/ztrd/fzdjb/3616-244188.htm.

[5] "两弹一星"元勋周光召与"九次计算."[EB/OL].（2019-01-15）[2023-02-28]. https://tv.cctv.com/2019/01/15/ARTIL7RtUqcocz29eQVXX3pe190115.shtml.

[6] 新华社. 专访科协主席：涨科学素质之水 行科技创新之船[EB/OL].（2006-03-20）[2023-12-31]. https://www.gov.cn/zwhd/2006-03/20/content_231711.htm.

[7] 新华社. 韩启德：做好科普工作关键在惠及人民群众[EB/OL].（2013-09-15）[2023-12-31]. https://www.gov.cn/jrzg/2013-09/15/content_2488838.htm.

[8] 广东省科学技术协会. 韩启德：推动形成社会化科普工作格局[EB/OL].（2014-06-12）[2023-12-31]. https://www.gdsta.cn/kxxw/yw/content_1398.

[9] 光明日报. 韩启德（中国科协主席）：科普应充分发挥新媒体作用[N/OL].（2015-05-25）[2023-12-31]. http://www.xinhuanet.com/politics/2015/05/25/c_127836411.htm.

[10] 中国新闻网. 科普《星际穿越》中国科学界缺席 科协主席失望[EB/OL].（2015-05-23）[2023-12-31]. https://www.chinanews.com/cul/2015/05-23/7296448.shtml.

[11] 北京大学科研部. 北京大学科学技术协会成立[EB/OL].（2009-01-01）[2023-12-31]. https://news.pku.edu.cn/xwzh/129-136988.htm.

[12] 中国科协网站. 中国科协召开第九次全国代表大会第三次会议 韩启德作报告[EB/OL].（2016-06-02）[2023-12-31]. https://www.rmzxb.com.cn/c/2016-06-02/848039.shtml.

[13] 郑英姿. 2020北大科协[J]. 大学科普，2021（1）：69-75.

第七章
开创大学科普

重庆大学科协做了许多创造性的工作，有创意、能创新；希望集中精力为广大师生营造浓厚的学术氛围。[1]——林建华

（第四届中国晶体学会理事长、第十五任重庆大学校长、第五届重庆大学科学技术协会主席、《大学科普》杂志科学顾问）

本章阐释高校科协第三项主要工作——开展大学科普工作，以重庆大学开创大学科普为例。重点通过对大学科普缘起的讨论，来阐述和分析科协是如何在"大科学"的时代背景下和"大科普"的格局中提出高校科协开创"大学科普"这一具有时代意义的科普工作创新路径。

第一节 "挑战杯"竞赛带来的新机遇

重庆大学科协是全国高校成立科协组织较早的学校之一，自1988年担任全国高校科协联合会副理事长单位到1994年担任全国高校科协工作研究会副理事长单位的工作以来，承担了历届理事会分工的两项重要工作任务：一是负责高校科协理论专业委员会的研究工作；二是负责全国大学生科技活动指导委员会的组织工作。时任北京航空航天大学科协秘书长朱淑桃对重庆大学科协的评价："重庆大学科协在推进全国高校科协的发展创新中，做出了重要的贡献，其中，最具代表性的工作就是开创了大学科普的先河。"[2][3]

一、中国科协与"挑战杯"竞赛活动

全国大学生课外学术科技作品竞赛活动即"挑战杯"，是由共青团中央、中国科协、教育部、全国学联联合全国各地方政府共同主办，国内著名大学、新闻媒体联合发起的一项具有导向性、示范性和群众性的全国大学生学术科技竞赛活动。如今，"挑战杯"竞赛已发展为两个并列项目：一个是"挑战杯"全国大学生课外学术科技作品

竞赛（简称"大挑"）；另一个则是"挑战杯"中国大学生创业计划竞赛（简称"小挑"）。这两个全国竞赛项目交叉轮流开展，每个项目每两年举办一届。

中国科协作为"挑战杯"竞赛主办单位之一，主要负责对竞赛作品的前沿选题导向和权威公正评审以及对大学生科协即准科技工作者参与学术共同体的科学思维训练等工作。这项活动，也是中国科协在高校开展的一项具有长效机制的普及性创新教育即"大科普"活动的一种尝试。

自 1989 年，首届"挑战杯"竞赛在清华大学举办以来，竞赛活动始终秉持"崇尚科学、追求真知、勤奋学习、锐意创新、迎接挑战"的宗旨，在促进青年创新人才成长、深化高校素质教育、推动经济社会发展等方面发挥着积极的重要作用，在全国高校乃至全社会产生了广泛且深远的良好影响，被高校广大师生誉为"当代大学生科技创新的奥林匹克盛会"。长期以来，"挑战杯"竞赛循序渐进地推进，影响力越来越大，得到了历届党和国家领导同志的亲切关怀。截至 2023 年，"挑战杯"竞赛已连续成功举办了十八届，其突出的特点主要表现在以下几个方面。

第一，"挑战杯"竞赛是吸引高校广大学生共同参与的科技盛会。从最初的 6 所高校发起和 19 所高校参与，发展到上千所高校参与；从只有几百人的小擂台发展到有上百万大学生参与的科技竞技场，如今的"挑战杯"竞赛在高校广大青年学生中的影响力和号召力得到了显著增强。

第二，"挑战杯"竞赛是促进优秀青年人才脱颖而出的创新摇篮。迄今为止，"挑战杯"竞赛大多数获奖者已成长为高层次科技工作者的生力军，比如荣获国家科学技术进步奖一等奖的邓中翰，他是 1997 年南京理工大学承办的第五届"挑战杯"竞赛的获奖者；还有一批获奖者成长为国家重点实验室负责人、教授和博士生导师；据"挑战杯"官方网站发布的统计数据：有 70%的大学生获奖后，继续攻读更高层次的学位，有近 30%的学生出国深造。[4]

第三，"挑战杯"竞赛是推动国家科技创新的重要力量。竞赛中的成果展示、技术转让、科技创业，让象牙塔的研究成果循序渐进地走向社会，不仅推动了高校科技成果向现实生产力的转化，而且也为社会经济的发展作出了积极贡献。

第四，"挑战杯"竞赛是深化高校科学人文素质教育的实践课堂。如今，"挑战杯"竞赛已经形成全国、地方、高校内三级赛制，以竞赛为龙头，不断丰富活动内容，拓展工作载体，把创新教育纳入教育规划，使"挑战杯"竞赛成为大学生参与科技创新活动的一个非常重要的平台。

第五，"挑战杯"竞赛是展示中华学子创新风采的亮丽舞台。近年来，来自香港、澳门、台湾的高校也积极参加竞赛，选派代表队参赛或观摩，使"挑战杯"竞赛成为广大青年学子展示创新风采的舞台，成为不同学校和不同专业的大学生进行科技文化交流的重要途径。

从 1989 年到 2023 年，"挑战杯"竞赛活动一共举办了十八届，历届"挑战杯"竞赛举办时间和承办高校如下：第一届于 1989 年由清华大学承办；第二届于 1991 年由浙江大学承办；第三届于 1993 年由上海交通大学承办；第四届于 1995 年由武汉大学承办；第五届于 1997 年由南京理工大学承办；第六届于 1999 年由重庆大学承办；第七届于 2001 年由西安交通大学承办；第八届于 2003 年由华南理工大学承办；第九届于 2005 年由复旦大学承办；第十届于 2007 年由南开大学承办；第十一届于 2009 年由北京航空航天大学承办；第十二届于 2011 年由大连理工大学承办；第十三届于 2013 年由苏州大学承办；第十四届于 2015 年由广东工业大学和香港科技大学联合承办；第十五届于 2017 年由上海大学承办；第十六届于 2019 年由北京航空航天大学承办；第十七届于 2021 年由四川大学承办；第十八届于 2023 年由贵州大学承办。

二、全国高校科协工作研究会悉心指导第六届"挑战杯"竞赛活动

1989 年初，时值重庆大学 60 周年华诞。重庆大学在全国高校率先成立了重庆大学大学生科技活动领导小组，由党委分管群团工作的陈德文副书记担任组长、分管科协工作的张湘伟副校长任副组长，科研处、科协、教务处、学生处、团委等部门负责人任委员，科协和团委负责组织开展日常工作。由此，开启了重庆大学科技活动月的新征程。重庆大学科协依托青年教师科协、研究生科协、大学生科协三大团体会员单位，成功策划了重庆大学首届科技活动月活动，在 1989 年 4 月 20 日举行了开幕式。这次活动，以"科教兴国"为主题，在青年教师科协、研究生科协、大学生科协中广泛征集科技创新作品，并将其中通过严格评审的优秀作品推荐参加了当年在清华大学研究生科协举办的首届全国大学生系列科技学术竞赛活动，这就是后来"挑战杯"竞赛活动的原型。由此，重庆大学也成为全国最早参与并发起"挑战杯"竞赛活动的六所高校之一。之后，重庆大学参与"挑战杯"竞赛活动，几乎都由校科协联合校团委组团出征参赛，每次参赛都是收获满满，回来后，分管校领导都会接见师生代表，与大家亲切交谈，总结经验，鼓励大家取得更好的成绩。

对于第一届"挑战杯"竞赛活动，重庆大学研究生科协主席王洪义、秘书长朱昱东、副秘书长胡宁带着重庆大学工程力学一系列创新作品，去清华大学参赛，取得了满意的成绩。后来，重庆大学代表队参加了每届"挑战杯"竞赛活动，每届参赛前都做好作品征集工作，参过赛的同学们都有很大收获。特别是第五届竞赛，重庆大学代表队的组团阵容浩大。学校党政分管领导亲自带队，学校科协和团委组织的参赛队伍热情洋溢，终于在决赛中取得了良好的成绩。在这届活动的闭幕式上，重庆大学获得下一届活动的承办权，接过了 1999 年第六届"挑战杯"竞赛活动主会场的会旗。会旗在手，一份沉甸甸的重任也压在了肩上。由此，重庆大学迎来了大科学时代开展大科普的新机遇，也因此开启了高校科协开创大学科普创新工作的机遇与挑战。

三、重庆大学成功承办第六届"挑战杯"竞赛活动

重庆大学在筹备第六届"挑战杯"竞赛活动的过程中，不仅得到了中国科协的大力支持，还得到了全国高校科协工作研究会的鼎力相助。记得，那是在 1999 年的 5 月，重庆大学的松林坡招待所，处处洋溢着青春与活力，正在准备迎接全国高校科协工作研究会在这里举办的会议。17~18日，全国高校科协工作研究会大学生科协工作指导委员会第一届四次全体委员会会议在这里隆重召开，来自全国30余所兄弟院校的校领导和全国各地基层高校科协负责人相聚在此。会议由全国高校科协工作研究会大学生科技活动指导专业委员会主任、西北工业大学科协常务副主席李楠主持，会议主题直接围绕重庆大学承办全国第六届"挑战杯"竞赛活动的筹备工作而展开，大家共同就如何指导大学生科技创新开展了深入的交流和研讨。

会议首先由重庆大学党委副书记陈德文致欢迎词，他还在致辞中讲道：在重庆大学迎来70周年校庆之际，回顾这不平凡的70年，是重庆大学在坎坷不平的路上不断探索与创新的70年。当时重庆大学面临三大机遇：一是"211工程"的建设；二是重庆成为新的直辖市；三是承办全国第六届"挑战杯"竞赛活动。这是重庆大学当年迎来的三大盛事，重庆大学全体师生将全力以赴，做好筹备工作。时任重庆大学副校长张国林到会，对参加会议的兄弟院校代表表示热烈欢迎，并特别致谢全国高校科协工作研究会的代表们，感谢大家专程到重庆大学对全国第六届"挑战杯"竞赛活动筹备工作鼎力相助。他在讲话中指出：面对全国第六届"挑战杯"竞赛活动的筹备工作，校科协要准确定位，对"挑战杯"竞赛要有全国的全局认识，要有"挑战杯"竞赛活动的品牌意识。

紧接着，华中理工大学（现华中科技大学）科协常务副主席吴鸿修在发言中强调："挑战杯"竞赛活动应定位在学生之中，以学生为主体，多渠道、广角度地开展科技竞赛活动；奖励与鉴定要紧密接轨，改革完善评审体系。时任西北工业大学分管科协工作的校领导也在讲话中提出：高校科协如何围绕"挑战杯"竞赛活动开展大学生科协的指导工作，如何调整新时代下的大学生教育服务，如何在培养具有科学素质的人才和具有创造能力的人才方面转变科技培养思路，把培养大学生科学素质放在人才培养的战略高度。河海大学科协代表在发言中说：指导委员会要做好指导工作，确定指导方针；要理清思想、深化认识。南京理工大学科协秘书长汪大伟就相关问题发表了意见，他说："挑战杯"竞赛活动，要向纵深方向发展，应纳入学校教学和科研的重要工作之一；对科技前沿最新动态要准确及时地把握；还应加强基础研究项目的培养，不宜过分提倡应用性；提出充分导向学生科技活动的重要性。紧接着，昆明理工大学科协代表介绍了开展科技活动的经验。

　　会上代表们还讨论了如何营造基础研究和原始性创新氛围，提出要重视学生课外科技活动，引导学生正确认识自身的潜力，发挥其科研能力、社会能力等方面的特长；同时还提出了要发挥研究生科协和大学生科协的组织优势，创建学生科技社团，重视科学与艺术相结合的导向。最后，与会代表各抒己见，大家在热情激烈的讨论中达成共识：要注意通过"挑"的目的来培养人，"挑"是手段，不能只注重手段，同时也要重视目的。我们指导委员会的目的是要推动大学生科协的工作，通过大学生科协的活动来推动学校的科技活动，应培养一批有科学素养和科技意识的科技社团组织者。"挑战杯"竞赛活动应争取政府给政策，邀请政府职能部门参与具体操作。如今看来，地方政府成为"挑战杯"竞赛活动的共同主办单位之一，是在第六届"挑战杯"竞赛活动这里开创的先河——重庆市人民政府作为第六届"挑战杯"竞赛活动的主办单位之一。这次全国高校科协工作研究会大学生科技活动指导专业委员会会议的成功召开，为重庆大学承办第六届"挑战杯"竞赛活动奠定了良好的组织基础，而更为重要的是明确了重庆大学科协的定位，突显了基层高校科协工作的抓手。

　　在这次会议上，到会的领导和专家们反复强调：重庆大学科协要在"挑战杯"竞赛筹备工作中充分发挥学术科技组织枢纽的重要作用。当时，我还在想，无外乎就是给重庆大学科协增加工作的紧迫感和责任感而已吧。后来，时任重庆大学科协秘书长应永铭老师告诉我：高校科协的这种组织枢纽作用，是学校其他部门不可替代的。这段时间的工作实践终于让我明白了：高校科协作为中国科协的基层组织，肩负着一所大学联系中国科协系统这一学术共同体的重要使命。基层高校科协组织的不可替代性体现在高校科协的社会属性和自然属性的不可替代性。基层高校科协与中国科协之间的联系、与中国科协所属全国学会之间的联系、与地方科协之间的联系、与地方科协所属学会之间的联系、与企业科协等基层科协组织之间的联系，还有，基层高校科协与校内的大学生科协、研究生科协、青年教师科协、老教师科协以及挂靠校内的各级各类科技社团之间的联系，当然还有与校内行政部门和党群组织即科研处、教务处、研究生处、学工部、宣传部、团委，以及各学院之间的联系，这些联系工作贯穿在中国科协的学术共同体的具体实践之中，基层高校科协不可替代。

1999 年，重庆大学能够成功承办第六届"挑战杯"竞赛活动，首先得益于学校时任党政领导对中国科协作为"挑战杯"竞赛活动主办单位之一的深度理解，也得益于学校时任党政领导对学校科协定位的高度精准。记得，时任学校科研处处长彭晓东（兼任校科协常务副主席）专门找我谈话，把我从科研处专职科协秘书处岗位上抽调到重庆大学全国第六届"挑战杯"竞赛活动筹备办公室，专职负责科技学术组工作，其目的就是为了充分发挥校科协在"挑战杯"竞赛活动中不可替代的重要作用。在筹备组工作，十分辛苦，但却收获满满，尤其是让我对基层高校科协的发展与未来有了更进一步的深刻认识，同时，也让我在实践与探索中开始进行深度思考。

1999 年的金秋，在欢庆新中国成立 50 周年的国庆节后的 10 月 14 日，重庆大学迎来了建校 70 周年纪念；10 月 28 日，重庆大学又迎来了第六届全国大学生课外学术科技作品竞赛即"挑战杯"决赛活动的隆重举行。重庆大学为了迎接金秋的这三大盛事，校园布置得十分靓丽，有簇拥的鲜花和各式各样的小彩旗。这届"挑战杯"科技盛会，首次试行学校、省（自治区、直辖市）、全国三级赛制，参赛作品通过优中选优，突出了创新性。由此，参赛的高校以"挑战杯"竞赛为龙头，不断丰富活动内容，拓展工作载体，把创新教育纳入教育规划，使"挑战杯"竞赛成为大学生科技创新大舞台。本届组委会将"挑战杯"系列竞赛活动誉为中国大学生科技创新创业的"奥林匹克"盛会，此竞赛成为大学生最关注、最热门的全国性科技创新竞赛，也成为全国最具代表性、权威性、示范性、导向性的大学生科技竞赛活动。

重庆大学成功承办了全国第六届"挑战杯"竞赛活动之后，总结发现，此次竞赛活动产生的最重要的意义应该是触发了全国高校科协开展大科普的历史事件，拉开了跟踪大科学时代的序幕。参赛高校带来的学术、科学、技术、科普一体化的系列作品让大家大开眼界，不仅体现了各高校在科技创新方面的先进经验，还点燃了学生科技社团创新的火焰。紧接着，重庆大学的学生科技社团如雨后春笋般涌现出来，在全国高校科协工作研究会大学生科协工作指导委员会的指导下，重庆大学校内大学生各类科技社团开始创建，形成了多个跨学科、跨行业交流平台，也反映出广大师生们对跨专业、跨学校、跨领域学术科技前沿具有强烈的兴趣。后来，著名科学史学家、上海交通大学的江晓原教授专程来渝指导工作，还挥笔留下了两份珍贵的题词，即"重庆大学科协是科技工作者的思想俱乐部"和"大学科普"。第六届"挑战杯"竞赛活动结束后，学校科协被评为先进集体，我个人也被授予重庆大学记大功一次的表彰殊荣。我明白，这份荣誉不只是对我个人的表彰，而且是对全国高校科协工作研究会作出贡献的表彰，更是重庆大学科协作为基层高校科协工作成绩的佐证。

正是因为有了第六届"挑战杯"竞赛活动在重庆大学举办的成功经验，时任分管科技工作的校领导李晓红敏锐决策，赋予学校科协肩负起开创大科普格局的科普工作使命即肩负起学校科教融合的历史重任。当时，我作为重庆大学科协秘书长，深感责任重大，下定决心与校科协全体委员会委员一起携手，肩负起学校的重托，还多次前往中国科普研究所拜访请教。我的工作换来了中国科普研究所对科普的高度重视，之后，我们在中国科普研究所历届领导和专家们的悉心指导和大力支持下，瞄准在高校开展科学普及教育的难点，把对"大学科普"的研究工作作为选题发力点，率先在重庆大学开始推进。于是，一条长路漫漫的科普始于脚下。2003年，在第八届"挑战杯"竞赛活动（由华南理工大学承办）中，我作为指导教师，所指导的作品《中国科普市场化运作模式探析》荣获第八届"挑战杯"全国大学生课外学术科技作品竞赛（学术类）作品特等奖，我也因此被评为2003年全国大学生课外学术科技作品竞赛活动优秀指导教师、重庆大学大学生科技活动优秀教师，也再次被重庆大学记功一次。

　　总而言之，自 1989 年首届"挑战杯"竞赛举办以来，大学科普始终坚持以"崇尚科学、追求真知、勤奋学习、锐意创新、迎接挑战"的宗旨，在促进青年创新人才成长、深化高校素质教育等方面始终发挥着积极重要的作用，同时，也在高校乃至社会上产生了广泛而深远的影响。1999 年在重庆大学承办的第六届"挑战杯"竞赛活动，更成为触发高校科协开展大学科普工作至关重要的转折点，使开展大学科普成为当时基层高校科协一项非常重要的工作职能，由此拉开了跟踪大科学时代的序幕，重庆大学科协的工作也就此迎来了一个新的历史性转折。这段工作经历，可以说是我做高校科协工作以来最难忘的一段回忆，也是在平凡的工作中去成就不平凡事业的一段历程。

第二节　迎接"大科学"时代的新挑战

　　在"大科学"时代，"为了科技专家们了解非各自领域的新发展，以开阔思路"，需要进行钱学森主席曾专门谈到的宏观学术交流，他之前将之称为"高级科普"，但后来指出应改为"宏观学术交流"，宏观学术交流"是一种跨学科、跨行业的学术活动"[5][6]。但是我认为跨学科、跨行业的学术活动做的也是科学普及的工作，因此书中也会根据语境使用"高级科普"。如何把学术交流与科学普及结合起来进行宏观学术交流，成为当时重庆大学科协工作创新的一大挑战。"探索科学前沿是重庆大学发展战略中的一个永恒主题。"这是重庆大学第十四任校长李晓红为《科技前沿和未来（第一辑）》题的词，该书是 2009 年重庆大学八十周年校庆的献礼之作，书中谈到了大科学、科学前沿、大科普、大学科普等新的定位和导向，拉开了在重庆大学科协开展科普工作创新的序幕。

一、"大科学"时代需要国际合作

随着基础研究在科学前沿领域全方位的拓展以及在微观和宇观层面的深入发展，许多科学问题的范围、规模、成本和复杂性远远超出了一个国家的能力，大科学计划、大科学装置、大科学实验等需要国家间协同创新，开展双边和多边的科技合作；组织或参与国际大科学研究计划以及耗资巨大的大科学工程成为进入国际科学合作和提高本国基础研究实力和水平的重要途径。

大科学的概念。著名科学学家德里克·普赖斯在 1962 年 6 月发表了题为"小科学、大科学"的著名文章，同时以此为题的演讲影响广泛。他认为：第二次世界大战前期的科学都属于小科学，从第二次世界大战起就进入到了大科学的时代。就第二次世界大战以后的研究特点来看，主要表现为：投资强度大、多学科交叉、需要昂贵且复杂的实验设备、研究目标宏大等。由此，国际科技界提出了一个新的概念，就是"大科学"（Big Science，Mega Science，Large Science）。

大科学研究的国际合作趋势。首先，我们从运行模式上来看，主要分为三个层次：一是科学家与科学家个人之间的合作；二是科研机构与大学之间的对等合作（一般有协议书）；三是政府与政府之间的合作。其次，是从大型装置和项目目标的特点来看，一般将大科学研究分为两类：第一类，需要巨额投资建造、运行和维护大型研究设施的"工程式"的大科学研究，称为"大科学工程"，其中包括预研、设计、建设、运行、维护等一系列研究开发活动。例如国际空间站计划、国际热核聚变实验堆（International Thermonuclear Experimental Reactor，ITER）、欧洲核子研究中心的大型强子对撞机计划（Large Hadron Collider，LHC）、卡西尼号（Cassini）卫星探测计划、双子座望远镜计划（Gemini Observatory）等，这些大型设备和技术是开展创新研究不可缺少的，也是各国科技实力的标志之一。第二类，需要跨学科合作的大规模、大尺度的前沿性科学研究项目，通常围绕一个总体研究目标，由众多不同学科的科学家有组织、有分工、有协作、相对分散地进行研究，如人类基因图谱研究、全球气候变化研究等都属于这类"分布式"的大科学研究。其中，各国政府组织的大科学研究国际合作占据了主导地位，其合作方式主要有人员互访、专题研讨会、代培研究生、学术进修、合作研究、技术转移、设备维护与运行等。

大科学研究现状。20世纪90年代后，世界各国政府和国际性学术科技组织实施的具有代表性的大科学国际合作研究计划越来越多，中国也积极开展国际合作，合作领域包括全球变化、生态、环境、生物和地学等。在高能物理与核物理领域，以参加CERN、LHC计划合作建造两个探测器为标志的合作表明中国在参与高能物理领域重大国际合作研究计划方面有了一个良好的开端。21世纪，随着基础科学研究的崛起，中国不仅在核聚变、空间科学与空间天文学、地面天文学领域填补了空白，而且在其他领域牵头大科学国际合作研究计划的开端也越来越强大。[7]

"大科学"来了。2018年初，经中央批准，《积极牵头组织国际大科学计划和大科学工程方案》（简称《方案》）正式印发。科技部国际合作司司长叶冬柏，从"什么是大科学计划和大科学工程""实施这一《方案》对我国建设创新型国家有什么重要意义""未来如何组织实施"这三大问题入手，详细解读了《方案》中明确的"三步走"发展目标，并从四个方面提出了牵头组织国际大科学计划和大科学工程的重点任务并指出了重要意义。

第一，国际大科学计划和大科学工程是世界科技创新领域重要的全球公共产品。他说：大科学是20世纪50年代国际科技界提出的概念。主要表现为投资强度高、多学科交叉、配置昂贵且复杂的实验设施（设备）、研究目标宏大等，具有多学科、多目标、多主体、多要素等特点，其复杂程度、经济成本、实施难度、协同创新的多元性等往往都超出一国之力，需要通过国际科技创新合作来实施。

第二，为解决世界性重大科学难题贡献中国智慧、提出中国方案、发出中国声音。积极提出并牵头组织国际大科学计划和大科学工程，是一项重点任务。

第三，新时代我国牵头组织国际大科学计划和大科学工程具有重要意义。

第四，牵头组织国际大科学计划和大科学工程可以聚集全球优势科技资源。牵头组织国际大科学计划和大科学工程也是构建全球创新治理体系的重要内容。开展国际大科学计划和大科学工程在优化全球科技资源布局、完善创新治理体系中扮演重要角色，已成为国际科技创新合作的重要议题。牵头组织国际大科学计划和大科学工程作为科技外交的重要途径，有利于建立以合作共赢为核心的新型国际关系和构建全球伙伴关系网络，对落实国家整体外交战略发挥积极作用。我国牵头组织国际大科学计划和大科学工程分三步走。

国际尖端，科学前沿。适应大科学计划基础性、战略性和前瞻性特点，聚焦国际科技界普遍关注、对人类社会发展和科技进步影响深远的研究领域，选择能够在国际上引起广泛共鸣的项目，力求攻克重大科学问题。

战略导向，提升能力。落实建设世界科技强国战略，服务科技创新和经济社会发展整体战略需要，集聚国内外优秀科技力量，形成一批具有国际影响力的标志性科研成果，全面提升我国科技创新实力。

中方主导，合作共赢。发挥我国在大科学计划核心专家确定、研究问题提出、技术路线选择、科技资源配置、设施选址等问题上的主导作用，尊重各国及各方的优势特长，坚持多国多机构共同参与、优势互补，采取共同出资、实物贡献、成立基金等方式，共享知识产权，实现互利共赢。

《方案》明确了"三步走"的发展目标。当时的计划是到2020年，培育3~5个项目，研究遴选并启动1~2个我国牵头组织的国际大科学计划和大科学工程，初步形成牵头组织国际大科学计划和大科学工程的机制做法，为后续工作探索积累有益经验。到2035年，培育6~10个项目，启动培育成熟项目，形成我国牵头组织的国际大科学计划和大科学工程初期布局，提升在全球若干科技领域的影响力。到本世纪中叶，培育若干项目，启动培育成熟项目，我国科技原始创新能力显著提高，在国际科技创新治理体系中发挥重要作用，持续为全球重大科技议题作出贡献。

　　《方案》还从四个方面提出了牵头组织国际大科学计划和大科学工程的重点任务。提出战略先行，组织编制我国牵头组织国际大科学计划和大科学工程规划；同时围绕物质科学、空间天文、地球系统、环境与气候变化、健康、能源、材料、农业、信息以及多学科交叉领域遴选具有合作潜力的若干项目进行重点培育，加强与国家重大研究布局的统筹协调，按照试点先行、分步推进原则，充分论证，成熟一个，启动一个。[7]

二、"大科学"时代需要进行大学科普

　　记得，2020年12月，当我们在做《大学科普》杂志"理论物理"科普专题时，重庆市物理学会理事长、重庆大学物理学院院长吴兴刚教授告诉我：现在所有的大科学装置其最大的科学目标实际上就是去验证原来提出的科学理论。回想起1999年，重庆大学承办第六届"挑战杯"全国大学生课外学术科技作品竞赛活动，不就是在为"大科学"培养后备人才搭建平台吗？也正是因为有了这次全国性的大学生科技作品竞赛活动的经历，我们对培养"大科学"人才的认识才得以提升，找到了有利于科协组织开展宏观学术交流的工作定位，从此，大学科普的研究工作从宏观学术交流开始，一直坚持到现在，成为全国高校科协开展科普工作的抓手。大学科普的选题依据源于以下一个提议和五个发现。

　　著名科学家钱学森针对高级科普的提议。早在20世纪80年代，中国科协第三届主席钱学森就针对我国科普工作发表了一系列重要讲话。他曾把科普的对象划分为三个层次：一是为农村及小集镇的"大农业"服务的科普和为城市"大工业"服务的科普；二是为广大干部科学素养服务的科普；三是为科技专家们了解各自领域的新发展，以开阔思路服务的科普。曾经，钱学森主席在军队给高级将领们作科普报告时，就善于用人民群众身边通俗易懂的事物打比方，他在介绍导弹相关知识时，将其历史渊源、原理用通俗易懂的语言讲给将军们听，他说导弹起源于中国的鞭炮，说到这里，他便引入人们常见的"二踢脚"作为例子，说"二踢脚"点火后，就从地上飞上天，导弹与此的工作原理也是一样的。后来，钱老把这种科普方式称为"高级科普"，后认为称为"宏观学术交流"更准确。之后，钱老还专门针对高校开展科普工作提出了很好的建议，他说："大学生毕业时，除了完成一篇毕业论文外，还应完成一篇科普文章。""研究生毕业时，应该完成两个版本的毕业论文，一个是专业版本，另一个是普及版本。"[5]由此，我们将钱老为科普工作提出的思想精髓，作为探索高校科协开展大学科普工作的领航标，并在宏观学术交流（高级科普）方面开展深入的研究和实践。

第一，发现广大师生对科普工作的强烈兴趣。重庆大学作为1989年发起"挑战杯"竞赛活动的六所高校之一，在10年之后的1999年成功承办了第六届"挑战杯"竞赛活动，由此，重庆大学传统的"科技文化节"每年坚持举办，瞄准广大师生的跨学科兴趣，触发了学生科技社团对接校内各级各类挂靠学会的创新局面，同时，体现了基层高校科协把大学科普作为一项重要工作任务来抓，推进专业、学科交叉融合。

第二，发现大学生在科技社团中成长成才的机理。2007年，我在重庆大学首次开设了大学科普人文素质教育选修课，在这三年的六个学期课程教学中，一大批理工科学生通过对跨学科科普知识的学习和参与学校科协组织的相关国际国内科学活动，对前沿科学产生了热情，成为学生科技社团的"领头羊"。2008年春季，中国科协国际部组织开展的系列国际科普报告活动的"杨福家院士科学报告会"安排在重庆大学举办。时任英国诺丁汉大学校长的杨福家院士来到重庆大学，他从国际视野的角度引入了第二课堂的教育理念，他在报告中讲道：英国诺丁汉大学，有3万多个学生，其中有来自185个国家的9000多名留学生，这些留学生中有1100多个来自中国。学校开设了一系列的第二课堂课程，看看你在课外参加了什么活动，看看你是什么社团的领袖……多一个学生科技社团，就有可能多一个科学人物。这次报告会推进了重庆大学学生科技社团的建设和发展。时至今日，从大学科普这门选修课走出来了一批大学生科技社团负责人，其中最具代表性的负责人有：重庆大学学生航模协会第一任会长罗佳文（重庆大学外国语学院 2007 级日语专业），他撰写的《大学科普改变了我的命运》一文，发表在由中文科技期刊数据库全文收录的《大学科普》杂志上，他作为我国无人机的一名小有名气的试飞手，曾荣获多次世界冠军，他对航模的热爱，影响着重庆大学学生航模协会一届又一届的会员成长；重庆大学大学生波粒学会第一任会长李轻舟（重庆大学物理学院 2007 级应用物理专业）出版专著《德尔斐的囚徒：从苏格拉底到爱因斯坦》，他成为一名资深的物理学科普达人，深受广大青少年喜爱；还有重庆大学天文学社、重庆大学增材技术与 3D 打印社……之后的 2011 年，时任重庆师范大学教务处处长申仁洪教授专程来到重庆大学科协办公室，特别邀请我去重庆师范大学开设"大学科普"选修课；于是，在 2011 年至 2013 年，我又在重庆师范大学正式开设了"大学科普"选修课，深受广大学生的好评，为提升师范类大学生的科学素养作出了积极的贡献。至今，依然每学期还有一批重庆师范大学的学生，通过自愿申请，经《大学科普》杂志编辑推荐、学校同意，在《大学科普》编辑部做实习编辑。后来我作为唯一作者，发表了《关于大学科普战略发展问题的若干思考》研究方面的一系列研究文章。有了这些工作的积累，2011 年 3 月，我顺利完成了《科学的发展与大学科普》专著。

第三，发现广大师生对跨学科科普的强烈需求。科普被有的人理解为是针对文化层次比较低的人群。其实，对于知识而言，每个人都应是被科普的对象。当今社会是一个知识和信息爆炸的时代，专业分化特征非常明显，每个人所学习的专业都不可避免地存在着局限，甚至有着"最前沿的就是最狭窄的"之说，即使是科学文化程度很高的人，也难免是在自己专业的"洞穴"中思考。大学科普是服务师生对跨学科、跨专业需求的一种十分重要的方式，同时，也体现了普及教育的显著特征，有助于帮助广大师生跨越学科壁垒、打破学科界限，在自身既有专业知识的基础上，拓展视野，获得更加广博的知识，达到"心旷神怡地走进科学殿堂"的效果。

第四，发现参与国际重大科学活动的契机。国际科学活动往往由联合国教科文组织与世界各国国家学会科学家联合发起。我国被誉为

"国家学会"的中国科协所属一级学会如中国物理学会、中国天文学会、中国化学会等全国性学术组织的科学家们也常常参与发起国际性科学活动。为抓住参与国际科学活动的机遇，重庆大学科协敏锐地发现了这一契机，率先在全国高校科协多次承担全国一级学会赋予的国际科学活动任务，由此才有了组织参与一系列国际重大科学活动的科普实践经验，参与这些活动的经历，都详细地记录在《大学科普》杂志的各期之中。

"2005 年国际物理年"。1905 年，爱因斯坦先后发表了 5 篇具有划时代意义的论文，为相对论、量子论等物理学领域奠定了基础，全球物理学界一致呼吁纪念这一科学奇迹 100 周年，于是，联合国教科文组织（UNESCO）确定 2005 年为"国际物理年"。在这个"物理照耀世界"的国际科学活动中，重庆大学科协承担了世界光传输活动"重庆站点"的任务。当时，由重庆大学科协主席孙才新院士带队，由重庆市物理学会理事长、重庆大学物理学院李芳昱教授和重庆大学科协靳萍秘书长等近 100 人组团的重庆大学代表队参加了在重庆市第八中学的重庆市光传输活动。

"2009 年国际天文年"。国际天文年由国际天文学联合会（IAU）和联合国教科文组织共同发起，主题是"探索我们的宇宙"，是为了纪念伽利略首次用望远镜进行天文观测 400 周年；于是，2007 年 12 月 20 日，联合国通过了将 2009 年定为国际天文年的决议。2009 年国际天文年发起了全球性活动，希望通过白天的天空和夜晚的星空，帮助人们重新认识宇宙，从而激发个人的探索发现精神。这一年，重庆大学科协联合中国天文学会和中国科学院国家天文台开展了一系列天文科普活动，当年的《大学科普》杂志两期专辑分享了精彩难忘的活动内容。

《大学科普》杂志 2009 年第一期专辑。这一期杂志，是在著名科学史学家、上海交通大学教授、《大学科普》杂志科学顾问江晓原教授的指导下，为悼念席泽宗院士而作。本期杂志还专门介绍了"席泽宗星"小行星，这颗小行星由中国科学院国家天文台施密特 CCD [①] 小行星项目组于 1997 年 6 月 9 日在席泽宗院士 70 华诞当天发现于兴隆观测站，2007 年 8 月 17 日，在中国科学院自然科学史研究所成立 50 周年庆祝大会上，由中国科学院国家天文台发现的小行星 1997LF4 获得国际永久编号第 85472 号，经国际天文学联合会小天体命名委员会批准，正式被命名为"席泽宗星"，旨在表彰他在自然科学史研究中做出的重要贡献。

《大学科普》杂志 2009 年第四期专辑。这期专题内容，记载了难忘的长江大日食，这次天文事件被称为"2009 年长江大日食"，之所以称本次日食为"大"日食，是因为发生时平均日食持续的时间长，日食带覆盖的人口也最多，这次"大"日食给长江流域的沿线城市奉送上了一场天文科普盛宴。回想起在参与这次国际天文年活动中的"长江大日食"活动的组织工作，更使我感慨良多。

当时，重庆大学天文学社的杨博社长，化工学院的一位热爱天文科普的本科生，在这次天文国际活动过程中积极性非常高，提议让重庆大学承接"长江大日食"直播工作站点的工作。我作为重庆大学科协秘书长，深感势单力薄，很是为难，我们面对的难题是，重庆市不仅没有天文学学科，而且也没有天文学会，还好，我们得到了中国科学院国家天文台和中国天文学会专家们的指导，还有重庆市天文科普教育协会的支持力量。重庆市天文科普教育协会理事长吴志伦教授毕业于南京大学天文系，在重庆大学研究生院工作，长期坚持天文观测，这也是他的业余爱好，吴老师还主动担任了重庆大学天文学社的指导老师，凝聚了重庆大学一大批热爱天文科普的师生们。经过共同努力，我们报名参加了国家天文台在长江沿线重庆、武汉、南京、上海四个城市进行选点的工作，有幸入选并承担了"2009 年长江大日食"重庆站点的直播任务。接受任务后，时任重庆大学校长李晓红亲自率领科学传播团队，全校师生与国家天文台专家们共同携手，第一次全程记录并用多国语言向全世界公益性现场直播了百年不遇的"长

---

① CCD 是电荷耦合器件（charge coupled device）。

江大日食"实况，详细记录和完成了"2009 年长江大日食"从初亏到复原发生的全过程。当"2009 年长江大日食"发生时，全校师生们都行动起来了，有重复爱丁顿观察日食以检验广义相对论的物理实验，有观测动物栖息记录的生命科学实验，有做气象气温的检测记录站，还有很多同学们天马行空地自行设计有趣的科学实验；同时，还专门种植了重庆市的市树黄桷树 10 棵……，时至今日，2009 年 7 月 22 日这次百年一遇的大日食奇观，回忆起来时，依然还是让我那样动容。

"2011 年国际化学年"。2011 年，为了纪念居里夫人获诺贝尔化学奖 100 周年，也恰逢国际纯粹与应用化学联合会的前身国际化学会联盟成立 100 周年。在 2008 年底，联合国教科文组织决议将 2011 年定为国际化学年，主题为"化学——我们的生活，我们的未来"。由此，"化学年"成为继"物理年""天文年"之后的又一个联合国学术主题年。当时，中国化学学会主办了一系列活动，其中包括特别举办的公众参与的各项科普活动。中国是化学研究与化学应用的大国，化学对中国经济社会发展贡献巨大，但公众对化学的重要作用并不完全了解，化学的形象时常被与污染等负面印象联系在一起，由此，化学科普成为这次活动中的重要任务之一。

首先，我们完成了 2011 年第 4 期《大学科普》杂志"国际化学年"专辑。专辑设立了关于化学科普知识的专题栏目，目的在于吸引更多教师参与到"国际化学年"活动之中，通过《大学科普》搭建平台，能够让不同专业学科的大学生更加了解化学，激发学生学习化学的兴趣，使学生热爱化学，研究化学。时任中国科学院院长白春礼院士专门为《大学科普》杂志题词"普及科学知识，树立科学理念"；重庆大学美视电影学院范倍教授专门为国际化学年编导了"元素舞"科普剧，剧中讲述了门捷列夫元素周期表的发现及对宇宙中的未知元素的预测与探索，该剧后来被联合国教科文组织网站登载、传播。这次"国际化学年"活动内容十分丰富，专题杂志也有很多化学科普的宝贵素材，活动结束后，中国化学学会授予重庆大学科协"国际化学年"先进单位荣誉称号。

第五，发现开展宏观学术交流的奥秘。2009 年，《科技前沿和未来（第一辑）》出版，书中所讲的重庆大学开展的科学前沿论坛之类的宏观学术交流活动已成为全国高校科协的样板。

"重庆大学科学前沿论坛"是重庆大学科协为广大科技工作者创办的一项长期性的高水平的学术交流活动。论坛以科学的前瞻性为主题，围绕国家科技热点，鼓励学科交叉、融合与渗透，瞄准科学发现和技术发明的选题，突出重庆大学自主原始性创新的科研特色。"重庆大学科学前沿论坛"的宗旨是引导广大科技工作者及时了解世界科技发展动态，拓宽跨学科视野，为学校营造良好的学术交流软环境；为发挥中国科协所属科技社团优势，通过搭建高层次学术交流平台，培养优秀的科技人才和各学科的学术带头人。每期论坛都由时任重庆大学科协主席孙才新院士亲自主持。论坛共举办了十讲，涉及领域十分广泛，其选题内容主要由自然科学、工程科学、社会科学三个部分构成。

1. 第一部分，自然科学

"引力波与引力波探测"（第一次论坛）。重庆大学组建的高频引力波科学团队，首次提出高斯型微波束-分形-静磁场耦合系统，对高频遗迹引力波探测的原创理论和方案，理论预期的灵敏度达 $10^{-30}\sim$ 10^{-31}，它比英国和意大利提出的方案高出了 4～5 个数量级，成为美国高频引力波（微波频带）探测与研究规划的主要理论依据和支撑文献。

"量子技术与产业革命"（第三次论坛）。学术带头人杨学恒教授在量子技术与产业革命方向做了深入研究，特别是在工业 CT 技术、计算机断层扫描成像技术与扫描探针显微技术的研究领域作出了重要贡献，曾获得 2003 年重庆市科技进步奖一等奖。

2. 第二部分，工程科学

"山地城市主义思考"（第二次论坛）。著名山地城市规划专家、重庆大学建筑城规学院教授黄光宇作了"山地城市主义思考"的报告。他作为中国的唯一代表应邀参加了 2004 年 4 月 16 日～17 日在美国哈佛大学举行的"2004 亚洲密集文化地区的可持续发展论坛"，他在大会上作了"山地城市主义思考"主题演讲，反响热烈。

主持人孙才新院士，在总结时高度赞扬了黄光宇教授作为国内外建筑规划的知名教授，坚持几十年致力于山地城镇规划建设的理论与实践研究并重视交叉学科的研究，他积累了丰富的经验，将山地与生态城市建设进行融合研究，把握住了世界城市发展面临的主要问题，有独到之处。孙才新院士讲道：2004 年是重庆大学校庆 75 周年，校科协举办的科学前沿论坛是校庆活动的主要内容之一。作为国内高水平的大学，教学是一流的，但要真正成为国内外有影响的高水平的一流大学，科研是关键，科研必须走在前面，具有前瞻性和自主原创性。必须打出重庆大学的知名品牌。最后，大家一致认为这样的科学前沿论坛富有启发性，使人受益匪浅。黄光宇教授曾先后应邀在全国各院校、科研机构和地方政府与规划设计管理部门做了几十场学术报告，受到了广泛关注和好评。

"LED 光源—照明技术的第二次革命"（第五次论坛）。首席科学家黄尚廉院士，对重庆市光电技术作出了突出贡献，获 2005 年度重庆市科技突出贡献奖。

"仿人智能控制与控制理论的经典难题"（第六次论坛）。首席科学家李祖枢教授从事人工智能研究的时间很长，他带领的团队在全国多次机器人大赛上获奖，在该领域作出了重要贡献。

"21 世纪清洁能源关键技术与能力建设"（第七次论坛）。重庆大学化工学院（后更名为化学化工学院）时任副院长魏子栋和重庆大学资源及环境科学学院（后更名为资源与安全学院）时任副院长刘占芳作了主题报告，他们从自己的研究领域围绕新能源中的氢能与燃料电池技术、立轴风力发电前沿技术展开报告，并与大家进行广泛交流。

"计算网格的科学前沿与技术发展"（第八次论坛）。时任重庆大学校长、计算机学术带头人吴中福教授的主题引导报告，紧紧围绕如下科学前沿理论和技术热点以及重庆大学网格技术发展的突破作了介绍和交流：计算网格兴起的由来；计算网格与计算机网络的区别、联系和定义；计算网格的特点；计算网格的体系结构；计算网格的分类；计算网格应用领域以及原始创新案例等。孙才新院士在论坛上谈道：人类社会发展到今天，各类自然科学和工程技术领域不断进步，所需要处理的数据越来越多，对计算和数据处理的要求越来越高，这就使网格技术的发展成为必然的趋势。他还运用通俗易懂的比喻解读网格：20世纪经济的发展、工业的发展、人类社会的发展，很大程度上是因为电力可以从墙上插座上很方便地被使用。21世纪的经济和工业的推动力将是计算，而要实现计算对经济发展的推动作用，就需要计算能力像电力一样能够随处获得。

论坛中还提出了NP（Non-deterministic Polynomial）问题（NP问题，是指问题的算法复杂性随问题规模的增长而呈指数增长的算法问题）。这个问题一直是困扰重庆大学基础研究和原始创新的瓶颈问题，与会代表们还提出了学校应着重加强基础学科的原始创新交流，构建全校网格计算平台，做好网格技术开放运行工作，提高广大师生自由探索的能力，有利于提升学校科学研究水平，解决科研资源共享的问题等。大家一致希望，随着NP问题、共享问题研究的突破，学校未来能在各学科领域涌现出一批高水平研究文章，实现科技创新目标。

"中国节能战略——建筑节能科学探索和工程实践"（第十次论坛）。李百战教授在引导报告中全面介绍了中国建筑节能的情况，由全球气候变化、能源紧缺、高速城镇化、可持续发展，引导出建筑节能的重要性和紧迫性，报告从建筑节能设计与管理、工程建筑节能与实践、绿色建筑实践、公共建筑节能战略、建筑节能设计标准、制度体系、耗能统计等方面对建筑节能做了详尽的阐述，还介绍了重庆大学在建筑节能领域的研究情况和取得的成绩等。

孙才新院士在总结中指出：要加强能源节约和生态环境保护、增强可持续发展能力，节能减排。科技工作者应当充分认识到节能减排工作的重要性和必要性。孙才新院士还勉励大家应积极投身到节能振兴和技术创新的伟大工程中，推进全社会节约能源，提高能源利用效率和经济效益，保障国民经济和社会的发展，满足人民生活需要。

3. 第三部分，社会科学

"科普是高等学校的历史使命"（第四次论坛）。这一次论坛以科普学研究为主要内容。重庆大学科技哲学专家、时任党委副书记赵修渝作了"科普是高等学校的历史使命"的报告,她分享了自己通过参与科学活动的体会,详细解读了北京大学吴国盛教授"走近科学 理解科学"和清华大学刘兵教授"关于科学理念的宣言"以及上海交通大学科学史学家江晓原教授"世界著名科幻作家阿西莫夫《基地》"等专家来校作的精彩报告,她要求学校科协要更进一步地明确高校科协做科普工作的使命,开展大学科普的理论与实证研究。

"破解人类心智的司芬克斯之谜——认知科学前沿探索"(第九次论坛)。重庆大学外国语学院教授李伯约作了"破解人类心智的司芬克斯之谜——认知科学前沿探索"引导报告,他围绕认知科学的发展趋势,对认知加工的综合研究、心理模型、计算机模拟和神经科学的研究、认知科学的复杂性等科学前沿理论和热点发展等研究方向进行了介绍,时任重庆大学外国语学院院长余渭深教授及重庆大学语言认知与应用研究基地部分老师对语言认知的意义进行了深入的交流,与会的其他各学科的部分专家对相关问题展开了讨论。孙才新院士对学校在认知科学领域当前和今后研究的重点方向提出了意见和建议;这是重庆大学科协第一次组织基础科学、工程科学和社会科学专家共同围绕一个学术前沿问题进行交流,很有挑战性,本次论坛取得了圆满成功。

重庆大学科协通过组织以上十次论坛,开展宏观学术交流工作的收获非常大,科协工作者只有认真学习各领域的基础知识,掌握专业学术术语,才能更好地与学术带头人进行交流,才能更好做好普及科学知识、倡导科学方法、传播科学思想、弘扬科学精神、恪守科学道德的服务工作,更好地搭建起重庆大学基层学术组织在学科与学科之间、学院与学院之间、学校与学校之间、学会与学会之间的"大科普"平台,这个特殊的基层高校科协工作服务交流平台,直接或间接地为广大科技工作者带来的影响是巨大的,使在学术界致力于学科、学院、学会、学派探索的学者们学有所获、干有所成。总而言之,科协的工作是平凡的,而在平凡中与学校专家学者们一起开展科普工作,是一件十分愉快的事情。

　　这些年来，我了解到还有一些学校的科协组织，也在组织学术交流品牌活动工作中取得了成绩，他们的品牌活动也让我受益匪浅。比如，北京航空航天大学科协举办的"北航科协大讲堂"在北航研究生和大学生中颇有影响，成为北航"冯如杯"竞赛活动选题导向；南京航空航天大学科协举办的"问天科学讲坛"在航空航天领域也很有影响力；武汉大学科协举办的"珞珈讲坛"是 2008 年武汉大学 115 年校庆时新设的高端学术讲座，邀请诺贝尔奖获得者、世界公认的知名学者等作为讲坛的嘉宾做学术报告，为青年教师科协和研究生科协以及大学生科协近距离接触科学家的前沿研究方向提供交流机会。还有北京理工大学科协主办的北京理工大学"特立青年学术沙龙"，旨在增进青年教师的跨学科、跨学校的交流机会，构建了自由、开放、求索的学术交流平台，为青年教师的发展注入新的创新活力。如今来看，通过基层高校科协举办的学术交流活动，可以形成品牌，这使我更加坚信：学校组织学术交流活动的工作，应该是基层高校科协的一项主责。

　　总而言之，以上对大学科普缘起的"一个提议和五个发现"的叙述，都是基于早期在重庆大学科协开展科普工作实践的体会。从1999 年，重庆大学承办第六届"挑战杯"全国大学生课外学术科技作品竞赛活动，到发现广大师生对科普工作的强烈兴趣、发现大学生在科技社团中成长成才的机理；再从"2005 年国际物理年""2009 年国际天文年""2011 年国际化学年"，到发现参与国际重大科学活动的契机；一直到重庆大学科协举办"重庆大学科学前沿论坛"，发现开展宏观学术交流的奥秘。以上对高校科协有关组织学术交流活动相关工作的介绍，展示了高校科协组织开展大学科普工作，不仅有理论依据，而且也有实践依据。中国科学院大学科协副秘书长吴宝俊组织实施的"春分工程"很有特色，非常符合著名科学家钱学森针对高校开展科普工作提出的建议："大学生毕业时，除了完成一篇毕业论文外，还应完成一篇科普文章。""研究生毕业时，应该完成两个版本的毕业论文，一个是专业版本，另一个是普及版本。"看来，我们把钱老提出的科普思想精髓，作为探索高校科协开展大学科普工作的领航标，在宏观学术交流方面持续推进并深入研究下去，是一件非常有时代意义的工作。

三、探索性尝试构建"大学科普"知识体系

从古至今，人类对大自然的探索从未停止。科学的发展、技术的进步、科学技术的普及，三位一体，相互促进，记载在科学技术的发展史里。掌握这三位一体的知识体系对我们做好高校科协工作十分重要。由此，我基于科协工作的需要，在学中做，在做中学，并从学理意义上对"大学科普"进行了概念上的界定，与大家共勉。

首先，从种属关系上来看，我们对"大学科普"的研究，是在高校科协开展宏观学术交流创新实践过程中脱颖而出的人文素质教育工作，并运用科普理论的创新研究成果来指导普及教育范式的一种实践。一般认为，大学的教育可分为两大部分：一是专业教育；二是普及教育。严格说，"大学科普"就是在大学开展以普及科学知识、倡导科学方法、传播科学思想、弘扬科学精神、恪守科学道德为己任的一种普及教育。其基本任务在于，不仅要培养大学生对未知领域的好奇心和探索激情，同时也是提升大学生科学人文综合素质的重要途径，引导大学生肩负起科学普及的历史使命和承担起科学的社会责任。如果说专业教育是把大学生培养成为"专才"；那么，"大学科普"则是引导大学生拓展知识面成为"通才"。大学教育的这两部分内容，共同形成了大学的"T"型知识结构，成为适应大科学时代社会发展的需要，也是提高大学生科学素质的重要阶段。因此，大学科普从属于大学教育，并且大学科普应该成为大学教育的重要组成部分之一。当前，我国各大高校办学重心千差万别，人才培养与科学技术研发即科教融合情况并不均衡，除中央直属、部属等重点院校外，绝大部分地方、民办独立院校仍以专门人才培养为主，将大学科普作为大学教育重要组成部分的导向，能够在当前情况下适应不同层面的高校，通过不同院校的科协组织开展大学科普工作，为学校拓展普及教育提供有力支撑。

其次，科普工作作为一项崇高的事业，也是高校理应肩负的一项

义不容辞的神圣责任。自 2005 年国家首次在科技奖励中设立科普奖项以来，我国科普工作便开启了以政府为主导、全社会共同参与的基本格局，群众性、社会性、经常性的科普工作取得了前所未有的成绩。但与科技先行国家相比较，我们仍有相当大的差距，主要表现在公民科学素质有待提高、科普内容有待丰富及科普系统性有待增强、科普队伍有待加强、科普原创作品有待增加、科普理论研究有待加强、科普效果评估有待加强等问题。这些问题，一方面需要全社会的力量参与，另一方面更需要拥有科技资源和人才资源的高校来担当。尤其值得庆贺的是，2017 年教育部高校科学研究优秀成果奖（科学技术）授奖项目 320 项，其中的 1 项教育部科技进步奖-科普类二等奖授予了由北京大学刘华杰教授完成的"檀岛花事：夏威夷植物日记"研究项目。这一奖项极大地鼓舞了高校做科普工作的广大师生，起到了极其重要的导向作用。从大学教育的角度来看，大学科普的主体和对象是大学内部的专家（各专业领域的学者与科技工作者）与学生（大学生与研究生），这与面向社会公众的科普既有区别又有联系。专家与学生既是科普的主体，也是科普的对象，包括不同领域专家学者之间的宏观学术交流、不同专业学生之间的交流、专家学者与学生之间的交流。其中，学生应是大学科普的主力军。

再次，构建大学科普知识体系。我在撰写《科学的发展与大学科普》一书时，依托科学史发展历程，借助科学学理论体系，按照科普学的普及规律以及运用深入浅出的方式，构架设计了大学科普知识体系。该书共分五篇十章：第一篇阐述了科学的起源和大学的出现，探讨科学的缘起与大学的联系，引导大学生拓展科学历史文化知识。第二篇从科普学的角度入手，按照基础学科——数学、物理学、化学、天文学、地学、生物学、逻辑学等进行划分作为知识起点，犹如基础学科的大团聚，如在讲述数学与物理学的关系时，从阿基米德、庞加莱、牛顿等科学家身份的鉴定上，就可以了解到两个学科之间的联系。第三篇选取了改变世界格局的物理学、化学和生命科学经典科学实验案例，引导大学生对科学发现的知识、方法、思想、精神和科学发现优先权的重新思考和再认识。第四篇着重介绍了国内外具有代表性的科学奖项，侧重于设奖的目的，不仅是奖励那些为科学事业作出贡献的人们，更重要的是激励更多的年轻人投身于科学事业。第五篇以科普学理论为主线，介绍了中外著名科学家做科普的典型案例，同时，对中外科普的发展历程进行了分析和比较，直至引发出大家对当代大学科普发展的机遇与挑战的思考。

全书紧扣大学包罗万象的科学知识和科学文化，体现了大学具有传承知识、创造知识和批判知识的三大功能。书中环环相扣的"跨"字，润物细无声，使其更具高校科协开展大学科普工作的大学科普文化特色。书中还介绍了《科普法》——以普及科学知识、倡导科学方法、宣传科学思想、弘扬科学精神为宗旨，重点提出了恪守科学道德是大学科普的准则，形成了大学科普的"五科"理念：科学知识是正确反映客观物质世界的认识，是大学科普的基础；科学方法是探寻事物客观规律性的途径、手段，是大学科普的钥匙；科学思想是科学家创新意识的精髓，是大学科普的动力；科学精神是尊重客观事实、崇尚人类理性的态度，是大学科普的灵魂；科学道德是学者遵循科学行为规范，在自由探索中牢牢把握学术自律，是大学科普的准则。在着重强调普及科学知识的同时，要更加注重科学方法、科学思想、科学精神、科学道德的科学思维训练。

第三节　面向"大科普"格局崭新的未来

江晓原教授曾经对我说科普之难，难在普及对科学技术的反思，难在从人类发展科学技术的初心出发进行全方位的思考。的确，科普作为一项崇高的事业，很需要有情怀、有思想、有担当、有学识的师生承担，特别是在如今"大科学"背景下，如何推动大学科普在"大科普"格局中的发展，已成为高校义不容辞的一份责任和神圣使命。

一、提出基层高校科协开展大学科普工作的责任与使命

近年来，随着我国科普事业的繁荣，全国各大高校在"大科普"格局中也发挥着越来越重要的作用，以大学为中心的科普工作日益受到政府相关部门和社会各界的高度重视，而高校的科协组织把开展大学科普工作作为一个很好的抓手，也逐步得到了广泛的认同。如今，当大学科普在全国各地产生一定影响力的同时，我们忘不了它源于重庆大学科协几代人对高校科协理论研究成果的应用，特别是在开展大学科普工作的实践过程中总结出来的经验。经验来源于实践。重庆大学科协在开展大学科普工作的进程中，遇到瓶颈的时候，出现了两位特殊的领导人物，是他们指引着大学科普前行的方向，也是他们给予了大学科普前行的动力，让我们度过了那段十分艰难困苦的历史岁月。

2011 年 10 月 10 日，时任重庆大学校长林建华专程来到学校科协调研，他强调："学校科协，要做好青年教师科协的工作，通过开展科学普及活动，促进跨学科交流、引导学生科技社团创新。""走向校外，积极主动参与大学联盟工作，为提高全民科学素质作出贡献。"[8]林建华校长对校科协开展科普工作给予了充分肯定，鼓舞我们一路前行。之后，林建华校长还担任了《大学科普》杂志科学顾问。时隔一年后的 2012 年 10 月 25 日，时任中国科协书记处第一书记、常务副主席陈希，专程来到重庆大学出席中国科协在这里召开的全国高校科协工作座谈会，他在听取汇报后指出："高校科协要充分发挥自身的独特优势，履行好科协的工作职能……首先，积极开展学术交流，活跃学术思想，促进学科发展，推动自主创新。一方面，要面向全校师生，开展跨学科、跨院系的学术交流；另一方面，还要针对青年教师这一特定人群，开展学术研讨，产生思想碰撞，促进青年教师的学术成长和事业拓展，鼓励他们相互之间进行交叉学科的合作，产生更多科技成果并实现有效转化。其次，面向公众积极开展科普活动，促进全民科学素质的提升。"[9]陈希书记把高校科协发展存在的问题作为一个切实的抓手，提出了一系列具有战略意义的独到见

解，其重要的引领作用，堪称"国家学会"的中国科协对推进中国大学学术发展和科普创新的一种韬略。至此，大学科普的研究，迎来了里程碑式的重大转折。由全国高校科协工作研究会独创的大学科普交流平台应运而生。由西南大学科协、南京理工大学科协、北京大学科协、复旦大学科协（筹）、武汉大学科协、华中科技大学科协、南京大学科协、东南大学科协、西北工业大学科协、北京航空航天大学科协、清华大学科协、扬州大学科协、东北石油大学科协、合肥工业大学科协等 30 余所高校科协的专家，组成了《大学科普》杂志编委会和"大学科普丛书"编委会，这个团队犹如一所自由而又自律、松散而又严谨的传播高校最新科学发现和技术发明的普及教育的"无形学院"，为推进大学科普研究工作，大家团结一致，共同在全国高校科协发挥着越来越重要的作用。正如复旦大学科协（筹）孙桂芳老师所言：让大科普时代的大学科普风引领全国。

诚然，如何不忘初心发挥高校学术优势，如何整合全国高校科协科普资源，如何推进高校跨学科、跨学校、跨领域开展科普工作，如何开创政府、社会、大学共同参与的大科普格局的创新等一系列的思考，让编委会的委员们陷入了深思，无形之中大学科普犹如一条纽带，凝聚着全国高校科协的专兼职新老朋友们。这些年来，在两个编委会编委们的共同努力下，我们试图从创建高校科协开展宏观学术交流的平台入手，组织服务于高校广大科技工作者讲好宏观学术交流中的科学发现和技术发明的故事；指导大学生和研究生参与大学科普活动，拓展科学视野；正如中国科协组织人事部原部长李森鼓励大家在高校科协开展大学科普工作时讲道：大学科普就像星星之火，是可以燎原的。由此，我们在大学科普工作探索中，走出了一条创新之路，得到了广大师生的充分认可。之后，李森部长还专门为《科学的发展与大学科普》撰写了一个书评《一个人、一本书和一项事业——兼评〈科学的发展与大学科普〉》，于 2018 年 5 月 18 日刊发在《科普时报》上[10]。

二、成功创建全国高校科协开展大学科普的三大平台

"悟，觉也。"（《说文解字》）觉醒来自心灵深处的震动。在高校科协做大学科普工作的征途上，我一直在思考：大学科普到底需要"普"什么？与一般的大众科普又有什么不同之处？面对大学科普人文素质教育课程走向深入的今天，当《大学科普》杂志的科学选题内容不断创新，"大学科普丛书"（第一辑）12 个分册也在科学出版社成功出版，"大学科普丛书"（第二辑）也开始陆续出版，还有新浪微博大学科普超级话题阅读量突破 1.5 亿……经过这些量的累积，我有了新的认识："大学科普"与"大众科普"都属于科学教育范畴，具有一致性，只是在程度和侧重点方面有区别。两者的一致性在于普及科学知识、倡导科学方法、传播科学思想、弘扬科学精神、恪守科学道德五个方面；两者的侧重点不同："大学科普"侧重宏观学术交流，与普及对象分享最新科学发现、跨学科领域研究成果，融通交叉学科研究方法，激发科学创新智慧，评判形而上学理性和机械教条思维，强调的是科学精神、科学道德和对科学人文的理解；而"大众科普"侧重于大众，与普及对象分享科学知识、科学方法，使其形成科学思维、树立科学理念，比如形成科学态度、养成科学习惯，最终实现按科学规律生活与工作。由于大学是开展宏观学术交流的新知识共同体的主体所在，大学科普理应成为推进科普上升到科学社会学和科学传播学的理论范式之中的动力源。

我们把宏观学术交流作为大学科普的精髓，在高校做跨学科、跨学校、跨学会、跨领域的科普是十分正确的。图 7-1 是我们在 2018 年由重庆市科委推荐申报国家科学技术进步奖（科普类）时，总结的《科学的发展与大学科普》选题创新、创作技法创新和表现形式创新三个创新点。

我们在"大学科普"知识体系旗下创建了新媒体微博"大学科普"、纸媒体《大学科普》杂志和"大学科普丛书"三大特色平台。新媒体微博"大学科普"言简意赅地用科普雕刻科学；《大学科普》杂志成为沟通大学科学文化与人文文化之间的一座桥梁；"大学科普

图 7-1 《科学的发展与大学科普》三大创新点

丛书"（第一辑）12 个分册系列原创科普读物问世……这些日益成为高级科普驱动创新发展独具特色、小有名气的品牌，已在全国高校科协开展科普工作中发挥着积极的重要作用，也许，这就是润物细无声的高校科协文化和高校科协力量。

截至 2023 年 6 月，新媒体微博"大学科普"发文 1.5 万余条，粉丝有 160 余万，阅读量突破 1.5 亿；同时还创建了微信公众号等。

截至 2023 年 6 月，《大学科普》杂志已出版 63 期，每期一个科学选题，其中科学前沿、科学人物、院士之声、校长之声、特约专稿、高校科协、学术起跑线、学生科技社团、科学反思、知识产权、科学小名词等特色栏目深受读者青睐。《大学科普》杂志于 2011 年被中文科技期刊数据库全文收录，2017 年被世界著名高等学校包括哈佛大学、斯坦福大学、哥伦比亚大学、剑桥大学等国外大学图书馆收录，其中哈佛大学图书馆收录了 1128 篇科普文章（统计数据截至 2023 年 9 月）。

截至 2023 年 9 月，"大学科普丛书"（第一辑）12 个分册已全部出版，其科学选题和科普创作也各具特色，12 个分册的作者和书名详见第四章第三节的我担任"大学科普丛书"副主编出版的科普作品。作者都是来自不同学科领域的优秀专家和学者，绝大部分作者都与《大学科普》编辑部保持着良好的科学思想交流和科普活动互动，通过"大学科普丛书"（第一辑）原创科普作品的正式出版，我们发现了一大批科普创作的杰出作者，他们也非常重视大学科普研究，在作品创作过程中，把科学技术与历史、哲学、艺术、经济等人文社会科学有机地结合起来，使每一部作品都成为佳作，12个分册出版后，几乎每部作品都多次加印，深受广大读者好评，取得了意想不到的社会效益和经济效益。如今，"大学科普丛书"（第二辑）也正在有序地进行之中。

全国高校科协专家共同发力。自《大学科普》杂志编委会和"大学科普丛书"编委会组建以来，我们召开了10余次编委会会议和学术研讨会会议，如"重庆会议""南京会议""武汉会议""大庆会议""合肥会议""大理会议""海南会议""扬州会议"等，分别邀请了中国科普研究所、紫金山天文台、云南地震局等10余所研究机构以及北京大学科协、南京大学科协、复旦大学科协（筹）、武汉大学科协、华中科技大学科协等50余所国内知名高校的科协和科普专家，大家围绕国家科普政策、大学科普协同创新、"大学科普丛书"选题等热点内容进行广泛交流和研讨。同时，我们还邀请了全国高校科协代表参与大学科普旗下的系列跨学科科普示范活动，通过引进各高校科普优质资源，瞄准区县科学教育不均衡现象，打造由区县科协牵头的大中小学校科普文化特色，有效推进了科技助力教育精准扶贫的工作，活动如"大学科普进大足""大学科普进石柱""高校科协树木园"等，我们还组织开展了"提高全民科学素质专题报告""乡村教师科学素质专项培训"等活动。所做的工作被中国科协网站、《科普时报》、重庆市科协网站、石柱县广播电视台"脱贫攻坚进行时"栏目等多次报道。

中国科普作家协会会员、新疆大学王功恪教授，为鼓励我们坚持做好《大学科普》杂志，以"《科学的发展与大学科普》：科学阳光映照的窗口"为题，专门撰写了书评，于2018年1月5日发表在《中国科学报》上。[11]

三、大学科普文化：一座待架的桥梁

在中国科普事业蓬勃发展的历史长河中有全国高校科协开展科普工作的丰硕成果，全国各地基层高校科协获得中国科协和地方科协的表彰已经屡见不鲜。一代又一代的基层高校科协组织和个人，在年复一年的工作实践中，有获得高校科协科普先进集体表彰的，也有获得高校科协先进个人表彰的，这些表彰证明了基层高校科协开展科普工作的成绩。但是，"高校能够更加重视基层高校科协开展科学普及的工作吗？基层高校科协开展的大学科普工作如何更好地持续下去？"等问题促使我们去更加深入思考……我心中有个必然的答案。

从 1999 年重庆大学科协提出"开创大学科普的先河"到 2018 年南京大学科协提出"大学科普文化：一座待架的桥梁"[12]，我们看到了大学科普的长足发展。南京大学科协副秘书长龚俊于 2018 年就《科学的发展与大学科普》一书在《中国高校科技》第一期发表了一篇书评，题为"大学科普文化：一座待架的桥梁——评《科学的发展与大学科普》"。他在评述中说道："适应现代大学发展的大学科普文化，试图成为沟通科学文化和人文文化之间的一座桥梁和纽带……大学文化包括科学文化、人文文化和科普文化三个方面……""这般简洁明快的语言，众多的名家名言，甚至'科学必然要科普，科普必然应科学'这样富有哲理的语句在《科学的发展与大学科普》一书中俯拾皆是。""……我国现有高校 2300 多所，高等教育已进入普及化阶段。已成立科协的高校 900 余所超过高校总数的三分之一。有些省份还成立了省内高校科协之间的联合组织，因此大学科普的理论研究和实践具备了良好的组织基础。""伴随着大科学时代一同而来的大科普时代，在大学里努力培育校园文化中之科普文化、搭建沟通科学文化和人文文化的桥梁的重担，历史地落在了高校科协的肩上。高校科协在大学承担起科普教育重任。"[12]龚俊在书评中表达了他对大学科普理论研究与实践经验的认同，同时，提出了他对高校科协开展大学科普工作具备良好组织基础的独到见解，龚俊的观点与我不谋而合，让我十分感动。曾经，江苏省高校科协负责人沈家聪说：南京大学科协

龚俊是我们高校科协的"理论家"。当时，我还没有完全理解，通过这次理论研究工作交流，我十分认同对龚俊的此评价。

龚俊把高校科协开展大学科普提升到了一个新的高度。他得到了《大学科普》杂志编委会和"大学科普丛书"编委会两个编委会编委们的充分认可，也更加坚定了我们携手开展大学科普工作的信心。

这些年来，社会各界对大学科普的赞誉集中表现在对科学知识普及与科学方法、科学思想、科学精神、科学道德传播兼顾等方面的肯定。

两院院士的评价。我们所做的大学科普选题工作得到了两院院士的充分肯定，先后有 50 余位两院院士亲笔给予评价和寄语，表达了"科学的力量在于普及"的科学家心声，同时院士们也寄予了殷切的希望。例如：2007 年孙才新院士在《大学科普》杂志的卷首语中评价道"为重庆市全民科学素质的提高做出新贡献"。2011 年国际化学年时，中国科学院院长白春礼院士，专门为《大学科普》杂志题词"普及科学知识 树立科学理念"，是对高校师生和广大科技工作者了解科学、热爱科学和传播科学的寄语，表达了他对大学科普创新的关注和重视。华中科技大学原校长、中国科学院院士杨叔子寄语：喜闻《大学科普》杂志本期科学选题为"绿色制造"，旨在传播现代绿色新理念，这是具有长远战略意义和紧迫现实意义的科普内容。"预则立，不预则废。"他支持《大学科普》杂志敢于开拓创新，善于总结推广。北京大学原副校长、中国科学院院士高松针对大学实验室安全教育进行科普时寄语……还有中国科学院齐康院士、中国科学院方岱宁院士、中国科学院张恭庆院士、中国科学院胡海岩院士、中国科学院刘忠范院士、中国科学院芮筱亭院士、中国科学院蔡荣根院士和中国工程院李晓红院士、中国工程院鲜学福院士、中国工程院王如松院士、中国工程院曾苏民院士、中国工程院宁津生院士、中国工程院钟群鹏院士、中国工程院王浚院士、中国工程院潘复生院士、中国工程院刘经南院士等也对大学科普做出了积极的客观评价。特别是吉林大学校长、中国工程院李元元院士在为"大学科普丛书"撰写总序时评价：《大学科普》杂志围绕广受公众关注的科技话题，通过严谨而细致的长期打磨，积累了丰富的高校科普资源，全国一大批科技工作者由此走上科普创作之路，在此基础上，组织一套原创科普佳作可谓水到渠成……

中国科协、中国科普研究所、地方科协和全国学会等领导与专家的评价。中国科协副主席徐延豪，在为《大学科普》杂志撰写卷首语中评价道：大学科普能拉近大学生与中学生科学交流的距离，十分难得，衷心祝愿这本面向大学生的科普杂志越办越好！中国科普研究所第五任所长任福君、第六任所长罗晖、第七任所长王康友、第八任所长王挺等领导和专家给予了我们充分肯定。全国学会和地方科协的领导和专家，如时任中国宇航学会副理事长兼秘书长杨俊华、时任北京市科协副主席周立军、湖北省科协副主席曾宪计、重庆市科协党组书记黄明会等都给出了积极评价。

高校师生的评价。时任北京大学校长林建华对《科学的发展与大学科普》著作和《大学科普》杂志给予了充分肯定，他赞誉道：做了许多创造性的工作，有创意、能创新。清华大学刘兵教授从科学史和创建科普学学科角度给予客观评价：大学科普毕竟是科普的一个新领域，如何针对大学的特点和大学生的特点，尤其是其不同于其他科普领域的特殊需求，进行有针对性的科普传播，这本身就是具有挑战性的新问题。他还谈道：工作总结中突出的，恰恰正是当下大学教育中所缺乏的，要凸显出科普的重要性，则需要将科普更多地注入人文因素，将科学文化和人文文化结合起来。上海交通大学李侠教授评价道：《科学的发展与大学科普》内容的选择很考究，也很有趣，读起来轻松愉快，并长知识。随手翻到的图灵奖的内容写得很好，相信这本著作对于那些科学与人文爱好者来说，是不错的选择。中国科普研究所王大鹏老师评价道：《科学的发展与大学科普》探讨大学科普的基本思想、理论框架和研究方法。同时也回应了20世纪80年代钱学森提出的"大学生毕业时，除了完成一篇毕业论文外，还应完成一篇科普文章"的看法。国防科技大学信息通信学院学生梅宾以"用科普之剑雕刻科学"为题，表达了对该书致力于普及科学的敬意。武汉大学科协彭苏老师以"读大学科普的意义"为题，从文科学生的普及教育入手，对《科学的发展与大学科普》做出评价：擅于从历史的角度概括科普的发展，能把复杂的科学问题用简单朴实的语言传播到听众心中……

回望来时路，弹指一挥间。我在重庆大学做大学科普工作已有三十余载；有太多的回忆和感动涌上心头，我已经把在高校科协做大学科普的夙愿融入在自己的生命里，这份真实情感是如此的深切和厚重，也无以言表。其实我不过是在重庆大学坚持做一件高校科协开展大学科普的普通事情而已，意外的惊喜是，科学出版社非常看重高校科协开展大学科普的工作，有幸的是受到科学出版社科学人文分社社长侯俊琳老师的精心扶持，大学科普平台上升到"大学科普丛书"的高度，丛书出版后走向国际国内的科普图书市场，同时也被国内外著名高校图书馆馆藏。

之后，在科学出版社科学人文分社的举荐下，我很荣幸作为"科学出版社优秀作者"之一参加了 2020 年 1 月 4 日在北京举行的"科学出版社六十五周年优秀作者表彰会"。在隆重的表彰大会上，科学出版社为 20 位作者颁发"科学出版社知名作者"奖杯和证书，也向 80 位作者颁发了"科学出版社优秀作者"奖杯和证书，以奖励 2010～2020 年在科学出版社出版了重点图书的重要作者。科学出版社领导在致辞中说道：作者是出版社工作的源头，也是出版社的学术领路人。优秀作者代表、中国科学院院士孙鸿烈发言：科学出版社一直是与中国科学事业共同发展的，涌现了一批批专业过硬的编辑人才，为中国科技事业的发展作出了不可替代的贡献。优秀作者代表、中国科学院院士夏建白发言：科学出版社自从成立以来，出了许多科学技术方面的精品好书，成为中国科学技术书籍出版方面的权威、榜样。我能参加这次大会，能与这么多资深大科学家见面，我由衷地感动；各位专家对中国科学事业激情昂扬的讲话更加坚定了我的信心。

我能去北京参加科学出版社优秀作者表彰会，还得特别致谢科学出版社科学人文分社社长侯俊琳、时任重大专项办公室主任张凡，以及唐傲编辑，是他们的精心组织和编校让我们"大学科普丛书"成为精品，我们《大学科普》编委会和编辑部代表得以参会，为我们继续做好大学科普工作提供了更大的动力，我们要更用心地做好"大学科普丛书"（第二辑）的选题、书稿打磨等工作。如今，党和国家高度重视科普工作，高校也在更新高校科协开展大学科普的观念，有专家说"中国科普的春天来了"……这些都敦促我不懈怠大学科普工作，激发我深研大学科普文化。

在做大学科普工作之初，我完全没有想到能有这么多事可为，也未细想一路走来如何养成了恒久坚持的精神，无论如何，我坚信未来可期，但是一定不能忘了初心。我用《大学科普》杂志 2009 年第 3 期重庆大学党委书记欧可平在卷首语中对大学科普的寄语作为本章的结束语。[13]

重庆大学当致力于大学科普理论与实践的研究，探讨如何使大学科普更好地在大学得到重视和认同，更好地把科学的社会功能注入到科普创新的事业之中，推动科普事业健康发展，让重庆大学的师生就是科普工作的受益者、更是科普事业的推动者，《大学科普》责无旁贷。

祝愿《大学科普》越办越好！

参 考 文 献

[1] 林建华. 林建华校长在重庆大学科协调研工作座谈会上的讲话[EB/OL].（2011-10-10）[2022-10-08]. http://www.cqu.edu.cn.

[2] 朱淑桃. 开创全国高校科协工作新局面，以崭新的姿态迈向二十一世纪[C]//全国高校科协工作研究会第三次代表大会论文集. 全国高校科协工作研究会，1998.

[3] 靳萍. 开创大学科普的先河——重庆大学科协（节选）[J]. 大学科普，2018（2）：73-75.

[4] "挑战杯"全国大学生课外学术科技作品竞赛和中国大学生创业计划竞赛[EB/OL]. [2023-12-11]. https://www.tiaozhanbei.net/.

[5] 程陶庵，程志泳. 信札数笺 科普情长——谈钱学森的六封手书[N/OL]. 光明日报，2012-06-23（6）.

[6] 叶永烈. 钱学森[M]. 上海：上海交通大学出版社，2010：393.

[7] 人民日报. "大科学"来了——科技部有关负责人解读《积极牵头组织国际大科学计划和大科学工程方案》[EB/OL].（2018-04-04）[2023-12-28]. https://

www.gov.cn/zhengce/2018-04/04/content_5279839.htm.

[8] 钟远萍. 林建华校长亲临重庆大学科协调研[J]. 大学科普，2012（1）：82.

[9] 共产党员网. 高校科协要积极为社会服务[EB/OL].（2012-10-26）[2024-01-25].
    https://news.12371.cn/2012/10/26/ARTI1351221908028787.shtml.

[10] 李森. 一个人、一本书和一项事业——兼评《科学的发展与大学科普》[N].
     科普时报，2018-05-18（1）.

[11] 王功恪.《科学的发展与大学科普》：科学阳光映照的窗口[N]. 中国科学报，
     2018-01-05（6）.

[12] 龚俊. 大学科普文化:一座待架的桥梁——评《科学的发展与大学科普》[J].
     中国高校科技，2018（1）：I.

[13] 欧可平. 卷首语：祝愿《大学科普》越办越好！[J]. 大学科普，2009（3）.

第八章
做好服务学会工作

科协是大学的灵魂。[1]——钱林方

（中国兵工学会常务理事、中国兵器科学研究院总师、南京理工大学原副校长、《大学科普》杂志科学顾问）

本章阐释高校科协第四项主要工作——服务挂靠学会，要做好服务学会工作。学会通过组织高质量的学术交流活动，推动学科交叉融合与相互渗透，从而促进学科群建设，培育创新人才，增强学会的学术影响力，这些和高校科协的工作职能高度统一，以南京理工大学科协为典型案例来展示如何做好服务学会工作。

近年来，我曾多次接受南京理工大学科协的邀请参加一系列高校科协学术交流活动。每次南京理工大学之行，我都会被"南理工人"肩负的神圣使命和大爱情怀所感动，也许，这就是被誉为我国"国防七子"高校所独具的一种风骨吧！这些年来，我了解到南京理工大学科协的领导班子堪称一流，四位专兼职领导的科协工作精神，让人十分动容，他们团结一致，围绕学校的中心工作，开展了许多出色的科协特色工作，也让我由衷敬佩。南京理工大学科协这一届的四位领导是：南京理工大学分管科协工作的副校长钱林方教授，作为"现代火炮高效发射技术国防科技创新团队"的学科带头人，不仅担任多项系统的总设计师，而且也是一位善于将新时代科技创新硬实力和科协文化建设软实力相结合的科技管理帅才；南京理工大学科协名誉主席王泽山院士，是我国著名的火炸药专家，也是 2017 年度国家最高科学技术奖获得者；南京理工大学科协主席芮筱亭院士，作为我国发射动力学专家，他的多体系统传递矩阵法即"芮方法"，是国际上计算速度最快的多体系统动力学方法之一；南京理工大学科协常务副主席兼秘书长沈家聪教授，荣获中国科协"九大"表彰的全国科协系统先进工作者，被大家公认为全国高校科协在这个历史发展时期的领军人物之一。我们在这一章讨论南京理工大学科协[2]的成就，可以学习这里独具特色的高校科协创新之路。

第一节 瞄准优势学科

南京理工大学是一所素有"兵器工程技术人才摇篮"美誉的学校，其校歌里的"团结献身，铸造国之利器；求实创新，高扬复兴风帆"就是这所学校肩负国防高等教育使命的生动写照。"兵器科学与技术"是南京理工大学的优势学科，属于一级学科。

长期以来，南京理工大学以"矢志创新、攻坚超越"为指导思想，服务国家战略，为培养国防高素质人才，铸造了"南理工人"的"大爱"情怀。自建校以来，学校培养出了数以万计的各类军工高级专门人才，历届毕业生中有的学者成长为中国科学院院士，也有的成长为中国工程院院士，其中王泽山院士和钱七虎院士分别荣获了2017年度和2018年度国家最高科学技术奖；还培养有几十位高级将领、几百多名型号总师级高科技领军人物，还有成千上万的毕业生奋战在我国的国防战线上，为实现国防和军队现代化奉献着光和热。为什么南京理工大学在我国国防高等教育领域能独树一帜，让我们走进南京理工大学独具特色的优势学科，了解这所培养国防"天之骄子"的高等学府。

一、形成优势学科的历史基础和学科建设

坐落在钟灵毓秀古都南京的一所全国重点高等学府——南京理工大学，隶属于中华人民共和国工业和信息化部，校园北依紫金山，西临明城墙、碧塘潋滟、佳木葱茏、碧草如茵、景色如画，与中山陵风景区浑然一体。

南京理工大学，是由创建于1953年的一所新中国军工科技最高学府——中国人民解放军军事工程学院（简称哈军工）分建而成，经历了炮兵工程学院、华东工程学院、华东工学院三个历史发展阶段。

之后，又于 1993 年更名为南京理工大学。1995 年，学校成为国家首批"211 工程"重点建设高校；2000 年，学校获批成立研究生院；2011 年，学校获批建设"985 工程优势学科创新平台"；2017 年 9 月"兵器科学与技术"学科入选"双一流"建设学科，入围一流学科建设高校名单，这是"111 计划""卓越计划""中俄工科大学联盟"入选高校之一。"火药王"南京理工大学王泽山院士，在该领域潜心研究、突破了多项技术瓶颈，破解世界难题，为实现我国武器装备现代化和推进军民融合发展作出了卓越贡献，荣获中华人民共和国 2017 年度国家最高科学技术奖。校友钱七虎院士，少将军衔，防护工程专家、军事工程专家、教育家，长期从事防护工程及地下工程的教学与科研工作，解决了孔口防护等多项难点的计算与设计问题，率先将运筹学和系统工程方法运用于防护工程领域，对我国防护工程各个时期的建设发展作出了杰出贡献，荣获 2018 年度国家最高科学技术奖。南京理工大学，坚持"以人为本，厚德博学"的办学理念，秉持"进德修业，志道鼎新"的校训，弘扬"团结、献身、求是、创新"的校风，以服务国家战略需求、推动社会进步为使命，致力于建设国内一流、国际知名的特色高水平研究型大学。

二、"兵器科学与技术"优势学科

南京理工大学有一个历史悠久的王牌学科——兵器科学与技术学科[3]，这是研究军事对抗中所使用的武器系统和军事技术器材的科学技术的学科。其研究内容涉及武器系统及军事技术器材的科学原理、技术手段、系统分析、工程设计、技术运用、工程保障及效能评估等。该学科的内涵是指各类兵器的构造原理、战术技术性能以及在兵器方案选择、论证、工程研制、试验、生产、使用、储存、维修过程中需要的理论和技术，包括新概念、新原理、新技术、新材料、新型元器件和新装置等，可以说，这个学科具有综合性很强的工程技术学科知识体系。因此，该学科具有与其他学科不同的科学研究内涵，并形成了优势学科培养研究生系统体系，包括：武器系统与运用工程，兵器发射理论与技术，火炮、自动武器与弹药工程，军事化学与烟火技术等。这些二级学科专业的学习内容涉及高等代数、计算方法、运筹学、最优化方法、数理统计、系统工程、信号处理、现代控制理论、系统仿真与模拟等。专业课包括：武器系统原理与工程设计、武器系统运用工程、武器系统保障工程、目标探测与识别技术、武器安全工程、武器系统设计概论、现代测试技术、人机环境工程、高级信号处理、鱼雷控制技术新进展、控制系统故障检测与诊断及容错控制、非线性控制系统分析与设计、复杂系统导论、现代水下武器系统、水下信号与信息处理、水中兵器总体设计理论与方法、分布交互仿真及评估、振动噪声测量与分析、系统模糊可靠性理论与方法、水下武器作战效能分析与评估、水下航行器协调控制技术、模糊优化设计原理及应用、新型水下武器发射理论、鱼雷发射弹道与仿真、水中兵器总体设计理论与方法等。

三、一脉相承的国防情

两翼助飞中国航天事业。钱学森曾说："中国搞两弹一星，哈军工是立了大功的。"他还说过："五院是一翼，哈军工也是一翼，有这两翼，中国的导弹一定会很快地飞起来的。"[4]钱老所说的哈军工，就是 1953 年由陈赓大将在党中央的指示下创建的中国人民解放军军事工程学院。这所高等教育学府，正是中国两弹一星事业的重要基地。

1955 年 10 月，钱学森回到祖国，立即开始调研考察国防工业建设情况。11 月 25 日就造访哈军工。钱学森在陈赓大将的陪同下，参观了学院的几个实验室，他非常惊讶地发现，哈军工不仅设立了火箭专业，而且正在实施固体火箭点火的试验。钱学森对领导试验工作的任新民说："不容易！你们的研究工作已有相当的深度，尽管条件有限，已经干起来了嘛！迈出这一步，实在出乎我们意料。"然后，他转过身来对陈赓说："任教授是你们的火箭专家，我今天有幸认识了他！"陈赓大将一直有心发展中国的火箭事业，他随即问钱学森："钱先生，您看，我们能不能……自己搞出火箭呢？"钱学森脱口开答："有什么不能的？外国人能造出来的，我们中国人也同样能造出来，难道中国人比外国人矮一截不成？"陈赓脸上掠过一丝惊喜，他紧紧握住钱学森的双手，高声说道："好！我就要你这句话！"他表示："钱先生的话让我心里有了底，我们一定要搞自己的火箭。我可以先表个态，我们哈军工将全力以赴，要人出人，要物出物，钱先生只要开口，我们义不容辞！"[4]

2018 年，《大学科普》杂志第三期，我们联合南京理工大学科协做了一期科普专题，在南京理工大学科协提供的材料中，了解到了在国防军事领域里的很多科学家的故事。其中钱学森晚年回忆时就说，与陈赓将军的一席话决定了他一生从事火箭、导弹和航天事业的生涯。也正是因为有了陈赓将军的表态，钱学森回到北京组建五院时，就从哈军工先后抽调了任新民、梁守槃、庄逢甘、朱正、卢庆骏等火箭和导弹技术的顶尖人才，成为支撑科研的骨干力量和领军人物。哈军工后来又输送了大批优秀的毕业学员到五院，还把从德国订购的跨音速风洞让给五院使用，大力支持五院的导弹技术研究。有人说，钱学森与陈赓的一席恳谈，点燃了我国自主研制火箭、导弹的梦想之光。为适应国家战略发展需要，哈军工从 1960 年开始分建，在拥有火箭专业的炮兵工程系的基础上单独建立的第一个学院就是炮兵工程学院。哈军工炮兵工程学院后来经历了华东工程学院、华东工学院发展阶段，于 1993 年更名为南京理工大学，而任新民一手创建、钱学森非常关心的火箭专业，在南京理工大学发展起来了。

2016 年，恰逢科学家钱学森诞辰 105 周年，西安交通大学作为钱学森的母校，于 12 月 12 日建立了国内第一个以"钱学森"命名的"钱学森学院"。2017 年 10 月 16 日，又一所以钱学森名字命名的国防教育科研机构"钱学森学院"在南京理工大学建立，"钱学森学院"建立后，先后经历了培优班（1991 年）、优才计划班（1999 年）、教育实验学院（2013 年），到更名为钱学森学院（2017 年）四个阶段，时间跨度近 30 年，成为南京理工大学培养拔尖创新人才的前沿阵地和深入推进教育教学改革的试验田，在创新人才的培养模式探索方面，取得了良好的教育教学效果，培养了一大批高素质、高水平的研究型青年人才。

钱学森航天科普教育基地。南京理工大学钱学森航天科普教育基地采取"两部一室"的运作模式，即航天科学技术普及部、航天器创意设计部、航天科学基础实验室等。为充分发挥南京理工大学航天科技研究的资源优势，在青少年中开展科普卫星研制科普教育。利用立方体卫星在轨验证低成本、商业级器件构成的高功能密度卫星平台，开展对地遥感成像、无线通信转发等技术试验，提高青少年在卫星工程中的参与度。面向青少年开设卫星设计方面的创客课程，从卫星任务设计、总体结构、卫星研制流程、姿态测控、电源及遥感、无线电通信等方面全面开展卫星研制科普教育；同时还开展航天科普互动体验、载人航天模拟发射、空间机器人演示、航天器小卫星的设计与制作、航天虚拟仿真实验等实践体验活动。青少年航天科普基地的建立，对青少年科学素养的提高、创新精神的培养和实践能力的增强，将起到积极的推动和促进作用，为我国航天事业后备人才的培养做出积极的贡献。

第二节　科协服务学会　学会凝聚学者

南京理工大学科协通过锁定本校科协工作的重要任务，把对接全国"一级学会"作为主要抓手，形成了科协服务学会、学会凝聚学者、学者积极参加学术交流活动的三大创新特色。我们在这里所讨论的"一级学会"，是指中国科协系统所属的全国学会。中国科协所属全国学会是按自然科学、技术科学、工程技术及相关科学的学科组建或以促进科学技术发展和普及为宗旨的社会团体。中国科协所属全国学会的团体会员中有理科学会、工科学会、农科学会、医科学会、交叉学科学会等，如工科学会中的中国兵工学会是中国科协所属全国学会的一级学会。通过南京理工大学科协对接中国兵工学会取得的成效来重新认识高校科协与全国学会对接的特点，进一步深入理解南京理工大学分管科协工作原副校长钱林方教授给出的"科协是大学的灵魂"命题。

　　2015 年 4 月 10～13 日，由南京理工大学科协主办的全国高校科协组织建设工作研讨会在南京理工大学学术交流中心紫麓宾馆召开。这次会议围绕基层高校科协的组织建设问题展开讨论，重点针对区域性高校科协联合组织发展现状并专门就江苏省、湖北省、陕西省的区域性高校科协联合组织作了交流讨论，陕西省科协副主席韩开兴表示：要以陕西省高校科协组织建设工作作为抓手，更进一步推进全国高校科协发展……会议由南京理工大学科协常务副主席沈家聪主持，南京理工大学分管科协工作副校长钱林方教授到会致欢迎词，时任中国科协组织人事部李森部长到会作了专题报告，江苏省科协、湖北省科协、陕西省科协等地方科协的领导到会参加研讨；北京大学科协、武汉大学科协、华中科技大学科协、西北工业大学科协等 30 余所高校科协的负责人参加了会议。当时，我作为《大学科普》杂志编辑部负责人也受邀参加了会议。会上，热情高涨的代表们各抒己见，集思广益，提出了新思想、新观点，大家对高校科协发展的未来充满信心。

　　这次会议为什么会给我留下如此深刻的印象，今天回忆起来才发现个中是有缘由的。在这次会议上，中国科协组织人事部部长李森率领到会代表反复讨论关于高校科协发展的两个命题：一个是中国科协第三届主席钱学森在 20 世纪 80 年代给出的"高等院校科协是一个方向"的命题；另一个是在时隔 20 多年后的 2015 年在南京理工大学召开的全国高校科协组织建设工作研讨会上南京理工大学分管科协工作的副校长钱林方给出新的命题"科协是大学的灵魂"。这两位钱老师针对中国高校科协发展给出的命题，促使我撰写出了一篇文章《高校科协的发展与使命》。

　　于是，我好奇地开始对南京理工大学分管科协工作的时任校领导钱林方教授提出的"科协是大学的灵魂"进行学习和研究，了解到了南京理工大学科协的三大优势。

一、组织建设的先进性

南京理工大学科协的先进性，主要体现在学校党政领导的高度重视上。南京理工大学科协，成立于 1988 年 7 月，是全国高校成立科协组织较早的学校之一，也是江苏省高校成立科协组织的第一所学校；更是"国防七子"高校科协开展科协活动最活跃的成员单位之一。南京理工大学科协作为学校基层学术组织枢纽，毋庸置疑地肩负着学校学术管理的职能，通过很好地服务挂靠在校内的学会、协会、研究会，学校的学术影响力得到了很大提升，充分体现了建立基层高校科协组织的优势，学校在学术发展战略规划上，突出了科协服务"一级学科"的重点方向，而且还专门针对服务"一级学会"学术共同体建设制定了一系列学术创新激励机制，并运用先进的组织构建方式，配备了强有力过硬的科协领导班子，由此，推动着南京理工大学科协长足发展。强有力过硬的科协领导班子介绍如下。

南京理工大学分管科技工作副校长钱林方。钱林方副校长，长期从事火炮武器系统总体设计与结构分析、效能分析与提升等研究，为新一代火炮武器设计提供了理论手段，为提高火炮武器的射击效能、减轻系统重量、提高机动性提供了新技术和途径。曾担任 3 型国防重点火炮武器装备型号和 3 型外贸火炮武器装备型号总师。特别是，在 2019 年新中国成立 70 周年阅兵式上，亮相的一大批国产装备展示了我国国防和军队现代化建设的伟大成就，其中，就有钱林方教授担任总设计师的装备成果[5]。

南京理工大学科协名誉主席王泽山。王泽山院士，火炸药专家、含能材料专家，国家最高科学技术奖获得者。中国工程院院士，南京理工大学化工学院教授、博士生导师。1960 年，王泽山从哈尔滨军事工程学院本科毕业后，进入炮兵工程学院工作；1961 年加入中国共产党；1962 年开始，先后在炮兵工程学院、华东工学院、南京理工大学工作；1980 年任华东工学院化工系主任；1997 年获得何梁何利基金科学与技术进步奖；1999 年当选为中国工程院院士。王泽山院士始终以"强军兴国"作为使命，用"一辈子专注做一件事"的执着与坚韧，在火炸药领域潜心研究，创立"发射装药学"，注重探究科学原理、突破关键技术、推动转化应用"三位一体"，在废弃火炸药无公害化处理与再利用、含能材料低温感技术、模块装药等方面突破了多项世界性瓶颈技术，推动中国火炸药研究应用从跟踪仿制跨入自主创新和引领发展，让中国的火炮装药技术傲视全球，为实现中国武器装备现代化和推进军民融合发展作出了卓越贡献，成为广大科技工作者的楷模。2019 年 9 月 30 日，他获得"最美奋斗者"荣誉称号。王泽山院士名言名句：献身国防，一辈子只做一件事。

南京理工大学科协主席芮筱亭。芮筱亭院士，国防"973"项目技术首席。1982 年毕业于苏州大学，1986 年和 1994 年在南京理工大学分别获硕士和博士学位。南京理工大学发射动力学研究所学术委员会委员。2017 年当选为中国科学院院士。芮筱亭院士长期从事发射动力学和多体系统动力学研究，建立了多体系统发射动力学理论与技术体系。他提出的多体系统传递矩阵法成为国际上计算速度最快的多体系统动力学方法之一；他提出了弹箭高密集度设计等起始扰动非满管密集度试验、发射安全性评估的发射动力学新原理与手段，为提升我国 9 项国家高新工程等 13 型重大装备密集度设计、试验水平和安全性水平作出了重要贡献；他在欧美大学和国际会议大会作特邀主题报告计 50 余次；他牵头制定了国家军标和兵器行业的行标 14 部；被 5 部委授予"国防科技工业杰出人才奖"，获"全国优秀科技工作者"称号和"全国创新争先奖"。

南京理工大学科协常务副主席沈家聪。沈家聪教授，南京理工大学科协常务副主席兼秘书长、南京理工大学出版中心主任。主要学术和社会兼职如下：教育部学位与研究生教育专家库专家、中国科协第九次全国代表大会江苏省代表团秘书长、全国高校科协工作研究会负责人、《大学科普》杂志第二届编委会主任、江苏省高校科协副理事长、江苏省军工学会监事会主席、南京市国防科学技术工业协会副理事长、江苏省政协委员等。

二、服务学科发展

关于南京理工大学科协工作的创新性，我们从学校赋予的三个方面的工作任务来进行分析。

1. 服务学科发展的任务

兵器科学与技术是南京理工大学火炮王牌专业托起的龙头学科，在全国排名第一。长期以来，学校紧紧围绕国防前沿、行业急需，持续地开展火炮基础技术和应用实践研究，在火炮武器系统总体设计理论和方法、自动化技术、机动化技术、高射速技术、轻量化技术、火炮新发射原理等方向，形成了火炮技术及相关的配套学科，发展学科群独具的特色，在火炮新技术、新原理、重大理论和关键技术研究、行业领军人才培养等方面引领我国火炮行业的发展；学校依托兵器科学与技术学科建设，设立了多个专业及专业方向。这些门类齐全、内涵丰富的学科与专业设置，有利于火炮技术发展的交叉融合，也为火炮技术基础理论和关键技术的突破提供了良好保障，使南京理工大学一代又一代的科技工作者矢志不渝，瞄准国防尖端需求，致力于火炮战术性能的改良和提高。我国国防科技战线上留下了沈正功、邱凤昌、张月林、李洪昌、唐治、陈运生等"南理工人"的印记。这些老一辈科技工作者，不仅是学科的学术带头人，也是该学科的引路人。

2. 服务学会发展的任务

关于基层高校科协组织服务挂靠学会的工作，可以说是衡量基层高校科协履行中国科协基层组织职能的任务之一，同时，也是发挥基层高校科协桥梁与纽带作用的重要抓手。南京理工大学科协为推进学校学术发展，构建校园学术软环境，瞄准了服务学会发展这一工作，对挂靠在校内的各类学术团体进行分层管理，通过科协服务学会的工作特色，形成了科协服务学会、学会凝聚学者、学者积极参与学术交流活动三个方面的特点。

科协服务学会的特点。挂靠在南京理工大学的全国学会和地方学会有中国光学学会测试专业委员会等至少17个学会。其中，学科与学会联系尤其紧密也最为突出的是全国一级学会中国兵工学会与一级学科——兵器科学技术。比如，挂靠在南京理工大学的中国兵工学会所属二级专业委员会就有弹道专业委员会、弹药专业委员会、自动化控制专业委员会、民用爆破器材专业委员会、应用数学专业委员会、机械加工专业委员会、发射动力学专业委员会等至少9个专业委员会，为支撑兵器科学技术的发展奠定了良好的学术基础，起到了通过与全国一级学会所属的学术专业委员会的学术优势互补，为提升学校一级学科和学科群的建设发挥了重要作用，特别是火炮王牌专业的学术公信力倍增；更为重要的是促进了发射动力学专业委员会在其他全国一级学会所属的学术专业委员会中脱颖而出。

南京理工大学科协在主席芮筱亭院士的率领下，朝着创建全国新学会即中国发射动力学学会的方向努力，使飞行器发射多体系统动力学研究新兴学科与在筹备中的中国发射动力学学会相结合，填补了该领域的学术空白和学术组织空白。

学会凝聚学者的特点。南京理工大学科协在认真做好挂靠学会的服务工作基础上，增强了与学会上级主管部门之间的联系，通过调动专业学术委员会学术带头人的主动性和积极性，为学校学科建设的发展服务。特别是在学校组织的全国性学会和地方性学会高层次、高水平的学术交流活动中，为广大师生提供了契机，使学者们对学会的认识，特别是研究生和本科生对学会工作的理解十分到位，营造了百花齐放和百家争鸣的学术氛围，同时，还鼓励广大师生积极主动申办各级各类学会在校举办的学术活动，进而增强学者和学生的学术自信和自豪感。

学者积极参与学术交流活动的特点。为了不断加强校内学术交流活动的开展，营造校园学术文化，让学者在平等互利的学术交流活动中获得创新灵感。南京理工大学科协联合各方力量，打造了多个校内学术交流平台，定期开展学术交流活动，如紫麓讲堂、院长论坛、星期三青年学者讲堂、青年学者论坛、学术沙龙等。已邀请超过百位中外院士到校开展学术交流，已举办超过70场高层次学术交流活动。

"紫麓讲堂"。该讲堂的系列讲座，能让师生不出校门就能有机会聆听到大师的学术报告，近距离与专家学者深入探讨学术问题。邀请诺贝尔奖获得者、中国科学院院士、中国工程院院士等国内外著名专家到校作学术报告。

"院长论坛"。此论坛主要邀请兄弟院校相关专业学科领域的知名院长走上大讲堂,为师生作学术报告。这些由各学院基层学术组织承办的专业性很强的学术报告对专业人士很有启发性,也引起了极大反响,不仅学院的领导们全力支持,师生们也积极参与,甚至还吸引了校外相关领域的青年科技人才的自觉关注和参与。

"星期三青年学者讲堂"。这是由南京理工大学科协和南京理工大学青年教师科协联合举办的一项学术交流活动。活动从一开始就致力于把这个讲堂打造成为一个属于学校青年学者自由、开放的学术交流平台。"星期三青年学者讲堂"的青年学者们参与的积极性很高,他们有这样一段深情的表述:南京理工大学任何一个青年人,只要想表达自己的学术思想就可以找到表达的地方,那就是"星期三青年学者讲堂";南京理工大学任何一个青年人,只要想听讲座,就可以来听讲座的地方,这里就是"星期三青年学者讲堂";由此,"星期三青年学者讲堂"成了南京理工大学学术交流的一个品牌。"星期三青年学者讲堂"有固定的时间和固定的地点。在"星期三青年学者讲堂"这个平台上,刚回国的青年学者与本土青年教师进行学术交流和科研协作,一大批优秀青年科技工作者脱颖而出。南京理工大学科协常务副主席沈家聪教授在一次科协工作经验交流会上发言时专门介绍了两位青年学者对"星期三青年学者讲堂"的体会。一位是曾担任英国剑桥大学化学系质谱实验室主任、牛津大学蛋白质组的学术主管、引进学者周敏教授,他说道:"星期三青年学者讲堂"给了年轻人一个碰撞火花的好平台,他就是通过"星期三青年学者讲堂"的活动组建了校内跨学科、跨学院的科研团队;另一位海归学者易军教授,他所从事的学科是一个小学科,校内同行很少,但通过"星期三青年学者讲堂"的交流,再通过学校科协组织的跨校学术交流活动即江苏省青年科学家沙龙活动,他找到了校内外的同行,建立了科研项目合作关系。

"青年学者论坛"。该论坛依托南京理工大学青年教师科协,在这个多学科、综合性、开放式青年学者交流平台上，组织学校科研成果丰硕的青年教师积极参加"青年学者论坛"。通过论坛，青年教师带头参与成果转化和科学普及工作，为全校师生树立了榜样。

"学术沙龙"。"学术沙龙"倡导"敢于质疑、勇于创新、宽容失败""倡导自由探究，鼓励学术争鸣"，大家在宽松、自由平等的学术交流平台上进行深度交流探讨。通过"学术沙龙"交流平台，校科协多次组织青年教师和学者参加南京市科协、江苏省科协、中国科协系统组织的学术交流活动，既增强了学校广大师生的学术自信，也增加了南京理工大学科协的成就感，如组织参加"江苏省青年科学家沙龙""江苏省青年学者'创新·创业'沙龙"和"江湖论建"及申办科协系统"学术项目"活动等。校科协还组织参加每月两期的"江苏省青年科学家沙龙"；还承办了由中国科学院学部工作局主办、科学出版社协办的中国学科发展战略学术报告会、江苏省科协主办的"江苏科技论坛智能交通分论坛暨智能交通信息感知与数据分析国际学术会议"等学术活动。

我们从以上活动中可以了解到南京理工大学科协在人力、财力、物力等方面积极支持挂靠学会开展学术创新的服务工作，不仅调动了学会负责人的主动性，而且积极与挂靠学会协助，形成了相互促进、共同发展的良好氛围。特别是在加强与上级科协主管部门的联系和沟通上，使其服务工作成效更加显著。为此，南京理工大学科协常务副主席沈家聪教授经常自信地对大家说："服务挂靠学会和其办事机构，一直是我校科协的一项重要工作，也是一项特色工作。"

3. 创建科技工作者之家的任务

南京理工大学科协创建科技工作者之家的任务，主要体现在精心打造校园学术文化上。这些年来，他们以中国科协系统组织的国际国内学术活动为重要渠道，服务于校内广大师生开展学术交流与科技合作，举办了一系列高水平国际国内学术会议，使全校师生迅速了解国际前沿学术信息和最新学术研究动态，为学校学科建设与学术发展营造了浓厚的学术氛围，特别是在学科建设中，为推进高层次学术研究领域的国际交流与合作，发挥了积极的重要作用。这些相关学科领域的高水平会议在校内的召开，有力地推进了学校在相关学科领域的交叉与融合，同时，也提升了南京理工大学的国际国内学术声誉。在实施请进来和走出去的学术交流方式上，让广大科技工作者的学术自信在学术共同体中得到了充分体现，真正树立起了弘扬"团结、献身、求是、创新"校风。南京理工大学科协的这些系列学术交流活动，进一步激发了学校广大科技工作者的科研热情，特别是青年学者的科研热情，聚集了优秀科技人才。

2018年，南京理工大学科协推荐的科技工作者建言献策，就有多篇科技工作者的建议被各级领导批示和相关部门采纳。例如：南京理工大学科协主席芮筱亭院士，在2018年8月27日受特邀在《人民日报》"大家手笔"栏目发表署名文章《坚持走中国特色自主创新道路》；南京理工大学科协委员戚湧老师撰写的四项科技工作者提议，分别刊登在江苏省科协《江苏省科技工作者建议》（2018年第5期）专刊上和江苏省委宣传部《智库专报》（2018年第12期）上，其中《充分发挥战略科技人才在我省聚力创新推进高质量发展中作用的建议》，得到了江苏省领导的重视和批示；《科协组织服务江苏装备制造业向高端化、国际化、智能化、绿色化发展的建议》刊登在《智库专报》（2018年第1期）；《关于以系统化思维深入推进我省聚力创新的对策建议》，入选江苏省重点培育智库论文，刊登在《智库专报》（2018年第2期）；《深刻认识建设现代化经济体系的重要性》刊登在工信部《工业通信业财经动态》（2018年第14期）。还有，江苏省政协委员沈家聪撰写的《深入推进江苏省军民融合人才发展的建议》的提案，作为江苏省政协十二届一次会议第0777号提案，江苏省发改委通过文件给予答复。近年来，沈家聪委员还撰写了近十份参政议政建议材料被立为提案，其中，一份被列为江苏省政协主席会议重点督办，两份被新华网、人民日报社《中国经济周刊》予以重点报道，两份得到省领导的批示。

三、科协新时代的新任务

翻开南京理工大学广大科技工作者在新时代抒写的功勋时，我们看到了在彰显国家力量时，南京理工大学从未缺位过，体现了他们的国防担当。比如，2007年，校友刘其坤、马晓鹏、孙岳荣获得"首次探月工程突出贡献奖"；2008年，北京奥运会开幕式上绚丽的烟花，由潘功配教授带头研制；2009年，新中国成立60周年阅兵式上，30个地面武器装备方阵中，有16个方阵的武器系统总师、副总师由南京理工人担任；2019年，新中国成立70周年阅兵式上亮相的一大批国产装备展示了我国国防和军队现代化建设的伟大成就，其中有由南京理工大学担任系统研制总师单位的成果。正如付梦印校长所言：像王泽山院士这样的"南理工人"还有很多，如"把最后一次心跳献给祖国装备事业"的装甲技术专家胡卫多次放弃跳槽机会和优越条件，再如"为中国兵器工业鞠躬尽瘁"的兵工专家连立等，他们用执着的追求传承学校的光荣传统，诠释和延续了南京理工大学崇实重行的品德。南京理工大学一代又一代科技工作者的奉献，绘成了一幅从历史走向未来的生动画卷。南京理工大学科协自成立以来，始终跟随学校"强军兴国"的根和魂，为传承一代又一代的科学家精神，迈开了时代新步伐。

通过南京理工大学科协我们了解到南京理工大学近期在研制系列微纳卫星，属于国内研制较早的高校之一；已成功发射了系列微纳卫星，彰显了近年来南京理工大学在微纳卫星研制领域的综合研究实力，使学校具备了在国际航天领域与全球高水平大学同台竞技的能力。微纳卫星对于我国特别是航天工程人才培养、空间科学研究、航空航天学科平台建设、国际交流与合作等方面的发展，具有重大的现实意义和深远的历史意义。微纳卫星的研制工作，是科研与教学相结合的实践，不仅让学生有机会接触到复杂系统设计和工程研制的全过程，而且也是培养具备系统工程理念的综合性创新人才新尝试。它是夯实关键技术的基础，同时也为加强空天学科和光学工程等学科领域的交叉融合，为推进学校网络与空间攻防一流学科建设等方向的发展提供了强有力的支撑。

"南理工一号"立方星。"南理工一号"立方星，于2015年9月25日上午在酒泉卫星发射中心由"CZ-11号"运载火箭成功搭载发射。11 时 17 分，该立方星的入轨信号在新疆石河子被成功接收，标志着"南理工一号"立方星发射任务获得圆满成功。这颗立方星是由南京理工大学微纳卫星中心自主设计、研发和管控的第一颗微纳卫星。这颗"南理工一号"微纳卫星是一颗具有完全自主知识产权的双单元立方星。这颗"麻雀虽小、五脏俱全"的微纳卫星，包含了自主研制的卫星所有功能系统。"南理工一号"立方星的成功发射，标志着南京理工大学掌握了微纳卫星设计的关键技术，对推进立方星商业化和开展航天工程教育，具有深远的重要意义。

"八一·少年行"卫星——中学生科普小卫星。2016 年 12 月 28 日中午 11 时 23 分，我国首颗中学生科普卫星在太原卫星发射中心搭载长征二号丁运载火箭发射升空。"八一·少年行"卫星，是"中学生科普卫星研制、应用及课程开发工程"发射的首颗卫星。南京理工大学副校长、微纳卫星中心主任廖文和表示，我国首颗中学生科普卫星的发射与应用，必将激发中小学生探索宇宙奥秘的热情，同时，也可以将航天技术、航天精神、航天文化等资源与中小学生科学素质教育有效结合，从而推动我国航天科普教育事业的发展。

"凯盾一号"卫星——海事通信新技术　太空科普先导星。2017 年 1 月 9 日，"凯盾一号"卫星，在酒泉卫星发射中心搭载快舟一号火箭发射并成功进入预定轨道。由北京凯盾环宇科技有限公司与北京九天微星科技发展有限公司合作立项，南京理工大学接受委托自主研制的首颗商用立方星"凯盾一号"卫星成功发射。"凯盾一号"卫星，是全球海事通信卫星首次上天试验。南京理工大学还承担"中国少年微星计划"活动中"少年星"先导星的任务，为全国中小学生共同设计和研制"少年星"提供在轨技术验证及测控体验等服务。"凯盾一号"卫星，是南京理工大学研制发射的第三颗立方星，该星的发射成功，标志着南京理工大学立方星研制技术日趋成熟，已具备了参与商业卫星研制的能力。

国际空间站"南理工二号"。北京时间 2017 年 5 月 25 日 13 时 25 分，由南京理工大学微纳卫星团队研制的"南理工二号"，经国际空间站弹射释放，正式开始工作。5 月 25 日 17 时 41 分，日本业余无线电爱好者首次接收到"南理工二号"发出的下行信号，19 时 13 分，卫星首次经过南京上空，南京地面站与其进行了上下行双向通信，卫星状态良好。

"南理工二号"，是欧盟第七框架协议旗舰项目 QB50 的子项目之一。QB50 项目由国际顶尖科研机构发起并邀请全球高校，计划发射 50 颗微小卫星，因此简称 QB50。2012 年 4 月，南京理工大学申报的"南理工二号"微小卫星，通过欧盟的专家评审，正式加入该项目。

"淮安号"恩来星——"环保型"微纳卫星。2018 年 1 月 19 日上午 12 时 12 分，由南京理工大学研制的国内首颗"淮安号"恩来星——"环保型"微纳卫星，在酒泉卫星发射中心，由"长征 11 号"运载火箭成功搭载发射升空，13 时 48 分，新疆喀什基地收到了第一轨信号，功能运行正常，进入在轨测试阶段。"淮安号"恩来星——"环保型"微纳卫星的成功发射，不仅可实现离轨等新技术的在轨验证，同时也是南京理工大学自主研制的光学相机首次在太空亮相，进行对地成像。"淮安号"恩来星——"环保型"微纳卫星命名，是为了纪念周恩来总理诞辰 120 周年。

近年来，南京理工大学科协积极开展弘扬优秀科技工作者科学精神一系列活动。2014 年 12 月 2 日，《光明日报》刊登的"校训的故事"专栏以"进德修业，志道鼎新——南京理工大学强军兴国的根和魂"[6]为题，介绍了南京理工大学校训的故事。"进德修业，志道鼎新"，校训八言，荦荦大端。《周易·乾》有云："君子进德修业，忠信，所以进德也，修辞立其诚，所以居业也。"以"德"为首，体现了学校"立德树人""以德为先"的办学前提，而"修业"则体现了学校育人的追求与境界，即教师诲人不倦，勤业精业乐业；学生孜孜以求，创新创业创优。"志道鼎新"，取意"探究道理，创造新知"，既是南京理工人追求科学真理、矢志技术创新的真实写照，也是他们勇立潮头、披荆斩棘的责任担当和精神源泉。

第三节　服务人才成长和创新发展

高校科协是中国科协的基层组织，在全国高校科协创建基层高校科协"一流科协"组织，是全国高校科协工作研究会理事们的多年夙愿。在中国科协"九大"期间，作为"国防七子"高校的南京理工大学的科协，无论是在完善基层高校科协组织建设上，还是在推进区域性高校科协组织的建设工作方面，进而在引领全国高校科协组织建设的发展上，始终坚持以服务为工作特色，以奉献为重要贡献，被大家公认为全国高校科协的"一流科协"。

南京理工大学科协自 1988 年成立以来，学校历届党政领导都十分重视科协工作，使其科协基础组织拥有完备的人力、财力、物力先决条件，确保了学校科协在不同的历史时期均取得了良好的成绩。南京理工大学科协的组织机构设置合理，配备了德才兼备的优秀专兼职工作人员，有专款专用的专项经费计划安排，承担了学校赋予科协的系列特色工作任务，学校的大力支持突出了中国科协基层组织在学校的学术组织地位和不可替代的工作职责，使学校科协成为促进学校学术发展和培养高素质人才不可或缺的阵地。

2011 年学校成立了学术中心，下设学术与协会管理部、高等教育研究所、学报编辑部、科学技术协会等部门，统筹和规范学校各类学术活动管理工作。为提高学校学术交流水平，营造浓厚的学术气氛，扩大学校在国内外学术交流中的学术影响力，校科协以"服务学术、营造氛围、加强交流、提高水平、形成品牌"为重点开展学术中心工作。南京理工大学科协作为学术中心的独立实体工作机构，采取了与学校科研院合署办公的模式，有专职工作人员、固定办公场地和独立运行经费的保障条件，2020 年 3 月，南京理工大学科协作为学校处级单位，开始独立建制，在编人员 11 人。近期，南京理工大学各二级学院也逐步建立起了学院科协、研究生科协，科协工作十分活跃。多年来，南京理工大学科协通过广泛开展学术交流、人才优秀科技举荐、开展科学技术普及工作、管理服务联系挂靠学会、开展科技政策研究等工作职能，吸引和凝聚了广大科技工作者，取得了前所未有的成绩。作为基层高校科协的南京理工大学科协，其工作成绩斐然，多次荣获中国科协、江苏省科协和南京市科协的表彰和奖励，同时，也被全国高校科协同行们公认为领头羊，堪称"全国高校科协的一面旗帜"。正是因为有了这面旗帜，我们有必要去了解这面旗帜下的全国高校"一流科协"组织的特色与经验。

一、在服务高层次人才成长方面的重要贡献

服务于高层次学术型人才的成长，是南京理工大学科协工作的一项重要任务，而服务管理挂靠学会和其办事机构，就是这项工作任务的特色。南京理工大学科协作为学校党委和行政联系广大科技工作者的桥梁和纽带，学校党政领导和科协领导经常到基层听取科技工作者和挂靠学会负责人对学校提出的意见与要求，同时，督促和配合挂靠学会及时完成上级学会布置的工作任务；开展中国科协系统举荐优秀科技人才的工作，近年来更是南京理工大学科协工作的一大亮点。

2017年，南京理工大学科协圆满完成了"333优举工程"。这项工作是由中国科协主导的三项举荐优秀科技人才成长的专项工作。我们来看看南京理工大学科协常务副主席沈家聪对这项工作是怎么解读的："全国创新争先奖"称为"金桥工程"，这项奖获得者层次高，基本上都是院士或准院士，列为第一层次；"青年人才托举工程"称为"青椒工程"，这项奖获得者均为32周岁以下的青年拔尖才俊，列为第二层次；"全日制在读博士生优秀中外青年交流计划"称为"希望工程"，这项奖获得者均为在读博士生，是国家的希望与未来，列为第三层次。南京理工大学科协在推荐申报这三个奖项的工作中，成绩斐然。由于每个奖项南京理工大学分别入选3人，获奖人数分别位列全国第八、全国前列和全国并列第一，为此，沈家聪教授将其归纳为中国科协"333优举工程"。

除此之外，南京理工大学科协还积极向中国科协、地方科协和全国学会、地方学会推荐优秀科技工作者，其中有 4 人荣获第七届"全国优秀科技工作者"称号；2 人分别获得第十五届和十六届江苏省青年科技奖暨"江苏省十大青年科技之星"称号；2 人获江苏省优秀科技工作者称号；9 人入选中国科协"青年人才托举工程"；2 人参加中国科协成立 60 周年百名科学家、百名基层科技工作者座谈会；2 人获中国科协创新争先优秀科技工作者宣传对象；3 人入选南京市"十大科技之星"（入选数量南京高校第一）；先后 4 人当选为全国学会副理事长、12 人当选为常务理事；2 人分别当选为江苏省、南京市科协副主席等。还有 3 人分别当选为中国宇航学会、中国指挥与控制学会和中国电子学会的常务理事；1 个团队荣获首届江苏省创新争先奖牌，1 人荣获首届江苏省创新争先奖状；1 人获"中国宇航学会先进工作者"称号；为此，南京理工大学科协，荣获江苏省科协授予的2017 年度"示范高校科协"一等奖荣誉。南京理工大学科协还应江苏省科协邀请，圆满完成了 2018 年度江苏省科协"青年科技人才托举工程"资助对象 100 名评选，南京理工大学有 4 位荣获江苏省科协"青年人才托举工程"资助对象；同时，沈家聪教授应邀分别参加中国兵工学会和中国科协军民融合联合体学会 2015～2017 年度"中国科协青年人才托举工程"项目结题评审会；6 名博士研究生入选2017～2018 年中国科协优秀中外青年交流计划。

南京理工大学科协主席芮筱亭院士在遴选中国科学院院士过程中，学校科协竭尽所能积极推荐，为南京理工大学历时 18 年后，再次荣获中国科学院院士，发挥了基层高校科协在学术共同体的积极作用。2018 年 1 月 8 日，南京理工大学科协名誉主席王泽山院士，荣获 2017 年度国家最高科学技术奖，这对于南京理工大学科协来说，无疑又是一件大喜事。南京理工大学科协在积极举荐优秀科技人才的同时，积极宣传优秀科技工作者的先进事迹，宣传和弘扬以王泽山院士为代表的中国优秀科技工作者自觉践行社会主义核心价值观，为国家富强、民族振兴、人民幸福甘于奉献的可贵精神品质，这些工作，对南京理工大学校园科学文化的提升，发挥了不可替代的重要作用。

2019 年初，沈家聪作为专家，来到重庆大学《大学科普》编辑部参加编辑部会议，他把学校领导对学校科协工作的认可和鼓励分享给了我们。他说：2018 年 10 月，南京理工大学在学校召开的一次党委常委会上，党委书记尹群、校长付梦印对学校科协工作给予了充分的肯定，同时，也对专职科协常务副主席沈家聪同志给予嘉奖。沈家聪在进行工作汇报时说道：南京理工大学科协，之所以能够在全国高校科协和江苏省高校科协中处于领先地位，其中最重要的原因就是南京理工大学在创建"双一流"建设的工作过程中，把学校科协组织作为科技发展、人才培养和社会服务的重要阵地。科协工作取得的成绩，首先得益于学校党政领导能认真贯彻和落实党中央关于加强科协工作的一系列指导精神，坚定不移地高度重视学校科协的组织建设，探索其工作的规律，这是学校科协最基本的保障。其次是学校科协的定位明确，厘清了学校科协自身的工作职能与其他相关职能部门和单位的职能互补关系。一方面争取学校组织部、人事处、科技处、团委等单位以及各学院的主动关心和支持；另一方面积极争取上级业务主管部门领导的指导、加强与兄弟院校的高校科协进行沟通联系，形成了上下通畅、左右协调、内外互联、相互借力、共同发展的良好工作机制，营造了和谐的学术生态环境，有力地促进了学校的学术繁荣和发展。另外，南京理工大学科协在关心青年科技工作者的成长方面，能积极引导、组织青年科技工作者自觉地把个人的兴趣与国家和地方建设的科技发展战略需求结合起来，形成不断发现人才、培养人才、举荐人才、凝聚人才、成就人才的良好人才成长创新机制。

会上，沈家聪还通过自己多年来在高校科协工作的实践经验，提出了近年来他一直在思考的问题，他认为：要按照中央对科协工作的总体要求，进一步结合高校科协的工作特点去实现两个重要转变：一是要从"封闭式创新"转变为"开放式创新"，即在面对目前还存在的部门与学院之间各自为政且专业学会长期独立运行的局面等问题，基层高校科协应发挥怎样的学术组织枢纽的作用；二是要将个体创新转变成为大团队协同创新，改变科技人员习惯"单兵作战"、与校外沟通联系不够等现状，进一步增强高校科协组织凝聚力，调动广大科技人员积极性，发挥高校科协组织在促进学科交叉融合、推进协同创新方面的积极作用，努力实现协同发展。

大家听了沈家聪的介绍，很受触动。这些年来，南京理工大学科协取得的成绩，不仅为江苏省高校科协的发展奠定了示范工作的坚实基础，而且也对推进全国高校科协的发展起到了引导性的重要作用。

二、在服务区域性高校科协创新发展方面的重要贡献

区域性高校科协组织的建设，对于推进地方科协学术共同体的发展，发挥着极其重要的作用。就区域性高校科协组织发展的历史来看，较早成立区域性高校科协组织且具有独立法人资格代表的科技社团，不仅有湖北省高校科协工作研究会，还有江苏省高校科学技术协会等。近年来，随着中国科协召开的推进高校科协组织建设工作会议在全国各地举行，我们看到了北京市科协、重庆市科协、天津市科协、上海市科协、陕西省科协、湖南省科协、吉林省科协、安徽省科协等地方科协组织，相继出台了推进高校科协组织建设的文件，支持基层高校科协和区域性高校科协组织积极开展活动。在这里，我想通过发生在江苏省和湖北省两省高校科协之间的一个小故事，来介绍南京理工大学科协对区域性高校科协组织的贡献。

原本，江苏省和湖北省都是全国科技和教育的两个大省，其优势是很有利于区域性高校科协发展的。也许，就是这样的有利条件才促进了两省高校科协抓住了契机，谱写下了区域性高校科协发展史上的功绩。当我们沿着江苏省高校科协和湖北省高校科协这两个地方性特色科技社团创立的路径，去回忆 2013 年至 2019 年在江苏省和湖北省举办的"江湖论建"的往事时，不由感慨万分。在这七年里，我们《大学科普》杂志编辑部，作为发起单位、特邀单位、协办单位，自始至终参加了在南京、武汉、恩施、扬州、荆州、苏州等城市举办的每一次"江湖论建"会议，从中可以看到科协组织建设的纵横疆域是如此宽广。

谈到"江湖论建"是如何发起的，还得从中国科协和教育部共同主办的"全国青少年高校科学营"（简称高校科学营）说起。"全国青少年高校科学营"，是在 2012 年暑假，由中国科协和教育部联合发

起，要求在全国 40 所重点高校和中国科学院研究生院开展科普活动。活动旨在充分利用和合理开放重点高校丰富的科技和教育资源，进一步发挥高校在传播科学知识、科学思想、科学方法和提高青少年科学素质方面的功能，激发青少年对科学的兴趣。"高校科学营"组织全国上千名高中生参加，每年一次，活动时间为 7 天。这项活动一直延续到至今。

2012 年第一次"全国青少年高校科学营"圆满落幕之后，在 2013 年的春季，由中国科协青少年科技中心主办、南京理工大学团委承办的 2012 年"全国青少年高校科学营"总结表彰大会在南京理工大学举行，通知要求全国各地承办 2012 年"全国青少年高校科学营"的单位负责人汇聚南京理工大学参加总结表彰大会。于是，才有了我参加"江湖论建"和"江湖生涯"这一段往事。这段经历，让我们了解到中国科协青少年科技中心与全国各地高校的党群组织（工会、共青团、科协）之间的联系非常紧密。中国科协青少年科技中心在招募"全国青少年高校科学营"的承办单位时，具体是面向全国各地高校内部组织的二级单位即共青团和科协。所以，有的学校是团委承办，有的学校是科协承办；而不同的高校和不同的高校二级单位来参加这次总结表彰大会的负责人也就不同。比如，团委承办的参会代表是学校团委书记或者代表，科协承办的参会代表是学校科协秘书长或者代表。由于"全国青少年高校科学营"大都是团委承办，因此，会议的团委代表多而科协代表很少。

记得当时华中科技大学科协专职常务副主席柳会祥给我打电话说：很高兴去南京理工大学开会大家将相聚一堂。不过，为什么南京理工大学科协没有主动联系呢。于是，我就主动联系了南京理工大学科协专职常务副主席沈家聪，从沈家聪得到的回复是他也不知道要开这个会，他请我转告参加会议的全国各地高校科协的代表们，南京理工大学科协非常欢迎大家。因基层高校科协岗位变动，有的新老专职秘书长还没有见过面，我作为全国高校科协的联系人，很有责任感，积极主动为大家服务，进行联系工作。后来我才知道，2012 年"全国青少年高校科学营"活动多由团委承办，南京理工大学就是由校团委承办，所以总结表彰大会中国科协青少年科技中心便委托南京理工大学团委承办。于是，一次偶然的由高校党群组织团委和科协工作交叉的总结表彰大会，促成了江苏省、湖北省、重庆市部分基层高校科协同仁志士们相遇在南京理工大学。

　　这次由中国科协青少年科技中心组织召开的会议为全国高校科协的发展提供了机遇与挑战。参加这次会议的仅有5所基层高校科协代表，其中包括湖北省承办第一届"全国青少年高校科学营"[7]的武汉大学科协、华中科技大学科协、中国地质大学（武汉）科协、武汉理工大学科协这4所学校科协的代表，另外加上重庆大学科协和《大学科普》杂志编辑部的代表。会议结束之后，到会的基层高校科协代表和《大学科普》杂志编辑部的编委们相聚在南京理工大学科协，参加由南京理工大学科协常务副主席沈家聪召集的一个小型座谈会。于是，大家围绕高校科协如何开展大学科普进行了深入的讨论和交流。当时，因南京理工大学科协常务副主席沈家聪与华中科技大学科协常务副主席柳会祥都在科协专职工作岗位上，他们对高校科协的发展与未来充满激情。虽然是一个只有7人的小型座谈会，而且大家还是初次见面，但大家围绕湖北省高校科协和江苏省高校科协发展的话题进行了"激战"。座谈会场上，湖北省高校科协优势凸显，华中科技大学科协常务副主席柳会祥骄傲地介绍了华中科技大学科协和湖北省高校科协的发展情况，而南京理工大学科协常务副主席沈家聪也不示弱，开始从南京理工大学科协的组织发展讲到江苏省高校科协的组织建设，他的一席话娓娓道来但听者却被触动。原来，这些年江苏省基层高校科协组织建设工作方面突飞猛进，已在全国高校中遥遥领先，大家当场一致称赞。接下来，两位高校科协常务副主席对推进全国高校科协的组织建设工作分别发表了自己的观点，他们瞄着组织建设这个主话题，对江苏省和湖北省两省的高校科协组织建设现状进行认真的分析对比后达成了共识，提出把区域性高校科协组织建设作为抓手，为加强全国高校科协组织建设，推进湖北省和江苏省之间的高校科协交流与合作，共同探索新时期高校科协组织建设之路。座谈会上，大家通过了由江苏省高校科协和湖北省高校科协联合主办"江苏省高校科协和湖北省高校科协组织建设论坛"（简称"江湖论建"），特邀《大学科普》编辑部作为指导单位，并确定"江湖论建"每年召开一次，由江苏省和湖北省两省基层高校科协轮值承办。于是，这次座谈会，拉开了"江湖论建"的序幕。

从第一届"江湖论建"在南京理工大学科协召开到第二届"江湖论建"在武汉大学科协召开，一年一度的"江湖论建"制度逐步形成。第三届"江湖论建"在江苏省南京市召开；第四届"江湖论建"在湖北省恩施市召开；第五届"江湖论建"在江苏省扬州市召开；第六届"江湖论建"在湖北省荆州市召开；第七届"江湖论建"在江苏省苏州市召开；第八届"江湖论建"原本计划在武汉召开，受新冠疫情影响暂停（表 8-1）。

表 8-1　"江湖论建"进程统计表

届次	时间	地点	发起/承办单位	主题	大会执行主席
第一届	2013 年 4 月 18 日	南京	南京理工大学、华中科技大学、武汉大学的科协联合发起	提出：区域性高校科协发展新模式	沈家聪、柳会祥、佟书华
第二届	2014 年 3 月 27 日	武汉	湖北省高校科协工作研究会与武汉大学科协联合承办	高校科协与学会工作的紧密联系	佟书华、沈家聪
第三届	2015 年 4 月 17 日	南京	江苏省高校科学技术协会与中国药科大学科协联合承办	重新认识：加强高校科协组织建设	沈家聪、佟书华
第四届	2016 年 4 月 22 日	恩施	湖北省高校科协工作研究会与湖北民族学院科协联合承办	加强高校科协组织建设，提升创新发展服务能力	沈家聪、佟书华
第五届	2017 年 5 月 10 日	扬州	江苏省高校科学技术协会与扬州大学科协联合承办	高校科协组织建设与职能定位	沈家聪、曹锋、张志强
第六届	2018 年 5 月 10 日	荆州	湖北省高校科协工作研究会与长江大学科协联合承办	探索高校科协联合组织运行机制	刘珩、沈家聪、佟书华、张志强
第七届	2019 年 5 月 21 日	苏州	江苏省高校科学技术协会与苏州大学科协和苏州卫生职业技术学院科协联合承办	领会创新发展新理念构建高校科协学术共同体	沈家聪、刘珩、佟书华、张志强

续表

届次	时间	地点	发起/承办单位	主题	大会执行主席
第八届	—	武汉	湖北省高校科协工作研究会与东湖大学科协联合承办	开创高校科协学术共同体的新征程	刘珩、曹锋、沈家聪、张志强

注：第八届受新冠疫情影响未举办

不过 2020 年底，湖北省高校科协在武汉东湖大学召开了一次湖北省的高校科协组织建设推进工作会议，在这特殊的时期召开这次会议，也是十分难得的。这些年来，每一届"江湖论建"会议，我们《大学科普》编辑部都参加，尽可能地为会议做了一些服务和联系方面的工作，还专门负责承担了邀请在《大学科普》杂志担任编委的全国各地高校科协的负责人作为特邀代表参加会议，同时，还协助会议承担一些会务工作。这些年来，我们所做的服务工作，不仅得到了大家的广泛认可，而且更加丰富了《大学科普》杂志和"大学科普丛书"开展科学选题工作的内容，所以，我们大家达成共识：在高校科协开展大学科普工作是可行的。以下是我参加"江湖论建"的五点体会。

第一，地方科协对基层高校科协的支持是不可或缺的。"江湖论建"会议几乎都邀请江苏省和湖北省两个省的科协分管领导和学会部部长参加，之后，还扩大到特别邀请中国科协以及北京市科协等地方科协的领导参加会议指导工作，各级各地的科协领导都会把地方学会与区域性高校科协的工作与发展联系起来作为讲话内容，同时，他们还与到会的基层高校科协代表们进行亲切的交谈，悉心指导基层高校科协的组织建设工作，至今都还让我十分感动。记得，2014 年 3 月27～29 日，在武汉大学科协召开的第二届"江湖论建"会议，来自江苏省、湖北省、重庆市的高校科协代表们相聚在武汉大学的珞珈山庄，大家尽情地交流，开启了"江湖论建"进入新的历史阶段的新征程。时任湖北省科协学会部刘洪江部长在会上的讲话让我十分感动，他表达了湖北省科协对高校科协寄予的厚望，谈了对高校科协发展的五点认识：第一，很高兴看到曾经担任过重庆市科协主席的重庆大学李晓红校长到武汉担任武汉大学校长，李晓红校长非常重视科协工作，更熟悉和支持高校科协工作；第二，湖北省的高校科协是湖北省科协学术队伍中的一支重要力量，全省各高校的科协每年都要组织开展许多国际、国内高水平、跨学科的学术交流活动和科学普及、人才举荐、思想库建设等方面的工作，为推动湖北省高等院校的学术繁荣与提高公民科学素质发挥了不可替代的重要作用；第三，长期以来，湖北省有 20 余所高校已经建立了科协组织并形成三种组织模式：华中科技大学科协模式、武汉大学科协模式和华中农业大学科协模式，这三种模式均符合各自学校自身特点，并较好地发挥了高校科协的作用；第四，当时湖北省基层高校科协的组织发展还不平衡，今后还有很大的发展潜力；第五，举办江苏省和湖北省两省高校科协合作的"江湖论建"活动是一种创新，江苏省是东部发达地区，江苏省科协和江苏省高校科协许多工作都走在了全国高校科协的前列，许多管理模式和工作经验都很值得湖北省科协和湖北省高校科协学习和借鉴。

第二，"江湖论建"刷新了区域性高校科协发展新模式。"江湖论建"原本是奔着推进基层高校科协组织建设而创建的一项独具特色的论坛，随着时间的延续，后来也成为推进区域性高校科协组织建设发展的一种新模式。这种模式的创新，不得不感谢湖北省科协学会部和江苏省科协学会部的大力支持，当然，也离不开承办"江湖论建"的基层高校科协的努力。记得 2018 年 5 月 10 日，第六届"江湖论建"由湖北省荆州市长江大学科协等承办，江苏省科协学会部部长李政到会指导工作并与大家亲切交谈，他说：学会的发展面临着新的机遇与挑战，科技社团存在一个普遍问题就是组织松散、体制不顺、关系不清、办事机构虚设，制度不健全，服务能力弱，缺乏吸引力、凝聚力、社会公信力，导致自我发展能力不足。其实，在我的印象里，江苏省科协的科技社团建设，原本一直就是走在全国地方科协的前列，而李政部长一针见血的一席话，让我豁然明白了这位干实事的学会部部长习惯于用直面问题的工作方式解决问题。也许，这就是隶属于江苏省科协学会部的江苏省高校科协发展的动力源吧！后来，李政部长还鼓励参会代表一定要撸起袖子加油干。江苏省高校科协单位会员至少有 93 个，成为全国地方性高校科协最庞大的一支力量。

第三，"江湖论建"突出了高校科协开展"大学科普"的成就感。在每一次召开的"江湖论建"会议上，大会分享的内容有高校科协开展大学科普工作的报告，比如"新时代、新使命，《大学科普》发展的内涵改革创新之路""让大科学时代的'大学科普'风吹遍全国""地球科学科普研究与创作中心建设思路与进展""科普是一道美丽的风景线，每一位参与者都是明星"等，从报告后的提问与交流互动过程中，明显感觉到各高校专兼职科协工作者在开展科普工作中获得的成就感。

第四，"江湖论建"搭建了基层高校科协开展工作经验交流的互动平台。大家在第三届"江湖论建"活动时便已围绕"江湖论建"自身品牌建设及影响力提升的问题进行讨论，还就高校科协工作职能定位、政府转移职能承接与高校科协服务能力提升、高校科协与地方科协协同推进产学研合作、大众创业万众创新背景下双创教育的实践与思考等内容进行讨论。江苏省科协、湖北省科协、扬州市科协、科学出版社、《大学科普》编委会以及武汉大学、华中科技大学、南京大学、东南大学等单位的 50 多位代表参加会议，交流中不断涌现出新思想和新观点。

第五，"江湖论建"增强了《大学科普》杂志和"大学科普丛书"编委会的凝聚力。

从在恩施召开的第四届"江湖论建"开始，南京理工大学科协常务副主席沈家聪教授就担任了第二届《大学科普》杂志编委会主任，他根据会议主题，特别邀请在《大学科普》编委会担任编委的全国各地高校科协的编委作为特邀代表参加会议，如北京大学科协郑英姿、复旦大学科协（筹）孙桂芳、合肥工业大学科协周焕林、西北工业大学科协向河、中南大学科协阮丽君等。从此，"江湖论建"不仅仅是湖北省和江苏省高校科协的交流，而且扩大到全国各地，参加会议的特邀代表不仅带来了全国各省高校科协开展大学科普工作的经验和取得的成果，而且还把各地区域性高校科协发展和全国高校科协发展的最新动态带进"江湖论建"进行讨论，成就了这个历史时期的"江湖论建"特色活动，有效地推动了全国各地高校科协开展科普工作合作新机制的形成；这种新的高校科协工作创新抓手，更加有利于推进全国高校科协的组织建设和探索高校科协开展大学科普工作的新模式。

"江湖论建"经过七年发展成为全国高校科协历史发展进程中的一项特色活动，大家很有成就感。"江湖论建"不仅有着深刻的历史意义，而且也具有十分重要的现实意义。正如湖北省科协副主席余军在第七届"江湖论建"上的讲话中指出：本次论坛的召开，对新时代高校科协服务高校改革发展、承接政府职能转移及高校科协自身组织建设、发挥高校科协举荐科技优秀人才的优势、提升高校科协学术交流水平和开展大学科普能力、探索高校科技成果转移转化新途径等有着重要的意义，也是湖北省和江苏省两省科协、两省高校加强交流合作的重要平台，必将推动两省高校科协的进一步创新和发展，两省高校科协联合的力量，也一定会载入史册。

以上一系列活动和意义让我记住了这一载入史册的"江湖论建"，一批组织者已经离开科协工作岗位，一批新人又在为推进中国高校科协的发展而努力。不过，无论是基层高校科协的"老兵"还是"新兵"，《大学科普》杂志编委会，依然是大家的"家园"。借此，我代表《大学科普》杂志编辑部，对七年来推进"江湖论建"活动而付出辛勤劳动的江苏省和湖北省的基层高校科协负责人沈家聪（南京理工大学科协）、张志强（东南大学科协）、龚俊（南京大学科协）、佟书华（武汉大学科协）、刘珩[中国地质大学（武汉）科协]、柳会祥（华中科技大学科协）和曹锋（华中科技大学科协）等同仁们，表示最崇高的敬意！

三、在服务全国高校科协创新发展方面的重要贡献

2016 年 5 月，中国科协第九次全国代表大会召开，我欣慰地看到中国科协表彰的先进工作者中也有基层高校科协工作者。这次被表彰者是根据 2016 年 4 月发布的《人力资源社会保障部 中国科协关于评选全国科协系统先进集体先进工作者的通知》评选出的，评选出全国科协系统先进集体标兵 32 个单位、全国科协系统先进工作者标兵 31 名、全国科协系统先进集体 168 个单位、全国科协系统先进工作

者 466 名。在受表彰的先进集体和先进个人中，全国基层高校科协的单位和个人也榜上有名。这次表彰反映出高校科协的工作成绩得到了进一步的充分认可，荣获"全国科协系统先进工作者"称号的基层高校科协工作者有南京理工大学科协常务副主席沈家聪、武汉大学科协办公室主任佟书华、东北石油大学科协办公室主任王媛媛。后来，这三位全国高校科协先进工作者被我们高校科协"老兵营"的同仁们称为新时代全国高校科协"三杰"，这三位全国科协系统先进工作者中表现最为突出的是南京理工大学科协常务副主席沈家聪。

南京理工大学科协，作为新时期全国高校科协组织建设的牵头单位，不仅在基层高校科协的工作中成绩突出，而且在区域性高校科协组织工作中发挥着领衔的作用，特别是在创建"江湖论建"这项区域性高校科协组织的建设工作中表现尤为突出。沈家聪曾经语重心长地对我说：高校科协事业的发展需要一批热心、执着、无私、奉献、有事业心的人。2012 年 12 月，沈家聪参与起草了江苏省教育厅、省科协《关于进一步加强江苏省高校科协组织建设工作的意见》的文件，有力地推动了江苏区域性高校科协的组织建设工作。近年来，他作为南京理工大学科协负责人，接待了北京理工大学科协、吉林大学科协、天津市科协、海南省科协、湖北省科协、北京市科协、上海市科协等地方科协的领导和专家所带队的为取经而专程到南京理工大学科协开展调研活动的 100 余所高校科协负责人。为推动全国高校科协的发展，扩大南京理工大学科协和江苏省高校科协在中国科协系统中的影响力，沈家聪还做了大量的工作：他应邀参加了天津市科协和教委、江西省科协和教育厅、陕西省科协等地方科协联合举办的一系列高校科协工作推进会，在会上作了大会报告；为助推湖南省高校科协组织建设，应湖南省科协邀请，在湖南省高校科协联合会成立大会暨高校科协工作推进会作专题报告；为推动开展广西壮族自治区高校科协组织建设工作，应邀参加了广西壮族自治区科学技术协会举办的2018 年广西壮族自治区高校科协工作培训班，并作关于高校科协工作专题报告；还应邀参加了山西省科协和教育厅联合举办的高校科协工作推进会，在会上作大会报告……这些年来沈家聪为推进高校科协的发展，不辞辛苦、任劳任怨、无私奉献，他也形成了独特的科协工作方式，他通过系统总结与分享、精心组织策划交流和培训活动、充分发挥科协代表的作用等方式将有关高校科协的工作经验、工作成效与大家进行系统交流和真诚分享。

第一，系统总结与分享。他应邀作了多次报告，将科协的工作经验进行系统总结并倾囊分享。例如：他应邀参加中国科协组织召开的全国科协发展理论研讨会并作报告；参加江苏省科协组织的学会学术重点工作推进会，应邀在大会上作交流发言；经江苏省科协推荐，作为地方科协基层科技工作者唯一代表出席了庆祝全国科技工作者日暨创新争先奖励大会，并在会后举行的座谈会上作了主题发言；作为"江湖论建"大会执行主席，在第二、第三、第四、第五、第六、第七届大会上作报告；作为第二届《大学科普》杂志编委会主任，主持在重庆、南京、武汉、合肥、大庆、海南、扬州等地召开的全国大学科普研讨会暨《大学科普》杂志编委会会议并作报告；他在主持召开的《大学科普》与《大理科普》网络新媒体时代的少数民族科普创新座谈会上，带领13所高校科协、两家科研机构及大理州科协的14位主席进行了座谈交流，推进了科研院所科协与地方科协携手共同开展大学科普工作。

第二，精心组织策划交流和培训活动。南京理工大学科协作为江苏省高校科协的负责单位之一，参与江苏省高校科协秘书处工作多年，为推动高校科协组织建设工作，在学术交流活动组织策划和科协工作培训方面做了大量工作，发挥了重要的作用。沈家聪曾到过无锡、扬州、连云港、淮安、南通等地，联合当地市级科协，共同推进所在地的高校科协组织建设。例如，南京理工大学科协协助地方科协共同举办了江苏省高校科协工作培训会、淄博市科技工作者创新能力提升培训班等；承办了由江苏省科协主办的俄罗斯军事科学院格里什耶夫·伊戈尔院士报告会、第七届江苏省青年科学家年会"科学精神与科学家的使命"分论坛，以及由南京市科协主办的南京科协大讲堂；还与天津理工大学科协共同承办了中国科协主办的第362次青年科学家论坛等。

　　第三，充分发挥科协代表的作用。南京理工大学科协作为江苏省高校科协树立的一个典型单位和标杆，同时作为全国高校科协工作研究会的牵头单位，带头发挥高校科协的代表作用。2016 年，沈家聪当选为中国科协"九大"代表，同时，他还承担了中国科协第九次代表大会江苏省代表团秘书长的工作。2018 年 9 月 28 日，中国科协书记处书记吴海鹰、中国科协办公厅副主任于小晗、江苏省科协副主席孙春雷、江苏省科协副巡视员杨文新等一行到南京理工大学调研，不仅调研了基层高校科协的工作，还检查中国科协"九大"代表的履职情况，召开了调研座谈会，调研结果显示南京理工大学科协表现突出。

　　调研座谈会在南京理工大学召开，会议由南京理工大学副校长钱林方主持。南京理工大学党委书记尹群，南京理工大学科协主席、中国科学院院士芮筱亭以及学校相关部门的主要负责人参加了会议。南京理工大学党委书记尹群在致辞中表示，对中国科协和江苏省科协长期以来对南京理工大学科协的关心和支持表示感谢，他从学校学科专业特色、科技创新成果、高层次人才培养等方面作了介绍。尹群书记还表示，南京理工大学是江苏省高校中率先建立科协组织的学校，学校一直高度重视科协工作。近年来，学校科协按照"围绕中心，搭建平台，形成桥架，服务师生"的工作方针，积极探索和拓宽科协工作的内涵，不断创新科协工作机制，在促进学术交流、传播科学文化、推荐优秀科技人才等方面，为学校的发展做了大量的、具有显著成效的工作，多次荣获"江苏省高校科协工作先进单位""江苏省科协系统先进集体""江苏省高校科协示范校（一等奖）"等荣誉；南京理工大学科协名誉主席王泽山院士于 2017 年度荣获国家最高科学技术奖；南京理工大学科协主席芮筱亭研究员于 2017 年当选为中国科学院院士；南京理工大学科协常务副主席沈家聪教授先后荣获"江苏省科协系统先进工作者""全国科协系统先进工作者"等荣誉，沈家聪还在 2014 年 12 月 15 日应中国科协邀请，在北京人民大会堂召开的中国科协会员日暨表彰大会上发言；2015 年荣获"江苏省科协系统先进工作者"，2016 年被推选为中国科协第九次全国代表大会代表并担任江苏代表团秘书长；这些成绩表明了南京理工大学科协有一个团结奋斗和积极向上的科协领导集体。

在这次会上，中国科协"九大"代表沈家聪作了九大代表履职汇报。他从加强高校科协组织建设使其发挥核心凝聚作用、拓展高校科协工作空间、完善科协工作机制等方面做了汇报。他表示，高校的优势和特色主要体现在科技工作者密集、学科门类齐全、专业学会众多等方面。因而，高校科协负有服务科技工作者和人才培养的双重职责。他明确呼吁：南京理工大学科协要关心青年科技工作者的成长，积极引导、组织青年科技工作者自觉地把个人的兴趣与国家和地方建设的战略需求结合起来，这样才能真正做到不断发现人才、培养人才、举荐人才、凝聚人才、成就人才，形成科协良好的优秀创新人才的成长机制，这是南京理工大学科协的工作重心。

吴海鹰同志在听取汇报后指出：科协组织是党和政府联系科技工作者的桥梁和纽带，是国家创新体系的重要组成部分。高校科协的发展，离不开学校党政的支持和重视，而科协的发展也会反过来促进高校创新，营造良好的学术氛围。她对南京理工大学科协沈家聪同志作为中国科协"九大"代表的履职工作给予了充分肯定，她从"工作做得早、工作做得全、工作做得实"三个方面，高度评价了南京理工大学科协的工作，她认为：南京理工大学科协组织体系完善，围绕学术交流、科学普及、创新创业、优秀科技人才举荐等方面开展了扎实而有效的工作。她还希望南京理工大学科协在拥有三十年磨一剑的宝贵经验基础上，再接再厉，创造更多可复制、可推广的经验，更好地服务广大科技工作者，在更大的舞台上发挥重要作用[8]。

总而言之，这些年来南京理工大学科协取得的成绩，表明其充分发挥了科协代表的作用。我认真阅读了沈家聪撰写的近万字的科协工作总结，这是他八年的收获，一份沉甸甸的高校科协工作实践记录，在工作总结中，他写道："8 年的高校科协工作实践，我忙得充实，累中有乐，我为能成为一名科协工作者而感到自豪。""前景是光明的，道路是曲折的；敢问路在何方，就在自己脚下。"我认为：他所带领的南京理工大学科协的工作成绩是有目共睹的，起到了很好的表率作用；对于各项荣誉，他和南京理工大学科协受之无愧。

在本章结束时，我还得代表《大学科普》杂志编委会和"大学科普丛书"编委会，特别致谢南京理工大学。《大学科普》杂志 2018 年第 3 期科学选题定为兵器科学与技术，原本是试探性地以一级学科的科普作为切入点，传播该学科领域的科学知识、科学方法、科学思想、科学精神、科学道德等内容，经编委会审议通过，确定了选题。组稿的工作得到了南京理工大学党委宣传部、团委、科学技术发展研究院、机械学院、知识产权学院、钱学森学院、学术委员会、科协等校内单位的高度重视和大力支持，也得到南京理工大学与本期主题相关的专家学者的积极响应，特别是青年科技工作者的积极响应，大家从人力、物力、财力上给予了极大的支持，本期编辑出版工作得以非常顺利地完成。本期刊出后，"大学科普丛书"（第一辑）的分册《火器传奇——改变人类历史的枪与炮》（钱林方等著）原创科普著作也问世；书中的"中国制式火箭炮"一章得到国内外高校相近专业和学科的广大师生以及军迷和公众的青睐，特别是火箭军官兵们的赞誉，以及其他军种的官兵们的好评。

南京理工大学科协的凝聚力、号召力、影响力是非同一般的，其发挥着重要作用，表现出了一流科协的综合实力。

参 考 文 献

[1] 钱林方. 钱林方副校长在由南京理工大学科协主办的"全国高校科协组织建设工作研讨会"上的讲话[EB/OL]. [2015-04-30]. http://www.njust.edu.cn.

[2] 靳萍. 服务支撑学会的精良——南京理工大学科协（节选）[J]. 大学科普，2018（3）：76-78.

[3] 南京理工大学学校简介[EB/OL]. [2023-12-30]. https://www.njust.edu.cn/xxjj/list.htm.

[4] 哈尔滨工业大学工学新闻. 钱学森与哈军工：共同助飞新中国"两弹一星"事业[EB/OL].（2016-12-13）[2024-03-25]. http://news.hrbeu.edu.cn/info/1141/9468.htm.

[5] 葛玲玲. 超燃！——由南京理工大学作为总师单位承研的某火炮系统亮相国庆阅兵式[EB/OL].（2019-10-01）[2024-03-25]. https://zs.njust.edu.cn/31/bb/c3554a209339/page.htm.

[6] 郑晋鸣. 进德修业志道鼎新——南京理工大学强军兴国的根和魂[N]. 光明日报，2014-12-02（6）.

[7] 《中国教育报》. 首届全国青少年高校科学营全面开营[N/OL].（2012-08-06）[2024-02-28]. http://www.moe.gov.cn/jyb_xwfb/gzdt_gzdt/moe_1485/201208/t20120806_140219.html.

[8] 李英. 沈家聪履职尽责 吴海鹰高度评价[J]. 大学科普，2018（4）：59-60.

第九章
积淀高校科协理论

现在国际国内形势比较复杂，非常迫切需要举办有关经济形势、国家安全、国内外军事动态形势、国际形势等方面的报告，让学校学生和青年教师能够开拓视野、辨清方向，明确自己的责任所在。[1]——王　浚

（中国工程院院士、北京航空航天大学科学技术协会主席）

本章阐释高校科协的第五项主要工作——坚持科协理论研究，要积淀高校科协理论。高校科协在推动科学技术创新、促进教育事业发展中起着重要作用。前面讲述了高校科协的诸多实践，这些实践为理论提供新的问题和挑战，推动理论的发展和改进，但对高校科协的理论研究还比较薄弱，还需要不断积淀高校科协理论。对高校科协形成系统性的理论认识，让高校科协工作者都有理论依据，才能更好地开展高校科协工作，以更好地助力科技和教育事业的发展。本章以北京航空航天大学科协为典型案例。中国工程院机械与运载工程学部委员、北京航空航天大学学术委员会名誉主任钟鹤鹏院士为《大学科普》"空天报国—北京航空航天大学科协科普工作专题"撰写了"立空天报国志，成领军栋梁才"卷首语，他写道："向莱特兄弟学习敢为人先的勇气，向冯如先生学习勇于创新的精神，为国为民解忧，用知识和责任创造中国人的奇迹，一直是'北航人'的真实追求。"[2]北航人将理想与国家发展紧密相连，重视科协组织建制与文化建设，并注重加强高校科协理论研究[3]。

第一节　将理想与国家发展紧密相连

将理想与国家发展紧密相连才能推动科技和教育事业的发展。北航人把理想与抱负、传承与发展始终和国家、民族紧密联系在一起促进了科技人才自身的成长成才和学校的发展。我与北京航空航天大学

科协秘书长王晓峰博士正式见面，是在 2018 年 5 月 6 日，他第一次来到重庆大学《大学科普》杂志编辑部，来对我进行专访。原本王晓峰秘书长是带着高校科协理论研究的一系列问题来进行专访的，但我却有意外的收获，他让我和《大学科普》编辑部的编辑们系统了解和学习了培养中国"红色航空工程师"摇篮的辉煌历史。王晓峰秘书长推荐给了我们一本书——《群师荟萃——北航建校初期师资人物志》。这本书，是由北京航空航天大学党政办公室和北京航空航天大学老教授协会联合编著的。我认真阅读完了这本书后才算真正了解了"北航精神"。《大学科普》杂志的实习编辑中有重庆大学学生航模协会的成员，他们本科想读北航的梦想未能实现，想再努力考北航的研究生。后来，重庆大学学生航模协会的会员有那么连续几年都会收到北京航空航天大学研究生院的录取通知书。于是，我带领着实习编辑们，通过北京航空航天大学科协走进了北京航空航天大学。北京航空航天大学所散发出的强大感召力表现在北航文化之中，这种文化，不仅汇聚着气逾霄汉的家国情怀，也凝结着极其厚重的历史底蕴，一代又一代北航人用自己不懈的努力凝结出一种北航精神，堪称我国"红色航空工程师"的摇篮。

一、应国家需求而创建的航空航天高等学府

北京航空航天大学的前身北京航空学院创建于 1952 年 10 月 25 日，1988 年改名为北京航空航天大学，是在清华大学航空工程学院和四川大学、北京工业学院（现北京理工大学）航空系合并的基础上成立的。其中，清华大学航空工程学院由清华大学航空工程系（1938 年）、北洋大学航空工程系（1935 年）、西北工学院航空工程系（1944 年）和厦门大学航空工程系（1944 年）于 1951 年组建而成；四川大学航空系由云南大学航空工程系（1944 年）和四川大学航空系（1945 年）组建而成；北京工业学院航空系由中央工专航空工程科（1949 年）和华北大学工学院航空工程系（1950 年）于 1951 年组建而成。北京航空航天大学老校长曹传钧在《群师荟萃——北航建校初期师资人物志》一书的序中写道作为新中国第一所航空航天科技大学，国家非常重视，给予了强有力的支持。当时，一下子就请来了 9 位苏联专家。这 9 位苏联专家包括院长顾问、教务长顾问，还有各个专业课和主要专业基础课的导师。1952~1957 年，在苏联专家的帮助下，建校初期的教师和以后新增教师共同努力，用了 5 年时间，按照苏联的教学模式从头到尾把整个教学计划执行了一遍，并且根据中国的国情进行了修改。第一批学生从 1952 年进校到 1957 年毕业，基本掌握了所学课程；教师也基本掌握了新的教学环节，并根据课程内容编写了教材。[4]

北京航空航天大学建校初期的师资队伍是一支创业的队伍、一支优秀的队伍，也是为新中国航空航天教育事业作出了奠基性贡献的一支队伍。为了让全国高校广大师生更加了解北航的发展历史，不忘初心，砥砺前行，让我们一起基于《群师荟萃——北航建校初期师资人物志》去了解北京航空航天大学建校之初 8 所院校航空系/航空工程系的 8 位带队人。时任我国航空航天部部长林宗棠，在 1992 年北航 40 周年校庆纪念大会上讲道："没有北航，就不会有新中国的航空工业。"[4]

北京航空航天大学建校以来，一直是国家重点建设的高校之一，是全国第一批 16 所重点高校之一，是我国 20 世纪 80 年代最早一批恢复学位制度、设立研究生院的 22 所高校之一。北航首批进入"211 工程"；2001 年又进入"985 工程"；2013 年入选首批"2011 计划"国家协同创新中心；2017 年入选国家"双一流"建设高校名单。

北京航空航天大学肩负国家神圣的使命，也承载国家宏伟的愿景，经过了半个多世纪的沧桑洗礼，一代又一代北航人传承着"德才兼备、知行合一"的校训，在教学、科研和管理工作中凝练出了一种精神，即"勇于创新、敢为人先；艰苦奋斗、百折不挠；笃行诚信、严谨求实；团结奉献、爱国荣校"的北航精神，这就是北航人的精神支柱，也是学校的文化内核。北航人心系祖国、坚持立志报国的决心，始终把振兴祖国的航空航天事业和国防科技工业、实现国家的富强和中华民族的伟大复兴视为己任。正是基于这种优良的传统，北航人始终有着一股强烈的荣誉感、责任感和使命感，具有讲大局、讲团结、讲奉献，爱北航、爱国防、爱祖国的精神与品质。[2]

二、为祖国航空航天事业做出卓越贡献的北航人

北航建校初期集中了国内航空界和相关科技领域的大批精英和大师，加上一批朝气蓬勃的年轻教师，为北航的建设和发展奠定了坚实的人才基础。北航历史文化名人中的八位领军人物与北京航空学院建校后第一批入学学生中的六位栋梁之材的精神都是值得我们去传承和弘扬的。在《大学科普》编辑部实习的重庆大学学生航模协会会长夏开心、副会长张瑞成，还有会员李俊等一大批实习编辑们一边学习、一边领会北航八位领军人物和六位栋梁之材的爱国情怀和科学家精神，并对相关材料进行编辑和整理后，在新浪微博"大学科普"官方号上一条一条地进行推送，这一整理和推送工作在北京航空航天大学官方公众号受到了赞扬。《大学科普》杂志与北京航空航天大学官方公众号互动，还与全国各大高校的航空航天学院进行交流，取得了意想不到的收获。后来，这项活动成为重庆大学学生航模协会一门科学精神教育实践课，实习编辑们深有感触地说：不了解北航八位领军人物和六位栋梁之材便不能完全了解北航，也不能完全了解中国航空。[4]

1. 八位领军人物

轻启时光之门，翻开 1952 年北航建校时由全国 8 所院校组建北航航空系厚重的历史，沈元、王俊奎、林士谔、王洪星、王绍曾、吴云书、饶国璋、张锡圣 8 位带队人成为北航建校历史文化名人。他们，勤劳朴实、埋头苦干、不断创新；他们，严谨治学、实事求是、奋斗不息；他们，心系学生、投身科学、醉心教育；他们，为北航培养和造就了一批又一批杰出人才；他们，为祖国航空航天教育事业和科学研究发展事业作出了卓越的贡献（图 9-1）。

沈元，福建福州市人，清华大学航空工程学院在 1951 年组建之前的清华大学航空工程系的带队人。空气动力学家、航空工程学家和航空教育家。沈元早年以优异成绩考入清华大学学习航空，但在入学后的第二年，"七七事变"爆发。国难当前，沈元和清华的老师、同学在艰苦的环境下先后在长沙、昆明研究、学习，沈元以优异成绩毕

图 9-1 1985 年 6 月，组建北航的原八院校航空系科领队合影
（图片来源：北航校史馆）

注：从左至右为厦门大学林士谔、中央工专张锡圣、华北大学工学院王俊奎、清华大学沈元、
云南大学王绍曾、西北工学院吴云书、四川大学赵世诚（当时四川大学航空系领队为饶国璋
老师，因饶老师已故，由赵世诚代表该校）、北洋大学王洪星。

业后留任清华大学航空工程系。1943 年，沈元获得英国文化委员会
提供的奖学金，被推荐到英国伦敦大学帝国理工学院航空系攻读博士
学位，他的博士论文《大马赫数下绕圆柱的可压缩流动的理论探讨》
被推荐在英国皇家航空研究院的报告上发表。抗战结束后，他毅然回
国任教。之后，他在 1952 年全国院系调整时，带领清华大学航空工
程学院师生参加创建北京航空学院，全心全意地投入从校址选择、基
建计划到专业设置、课程安排和师资培养的工作，还主持和组织力量
于 1958 年自行设计制造了国内第一座中型超音速风洞实验室，为教
学和科研发挥了重要作用。1980 年，沈元成为北航第一位中国科学
院院士（学部委员），并于同年被任命为北京航空学院院长，他将自
己的一生都献给了祖国的航空科学和教育事业。

王俊奎，山西广灵人，北京工业学院航空系在 1951 年组建之前
的华北大学工学院航空工程系带队人。固体力学家、航空工程教育
家。王俊奎青年时看到日本飞机经常在北平繁华地区低空飞行的挑衅
行为，深感中国科学技术落后之痛苦和屈辱，下定决心赴美国学习航
空。他先后在 20 世纪最伟大的美国工程学家冯·卡门和世界著名力
学家铁木辛柯门下受教。他在研究加筋圆筒受压稳定问题时提出的理
论公式"加筋筒轴压临界应力公式"在 1943 年由美国全国咨询委员

会出版的 NASA—RBJ28 中被称为"王氏公式"。1945 年，他又到诺斯罗普飞机工厂担任高级结构研究工程师和组长，参加了世界上第一架夜间战斗机"黑寡妇"和"飞翼"飞机的研制工作。1947 年太平洋恢复通航后，王俊奎毫不犹豫地放弃了在美国的高级职位、优厚待遇和科研条件，返回祖国。1952 年全国院系调整时，王俊奎参加创建北京航空学院。建校初期，他担任建校委员会委员。1962 年，创建热强度研究室并担任主任，为航空航天飞行器结构的研制发挥了重大作用。

　　林士谔，广东广州人，清华大学航空工程学院在 1951 年组建之前的厦门大学航空工程系带队人。自动控制学家。林士谔 1935 年赴美留学，在麻省理工学院学习航空工程，师从世界著名陀螺仪表专家德雷珀教授，获博士学位。他在博士论文《飞机自动控制理论》中，创造性提出高阶方程劈因解根法。这种方法后来被国际数学界命名为"林氏法"（Lin's Method），至今依然还在被广泛地应用。1952 年全国院系调整时，林士谔参加创建北京航空学院的工作，是北航飞机设备系的奠基人之一。当时，他积极筹建国内第一个陀螺与惯性导航研究室，设计制造出一种新型的液浮陀螺仪，填补了中国航空陀螺仪领域的空白。1960 年，在他指导下，北航研制出了动压气浮陀螺马达样机。

　　王洪星，湖南湘潭人，清华大学航空工程学院在 1951 年组建之前的北洋大学航空工程系带队人，机械制造专家。王洪星 1936 年考入位于天津的国立北洋工学院（简称北洋工学院）航空系，翌年，日本发动全面侵华战争。战争中，王洪星随校远赴西安继续学业，1940 年毕业从事教育和研究工作，数年后赴美进修实习，在那里，他学习到了美国的先进航空技术。回国后，王洪星到母校北洋工学院航空系任教，展开了为祖国航空教育事业服务的新篇章。1952 年全国院系调整时，王洪星参加创建北京航空学院工作。建院初期，他担任机械原理及机械零件教研室负责人。1958 年以后，王洪星把他的主要力量转向科学研究，着力于谐波传动研究，成为我国谐波传动技术、齿轮传动技术及牵引传动技术的开创者之一。

王绍曾，河北高阳人，四川大学航空系在 1951 年组建之前的云南大学航空工程系带队人，航空教育家。王绍曾早年留学法国，每当看见法国飞机在空中翱翔，他就想起日本侵略军飞机飞临北京上空的情景。于是，他断然放弃攻读物理学博士学位的机会，转而进入法国国立高等航空学校攻读航空工程，并写下了"研习物理本夙志，为报奇辱改航工，他日应得偿宏愿，冲天铁翼啸东京"的诗句。他在国立高等航空学校以优异的成绩获得了航空工程师学位和洛氏奖金，受聘于法国席格玛航空发动机工厂任设计工程师。当欧亚之间的交通恢复后，他就立刻辞去条件优渥的工作，于 1945 年回到抗日大后方重庆，应邀到云南大学担任教授兼航空工程系主任。1951 年中央决定，云南大学航空工程系并入四川大学航空系。1952 年全国院系调整时，王绍曾参加创建北京航空学院工作，担任第一届院务委员会委员，是北航航空发动机系的奠基人之一。北航初建时只有航空发动机设计和工艺教研室，之后，当由活塞式发动机逐渐更新到涡轮喷气发动机以后，王绍曾又不失时机地建立了新专业。

吴云书，陕西高陵人，清华大学航空工程学院在 1951 年组建之前的西北工学院航空工程系带队人，材料科学与工程专家。吴云书 1942 年从西北工学院航空工程系毕业以后，于 1945 年赴美国进修学习，1947 年回国在母校西北工学院任教。1951 年根据中央指示，西北工学院航空工程系并入清华大学，成立清华大学航空工程学院，吴云书赴清华任教。1952 年，吴云书参加创建北京航空学院的工作。建院初期，他任北航院务委员会委员，参与学校的规划和建设，筹建航空冶金系（四系）。几十年来，吴云书参与和主持了多项院校改革和调整，根据航空航天工业发展的需求，在学科建设的预见性和前瞻性方面作出了重要贡献。1954 年，吴云书组织筹建航空冶金专业，在一无学生、二无教师的条件下，他和同事们不仅完成了任务，还在 1957 年培养出了第一批研究生毕业生，这批学生中有的成了航空冶金专业教师队伍的骨干力量，有的后来成为中国工程院院士。改革开放以来，他积极组织本系的对外学术交流，积极提携中青年教师挑重担，推进材料科学与工程系的建设，为北航的学科建设、学术交流和人才培养作出了重要贡献。

饶国璋，江西进贤人，四川大学航空系带队人，他是热加工工艺专家。饶国璋留法八年，历尽贫困艰辛，先后就学于法国汪朵孟公学、巴黎百科工艺学院和巴黎大学，后又在五六家飞机制造工厂里做工，参加了多种产品设计定型、工艺制造和具体生产实践。从空气动力学、飞机设计、飞机制造到发动机工艺以及铸、锻、焊、热处理等生产技术，他都潜心研究、深入实践，掌握法、日、英、俄4门外语。1927年回到祖国。他踌躇满志，全身心投入到飞机设计和制造中。由他负责设计和制造的中国第一架飞行教练机"成功第一号"终于在1929年于上海虹桥机场试飞成功，开创了中国飞机制造工业的新篇章。1952年全国院系调整时，饶国璋率领四川大学航空系全体师生从成都出发抵达北京，为全国8所航空院系合并、创建新中国的第一所航空高等学府北京航空学院铺上了一块重要的奠基石。饶国璋对师资队伍建设极其重视，他提出教研室必须进行教学研究，教师要对教学内容和教学方法进行讨论和研究。

张锡圣，湖南永顺人，北京工业学院航空系在1951年组建之前的中央工专航空工程科带队人，他在火箭发动机高频振荡燃烧理论和流体润滑理论方面有深入研究。张锡圣曾经在上海交通大学机械工程系学习。毕业后在航空委员会机械处和成都第三飞机制造厂从事一线技术工作，后又赴美国丹佛航空学校及航空工厂进修和实习，1947年回国后先后在贵阳高等工业学校及中央工业专科学校任教。1951年率领中央工专航空工程科师生赴京，与华北大学工学院航空工程系合并。1952年参加创建北京航空学院。建校初期，参与筹建航空发动机系，任航空发动机系副主任，他协助系主任为航空发动机系的专业课程建设和实验室建设作出了积极贡献。后调任北航任副教务长，协助教务长负责全院的教学组织管理工作，为建院初期北航全院的教学工作付出了辛勤劳动。1957年北航成立火箭系，他担任火箭系的系主任，后任北航分院院长、北京航空学会理事长。

2. 六位栋梁之材

1952年北京航空学院建校后的第一批学生中的6位成为今天中

国科学院和中国工程院的两院院士。[5]正如郭姝、吴文鑫在"北航首批本科生炼出六院士"一章中讲述的：1952年10月，恰是老舍笔下北平最美的秋。为了我国国防科技力量的增强，为了中华民族航空航天事业的发展，中华人民共和国第一所航空高校——北京航空学院在北京诞生，于1988年4月改名为北京航空航天大学。2017年10月25日，北京航空航天大学迎来了65周年校庆，1952年入学的第一批近百名首批本科生重返校园，为母校庆生。这批学生中成为中国科学院和中国工程院两院院士的有6位，他们是陈懋章、郭孔辉、戚发轫、陶宝祺、王永志、钟群鹏。[6]

中国工程院院士陈懋章，四川成都人，航空发动机专家。他1957年毕业于北京航空学院，1979~1981年，作为改革开放后第一批访问学者在英国帝国理工学院从事湍流研究；1999年，当选为中国工程院院士。他主持建设了低速大尺寸压气机实验台并主持研发完成了动态测量技术，该实验台是研制核心压气机的主要设备，在低速模拟高速的理论、旋转流场测量技术等方面有所创新，对提高中国设计研制水平有重要作用。他长期从事叶轮机气动力学和黏性流体动力学研究的教学与研究工作，在他指导的某型发动机跨音压气机改型设计中，他提出了一种新型压气机处理机匣，保证了发动机在整个飞行包线内稳定可靠地工作，排除了空中熄火故障。它为解决高负荷高通流压气机获得高效率、高喘振裕度的难题，提供了实用而有效的方法，对促进中国发动机设计研制具有重要意义和实用价值。2013年12月，中国航空工业集团授予陈懋章院士"航空报国金奖"。

中国工程院院士郭孔辉，福建福州人，吉林工业大学（现吉林大学）教授、博士生导师，1994年当选为中国工程院院士。1952年郭孔辉以优异的成绩考取清华大学航空系。1953年，18岁的他第一次踏进北京航空学院。1954年，郭孔辉被通知离开北航前往华中工学院学习汽车专业，一年后又被并入长春汽车拖拉机学院。割舍最爱的航空专业，从北京到武汉再到长春，他的心里怅然无比。无数个不眠之夜，无数次扪心自问，年轻的郭孔辉终于豁然开朗："无论是天上'飞'的还是地上'跑'的，只要是国家需要的，我就一定把它做好!"郭孔辉是我国汽车工程科学技术领域做出重大贡献的专家,也是我国汽车轮胎力学的主要奠基人,是最早将系统动力学理论与随机振动理论引入汽车振动与载荷研究的学者。他在汽车操纵稳定性,含制动与驱动稳定性、平顺性等科技创新领域取得了突出成果,获全国"五一"劳动奖章、全国归侨先进个人、中国汽车工业 50 周年"50位杰出人物之一"荣誉称号。

中国科学院院士陶宝祺,江苏常州人,结构测试专家、航空教育家。他 1957 年毕业于北京航空学院,南京航空航天大学教授、博士生导师,1999 年当选为中国科学院院士。他长期从事智能材料结构、测试技术和力学的科研与教学工作,是中国航空智能材料与结构研究的开拓者之一,提出了结构强度自诊断自适应的理论等,拓宽测试与记忆元件研究领域,发明了可以反复使用和逐个标定的弓形应变计等,主持多项大型工程测试项目,其中,主持了直 6 机的全机应力和振动测试工作。他是"五一"劳动奖章获得者、国家级有突出贡献的专家。

中国工程院院士戚发轫,辽宁复县人,空间技术专家。他 1957年毕业于北京航空学院。"神舟号飞船"总设计师,北京航空航天大学宇航学院名誉院长、博士生导师,2001 年当选为中国工程院院士。取得的主要成就:参与了中国第一枚仿制导弹"东风一号"的研制工作,中国自行设计"东风二号"的发射工作,"东风四号""长征一号"等结构和总体设计工作。他参与导弹研制工作后,又参与了中国长征一号运载火箭的结构和总体设计。1968 年正式从火箭研制转向卫星研制,并成为中国自行研制的第一颗卫星"东方红一号"的技术负责人之一,也是我国"航天十八勇士"之一。他在主持东方红二号通信卫星研制工作时,提出并建立了卫星可靠性设计规范,为提高卫星可靠性作出了重要贡献。他在主持"东方红三号"第二代通信广播卫星时,采用公用平台和模块化设计原则和多项新技术,让中国通信卫星上了一个新台阶,并为后续卫星研制提供了一个技术成熟的公用平台。他在主持"神舟"号飞船研制工作期间,瞄准具有中国特色、符合中国实际情况的总体方案,实现了神舟五号载人飞船首次载人飞行。他在 2000 年获第三届光华工程科技奖，在 2003 年获何梁何利基金"科学与技术进步奖"。

中国工程院院士王永志，辽宁昌图人，我国航天科技专家，中国载人航天工程开创者之一。1952 年考入清华大学航空工程学院后因院系调整并入北航，1961 年毕业于莫斯科航空学院导弹设计专业，1992 年当选为国际宇航科学院院士、俄罗斯宇航科学院外籍院士，1994 年当选为中国工程院院士。他长期致力于中国战略导弹和运载火箭的总体设计与研制工作，提出了一系列推动中国载人航天工程跨越式发展的设计思路，正确处理了许多重大技术问题。2004 年获国家最高科学技术奖；2010 年 5 月 4 日，国际永久编号第 46669 号小行星被命名为"王永志星"。

中国工程院院士钟群鹏，浙江东阳人，失效分析预测预防专家，教育家。他 1957 年毕业于北京航空学院，中国失效分析学科的开拓者之一，曾任北京航空航天大学教授，校学术委员会主任。1999 年当选为中国工程院院士。长期从事材料的断口分析，逐步开展并进入断裂分析、断口机理研究、重大事故分析以及断裂的预测预防工程领域研究工作。他创建了中国第一个失效分析学会，构建了中国机械装备失效分析预测预防的完整学科体系雏形。他还组织参与了中国机电、航空、航天及众多国民生产领域的 500 多起重大灾难事故的分析调查，做出了科学、准确、令人信服的公正结论。

3. 以立德树人为根本任务

如今，北京航空航天大学坚持以立德树人为根本任务，突出人才培养的中心地位，把培养拔尖人才与强化爱国担当相结合，在知识创造中培养人才，在人才培养中创造知识，着力培养理想高远、学识一流、胸怀寰宇、至真唯实的领军领导人才。打造一流本科生教育，推进大类招生，扩大专业自主选择权，突出厚基础、个性化、导师制、小班化的培养，健全完全学分制。推进通识教育、书院育人，发挥华罗庚班、吴大观班、人文社会科学实验班及高等理工学院、中法工程师学院等实验班和荣誉学院的引领辐射作用。构建知识学习、能力实践、国际交流三位一体大课堂，强化跨学科实践、社会实践和创新创业实践。研究生教育坚持面向国家战略需求，立足国际学术前沿，改革创新教育教学机制，重点实施尖端优质生源汇聚、精品课程体系构筑、国际交流深度拓展、多方聚力协同育人、创新激励分类优秀、卓越导师队伍建设等行动计划，着力打造"重创新、强能力、高规格"的人才培养质量品牌，探索出大飞机班、发动机班、信息安全班等定制化高层次人才联合培养模式。创新人才培养工作硕果累累，涌现出了以"北航1号""北航2号""北航3号"探空火箭为代表的一大批学生科技创新作品。2010年以来，研究生就有近400人次获省部级以上的科技成果奖，其中国家级科技奖励署名参与后备人才达70余人次，在国际顶级学术刊物上发表论文的数量显著增长，全国工程硕士实习实践优秀成果获得者、全国作出突出贡献的工程硕士学位获得者等国家级荣誉称号数量处于领先地位。春华秋实，芬芳桃李满天下。北京航空航天大学为国家培养了一大批学术精英、兴业人才和治国栋梁，为国家主流行业和骨干单位输送了大量优秀毕业生。[6]

三、推动航空航天科学研究

北京航空航天大学作为研究型大学，始终把科研领先和杰出校友作为判定办学的两个核心标准。在科技创新方面，重点突出了科学研究与国际视野，成为实现培育创新人才、引育高端人才、提升科研能力的重要载体。

科研工作。自建校以来，北京航空航天大学承担了一系列国家（国防）科研任务及产学研合作项目。学校目前承担的国家（国防）计划项目包括国家重点研发计划项目（课题）、国家重点基础研究发展计划项目（课题）、国家高技术研究发展计划项目（课题）、国家科技支撑计划项目（课题）、民口国家科技重大专项课题、公益性行业科研专项项目（课题）、国家重大科学仪器设备开发专项项目、国际科技合作项目、国家自然科学基金项目、北京市自然科学基金项目、博士点基金项目、部委及省区市科技计划项目（课题）、人文社科科研项目（课题）、国家安全重大基础研究项目、武器装备探索研究计划项目、预先研究项目、国防科工项目、军品型号研制生产项目、国防创新特区项目近 20 个大类。

创新平台和科研基地。北京航空航天大学始终瞄准国家战略需求和国际学术前沿，打造顶级创新平台和一流科研基地。2006 年，获批筹建航空科学与技术国家实验室。学校已形成以国家实验室建设为龙头，国家级重点实验室、国家级工程中心和省部级重点实验室（中心）建设为支撑，具有多层次、多类型、有机衔接交叉互动的科技创新平台。

国际合作。坚持扎根中国，融通中外。北京航空航天大学提出了"UPS 国际化发展战略"，构建了北京航空航天大学国际交流合作网络和平台，形成了全方位、多层次、宽领域的对外开放格局，有力提升了学校的国际影响力和竞争力。先后与国外近 200 所著名高校、一流研究机构和知名跨国公司建立了长期稳定的合作关系。加入了国际宇航联合会、T. I. M. E. 联盟、中欧精英大学联盟、中俄综合性大学联盟、中俄工科大学联盟等国际联盟和学术组织。创设了中德软件联合研究所、中英空间科学与技术联合实验室等一批高端国际合作平台。获批设立联合国附属空间科学与技术教育亚太区域中心、亚太空间合作组织教育培训中国中心和北斗国际交流培训中心。2017 年，联合"一带一路"国家顶尖高校共同建设北航北斗丝路学院，开启北斗导航服务于"一带一路"的新起点。

学术期刊。学术期刊是学术交流和知识传播的重要窗口，也是表达学术话语权的重要阵地。一所高水平、研究型的综合大学承办的学术期刊代表着这所学校在该领域学科发展的学术实力和学术影响力。北京航空航天大学承办了《北京航空航天大学学报》（自然科学版）、《北京航空航天大学学报》（社会科学版）、《复合材料学报》、《航空学报》、《中国航空学报》（英文版）、《航空动力学报》等期刊。

北京航空航天大学，从培养"红色航空工程师"的摇篮到在尖端技术研究领域始终居于国内高校前列，研制发射（试飞）成功的多种型号飞行器填补了国内多项空白，如中国第一架轻型旅客机"北京一号"、亚洲第一枚探空火箭"北京二号"、中国第一架无人驾驶飞机"北京五号""蜜蜂"系列飞机、共轴式双旋翼无人驾驶直升机等。一代又一代的北航人，用饱含深情的"爱国奉献、敢为人先、开放包容、笃行坚卓"的北航精神，表达了对祖国的奉献之情。

第二节　重视科协组织建制与文化建设

当我们静下心来，回顾全国高校科协发展的历史进程时，就会发现，一代又一代从事高校科协工作的同仁志士们，他们在激情燃烧的岁月里，一步一个脚印踏踏实实地在基层高校科协平凡的岗位上工作，一年岁月一份情，留存下了许多值得传承的工作经验与研究成果，其中最为突出的是北京航空航天大学科协的组织建制与文化建设工作。

一、高校党政领导重视科协组织建制工作

北京航空航天大学科学技术协会（简称北航科协）。北航科协是学校党委领导下的科技工作者群众组织，是校党委和行政联系广大科技工作者和准科技工作者（研究生和大学生）的桥梁和纽带，也是推动学校教学工作和科研工作发展的一支不可或缺的重要力量。北京航空航天大学历届党政领导，都十分重视科协组织建制工作。自1988年科协成立以来，一直保持着学校二级单位独立建制模式，充分体现了完备的科协基础组织建设能力，有了健全的组织机构，在人力、财力、物力上也得到了充分的保障。因此，长期以来，北航科协在学校科技和教育中心工作中发挥着与校内其他党群组织和行政组织部门不可替代的重要作用。

北航科协作为中国最早一批基层高校科协组织中的一员，不仅是北京市高校科协的"领头羊"，而且也是我国"国防七子"高校科协组织中的枢纽，是全国高校科协组织建设工作的带头高校科协之一，长期享有很高的导向地位。据我了解，从目前已成立科协组织的学校

来看，连续召开过五次以上换届代表大会的很少，而北航科协就是其中之一。北航科协从 1988 年到 2021 年的 33 年中的组织建制，为全国高校科协组织建设作出了表率。

历史沿革。北航科协成立于 1988 年 7 月 21 日。自第一届北航科协会员代表大会召开以来，经历过第二届、第三届、第四届和第五届北航科协会员代表大会。在此期间，北航校长、科协主席、科协秘书长担任者见表 9-1。

表 9-1　北航科协历届会员代表大会及领导任职情况

历届会员代表大会	召开时间	校长	科协主席	科协秘书长
第一届会员代表大会	1988 年 7 月 21 日	曹传钧	曹传钧	潘天敏
第二届会员代表大会	1993 年 1 月 18 日	沈士团	沈士团	朱淑桃
第三届会员代表大会	1998 年 6 月 20 日	沈士团	沈士团	白如冰
第四届会员代表大会	2003 年 12 月 22 日	李未	李未	白如冰、黄正
第五届会员代表大会	2010 年 1 月 15 日	怀进鹏	王浚	史文军、王晓峰、宣宁

组织建制。北航科协的组织建制，由学术建制和行政建制两个部分交叉构成。有关学术建制，由历届北航科协会员代表大会选举产生的科协委员组成全委会，下设的科协秘书处（行政机关）负责科协日常工作，北航科协全委会的委员来自全校的基层学术组织如学院、研究中心和各个机关部门的专家学者。现任北航科协主席由中国工程院王浚院士担任，2 名副主席分别由一位主管科协工作的副校长和一位知名专家担任，秘书长 1 名，常务委员 19 名，委员 68 名。北航科协团体会员由老科协（老科技工作者协会、老教授协会、老教育工作者协会，简称"三老会"）、青年教师科协、研究生科协、大学生科协以及挂靠学校的各级各类学术性科技社团的办事机构以及学术期刊编辑部组成。有关行政建制，北航科协是由学校定制定编，校科协秘书处为行政处级单位，隶属学校行政机关，有行政专职编制。北航科协的主要任务如下：组织开展国际国内学术交流活动，为挂靠学会提供联络、协调等服务，组织离退休科技人员参与教学和科研活动，举荐优秀科技青年教师等，全面指导研究生科协和大学生科协的课外科技活

动等。经费来源：每年学校按照科协工作计划下拨经费并列入学校经费预算计划。

长期以来，在北京市科协召开的多次高校科协工作研讨会上，北航科协的组织建制模式，一直得到了中国科协和北京市科协的充分肯定。例如，早在1990年北京市科协召开的高校科协工作研讨会上，北航科协潘天敏秘书长作了全面的工作汇报后，得到了中国科协高度评价，周林主任说：北航科协的组织建设，是全国高校科协的一个模式。2000年后，北京市科协常务副主席田小平和副主席周立军，也分别多次在北京市高校科协工作座谈会上赞扬北航科协的组织建制模式。再后来，在2018年，北京市科协常务副主席司马红，北京市科协副巡视员、科普部部长陈维成等一行6人到北航科协调研时，也对北航科协的组织建制和科协工作给予了高度赞扬和充分肯定。总而言之，北航科协在北京市科协的大力支持下，由于科协组织健全，也有人力、财力、物力的基础保证，在推进学校的学术发展上发挥了科协组织独有的重要作用。北航科协不仅得到了学校广大科技工作者的认可，也得到了学校的褒奖。北航科协创造了全国高校科协在组织建设上的奇迹，长期发挥着基层高校科协组织建设战略引领性的重要作用。

二、坚强组织领导下的高校科协有序推进"五大职能"

当我们在研究北航科协的工作特色时发现，"三大优势"和"五大职能"为他们屡创佳绩提供了保障。北航科协的"三大优势"主要表现在：承担由中国科协主办的全国性学术活动最多；承担全国一级学会的学术活动最多，特别是承担了中国宇航学会、中国航空学会、中国航海学会"三航"学术活动；承担全国性大学生的科技活动也最多，比如承担"挑战杯"全国大学生课外学术科技作品竞赛，迄今为止，北京航空航天大学是全国唯一承办过两次决赛的学校。

"五大职能"主要表现在：组织学术交流的工作职能，举荐优秀科技人才的工作职能，开展航空航天科学技术普及的工作职能，服务挂靠学会的工作职能，加强高校科协理论研究的工作职能。

组织学术交流的工作职能。北航科协现任秘书长王晓峰告诉我：开展学术交流活动的工作，是北航科协生命力和凝聚力的具体表现，也是我们高校科协工作职能中的一项永恒的重要工作职能。我去全国各地兄弟院校科协调研之后了解到，基层高校科协普遍都是把组织学术交流活动工作放在首位。这些年来，北航科协在中国科协学术共同体中开展学术交流工作，长期坚持承接中国航空学会、中国宇航学会等全国学会组织的全国性学术会议；经常与学校相关行政部门联合举办跨学科的学术交流会议。比如与科研院和科技开发部等校内二级单位联合组织举办的跨学科、跨院系、跨学会的学术交流会议；承接部分产学研项目以及科技成果对接方面的工作会议；还受中国科协和北京市科协的委托，举办全国性和北京市高校科协工作研讨会等。特别是从 2017 年 10 月开始，由北航科协创办的"北航科协大讲堂"品牌学术活动，由北航科协主席王浚院士亲自主持，邀请了校内外知名学者分别作了题为"航空文化与创新思维""爱祖国、爱航天，矢志不移为国家造箭""当前国际形势、中国外交与中美关系"等精彩报告，深受广大师生好评。

同时，还组织召开了青年教师学术沙龙，这是学校为青年教师提供的一个学术交流、信息沟通、增进友谊的重要平台。该学术沙龙，利用午休时间举行，且提供盒饭，让年轻教师在轻松的学术气氛中进行思想交流和情感沟通。2018 年，北航科协主席王浚院士在北航科协大讲堂第七讲"爱祖国、爱航天，矢志不移为国家造箭"中特别指出：现在国际国内形势比较复杂，非常迫切需要举办有关经济形势、国家安全、国内外军事动态形势、国际形势等方面的报告，让学校学生和青年教师能够开阔视野、辨清方向，明确自己的责任所在。因此，北航科协把加强学术交流活动放在了工作的首要位置。为服务学校的学术文化建设，活跃科技工作者的学术思想，促进交叉学科和边缘科学的发展，在开展跨学科、跨院系、跨学会的学术交流活动上下大功夫。王浚院士还强调：围绕国际形势分析、航空、航天、船舶、高铁、深海、深空、高端武器制造等领域，积极组织邀请著名学者，定期举行"北航科协大讲堂"学术活动，传承北航大师精神，打造北航学术品牌，不断增强北航师生的"爱祖国、爱航空、爱航天、爱北航"的"四爱"情怀。

举荐优秀科技人才的工作职能。自1990年以来，北京航空航天大学就明确要求学校科协要加强和注重举荐优秀科技工作者的工作。北京航空航天大学科协重点组织推荐优秀科技工作者的主要渠道如下：光华工程科技奖（评奖单位：中国工程院）、中国青年科技奖（评奖单位：中国科协）、中国青年女科学家奖（评奖单位：中华全国妇女联合会、中国科学技术协会、中国联合国教科文组织全国委员会）、中国航空学会青年科技奖（评奖单位：中国航空学会）、中国航空学会科学技术奖（评奖单位：中国航空学会）、茅以升北京青年科技奖（评奖单位：北京市科协）、北京市优秀青年工程师评选（评奖单位：北京市科协）、北京市科普创作出版专项资金（审批单位：北京市科协）、北京市优秀青年工程师评选等渠道，同时重点关注和推进中国科协系统的申报工作。截至2022年，北京航空航天大学荣获中国青年科技奖的学者共计26位。其中，怀进鹏荣获第三届"茅以升北京青年科技奖"，王华明荣获第五届"茅以升北京青年科技奖"，张广军荣获第七届中国青年科技奖，张军荣获第八届中国青年科技奖。这些优秀科技工作者，有的学者已经是中国科学院和中国工程院院士，也有的学者已担任高校校长。

开展航空航天科学技术科普的工作职能。北航科协自成立以来，开展航空航天科学技术普及工作，做得有声有色。学校科协在动员和组织广大科技工作者积极参与科普工作方面，取得了显著成效。在组织形式上，主要是通过组织开展报告会和展览宣传会等方式，面向大中小学学校、社区、公众，大力开展航空航天领域的科学知识普及，彰显出了北航特色学科和北航人的自信，为中国航空航天科普事业作出了重要贡献。这里特别值得学习的是一项由北航科协在校内牵头发起创办的"冯如杯"品牌竞赛活动，这项活动是北航科协开展科学技术普及工作的一个重要抓手。1990年春，由时任北航校长、第一届北航科协主席曹传钧提议，由北航科协秘书处发起并牵头，学校科技处、教务处、学生处、团委等单位联合创办的针对校内大学生科技创新的"冯如杯"竞赛活动拉开序幕，一直延续至今。

"冯如杯"竞赛活动是以中国航空先驱冯如先生的名字命名。这项活动是一项具有导向性、示范性和群众性并独具北航科技特色、彰显北航文化气韵、践行素质教育实践、弘扬北航创新精神的大学生学术科技品牌竞赛活动。已经评选出了许多具有原始性创新、颇具高技术发展潜力的优秀作品，使优胜者斗志昂扬、越战越勇，也让落选者心服口服、砥砺再战。"冯如杯"竞赛活动成为吸引校内广大学生参与科技创新活动的一个特色平台，也是北航历届大学生在第二课堂进行科技文化修炼的大舞台，为培养在国民经济和国防建设中的领军人才和具备领导潜质的高级人才作出了积极的重要贡献。

"冯如杯"竞赛活动，在每年的春季举办，由学校科协负责大赛的组织评议工作，组建专家评议委员会，本着公平公正公开和质量第一的原则，评议委员会划分为评审组和仲裁组两个小组。每年的"冯如杯"竞赛，都会为一等奖获得者提供推荐直接保研资格证明，且不占院系推荐名额。长期以来，北航科协在组织"冯如杯"竞赛活动过程中，通过不断摸索，不断健全评审机制，与学校团委共同制定了一系列有利于"冯如杯"学生课外科技作品竞赛管理和相关运行制度，如《北京航空航天大学"冯如杯"学生学术科技作品竞赛章程》《北京航空航天大学"冯如杯"学生学术科技作品竞赛评审委员会评审条例》等，更加有利于"冯如杯"学生学术科技作品竞赛活动持久发展，使其成为学生中声誉高、参与面广、积极性强的一项高水平的科技创新品牌赛事。

北航科协与北航团委积极配合，在开展"冯如杯"学生学术科技作品竞赛活动的基础上，有效地推进了北京航空航天大学代表队参加全国大学生"挑战杯"课外学术科技作品竞赛的工作，强强联合还为北航代表队参赛获得佳绩提供了有效的保障。在组织大学生"挑战杯"参赛作品过程中，校科协组织专家对"挑战杯"参赛作品进行精心指导，2009年，北航不仅赢得了第十一届"挑战杯"活动的承办权，在成功办赛之后的第十个年头的2019年又再次赢得"挑战杯"活动承办权，并再次成功举办大赛，成为全国高校唯一获得两次"挑战杯"竞赛承办权的高校。北航在全国"挑战杯"竞赛中，是唯一连续 15 届捧得"优胜杯"的高校，并在 2019 年承办的第十六届"挑战杯"竞赛中再创佳绩。北航学生创新创业作品，连续三届获得中国"互联网+"大学生创新创业大赛金奖。

北航科协在指导学生参与学术竞赛和科技活动开展的工作实践，已经根深蒂固地成为一项经常性的重要工作。如今，北航科协在指导学生科技活动中，把北航文化的"四爱"——爱祖国、爱航空、爱航天、爱北航的主题，深深地融入科普育人之中。在承办"全国高校青少年科学营""明天小小科学家"等全国性大型科普活动工作中，北航科协不仅推荐专家对参与活动者进行专业指导，还积极给予专项经费支持，展现出了北京航空航天大学得天独厚的专业优秀人才优势和其在科学技术普及工作职能的重要性。北航大学生科协的学生们亲切地说道："大科协"管"小科协"。这是北航科协极富科普育人特色的创新工作之一。

在"大科协"管"小科协"的工作中，有这样一个"科技新星"成长的案例。1995 年，"NHK 机器人国际竞赛"在日本大阪举行，这是我国首次选派大学生参加国际竞赛活动。北航科协组织优秀学生参赛，经过激烈竞赛，北航代表队获团队总分第四名，并荣获"最佳创意杯奖"，为祖国、为学校争得荣誉。1995 年 12 月，北航学生唐世明因成绩突出，获中国大学生跨世纪发展奖学金，他走上了人民大会堂的领奖台。该生是从学生科技活动中培养出来的科技之星，免试进入自动控制系攻读硕士学位，在导师指导下担起"三级倒立摆控制系统"课题的研究工作，在很短时间内就成功实现了三级倒立摆的稳定控制，该项目也获得了省部级科技进步奖一等奖。该生又提前进入中国工程院院士张启先教授名下，攻读博士学位并提前毕业。于是，在北航"小科协"里，涌现出一批又一批大学生，成为"科技新星"。

为进一步扩大学生的科技创新空间，北航科协还通过挂靠在学校的航空航天领域的专业学会，积极组织在校学生参加相应的课外专业科技创新活动。在中国航空学会举办的"'创新杯'全国未来飞行器设计大赛"、北京市科协组织的"首都大学生科普征文"评选、全国

"科普日""科技周""学术月"等一系列课外创新活动中，"小科协"里的大学生均有上乘的表现，展现了学校人才培养质量和教学科研成绩，也为促进首都学术繁荣作出了积极的贡献。在全国"科普日"里，北航科协还组织成绩优秀的学生参加科普志愿者队伍，走进社区向市民普及航空航天知识；在"科技周"活动中，北航科协还带领北航学生航模表演队，参加科技周开幕式的表演及科技作品展览，并在相关单位的大力支持下，接待参观实验室数千人次；在"学术月"中，组织学校教师和研究生参加学术研讨会和学术主题论坛等活动。还有，北航科协作为主要策划单位，配合北京市科协和北京市团委，积极参加组建了北京市优秀青年工程师宣讲团。总而言之，北航科协通过组织各类科普活动，有效地调动了学校航空航天科技人才参与科普活动的积极性，同时，也在上级科协搭建的大舞台上提升了北京航空航天大学的社会影响力，扩大了学校服务社会的空间，也为学校赢得了良好的声誉。由此，北航科协曾多次荣获北京市科协颁发的"活动组织工作奖"，获评北京市"先进科普工作集体"。

在校园科学文化建设中，北航科协与校内相关部门联合，根据专业针对性地邀请著名专家学者，成功组织举办了一系列航空航天科普报告会，营造了良好的学术科普氛围：先后邀请了中国工程院戚发轫院士作中国航天事业的发展与展望报告，中国一航试飞院原副院长周自全教授作有关飞行试飞工作的科普报告，中国科学院叶培建院士作航空探测若干问题报告等。这些航空航天领域的高水平科普报告，不仅开阔了同学们的视野、帮助同学们了解到国防科学技术的发展，同时也提高了同学们的国防意识，激发了同学们对祖国和航空航天事业的热爱，深受广大师生的好评，取得了良好的效果，受到了校领导和校内广大师生的好评。

服务挂靠学会的工作职能。服务挂靠学会，是北航科协的又一个重要的工作职责。近期，王晓峰秘书长对挂靠在北京航空航天大学的学会作了认真统计和分析，他提供的统计情况如下：中国科协所属一级学会包括中国复合材料学会、中国仿真学会和中国图学学会（也称中国工程图学学会）等；北京市科协所属学会包括北京航空航天学会、北京图学学会、北京表面工程学会、北京振动工程学会等；全国学会和北京市级学会的专业分会包括中国图学学会数字媒体专业委员会、中国航空学会导航制导与控制专业分会、中国航空学会机电人机工程专业分会、中国航空学会动力专业分会、中国航空学会复合材料专业分会、中国航空学会可靠性专业分会、中国航空学会航电与空管专业分会、中国航空学会无人驾驶航空器专门委员会、中国机械工程学会失效分析学会、中国仿真学会虚拟技术及应用专业委员会和中国自动化学会无人飞行器自主控制专业委员会等。此外，还有挂靠在北京航空航天大学的学会承办的学术刊物和科普刊物《航空动力学报》《复合材料学报》等。

北航科协除了管理和协调挂靠在北京航空航天大学学会的工作外，还协助学校基层学术组织创建学会。比如，协助筹建中国复合材料学会、系统仿真学会和北京振动工程学会，并对这些新建学会和部分挂靠学会给予必要的经费资助。除此之外，更为重要的是，北航科协还推荐了一大批专家学者，在全国学会和地方学会担任学术职务。比如，北京航空航天大学在中国复合材料学会、中国系统仿真学会、中国图学学会（也称中国工程图学会）、中国航空学会、中国宇航学会、全国高校科协工作研究会等全国学会和地方学会担任理事长、副理事长或常务理事、理事，这些专家学者肩负着各级各类学会的工作重任。

2019 年 12 月 18 日，中国公众科学素质促进联盟成立大会暨第一届理事会在北京召开，中国科学技术协会名誉主席韩启德院士当选为第一届理事长。经过两轮现场投票，北京大学、清华大学、北京航空航天大学和中国科技大学当选为第一届理事会副理事长单位，还有21 家国内知名央企、民企、媒体和学会当选。北航副校长陶智代表学校科协带队出席，当选为副理事长，由此，北京航空航天大学科协肩负起了联合体副理事长单位的工作。

在这里，要特别介绍的是，北航科协在担任全国高校科协工作研究会理事长单位和副理事长单位期间，对全国高校科协发展的贡献是很大的。回顾理事长单位北航科协的成就，让我感慨良多。那是在1988 年 10 月 7 日，全国高校科协联合会成立，第一届理事长单位由东北工学院（现东北大学）科协担任，副理事长单位有北京航空航天大学科协、重庆大学科协、华东工学院（现南京理工大学）科协、西北工业大学科协、华中理工大学（现华中科技大学）科协等单位。1994 年 9 月，全国高校科协联合会第二次代表大会召开，北航科协当选为理事长单位；1998 年 10 月全国高校科协工作研究会第三次代表大会召开，北航科协担任副理事长单位。在此期间，北航科协坚持每年组织召开全国高校科协的常务理事会、理事会、还多次组织了全国高校科协学术年会；通过组织召开这些会议，凝聚了全国各地的基层高校科协新老秘书长以共同承担全国高校科协理事会的工作。北航科协就像一块磁铁，吸引着大家。每次会议，北航科协都会组织大家对科协工作进行总结、交流、研讨、表彰等，采取丰富多彩的形式，调动大家的积极性，共同携手推进全国高校科协的发展。记得，2008 年底，北京大学科协成立时，北航科协秘书长白如冰代表全国高校科协工作研究会对其表示祝贺。还记得，曾经由全国高校科协工作研究会组稿，由《航空教育》杂志社出版了一期全国高校科协工作研究论文专辑，这期专刊，作为高校科协理论工作研究的历史史料，十分珍贵。

北航科协的历届专兼职工作人员，在基层高校科协工作中不断创新、辛勤耕耘，得到了学校、北京市科协、中国科协和全国高校科协的广泛认同，1993 年以来荣获首都文明单位、北京市科普工作先进集体、海淀区科普工作先进集体等荣誉。2000 年后，北航科协在北京市科协"七大""八大""九大"连续三次荣获北京市科协系统先进集体称号。

加强高校科协理论研究的工作职能。长期以来，北航科协都很重视高校科协理论研究方面的工作。记得，北航科协在担任全国高校科协工作研究会理事长单位期间，朱淑桃秘书长就提出：要把工作实践的经验总结提升到理论研究的层面，并实现把征集的高校科协研究文章，经过期刊评审在正式学术期刊上出版专辑。1998 年 10 月 28 日在四川大学召开的全国高校科协工作研究会第三次代表大会上，时任全国高校科协工作研究会秘书长、北航科协秘书长朱淑桃作了题为

"开创全国高校科协工作新局面，以崭新的姿态迈向二十一世纪"的工作报告，报告内容反映了当时全国高校科协生机勃勃的发展和催人奋进的新局面。同时，她还特别强调了要注重加强高校科协理论研究工作。

后来，北航科协新任秘书长白如冰老师参加了 1999 年 5 月在重庆大学召开的全国高校科协工作研究会第三届第一次常务理事会。这次会议确定了全国高校科协工作研究会各理事单位的工作分工，明确由重庆大学科协承担全国高校科协工作研究会高校科协理论研究工作委员会的工作。会议结束后，高校科协理论研究工作委员会在重庆大学科协秘书长应永铭和北航科协新任秘书长白如冰的率领下，将征集的全国高校科协工作研究会第三次代表大会的基层高校科协工作内容进行汇编，特别注重从工作经验总结的素材中挖掘对高校科协的理论研究，然后，在白如冰秘书长的努力下，在《航空教育》杂志 2001年第四期上正式出版了全国高校科协工作研究会高校科协理论研究专刊。专刊的封面是参加会议的全体代表在重庆大学行政楼前的合影照，我在整理资料时，《大学科普》编辑部的物理编辑吴晓松说："靳老师，这个封面，犹如您心目中的中国高校科协'第五届索尔维会议'的照片。"我说："就是还没有人获奖。"他说："你们在为做诺贝尔奖工作的人才服务，了不起。"不过，全国高校科协工作研究会高校科协理论研究专刊真实地记载了重庆大学科协与北京航空航天大学科协在开展高校科协理论研究工作过程中的历史进程。

北航科协王晓峰秘书长还告诉我：北航科协坚定不移地紧紧围绕学校"双一流建设和扎根中国大地的世界一流大学建设"开展工作，学校把科协的工作定位在为科技工作者服务、为创新驱动发展服务、为提高全民科学素质服务、为党和政府科学决策服务的工作上，定期举办大型、高水平的知名科学家学术交流活动和科普报告活动。他还在思考北航科协的工作重点时想到，积极开展形式多样的学术交流活动，发挥科协的桥梁和纽带作用；积极做好创新人才举荐和优秀学术专著和学术论文推荐等工作，认真贯彻落实《全民科学素质行动计划纲要（2006—2010—2020 年）》和《中华人民共和国科学技术普及法》，为提高公众科学素质服务；开展一些具有创新性的特色科技成果转化和科学技术普及方面的工作；承担挂靠北航的各学术团体及相关学术刊物编辑部的管理、协调和服务方面的工作，创新工作机制。组织开展科学论证、咨询服务、科技协作、项目评估等，促进科技成果转化，维护教师、科技人员和学生的合法权益；等等。要承担这一系列科协工作，非常有必要对高校科协理论进行系统的研究，高校科协的理论研究工作本身也十分重要，对于理论研究，我们应尽可能地去思考一些全国高校科协组织建设和事业发展方面的问题，也愿为中国高校科协的组织建设和未来发展做一些积极的工作。

这些年来，北航科协一代又一代专职科协秘书长不计个人得失、默默无私奉献，用北航人实实在在的淳朴品格，为全国高校培养出了一批又一批基层高校科协的优秀接班人，我也有幸成为其中一员。我是在北航科协前三任秘书长潘天敏老师、朱淑桃老师、白如冰老师的精心呵护下成长起来的，是她们把北航科协的北航精神和北航文化传播到全国高校科协，孕育着一代又一代新人。北航科协在全国高校科协的引领作用实至名归，被载入中国高校科协发展的史册，也充分体现了北航科协每一届科协秘书长作为北航人的科协情怀和奉献精神。

三、高校科协文化建设

知识文化是一点一滴积累起来的。当今天我们谈到高校科协，可以从工作实践中去总结经验教训；但谈到高校科协文化时，我想把自己长期以来在工作实践中对高校科协文化的理解与读者进行分享，此为一家之言，仅供参考。说起高校科协文化，还得从"中国结"说起。"中国结"文化是我国源远流长的传统文化，在我国远古时期，人们就开始习惯用结。《周易述·系辞下传》中写道："结绳为约，事大大其绳，事小小其绳。"我用的"结"文化习惯，就是从这里学来的。当时间不知不觉地把我送进花甲之年时，我发现，在我的办公室、我的书房、我的小汽车里，年年都会习惯性地挂上各式各样精美的中国结饰品，而这些珍贵的艺术品，几乎都由北航科协老秘书长朱淑桃老师亲手所编，她酷爱中华传统文化。

中国结所代表的传统文化中的高校科协情结。中国结的编织运用的是一种古老的编织艺术，中国结代表着团结幸福平安，一根根悬垂的彩色丝线有的古朴有的具有自然浓郁的生活气息，别有一番情致。中国结是在国际时尚潮流中表现中国文化的重要元素之一，已发展出多种产品，我了解的主要有吉祥挂饰和编结服饰两大系列，前者有大型室外壁挂、室内挂件、汽车挂件等，后者有戒指、耳坠、手链、项链、腰带、古典盘扣等。心灵手巧的朱淑桃老师仿佛把高校科协人丰富的文化内涵和人文情怀编织在了中国结中，这份由北航科协独创的中国结高校科协文化，长期滋润着全国高校科协工作研究会的新老秘书长们的心田，全国高校科协工作研究会的同仁志士们也借此表达了对真善美的美好追求。

记得，我第一次收到朱淑桃老师送给我的手编中国结，还是在20世纪90年代初。时任第二届全国高校科协工作研究会理事长单位的北航科协把在北京举办的全国高校科协工作研究会理事会年会办得有声有色，让我至今难以忘怀。会议是在北京航空航天大学学术交流中心召开的，大家围绕全国高校科协的工作职能定位主题进行深入交流讨论，到会的理事单位有30余个，北京航空航天大学老校长、科协主席曹传钧到会看望了大家并与代表们进行了亲切的交谈。想起那时温馨的情景，大家一起聚集在北航科协，信心百倍地讨论着中国高校科协发展的未来。就是在这次非常平凡的一次全国高校科协活动过程中，时任北航科协秘书长朱淑桃老师，把自己用心编织的精美中国结送给了到会的每一位代表。当我收到中国结时，朱老师还特别叮嘱我："回去一定要挂在自己的小车里，平平安安！吉祥如意！"

朱老师将五颜六色的珠子串联在一起，编织出了一个又一个雅致的手工艺品，其中，有绰约多姿的猫、灵气逼人的猴、端庄静卧的狗，还有手工编织的太阳帽、手提包等（图9-2），在我看来，这些精致作品无一不透露出传统文化的气息，特别是寓意着"团结就是力量，团结才有幸福，团结才能平安"。我收到这些珍贵的礼物，却不知道用什么方式表达对她的敬意。于是，我就老老实实地告诉朱老师我退休后，一直坚持在做大学科普，想通过学生科技社团，在准科技工作者的大学生中去寻找"中国的爱因斯坦"；之后，当《大学科普》杂志和"大学科普丛书"出版后，我第一时间送给亲爱的朱淑桃老师，她也常常表扬和鼓励我："靳萍，了不起，把高校科协和大学科普坚持做到今天！"

图 9-2　朱老师自编的精美工艺品（刘龙 摄）

大学科普与高校科协的联系。北航科协朱淑桃老师把高校科协和大学科普完全融合在了一起，就像她把一颗颗珠子紧紧串联在一起，寓意高校科协与大学科普密不可分，这一颗颗珠子编成的一个个手工艺品，象征着高校科协与大学科普之作，是高校科协事业代代相传的历史印记。

朱老师一颗颗串起来的珠子表达了她在耄耋之年依然对高校科协的新人新事给予的期许。她仿佛在用慈祥的眼神、平稳的语调、谦恭的动作告诉我们：高校科协有一种文化，有科学文化，有中华传统文化，赋予人团结的精神和力量，给人美的熏陶，科协人虽然忙碌但是快乐，正能量的文化滋润了高校科协人的心田，提高了其综合素质和道德涵养。这是北航科协秘书长朱淑桃老师创造的科协文化氛围。荣格说，一切文化最终都沉淀为人格。为了传承老一辈基层高校科协秘书长一直坚守的团结向上的传统文化，我请教了高校科协"老兵营"的部分同仁，特别是在东北石油大学科协张志军的指导下尝试着写了一段自己对高校科协文化的理解：高校科协文化也许就是那些基层高校科协工作者在日常工作中积累的经验和教训，取得成就的原因可总结为集体智慧和集体人格、团结向上。尽管文化是无形的，但它能够被感知，并能够通过一代又一代的高校科协人得到传承和发扬。

第三节　加强高校科协理论研究

基层高校科协的工作人员通过访谈等形式收集一些资料，用于高校科协理论研究。他们通过这种方式，不仅交流基层高校科协的工作经验，而且还能够及时了解各地高校科协的发展动态，以便更好地为推进全国高校科协的发展达成共识并提出合理化建议，使访谈者与被访谈者都能感受到大家共同在为高校科协发展的未来添砖加瓦。北航科协理论研究的很多工作是基于大量访谈资料开展的。访谈，是工作经验交流过程中的一种常用方式；要做好访谈需要花费大量时间和精力，需要巧妙周全细腻的构建，需要在访谈之前针对访谈内容做好一系列准备，如思想准备、主题准备、提问准备、材料准备、研究准备等。

一、访谈提纲和访谈内容——高校科协"七问七答"

2018 年初夏，我收到来自北航科协秘书长王晓峰的邮件，就高校科协理论研究工作对我进行访谈，提供了访谈提纲，包括七个深层次的问题。王晓峰秘书长给出的访谈提纲和我的回复概括如下。

1. 王晓峰秘书长给出的访谈提纲

第一，关于高校科协发展的历史、背景和发展历程。能否把高校科协发展历史梳理清楚，以与中国科协共同研讨高校科协发展，制定高校科协未来的发展路径。

第二，关于高校科协的职能定位和工作抓手。大家对高校科协理论已经做了很多研究工作，也付出了很多努力。但是还有一些不清楚的地方，是否可以通过有针对性问答的互动交流方式把下面这些问题讲得更清楚一些：高校科协成立的目的是什么？其职能定位又是什么？最容易上手的工作在哪里？等等。理清了这些，高校科协的工作才能有的放矢，如果做什么都不清楚的话，那存在的意义可能也就无从谈起了。

第三，关于基层高校科协哪些工作可以助力学校的发展。这个涉及当前中国大学的"双一流"建设工作，王晓峰秘书长做了以下考虑：高校科协是高校的一个学术性科技群体团体组织，无论做什么工作，一定是要助力推进学校的学术向前发展。如果只是高校科协认为科协工作做得好，但是与学校的发展方向不一致，那高校科协自身的发展也是会受限的；高校科协做的事情与学校的发展相一致，为学校增光添彩，它才有存在的价值。这可能是对高校科协目标的一个概括性说法，怎样才能把这个目标细化并讲清楚，相关内容还需要向科协上级机关汇报，能给出相应的政策和文件。

第四，关于高校科协曾经和现在做的主要工作。王晓峰秘书长看了有关高校科协的一些历史文件，如北京航空航天大学、南京航空航天大学、沈阳航空航天大学等航空航天类高校的科协工作，还有重庆大学、武汉大学、华中科技大学、北京大学等其他类高校的科协工作。王晓峰秘书长提出可否通过这些比较好的典型案例，梳理出一些东西，或者是一种模式。因为中国科协组织建设的目标，就是要推进和扩大高校科协组织建设的发展。高校科协发展以后究竟做什么？是否可以提供一些可供参考和借鉴的经验。

第五，关于中国科协主导下的非常有影响力的活动。大学生的"挑战杯"，中学生的"全国青少年高校科学营""英才计划""小小明天科学家""学术道德宣讲活动"等是由中国科协主导的有影响力的活动。这些活动有的是由团委、研究生院或者高校其他部门而非高校科协所主导。中国科协组织的活动为什么主办和承接方很多不是高校科协，这可能是不少高校科协工作者也不太明白的地方。把这个问题弄清楚有助于明确分工，高校科协便去做应该负责的工作。提出这个问题是因为具体工作是要落实到项目上的，以好项目为抓手才能把高校科协做起来。

第六，关于筹备高校科协联合组织的组织建设问题。有些省如江苏省、湖北省、陕西省已成立区域性高校科协联合组织。为什么要成立高校科协联合组织，它的前景在哪里？北京市的高校科协联合组织是否需要成立？成立后究竟要干什么？终极目标是什么？王晓峰秘书长认为这些需要讲清楚。中国科协 2017 年在威海召开了全国高校科协组织建设推进会，会议宣读的文件指明具备条件的省份应当尽快成立高校科协联合组织，北京包括在内。王晓峰秘书长建议大家一起就高校科协的命运和未来的发展进行研讨，得出一些结论。然后向中国科协汇报，大家同心协力，把高校科协发展壮大。

第七，关于基层高校科协工作经费的问题。基层高校科协的经费一般由学校根据科协工作任务，按照学校行政预算经费统一划拨，其学术交流活动、科普活动等专项工作，由上级科协主管部门按照专项活动立项，经过评审，签署相应合同进行划拨，专款专用；也有与挂靠学会联合开展活动，接受合法的社会资助等方式。

2. 我的回复内容

首先感谢北京航空航天大学科协王晓峰秘书长对我的信任。

　　王晓峰秘书长千里迢迢从北京来到重庆，专门就高校科协的发展与未来与我进行交流，这使我很感动。我们针对高校科协理论研究工作开展讨论是一件很有意义的事情。就如何做好这方面的研究工作，我首先表明自己的态度：希望北航科协牵头在全国高校科协开展有组织的高校科协理论研究方面的工作，率领全国基层高校科协的新老专兼职科协工作者，对高校科协理论研究已有成果进行汇总整理，去支撑工作创新实践，这是当务之急，具有很强的现实意义。王晓峰秘书长针对高校科协提出的七个问题，从问题导向走进需求定向，目的是去讲清楚这些问题，为高校科协的发展理出清晰的脉络，已经超越了以往缺乏理论考虑的埋头苦干的阶段。这是我了解的北京航空航天大学科协构筑高校科协理论研究重要阵地的开端。

　　目前高校科协组织建设上的调整，反映出了新时期大环境下的学术共同体正面临着新的变革，而高校科协正是处在新变革的枢纽位置。接下来，在讨论王晓峰秘书长提出的高校科协"七问"之前，先谈谈基层高校科协专职科协秘书长的岗位。中国高校科协发展至今已经有一个甲子了，专职科协秘书长岗位也到了第五代传承人的时代。我作为第二代传承人，回忆起自己在基层高校科协秘书长岗位上做专职科协工作的那段经历，弥足珍贵。

　　高校科协在20世纪80年代作为一个新生事物开始起步，而我就是在高校科协第一代专兼职老师们的带领下，跟随着时代的步伐，耕耘在如火如荼的全国高校科协组织建设浪潮之中，历练出了一种为科技工作者服务的精神。重庆大学科协和北京航空航天大学科协，曾经都是全国高校科协联合会的发起单位，是担任过副理事长单位、理事长单位的学校。因为我们两校的科协都有科协专职工作人员，有更多的精力和时间为全国高校科协开展工作进行服务，所以我们在长期的交往中建立了深厚的友谊，这份友谊延续到今天，已经发展成为一种高校科协文化。记得那时，重庆大学科协老秘书长应永铭老师带领我们，积极参与北京航空航天大学科协组织承办的全国高校科协各项活动。在北京航空航天大学科协历届秘书长潘天敏、朱淑桃、白如冰、史文军、王晓峰等同大家的共同努力下，一次又一次全国高校科协工作交流活动如期圆满举行。尽管组织全国性活动非常辛苦，工作平凡，但随着年年岁岁的坚持，却在平凡中收获了不平凡的成绩。

我曾经写过一篇关于高校科协的发展与使命的文章，在这篇文章中我对基层高校科协专职秘书长岗位进行了分析。这个工作岗位其实是高校一个普通的工作岗位，而就是这个平凡的工作岗位对推进学校的学术发展却非常重要，甚至可以说是不可或缺的。这个岗位发挥着学校党委和行政联系广大科技工作者桥梁和纽带的作用，不仅要承载老一辈科学家寄予的厚望，还要肩负成就青年科学家明天的责任，还要引导研究生科协和大学生科协的一大批准科技工作者成长成才，为学者和学生提供学术服务，使其近距离地与大师接触，能够在科学知识、科学方法，科学思想、科学精神和科学道德上得到熏陶，一句话，就是学术育人。所以作为一个基层高校科协的秘书长，承载的不只是自己的一份很简单的工作岗位职责，还肩负着学校学术发展和人才成长的重任，这也是青年科技工作者和准科技工作者给予的一份重托。所以，高校科协秘书长既要有好的思想品质，又要有工作的才干和能力，这样才能成为合格的基层高校科协专职秘书长，完成岗位要求。基层高校科协秘书长的岗位职责是什么？怎么干好？也许，王晓峰秘书长的"七问"也适用于这个问题。

爱因斯坦曾经说过："提出一个问题往往比解决一个问题更重要，因为解决问题也许仅能是一个数学上或实验室上的技能而已。而提出新的问题、新的可能性，从新的角度去看旧的问题，都需要有创造性的想象力，而且标志着科学的真正进步。"[7]王晓峰秘书长针对高校科协提出的"七问"，不是片面简单的，而是从全面发展的导向去寻找高校科协发展的道路。他的这"七问"，严格按照中国高校科协发展的历史线索提出，逻辑清晰，很有系统性。所以，回答这"七问"也不是那么容易和简单，还得和从事过高校科协的新老同仁一起思考、从长计议，这样才能把这"七问"

提升到一个新的高度，助力中国科协全面实施布局高校科协未来发展的方略：只有繁荣高校的学术文化，才能真正推进高校科协的进一步发展。如今，王晓峰秘书长能够如此用心地奔着这个目标来做高校科协的理论研究工作，让我预感到中国高校科协新的一轮发展指日可待。

问题一：关于高校科协发展的历史、背景和发展历程的讨论

高校科协的发展首先基于中国科协的发展，因此，要谈高校科协的发展史，首先要谈中国科协的发展史。中国科协自 1958 年 10 月 18 日成立到 2021 年 5 月 30 日，已经召开了十次全国代表大会。每一次代表大会的召开，都与国家的科技发展战略息息相关，也与培养高层次人才一脉相连。接下来，我们按照中国科协的历史发展脉络进行讨论。

20 世纪 50 年代，哈尔滨工业大学最早建立高校科协组织；20 世纪 60 年代，科协组织在全国以工科为主的高校逐步发展起来，如华中工学院等院校开始创建科协；20 世纪 80 年代改革开放后，高校科协组织在东北工学院（现东北大学）、大庆石油学院、重庆大学、北京航空航天大学、华东工学院（现南京理工大学）、华中工大学、西北工业大学等建立，一大批工科院校的科协组织雨后春笋般出现在我国的大江南北；1986 年中国科协"三大"召开，钱学森主席给出了"高等院校科协是一个方向"的命题，开启了全国高校科协发展的新起点。这一段高校科协发展历史过程是基于中国科协"一大""二大""三大"的大背景，这是中国高校科协发展的第一个阶段。沿着这个历史发展进程，中国科协"四大""五大""六大"期间，中国高校科协的发展进入到了第二阶段，开创了全国高校科协发展的新局面。之后，在中国科协"七大""八大""九大""十大"期间，中国高校科协的发展进入到了第三阶段，高校科协发展进行了新一轮变革。在这三个历史发展阶段中，高校科协跟随中国科协的"三三制"脉络进行发展，后来，高校科协的发展被我们高校科协"老兵营"的"老兵们"梳理成为：三个历史发展阶段、两个黄金发展时期和一个里程碑式的转折，概括为"高校科协 321 工程"。

　　问题二：关于高校科协职能定位和工作抓手的讨论

　　关于科协在高校的职能定位和工作抓手，这是一个老生常谈的热点话题，几乎每一位从事高校科协工作的科协工作者都想去弄清楚这个问题，据我了解，至今还没有人完全说清楚这个问题。但是高校科协的工作者基于忙忙碌碌的一线工作实践，总结经验和教训，努力通过实际案例的方式去回答这个问题。我自己也曾有过这种很想说清楚而又说不清楚的经历，在这个认识盲区中，我弄清楚了一个简单的道理：只有弄明白了高校科协的性质、任务、职能定位，才能说清楚高校科协工作有为才有位的道理。关于高校科协职能定位和工作抓手的问题已经在全国高校科协讨论了 30 多年，当然，不同的历史时期有不同的启示。我想通过中国科协组织人事部在重庆大学召开的一次具有中国高校科协发展战略意义的里程碑会议来回答这个问题。

　　中国科协"八大"召开以后，中国科协组织人事部为推进全国高校科协的基层科协组织建设工作，把加强高校科协的组织建设提升到了一个前所未有的发展新高度，于 2012 年 10 月 25 日在重庆大学召开了一次高校科协工作座谈会（简称"重庆会议"）。这次会议的召开还有一个小插曲。

　　那是在 2011 年 5 月 27 日，新任中国科协领导到位，由教育部原副部长陈希担任中国科协书记处第一书记、副主席，主持常务工作。陈希书记到任后，提出了一系列科协工作创新方式。中国科协与教育部制定战略合作框架，推进全国重点高校建立科协组织，开启了全国高校建立科协组织跨越式里程碑式发展的新进程。我们作为高校科协的专职科协工作者，预感到即将开启全国高校科协新进程。2012 年年初，重庆大学科协办公会的一次会议讨论了为恢复全国高校科协工作我们重庆大学科协应该做的工作。重庆大学科协老秘书长应永铭老师提议，现任科协秘书长的我执笔报告，还有时任副秘书长刘辉博士记录，共同起草了一份关于推进全国高校科协发展与对策的建议报告，并通过时任中国科协办公厅黄磊秘书呈送中国科协书记处陈希书记，得到了中国科协陈希书记和中国科协组织人事部李森部长的高度重视。于是，由中国科协组织人事部组织召开的高校科协工作座谈会于 2012 年 10 月 25 日在重庆大学召开。

在这次座谈会上，陈希书记专门针对如何进一步做好高校科协的工作做了重要讲话。陈希书记要求：高校科协要以实事求是的精神进行讨论交流，不说空话套话，达到发现问题、推广经验、提出建议的目的。各地方科协要加强与高校科协的联系，加强与教育主管部门的沟通，共同做好高校科协工作。陈希书记的讲话，明确了要充分发挥科协作为学校党和行政联系广大科技工作者和准科技工作者的桥梁和纽带作用，为高校科协的职责定位和工作抓手指明了方向。会议详情见第二章第三节的重庆会议。

陈希书记在听取了大家的发言之后指出：目前由于对高校科协的职能和定位不够明确和清晰，导致高校科协的发展极不平衡。他在讲话中作了重点强调：要注意挖掘高校科协一些不可替代的职责。会议结束时，李森部长作了会议小结。他介绍了高校科协作为中国科协的基层组织在科协组织架构中的重要地位，明确了高校科协与地方科协的关系，指出高校科协的建立要从实际出发，以独特的职能、任务和工作方式在高校中形成鲜明的形象，发挥独特的作用，同时，强调要科学认识和正确处理高校科协与其他科技机构之间的关系，做到互相借力，共同发展。

这次会议被全国高校科协"老兵营"的"老兵们"称为中国高校科协里程碑式的转折点，开启了中国科协"七大""八大""九大""十大"期间，在全国"985"重点高校建立科协组织的新潮流。比如，南京大学科协、天津大学科协、上海交通大学科协、清华大学科协、中国科学院大学科协、兰州大学科协、中国科技大学科协等高校科协组织纷纷建立。在此期间，高校科协的组织建设备受地方科协的高度重视，中国科协的基层组织建设工作着力点在推进高校科协组织建设上，呈现出加强科协自身组织建设的新局面。

问题三：关于高校科协哪些工作可以助力学校发展的讨论

高校科协置身于中国科协学术共同体中的两类亚群体交汇处：一类是从高校科协的自然属性看的，高校科协处于高校基层学术组织的枢纽位置，联系教师和学生群体；另一类是从高校科协的社会属性看的，高校科协是科技社团——中国科协（学会、协会、研究会）的会员即科技工作者群体。而高校科协的会员，既是学校的教师和学生群体，也是中国科协的科技工作者和准科技工作者群体。高校是科技工作者最密集的地方，也是挂靠中国科协所属全国学会、协会、研究会和地方科协所属的学会、协会、研究会等科技社团最多的地方，更是学术交流最为活跃的场所。因此，高校科协作为建立在高校的一种特殊的中国科协基层组织，有着跨专业、跨学科、跨学校、跨学会、跨领域的交叉优势，体现了高校科协社会属性的突出特征。高校科协的这一得天独厚的社会属性，使得高校科协被赋予了一种独特的使命，始终凝聚着一大批高校科技工作者（老教师科协的会员和青年教师科协的会员）和准科技工作者（研究生科协的会员和大学生科协的会员），对于推进高校原始性创新的发展，在促进多学科交叉融合，占据世界科技前沿长远的战略制高点上，发挥着不可替代的重要作用。这种不可替代的作用主要表现在服务学生、学者、学科、学会、学派的"五学"工作过程之中，承载着学校赋予的两个"双一流"建设的使命。一个是围绕教育部提出的创建"学校一流"即"一流大学"和"一流学科"；二是围绕中国科协提出的"学术一流"即"一流科技社团"和"一流科技期刊"。高校科协在助力学校两个"双一流"建设方面承担着不可替代的工作职责。

问题四：关于高校科协曾经和现在做的主要工作的讨论

关于高校科协的主职主责主要工作的研究，无论是过去、还是现在，都是我们应该研究的重点内容，这是高校科协开展工作的抓手和基石。这些年来，重庆大学科协作为全国高校科协工作研究会高校科协理论研究工作委员会的负责单位，瞄准高校科协积累的工作实践经验进行深入系统研究，提出了高校科协"五指理论"，得到了广泛的认可，并通过长期的考证，具有十分重要的可行性和可靠性。记得，时任重庆大学校长李晓红，明确要求学校科协必须肩负起服务学校学术组织软环境建设的重任，还要加强对中国科协学术共同体的研究，更好地服务学校学术发展。于是，重庆大学科协开始了对高校科协工作职能的研究，提出了组织学术交流活动、举荐优秀科技人才、指导大学生科协和研究生科协开展大学科普工作、服务具有学术话语权的校内各级各类挂靠学会（协会、研究会），同时，还要进行高校科协自身建设，加强科协理论研究。后来，我们在老秘书长应永铭老师的带领下，把基于高校科协特定的概念、命题以及对这些概念、命题的中国科协"科协学"知识认识体系进行了客观分析和论证，得出基于高校科协工作经验总结的科学解说和系统解释，并进行规律性的演绎，得出了高校科协做什么的回答。就做好"五指理论"中提出的五大项基本工作职能，高校科协"五指理论"寓意"五指同心，其利断金"。

如今，无论是谈高校科协的工作职能，还是谈高校科协的工作任务，都需要运用高校科协"五指理论"。高校科协组织学术交流活动、举荐优秀科技人才、开展大学科普工作、服务挂靠学会、坚持科协理论研究这五大重要职能，也许能够比较完整系统地回答高校为什么需要建立科协组织这个问题。

说到提出对高校科协"五指理论"的研究过程，还得特别致谢中国科协书记处王春法书记，是他促成了我们发布高校科协"五指理论"研究的工作。我与中国科协王春法书记有三次近距离接触。

第一次近距离接触。那是在 2011 年春暖花开的季节，西北工业大学科协秘书长向河专程到访重庆大学科协，向应永铭老师、我和刘辉博士就如何召开一次全国高校科协论坛提出她的想法。她说：高校科协专职秘书长一定要传承老一辈秘书长的优良传统，得抓紧时间为全国高校科协的发展尽一份力。这些年来，全国高校科协的工作停滞不前，一直没有组织活动，应该积极牵头组织承担一次全国高校科协论坛，凝聚一下大家。的确，不愧为"国防七子"高校科协的秘书长，有着牢记锚定使命的担当。向河秘书长来到重庆大学科协，专门与我讨论组织召开全国会议的筹备工作，她提出要邀请中国科协的领导和专家出席，那到底邀请谁呢？又怎么邀请？我们该与中国科协的哪个部门联系？原来，中国科协负责联系全国高校科协工作的职能部门是中国科协发展研究中心，听说后来又换了另外一个部门专门负责

联系高校科协的工作，我和向河都不熟悉。当时，我刚好完成了中国
科协调宣部下达的一个关于高校科协服务高等学校原始创新的机理研
究子课题，认识中国科协调宣部王春法部长，我就冒昧地直接电话联
系了王春法部长并汇报了我们的想法，他十分爽快答应了参加我们将
举办的全国高校科协论坛，让我们信心倍增。后来在我们筹备会议过
程中，正好赶上 2011 年 5 月中国科学技术协会第八次全国代表大会
在北京召开。大会提出：全国科技工作者继承和发扬中国科协爱国、
求真、协作、服务的优良传统，坚持"三服务一加强"的工作定位，
以做好党的群众工作为着眼点，以推动国家科技事业发展为着力点，
以增强服务能力为立足点，解放思想，求真务实，团结协作，为全面
建成小康社会、实现中华民族伟大复兴而不懈奋斗。中国科协"八
大"的召开激发了我们筹备全国高校科协论坛的热情，原中国科协调
宣部王春法部长在中国科协"八大"上成为新任中国科协书记处
书记。

　　2011 年 7 月 6 日，由西北工业大学科协和重庆大学科协联合召
开的以"贯彻落实中国科协'八大'精神暨'科学发展、大学科普与
高校科协挑战'"为主题的全国高校科协论坛在西北工业大学召开。
中国科协书记处王春法书记出席了会议并发表了重要讲话，他首先充
分肯定了全国高校科协工作研究会近年来发展的良好势头和取得的成
绩，要求高校科协要深入学习中国科协"八大"精神，领会党中央对
基层科协的要求，积极组织推进高校师生学术交流、发挥高校作为知
识创新基地在科学普及方面的作用。他还指出，在高校建立科协组
织，一是高校师生学术交流的需要，二是充分发挥高校作为知识创新
基地在科学普及方面的作用，三是贯彻落实党中央对加强科协组织建
设提出的明确要求。他还特别强调，高校建立科协组织，首先要得到
校领导的高度重视。这次会议，我们还邀请了教育部科技司科技管理
专家杨东占处长参加，他在会上高度评价了全国高校科协工作研究会
在高等教育"十五"期间和"十一五"期间取得的成绩。他认为，高
校科协对于高等教育改革，特别是在推进原始创新能力方面的学术交
流工作起到了重要作用。之后，我就如何贯彻落实中国科协"八大"

精神，基于自己多年来在高校科协的工作实践和体会，汇报了重庆大学科协组织科学前沿论坛、为科技工作者服务的典型案例。同时，结合重庆大学科协长期的高校科协理论研究工作，有理有据地论证了高校科协工作职能"五指理论"。此次"西安会议"，参加会议的有重庆大学、华中科技大学、武汉大学、南京理工大学、南京航空航天大学等高校科协理事单位和 30 多位代表，代表们就工作中取得的经验和成绩进行了交流。最后，经讨论，拟定 2012 年全国高校科协论坛由南京航空航天大学科协秘书长孙建红负责牵头筹备。这次会议，成为全国高校科协发展在新的历史时期的历史性转折点。这次高校科协"西安会议"，是我与中国科协书记处王春法书记的第一次近距离接触。

第二次近距离接触。2016 年底，中国科协组织人事部启动了关于高校科协研究课题的项目申报，对这次研究工作的投入力度非常大，申报工作如期开展。全国高校科协"老兵营"的专家们联合申报了一个关于中国高校科协发展与未来的研究项目，由南京理工大学科协常务副主席沈家聪教授牵头组织申报，结果未能申报成功，不过，全国高校科协"老兵营"的仁人志士们，依然还在坚持做高校科协理论研究工作，直到今日。由于这次的项目申报工作，我与王春法书记联系过，这是我与王书记的第二次近距离接触。

第三次近距离接触。2017 年，中国科协组织"共和国的脊梁——科学大师名校宣传工程"活动，启动仪式在重庆大学虎溪校区大剧场拉开序幕。当年 5 月 18 日晚，中国科协党组成员、书记处书记王春法主持启动仪式。中国科协书记处第一书记尚勇、教育部副部长李晓红，重庆市市长唐良智等领导出席活动并讲话，共青团团中央书记处书记徐丰、中国工程院副秘书长兼一局局长吴国凯等主办单位领导，重庆市政府副秘书长王余果等重庆市相关单位领导，清华大学党委副书记史宗恺、南开大学党委副书记/副校长杨克欣、厦门大学副校长韩家淮、中国地质大学（武汉）副校长赖旭龙等参演高校的领导，重庆大学党委书记周旬、重庆大学校长周绪红、解放军后勤工程学院院长方振东少将等高校领导出席并观看演出，我也十分荣幸作为嘉宾席嘉宾观看了由清华大学出品的原创话剧《马兰花开》。该剧生动讲述了"两弹元勋"邓稼先为祖国核武器事业呕心沥血、忘我奋斗的不平凡人生，刻画了以邓稼先为代表的科技工作者"崇高伟大的爱国精神、严谨创新的科学精神、默默无私的奉献精神、高尚纯粹的人格魅力"。教育部副部长李晓红在大会上分享了自己前往新疆马兰基地的亲身经历，并鼓励广大青年学生和科技工作者学习"艰苦奋斗、开拓创新、大力协同、无私奉献"的马兰精神，以光耀国邦为己任，用青春和热情浇筑振兴中华的梦想，展现青年人的豪情壮志与傲然风采。演出结束后，我还专门去拜访了王春法书记，这是我与中国科协书记处王春法书记的第三次近距离接触。感谢王书记对高校科协发展的关心和指导！

以上与王春法书记的三次接触，我都是受高校科协"老兵营"的同仁们之托，对中国科协对高校科协发展的支持表示感谢，也是为了更好地传播和弘扬高校科协文化思想，同时加强和中国科协相关工作部门的联系，以更好地使高校科协在开展工作时有组织保障，工作内容丰富，使组织的活动形成品牌，实现可持续发展。

问题五：关于中国科协主导的具有影响力的活动之讨论

中国科协主导的系列活动，是由中国科协下属各职能部门组织实施，比如，"全国高校科学营""学术道德宣讲""挑战杯"等大型全国性活动，而这些活动与基层高校科协联系还不够，绝大部分工作都由高校的团委、研究生院等部门承担，对于这个问题，我还是想从对基层高校科协自身组织建设方面的工作研究中去寻找答案。

有本书是关于中国科协组织建设理论研究的，是中国科协组织人事部原部长李森撰写的《中国科协组织建设》，于2015年1月出版的。李森部长不仅是中国科协"科协学"研究领域的资深专家，而且也是科技社团"组织学"方面德高望重的专家，更是我们高校科协专兼职新老秘书长十分敬重的一位很有亲和力的老领导。他在担任中国科协组织人事部部长期间，于2011年初组织了高校科协工作调研，并着手制定了高校科协的组织通则。这一年，陈希同志到中国科协担任党组书记、常务副主席、书记处第一书记。他也非常重视高校科协工作，先后到过全国几十所高校调研，确定了积极稳妥推进高校科协组建工作的思路，计划先分片召开两次高校科协工作座谈会，形成关于加强新时期高校科协工作的意见，提交两次座谈会讨论。在此基础上，召开了全国高校科协组织工作会议，会后正式印发这个工作意见。当我在回忆高校科协组织建设和工作效果时，我才深刻地认识到，时任中国科协组织人事部李森部长，呕心沥血地对高校科协组织建设给予的正确指引和悉心指导的确是用心良苦。他的精辟论断在书中比比皆是，比如组织覆盖是工作覆盖的前提，不建立起科协组织，就无所谓开展科协工作。的确，在当今的高校里，需要有一个推进学术生态与学术文明的学术软环境，也就是如果高等院校没有一个严谨的"科协组织"基础，科协的工作将会面临坍塌的窘境，乃至脱离高校科协的政治性、学术性、民主性的本质，使学校的学术组织和学术工作异化在高校行政组织和行政权力之中，其危害和后果就不言而喻了。至于中国科协下属各职能部门主导实施的活动，为什么基层高校科协承办较少，这反映出中国科协基层组织系统自身存在的问题，同时，也反映出基层高校科协是否有能力承接这些活动的一系列问题。因此，组织保障工作，成为回答和解决这些问题的关键所在。

曾经有一位专家对我说：如果高校没有科协组织，或者有科协组织，而没有专职领导和专职工作人员，也就意味着没有科协主体。孙诚、吕华在《我国高校科协组织建设与发展的调查研究》中针对基层高校科协组织建设缺乏主体进行了论述：高校科协组织应该体现以科技工作者为主体的科技群众团体性质，以民主办会为组织运行的原则。如今，在全国高校科协中，基层高校科协按时召开会员代表大会的学校寥寥无几，绝大部分高校的科协是换人不换届。高校科协组织建设的自身缺陷造成了中国科协有的专题活动与基层高校科协对接时出现错位，直接影响到基层高校科协在学校的组织形象。对于这个问题，还可以深入探讨下去，瞄准问题，解决问题。

问题六：关于筹备"全国高校科协联盟"的组织建设问题

关于全国高校科协组织建设的发展历史，可以分为三个历史发展阶段：创立全国高校科协联合会的发展阶段，更名为全国高校科协工作研究会的发展阶段，提出创建全国高校科协联盟的发展阶段。其中，全国高校科协工作研究会的发展阶段开展的工作最具代表性。在这三个历史发展阶段过程中，分别担任三届理事长单位的三所高校科协有：东北大学科协、北京航空航天大学科协和华中科技大学科协，在此期间各理事长单位率领全国各地基层高校科协开展工作，可谓功不可没，最为辛苦的是三所学校的科协专职科协秘书长和专职科协常务副主席，他们为了全国高校科协的发展，都做了很多很多无私的奉献，也留下了让我们难以忘怀的感人的故事。关于全国高校科协组织建设，应该是以全国一级学会的组织形式来推进为妥，这样才能具备全国性学会的组织基础资格，有利于实现可持续健康发展的目的。目前，在全国高校科协发展进程中，有两个地域性的高校科协研究学派已初见端倪，这是按照区域性高校科协组织发展特征和对高校科协工作经验的总结而形成的。由此，我把这两个具有代表性的研究学派划分为"南线研究学派"和"北线研究学派"。

"南线研究学派"，起源于 2012 年发起的高校科协组织建设论坛即"江湖论建"。江苏省高校科协有 93 所学校成为会员单位；湖北省高校科协工作研究会有 50 余所高校成为会员单位，加上会议还邀请了全国大江南北已经成立高校科协的学校和还未成立高校科协的学校作为特邀代表参加会议进行工作交流。曾记得在一次"江湖论建"上，有 56 所高校的科协代表就建立"全国高校科协联盟"发起联合签名，其牵头单位为南京理工大学科协。近年来，"南线研究学派"为推进全国高校科协的发展，默默做了很多工作，很了不起。

"北线研究学派"，由北线基层高校科协组织组成。从全国高校科协发展的历史足迹上来看，东三省的区域性高校科协和基层高校科协在 20 世纪 80～90 年代已经有了比较好的发展，比如：哈尔滨工业大学科协、东北石油大学科协、东北大学科协、哈尔滨工程大学科协、吉林大学科协、吉林农业大学科协等，这些高校成立科协的时间都比较长了，不过几乎都没有按照学校科协章程规定按时换届，到了 2000 年后，相对削弱。2022 年以来，北京市高校科协却成为"北线研究学派"的中坚力量，比如：由北京航空航天大学科协牵头，北京理工大学、北京大学、中国人民大学、北京工业大学、中国科学院大学、清华大学等科协积极策划组织筹备"北京市高校科协联合"的工作，在北京市科协的指导和支持下，2024 年 1 月 19 日，北京高校科协联盟成立。

无论是"南线研究学派"，还是"北线研究学派"，大家总是在期待着恢复全国高校科协工作研究会的建设，加快组织建设工作，这是大家的共识。这样，才能体现出全国高校科协在中国科协学术共同体中具有不可或缺的重要位置，使一代又一代的高校科协工作者在有组织的基础上肩负起中国科协基层组织——高校科协的历史使命。

在这里，要特别说明的是，"全国高校科协联合会（筹）""全国高校科协工作研究会"，曾经都是按照中国科协全国学会的组织规章制度来创建的，也是中国科协所属的一个全国性学术性科技社团，其组织构架设有五个专业委员会：学术交流专业委员会、优秀科技工作者举荐专业委员会、大学生科技活动指导专业委员会（"挑战杯"活动专业委员会）、联络服务科技社团专业委员会、高校科协理论研究专业委员会。理事长单位是领头羊，东北工学院科协为第一届理事长单位，北京航空航天大学科协为第二届理事长单位，华中理工大学科协为第三届理事长单位。重庆大学科协、西北工业大学科协、南京理工大学科协连续担任了第一届、第二届、第三届副理事长单位。重庆大学科协在任职副理事长单位期间，是我的前任秘书长应永铭老师牵头承接了全国高校科协大学生科技活动指导专业委员会（大学科普专业委员会）和高校科协理论研究专业委员会两个专业委员会的工作；后来，我接替重庆大学科协秘书长后直到现在，在创建的"大学科普"品牌和"高校科协理论研究"中心两个领域开展工作，坚守到今天。未来在哪里？我坚信，在后期提出的创建"全国高校科协联盟"的基础上，一定会在适当的时候，完成类似"全国高校科协工作研究会"这样的全国性组织。由此提供两个研究案例：一是"大学科普"缘起于全国高校科协与第六届"挑战杯"竞赛活动的典型案例。第一个案例，参见本书第七章"开创大学科普"；第二个案例是关于高校科协理论研究的案例，参见本书第四章"高校科协'五指理论'"。

问题七：关于高校科协工作经费问题的讨论

关于高校科协工作经费的来源问题，提供两份比较权威的文件，仅供参考。第一份文件是中国科协关于印发《高等学校科学技术协会组织通则（试行）》的通知，科协发组字〔2017〕51号：《高等学校科学技术协会组织通则（试行）》（简称《通则》）已由中国科协九届二十七次书记处会议研究通过。《通则》第七章"经费"第四十二条规定高校科协经费来源如下：高校财政支持；会员会费；捐赠；其他合法收入。第四十三条规定，高校科协应建立独立的财务账目，执行国家有关财务管理制度，定期向会员代表大会和委员会报告财务收支情况，并接受会员监督。第二份文件是《江苏省高校科协组织通则》，其第五章"经费"第二十二条的经费来源规定：经费由学校拨款，列入学校财政拨款年度计划内，专款专用；校科协举办的各种事业性活动收入；上级科协项目经费和补助；单位和个人捐赠；其他合法收入。第二十三条规定：校科协的经费、资产受法律保护，任何单位和个人不得侵占、挪用和任意调拨。除了以上经费来源，基层高校科协在承接中国科协和地方科协的一系列活动时，一般都会有充足的配套经费支持。

总而言之，通过回答王晓峰秘书长这"七问"，我对全国高校科协的发展有了更加深刻的认识，新一代高校科协人把新思想、新观点作为起点，实在是让我放心。首先，我看到了王晓峰秘书长对高校科协发展的未来充满信心，很有实干兴邦潜力；其次，王晓峰秘书长能从高校科协的发展历史入手，牢牢把握不忘初心、守正创新的工作原则，非常认真地去研究高校科协发展过程中的工作经验和历史教训并瞄准工作抓手和工作重心切入点。也许，这就是北航人质朴实在而不浮华的精神。

二、重庆大学访谈纪实——科协工作体会和高校科协理论研究工作进度

2018年5月6～8日，北京航空航天大学科协秘书长王晓峰博士来到重庆大学专访我在重庆大学科协担任科协秘书长期间的工作体会和对高校科协理论研究的工作进度。访谈期间，他参加了《大学科普》编辑部组织的大学科普创新与发展座谈会，座谈会于 5 月 7 日下午在重庆大学物理学院举行。座谈会邀请了重庆大学青年教师科协主席兼重庆大学物理学院常务副院长刘雳宇、重庆大学团委书记李成祥、重庆大学教师工作部副部长彭述娟、重庆大学能源与动力工程学院核工程与技术系主任兼重庆大学大学生核学会指导教师王锋、重庆大学资源及环境科学学院教师殷黎明、重庆市大学科学传播研究会秘书长冯素梅等，我作为《大学科普》杂志社执行主编出席了会议。会议由重庆大学青年教师科协主席刘雳宇主持，他代表重庆大学对北京航空航天大学科协秘书长王晓峰博士的到来表示热烈欢迎，他说：北京航空航天大学是中国崛起过程的重要力量，为祖国军工、兵工发展作出了重要贡献。我们在新形势下做大学科普的工作，不再是普及普通的科学知识，而应引领大学生对未来 100 年的科学前沿的认识，承担更加重要的历史使命。并希望能通过王晓峰秘书长作为纽带，以北京航空航天大学的学科优势，带动我们西南军工集团的发展。而我们重庆，应该认识自己的定位，明确发展方向，发挥重庆人吃苦耐劳、敢拼敢做的精神，要学习北航精神，推动重庆军工进步、学科发展及人才成长。紧接着王晓峰表达了此次专程来重庆调研的真实愿望，他在发言中说道：当前，在国家综合实力提升的新时代背景下，北航近几十年来，在学术、科学、技术、科普等方面实事求是地努力奋进，取得了新的成就。院士数量、获奖数量均在增加，特别是在全国高校排名中正处于上升态势。但北航的局限性却在于它的学科领域面太窄，局限于航空航天方面，所以必须向综合性大学的方向发展。而重庆大学历史悠久，人文文化源远流长，希望能通过交流，更进一步学习重庆大学的办学经验。最后，我代表《大学科普》编委会，向刘雳宇和王晓峰两位学者颁发了《大学科普》杂志编委会委员的聘书。

我在发言中说道：新编委的加入，无论是在组织优秀科普文章上，还是在科普书稿组稿上，都必将展现出"科学必须要科普，科普必然应科学"的原则，让《大学科普》的科普创新迈向崭新发展的新征程。今天，在《大学科普》起源的地方研讨科协做科普的意义，不能忘记了我们承载着重庆大学一代又一代的老领导、老科学家、老教师的重托，坚持推进大学科普的发展，用科普育人的方式，服务于学校两个"双一流"建设目标，使"一流大学"和"一流学科"的"双一流"建设与"一流科技社团"和"一流科技期刊"紧密结合，让高校科协开展特色科普工作为各学校学术发展和人才培养注入新的活力。教师代表和学生科技社团分别从不同角度，就如何通过开展大学科普工作服务"双一流"建设话题开展了深入的讨论，交流中碰撞出新思想和新观点。最后，大家一致认为，通过全国高校科协组建的《大学科普》杂志编委会平台有利于凝聚全国各大高校的科学家做科普，将会进一步有效地推进《大学科普》杂志和"大学科普丛书"的新发展。

三、北京航空航天大学访问纪实——加强高校科协理论研究

2020 年，我接受了北京航空航天大学科协王晓峰秘书长的邀请，于 1 月 4 日下午，与《大学科普》编委会副主任曹锋（华中科技大学科协常务副主席）、编辑王正伦（华中科技大学科协办公室主任）、刘龙（重庆大学美视电影学院研究生）、王柳（陆军军医大学研究生）、刘畅（重庆师范大学本科生）等一行 6 人，来到了北京航空航天大学科协访问学习，王晓峰秘书长热情地接待了我们并组织了一次交流座谈会。座谈会上，王晓峰秘书长作了北航科协工作交流汇报，他从北航科协历史沿革、高校科协历史机遇、近几年的主要工作抓手、今后工作重点等四个方面进行了介绍。华中科技大学科协常务副主席曹锋对北航科协在高校科协理论研究方面开展的工作，给予了很高的评价，他认为北航科协一直是全国高校科协学习的榜样，有很多经验值得大家认真学习。在交流过程中，大家围绕高校科协的性质、任务和职能开展讨论，还就目前全国高校科协、区域性高校科协、基层高校科协组织发展等组织建设基础性问题进行了深入的交流，提出了很好建议。随后，北航科协老秘书长朱淑桃老师专程到会看望了大家，她鼓励高校科协的新人，要团结一致，共同携手坚定地推进全国高校科协的发展。会后，她又把自己编织的精美工艺品中国

结送给了我们，当时，我非常激动，再次感悟到高校科协文化的力量。这份北航科协独创的高校科协文化，始终让我保持着一种向上的精神力量，已经刻骨铭心。

这次座谈会，让全国高校部分科协的新老秘书长相聚，十分难得。而最为感动的是，我们见到了北航科协老秘书长朱淑桃老师，她与年轻有为的新秘书长王晓峰营造了不忘初心的文化传承氛围。座谈会结束后，王晓峰秘书长又召开了一个小型交流会。他召集了北京市高校科协联合会筹备组的老师们，有北京大学科协副秘书长郑英姿、中国人民大学科协秘书长沈健、北京理工大学科协秘书长胡晓珉、中国科学院大学科协副秘书长吴宝俊，还有科学出版社科学人文分社社长侯俊琳等（图9-3），于是，我们与北京地区的高校科协同仁们在北京大学又展开了一次亲切的交流，这次新老秘书长们在一起，总结过去、展望未来，大家达成了一个共识：高校科协的发展，已经在中国科协显现出新的高地，而高地中的奇峰，有望在新时代突起，高校科协的繁荣，来日可期！

图9-3 《大学科普》杂志编委会编委、编辑在北京大学合影（王柳 摄）

前排：王晓峰（左一）、曹锋（左二）、靳萍（中）、胡晓敏（右一）、郑英姿（右二）
后排：王柳（左一）、刘畅（左二）、王正伦（左三）、沈健（右一）、侯俊琳（右二）、吴宝俊（右三）

　　高校科协已经经历了一个很长的历史发展时期，也应该在理论研究工作上有一个新的突破。无论从高校科协的组织建制，还是从高校科协工作的理论研究而言，都应该有一个基层高校科协来牵头作为高校科协理论研究工作的重要阵地。这些研究工作，不仅是中国科协"科协学"研究的有益补充，也是高校科协理应做的工作。北航科协长期善于吸纳其他兄弟院校科协的工作经验，还通过访谈、研讨会、沙龙等形式在交流创新的基础上进行钻研，传承历史文化。我对北航科协接替全国高校科协理论研究工作充满了信心，由此有了本书第九章"积淀高校科协理论"。其主要原因，还是在于北京航空航天大学能够长期保证对科协专职秘书长岗位的配备。北京航空航天大学党委组织部，在对科协干部配备上，坚持"德才兼备、以德为先"，严格按照"政治品德""职业道德""家庭美德""社会公德"并重的"四德"，用高素质的干部队伍标准配备干部，保证专职科协秘书长德才兼备的基本素质。北京航空航天大学科协成立至今，一共有七位专职科协秘书长，潘天敏（女）、朱淑桃（女）、白如冰（女）、黄正、史文军、王晓峰、宣宁（女）。前面三位科协专职秘书长，是全国高校科协的元老级人物和老前辈，也是我非常敬重和佩服的三位大姐；她们爱岗敬业的精神和认真负责的工作态度，至今让我难以忘怀。后面四位秘书长年轻有为，对科协工作也是兢兢业业、踏踏实实的能干人才，可以说北航科协的每一位专职科协秘书长都有一个共同的特点，就是把北航精神和北航文化融入基层高校科协平凡而普通的工作岗位之中，他们在科协的工作成绩，不仅得到了学校的认可，也给全国高校科协秘书长作出了榜样。特别是他们任劳任怨对全国高校科协发展的付出，默默无闻地培育出一代又一代的高校科协的接班人，很让人感动。他们，不仅是北航科协的秘书长，而且也是全国高校科协秘书长的带头人。在此，还要特别致谢北航科协办公室的专职工作人员，杨兰尊大姐和谢琴妹妹等，她们无微不至的服务和辛勤的付出，也同样得到了兄弟院校科协同仁们的广泛认同和赞扬。历史虽不能改写，但可以续写，北航科协的贡献，必将载入史册。

　　如今，在高校科协开拓性和创新性发展的征途上，加强高校科协理论研究工作，北航科协不负众望。现任北航科协秘书长王晓峰于1999年至2001年在北京航空航天大学做博士后，出站后留在北京航空航天大学任教，2005年在学校机关工作，2017年初担任北航科协秘书长至今。王晓峰秘书长到科协任职后，更加注重高校科协的理论研究工作。他首先拜访了学校科协的历届老秘书长，专访了中国科协、北京市科协研究中国科协"科协学"的专家，还不辞辛劳地专访了全国各地基层高校科协的第二代和第三代以及在职在岗的部分科协秘书长，与北京大学科协、武汉大学科协、华中科技大学科协、南京理工大学科协以及"国防七子"的高校科协新老科协秘书长开展交流，也到重庆大学专访我。由此整理出了一部几十万字的高校科协访谈录。这次访问北航科协，我向王晓峰秘书长提出了三个问题，王晓峰秘书长作了回答。

靳萍问：作为北航科协秘书长，您认为北航科协在学校学术共同体中最适合的位置在哪里？

王晓峰答：所谓学术共同体，就是一群志同道合的学者，遵守共同的道德规范，相互尊重、相互联系、相互影响，推动学术的发展，从而形成的集体。也有学者称之为"知识群落"。它强调"学"，突出"联"，跨越"界"。"学"是指以学术为志业、为旨归；"联"是指汇聚学者智慧，凝聚学术力量，相互作用，相互激发；"界"强调的是跨越学科界限，积极推动跨学科知识交叉与融合、跨单位的资源共享与合作。

大学学术共同体的形式是多种多样的。相对于其他社会机构而言，大学就是一个由学者和学生组成的学术共同体，这是从宏观层面来说的；就中观层面而言，学院、研究院（所）、学系等是根据知识分类组成的学术共同体，由此对科研、教学的范围进行界定和管理，跨学科研究中心、大型实验室、研究基地等是为了弥补知识过于专门化的不足，由不同学科领域的学者建立起来的跨学科学术共同体；从微观层面来说，学术共同体是以某个权威学者和学术带头人为中心的"圈子"或者为了进行某个项目（课题）研究而成立的"课题"学术共同体。

《高等学校科学技术协会组织通则（试行）》中明确指出："组织开展跨院系、跨学科、跨领域的学术交流，活跃学术思想，促进学科发展和学科交叉融合"是高校科协的任务之一。因此，我认为高校科协在学校学术共同体中最适合的定位应该是构建跨学科交叉平台。通过科协这样的平台，将不同学科（专业分会）的科技工作者汇聚起来，实现不同学科（专业分会）间的交叉融合，共同攻关，从而开拓出分析问题和解决问题的新思路、新方法和新路径。

靳萍问：北航科协在北京市高校科协发挥了什么样的重要作用？

王晓峰答：重要作用不敢说，但北航科协能够积极参加北京市科协组织的各项活动，比如信息调研统计、学术交流、科普宣传、人才举荐等。每年都参加北京市科协组织的年终基层意见反馈，能够积极为北京市高校科协的发展和建设建言献策。

靳萍问：北航科协，在推进全国高校科协的发展进程中的使命是什么？

王晓峰答：这个题目比较大，推进全国高校科协发展的使命应该是中国科协或未来成立的全国高校科协联合体之类组织的使命。北航科协曾经是全国高校科协工作研究会的理事长单位，也是组织者和倡导者之一，今后北航科协将继续在中国科协和相关部门领导下，积极参与全国高校科协的各项活动，努力为高校科协的发展和建设做出积极的应有贡献。

将工作长期坚持做好需要有精神支撑，高校科协文化建设很重要，基层高校科协一线工作岗位上的仁人志士把自己在平凡的日常工作中积累起来的经验和教训进行积累、沉淀，然后逐步形成理论后筑起文化高地，这座文化高地在高校表现出来的是一种集体智慧和集体人格，幻化为植根于内心的修养、无须提醒的自觉、以约束为前提的自由、为他人着想的善良，这种文化虽无形但可感知，并能够通过我们一代又一代的有识之士传承和发扬，成为中国科协支撑我国高水平科技自立自强的重要力量，助力高校科协在全面提高服务人才强国战略工作中，更好地团结引领高校广大科技工作者坚定不移地跟党走中国特色社会主义道路，当好高校党委和行政联系教师和学生的桥梁和纽带。

参 考 文 献

[1] 王浚. 王浚院士在组织北航青年教师学术沙龙上的讲话[Z]. 2017年10月12日.

[2] 钟鹤鹏. 立空天报国志 成领军栋梁才[J]. 大学科普，2018（4）：卷首语.

[3] 靳萍. 积淀高校科协文化的研究阵地——北京航空航天大学科协（节选）[J]. 大学科普，2019（2）：78-79.

[4] 北京航空航天大学党政办公室和北京航空航天大学老教授协会. 群师荟萃——北航建校初期师资人物志[M]. 北京：北京航空航天大学出版社，2012.

[5] 北航概况[EB/OL]. [2019-03-28]. https://www.buaa.edu.cn/.

[6] 郭姝，吴文鑫. 北航首批本科生炼出六院士[J]. 大学科普，2018（4）：33-36.

[7] 科普中国. 爱因斯坦：提出问题比解决问题更重要[EB/OL].（2016-07-11）[2024-03-28]. https://tech.gmw.cn/scientist/2016-07/11/content_20914026.htm.

第十章
新型学术共同体悄然兴起

学术共同体是什么？就是一群志同道合的学者，遵守共同的道德规范，相互尊重、相互联系、相互交流、相互影响，共同推动学术的发展，以此而形成的群体。[1]——韩启德

（中国科学院院士、第八届和第九届中国科学技术协会主席）

"学术共同体"一词，来自 20 世纪英国哲学家布朗的一篇题为《科学的自治》的文章。布朗在文中首次提出并使用了"学术共同体"这个概念。他把全社会从事科学研究的科学家作为一个具有共同信念、共同价值、共同规范的社会群体，以区别于一般的社会群体和社会组织，并把这样的一个群体称为"学术共同体"。之后，这一概念便被学术界广泛接受。在我国，中国科协所属的学会（协会、研究会）的会员即广大科技工作者构成了一个突出的"学术共同体"群体。

2009 年，时任中国科协主席韩启德以"充分发挥学术共同体在完善学术评价体系方面的基础性作用"为题撰文，该文发表在《科技导报》2009 年第 27 期上，作为卷首语。他专门对学术共同体一词作了详细的解释："学术共同体是什么？就是一群志同道合的学者，遵守共同的道德规范、相互尊重、相互联系、相互交流、相互影响，共同推动学术的发展，以此而形成的群体。按马克斯·韦伯的说法，学术共同体的成员，必须'以学术为志业'，在这里，科学成为一种存在方式，一种人生态度，甚至是一种精神境界。学术的评价、学术的标准、学术上的分歧，所有学术上的问题只有依靠学术共同体才有可能得到解决。尽管学术共同体也有可能做出错误的判断和决定，但除此之外，没有别的更好的选择。"[1]韩启德主席在卷首语中对学术共同体基本定义的诠释，给出了学术组织的责任，他还强调：要充分发挥学术共同体在完善学术评价体系方面的基础性作用。对于学术评价，当然，中国科协所属学会（协会、研究会）等学术组织具有专业话语权和权威性，在学术评价体系方面发挥了重要的评价作用，对于高校的科协组织而言，很值得研究。高校科协作为中国科协基层组织，在高校肩负着服务学术发展的组织枢纽的重任，如何根据悄然兴

起的新型学术共同体的这一新定位开展高校科协工作，是我们在本章讨论的重点，也是本书对高校科协未来发展的一种期许。

第一节　关于学术共同体的讨论

科学发展到今天，要适应现代社会的复杂性和综合性需要，只靠一两个专业或者学科难以解决复杂和综合性问题，必须依靠多专业泛学科的协同。整合学科优势、促进学科交叉发展，学术共同体中的学术交流工作起着不可替代的作用。科技社团是学术创新的主体，而科技社团组织的学术交流活动，对学科交叉起到重要作用。在我国，由于各种原因，科技社团作为学术交流主体的地位还没有得到充分体现，但科技社团的学术权威和学术话语权却慢慢开始显现。因此，只有充分确立科技社团的主体地位，才能真正保持科技发展纯洁的学术性，进而团结和动员广大师生和科技工作者，积极参与中国科协系统组织的国际国内学术交流活动，使高校的学术交流活动完全融入"国家学会"的学术共同体之中，为创新型国家建设添砖加瓦。

一、学术与学术交流

学术，天下之公器。"学术"（learning）一词，在中国早已有之。《辞海》（1999年版）将学术解释为"专门的、有系统的学问"，并以《旧唐书·杜暹传》中的"素无学术，每当朝谈议，涉于浅近"为释例。明代《传习录》记载了王阳明这样一段名句："夫道，天下之公道也；学，天下之公学也，非朱子可得而私也，非孔子可得而私也。天下之公也，公言之而已矣。故言之而是，虽异于己，乃益于己也；言之而非，虽同于己，适损于己也……道固自在，学亦自在。天下信之不为多，一人信之不为少。"近代严复说："盖学与术异。学者考自然之理，立必然之例。术者据既知之理，求可成之功。学主知，术主行。"梁启超说："学者术之体,术者学之用""学也者,观察事物而发明其真理者也;术也者,取所发明之真理而致诸用者也……应用此真理以驾驶船舶,则航海术也。研究人体之组织,辨别各器官之机能,此生理学也。应用此真理以疗治疾病,则医术也。学与术之区分及其相关系,凡百皆准此"。历史学家柳诒徵撰文批评说:"学者产生地有二种,实验室、图书馆一也,官厅、会场、报纸、专电、火车、汽车二也,前者有学而无术,后者有术而无学,潮流所趋,视线所集,则惟后者为归。故在今日号称不为官吏,不为政客,不为武人,不为商贾,自居于最高尚最纯洁之地位之学者,其实乃一种变相之官吏,特殊之政客,无枪炮之武人,无资本之商贾,而绝非真正之学者。……此等学者愈多,教育愈坏,学术愈晦,中国愈乱,乱而学者之术愈进步。"[2]在这里,我们可以清晰地了解到,当时所说的"学术"包括了"学"与"术"这两个差异甚大的概念,因此我们难以由此得到一个明晰的"学术"的概念。关于学术的定义,多数学者认为"学术"应该是具备一定专业知识和文化素养的人们有思维涟漪的自由思想奇峰,是探索未知、追求真理,属非实用性研究的一种无功利性的科学劳动。

对于学术这一概念传统的认识,可以借用过去几十年来被批判得很严重的两个方面来解读:一方面是学者在"象牙塔"中作为学术而学术的"纯学术"研究工作;另一方面是把学术解释为"学问之术",即"学问之道"。诚然,我们还可以从学术的四个基本特征来解读:一是条理化、系统化,学术运用的是理性思维;二是非功利性,不可以"实用"作为衡量标准;三是学术与技术皆属于专门化领域,但学术在于"学问",而技术却在于"技艺";四是属于文化范畴的学术文化是人类思想和智慧的结晶,是每个民族的学术精英、文化精英共同创造的文明精髓,因而成为人类文化中的精华。学术本身没有功利性,而学术的功利性出自从事学术的人,人的功利性一旦浸透到学术的灵魂之中,其学术价值与学术生命就会减弱甚至丧失。[3]而如今,学术之重要已经上升到了国家创造之灵魂的思想高度,成为一个时代创新精神的具体表现。

学术交流对于创新非常重要，而组织学术交流活动的工作，对于基层高校科协的工作者而言十分重要。我们从狭义和广义两个方面来解读学术交流。狭义的学术交流，是指专家、学者在参与学术共同体举办的一系列学术交流活动时，把自己传承与创造的学术思想，在学术交流过程中进行传递，同时，也尽可能地通过学术交流，获取到更新的学术信息，这样的学术交流工作，可称为学术劳动。钱学森曾提出宏观学术交流是一种跨学科、跨行业的学术活动[4]。而人们对广义的学术交流工作的理解则是比较发散的，还得先从人们对科学和技术的认识上开始。科学是关于自然、社会和知识的思维体系，技术是生产的技法和手段。德国学者贝希曼率先提出：过去把科学的目标理解为认识自然界，技术是改造自然界，这已经很不符合现代科学和技术发展的特点了。如今，由于科学的技术化同工业愈来愈接近了，比如现代科学和技术的发展在电子、化学、通信、核能、生命科学、信息科学等领域，专业的交叉、边缘学科的产生、技术之间的集成，使其科学和技术的融合与联系越来越紧密，已经形成了一个巨大的科学技术系统，贝希曼把这个系统称为"规划科学"，也就是"大科学"的概念。实际上，这不仅仅是贝希曼一个人的认识，也是大多数人的一种共识，是反映了当代科学、技术、生产、社会一体化状况的"大科学"概念。因此，从这个意义上讲，学术交流不只是就单纯的理论研究工作进行交流，而且也就相关社会、经济、科学、技术、科普方面进行一种广泛交流，如交流的内容可以包括为决策服务的科技咨询和论证、科技成果的商品化、为技术市场提供信息服务等。

中国科协"八大"以后明确提出：中国科协要发挥开放型、枢纽型、平台型的学术组织体系优势，严格要求中国科协所属的学会（协会、研究会）以高水平科技创新智库建设为引领，扎实推进智库体系建设，形成高质量研究成果。第三方评估工作取得突破性进展，积极支撑国家科技决策咨询体系。得到了党中央和国务院的高度重视，在科技界和全社会产生了广泛的影响，中国科协学术年会、地方性科协的学术年会，每年的大型学术交流活动如期举行，这就是学术交流的延伸，拓展了学术交流的范围，交流活动还包括科技展览、科技观摩、科技咨询、协作攻关、成果评议鉴定、科技信息发布等，体现出学术交流的基本特征，这也是如今学术交流工作融入学术交流活动中的一种特殊方式。

通过以上多元化的学术交流工作方式，科学家在科学信息、科学思想、科学观点等方面得以广泛沟通和互鉴，但学术交流核心切入点依然还是新的学术思想和学术创新的诞生上。所以，广义的学术交流，对于启迪专家学者的创造性学术思维有着极其重要的现实意义。总而言之，对于专家学者而言，无论是参与狭义的学术交流活动还是广义的学术交流活动，都是在学术共同体中进行学术交流工作，都是中国科协为广大科技工作者提供的思想俱乐部。

学术交流的三大特点。权威性是学术交流的第一个特点。比如公开发表原创性的研究工作成果、综述文章、专著等，起到公示创新观点的重要作用，也可以理解为研究者的科学发现和技术发明优先权被学术界同行认可。整体性是学术交流的第二个特点。学术交流是学术共同体的一个有机整体系统，而不是某种行政化的数字指标考核之和，换句话说，即使是系统中的某一部分被取消，也不会破坏或影响其整个系统。比如科技社团召开的学术年会、学术研讨会、专家学者口头对话、书信往来，学术出版以及预印交流资料等形式，体现了学术交流内在有序规律的整体性。稳定性，是学术交流的第三个特点。学术共同体中的科技社团，具有学术组织交流系统的相对稳定性，无论是科学家个人之间的交流，还是通过科学技术文献检索和媒介传播的交流，都具有一个共同的学术研究目的，但方法和方式却在创新和传承中不断更新。我们可以看到，学术期刊的出现，并没有使科学图书消亡；印刷品的出现，也没有导致科学家摒弃手稿、书信等手段；无线电、有线电、电影、电视、电话、网络等新传播技术的出现，不仅没有使学术期刊和图书的纸质版被淘汰，学术期刊和图书反而借助了新技术大平台，更加广泛、迅速而有效地传播了学术研究思想。

学术交流的内容与形式。学术交流的内容非常广泛，形式也多种多样。在学术交流过程中，有相同学科之间的交流，也有不同学科之间的交流，同时还有专业或非专业学科之间的交流。学术交流的内容取决于选题并通过各种类型的学术会议及编辑出版的学术期刊、学术论文集等加以传播。因此，由学术组织召开的学术活动便成为学术交流的主渠道。国内外学术界一般把学术交流的渠道分为两大类：一类是借助于科学图书、科技文献、科学报告、发明说明书、情报出版物等科学技术文献进行学术情报交流，这是广大科技工作者取得科技情报的重要来源之一。比如任何一个科技人员都需要系统地阅读相关的科技文献，从中得到所需的知识研究和探索创新启示；也有在学术交往过程中，通过科学考察来补充科技文献检索后的交流需求，学术界往往把这类学术交流活动称为正式交流过程，或者正式交流渠道。另一类则是由科学家或专家直接来完成的过程，比如专家之间的对话、书信往来、参观、学术讲演、学术讨论会、出版物预印本、发表论文等，学术界往往把这种交流过程，称为学术交流的非正式过程，或叫非正式渠道。

学术交流的五种基本形态。有学者按照科技创新的发展需求，把学术交流划分为五种基本形态。第一种学术交流的基本形态是学术思想交流：指个人自由探索、提出学术论点、形成创新源头；第二种学术交流的基本形态是学术信息交流：指传统的信息交流和在网络环境下的信息交流；第三种学术交流的基本形态是学术人才交流：指交换学生、访问学者、兼职教授等；第四种学术交流的基本形态是学术项目交流：指研究资金、开放项目、合作项目；第五种学术交流的基本形态是学术成果交流：指从专业领域的认同到非专业领域的认同过程。由此，形成了开明集权、民主渐进的常见五种学术交流基本形态（图10-1）。

科技社团对学术评价的责任。随着科学和技术的迅速发展，科技与经济的结合也越来越密切，学术交流的任务和范围也有了很大的拓展。近年来，中国科协一再强调：需要学术交流的创新机制，以同行的评价和社会的评价作为评价标准，使学术交流回归本位，建立和完善学术与权力剥离体制，提倡学术博弈，引入质疑机制，使科学与技术按照自身的内在规律有序地健康发展。同时，中国科协还明确强

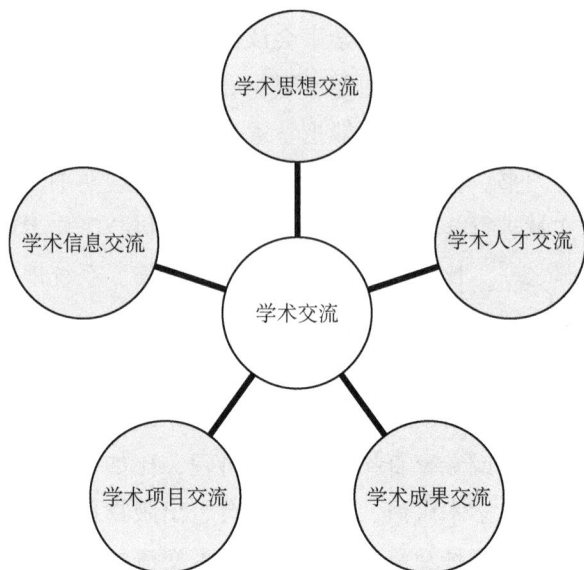

图 10-1　学术交流的五种基本形态

调：要掌握学术交流的基本特点，要切实走出"忙于事务，疏于学术；聚焦少数，忽视多数；重视台上，忽视台下；注重形式，轻视内容；重视开会，忽视积累；以我为中心，忽视参与者"的误区，切实提高学术交流成效。特别要求在组织学术交流活动过程中，要坚持实事求是的作风和态度，追求科学真理，遵守科学道德，鼓励学术争鸣，提倡合作精神；遵循科学发展的客观规律，正确对待和评价科学研究的成败，制定学术交流的行为规范，倡导创新文化，营造有利于科学发现和技术发明的良好学术创新生态软环境。

总而言之，学术交流是科学技术创新的重要源泉，是学术活动中的一种重要形式，也是一种科学劳动方式，更是维系科技社团生存与发展的关键所在。学术交流对于促进科技创新和进步的重要作用，体现在为广大科技工作者获得新思想、新知识、新技能和新信息提供渠道等方面，使其在学术共同体中得到同行的认可，使得科学和技术的活动得以继承和发扬。当今天提倡构建自主创新体系时，瞄准前沿科学、创造新知识、拓展新思路更离不开学术交流这一重要形式，更加彰显出学术交流是推动科技创新和社会进步的重要力量。

二、学会与学术任务

学会，学术组织的基石。学会是由一群从事同类学问研究工作、志同道合的学者组成，以知识传承和创新交流为目标，倡导学术独立、百家争鸣、民主办会，通过合理、合规、合法的方式进行管理与协调，且具备高度自主性的科技社会团体。学会作为学术共同体的基层学术组织之一，不仅是衡量国家学术发展水平的重要指标，而且对于一个国家的科技发展能力而言，也起着至关重要的作用。特别是近年来，学会工作被世界各国政府纳入国家视野，并走向国际舞台。

学会创建的最初宗旨就是学术交流、协调研究，以期通过这种方式来达成更有效、更迅速地推进创新研究进步的愿望。科学研究的学科划分可以从侧面反映学会的兴衰。早期自然科学学科门类较为简单，学会开始创建时也相应简单。而如今，学科的划分越来越细，分支学科越来越多，传统学科之间交叉，边缘学科涌现，以上这些使学科与学会的联系也越来越紧密，相对应的成熟学科的相关学会也不断发展起来。例如，美国有 800 多个科学学会、日本也有 500 多个，而我国的国家学会——中国科协所属的全国性学会仅有 210 多个。[5]相比之下，我国的学会缺门少类的现象还是比较严重，因此，新兴学科与新兴学会的发展，还是值得关注和研究的。

我们从我国学会的发展史中可以了解到，中国的学会始萌于清末时期的维新运动，最早的一批学会，创建于 19 世纪末期，到新中国成立前夕，一共有 32 个学会；新中国成立之后，全国学会有了很大的发展，直到 1965 年，建立有 53 个全国性学会；1979 年后，全国性学会达到 106 个。[5]自中国科协"六大"召开之后，全国学会的发展方兴未艾：据《中国科协 2018 年度事业发展统计公报》公布，中国科协所属全国学会 210 个；据《中国科协 2022 年度事业发展统计公报》公布，全国学会 214 个。中国科协是由全国学会、协会、研究会，地方科协及基层组织组成；地方科协由同级学会和下一级科协及基层组织组成。科协的主体是科学门类的专门科学学会，因此，学会是科协的基础，如中国物理学会、中国数学会、中国化学会、中国天文学会、中国宇航学会、中国航空学会、中国航海学会等全国一级学会，这类全国一级学会的会员往往是由同一学科专业领域里的专家、学者组成；而协会却是以促进某种科技事业的共同发展组成的科技群众团体，例如中国科普作家协会、中国科学探险协会等，其会员的学术身份并不完全一致；研究会的成员也是由研究会的研究对象决定的。

学术任务是学会工作的首要任务。因此，各级各类学会都会通过建立专业学术委员会、拟定学术计划、设定学术活动方案、召开学术年会、主办国际国内学术会议、办好会刊即学术期刊和科普期刊以及设立学会学术奖励制度等工作内容来明确学会的工作任务。当然，各级各类学会都会严格照章办事，拟定各自的具体学术任务。

学会，是科协的基础组织。因此，学会与科协是局部与整体的关系。学会是科技社团具有代表性的一个组织，学会不仅对科学技术的研究和科学技术的普及起着非常重要的作用，而且对专家学者的成长和提高也起着互鉴、监督的重要作用；同时，还具有很强的面向经济建设和社会服务的潜在功能；因此，学会的组织建设和学术活动的水平、质量、效益，对社会的贡献以及维护学术权威和科学文化建设等方面都与科协的工作有着密切的联系，也在相当程度上决定着科协在社会上的地位和声誉。学会在科协业务主管下开展工作，科协为学会工作提供协调服务，以保证各级学会在理事会的领导下，独立自主地开展学术交流活动。科协要求学会按照科协制定的有关章程、管理条例、制度等来开展活动，科协也会根据学会改革和发展的需要，配合立法部门和政府建立、健全法律、法规、法令，确定学会的活动范围，开辟业务渠道，保护学会和科技工作者的合法权益；科协还要根据党和国家的路线、方针、政策和任务，提出各个时期的工作计划和工作任务并指导学会开展业务。科协协调和组织一些综合性的重点活动时，按照有关章程管理学会及其组织建设工作，推选出代表参加中国科协代表大会，组织国际国内学术交流活动，抓好学会的年度审计工作，按制度对学会进行调查研究，总结经验，表彰先进等。科协为学会开展活动创造了良好的环境和必要的物质条件，由此可见，科协成为服务学会工作的领导者、组织者、支持者和保护者。处理好科协与学会这一关系，争取科协的支持，才能更好地推进学会的自身建设，使学会与科协合力，构建科技社团强有力的生命力，这样才能调动广大科技工作者参与学术交流活动的积极性，使其更好地完成学术交流任务，服务于科技强国的目标。学会的组织结构越合理，学会与科协的相关度就会越来越大，科协的总体功能也就会发挥得越好越充分。

三、学派与学术精神

学派，同一学科中由于学说、观点不同而形成的派别。学派一词，在中国早期使用见于对儒学流派进行分类，除儒学领域之外，在我国的传统医学中也用到过学派的概念，如金元四大家便被后人根据其各自的医学理论特征划分称为"寒凉派""攻下派""补土派""滋阴派"等。到清代末期，学派一词开始被广泛使用。[6] 就"学派"一词而言，《汉语大词典》的定义是"一个学科中由于学说、观点不同而形成的派别"；《辞海》对学派的定义为"一门学问中由于学说师承不同而形成的派别"；两个定义的不同在于《辞海》中明确提出了学派中的学缘关系。而在《牛津大辞典》中，学派被定义为受教于同一个专门大师（在哲学、科学、艺术等方面）的学者群体。因此，从广义上来理解是指在某个理论或者实践知识领域内具有相同学缘关系，或因原理和方法上的普遍相似而联系在一起的学者群体。美国学者盖森从科学史和科学社会学的研究角度出发，他认为科学学派是致力于一项合理而紧凑的研究计划的成熟科学家组成的小组，他们身边伴随着同一机构中的优秀学生，投身于直接而连续的社会和智力的交互作用之中。直到今天，学派一词还没有得到一个完全统一的定义，各类辞典中给出的学派定义都是以广义的解释为主导，下面我们重点围绕科学学派来进行讨论。

科学学派的诞生是近代科学发展的产物。自17世纪后期到18世纪初，自然科学从神学中解放出来，诞生了以牛顿、伽利略、波义耳等为代表的一批近代科学奠基人，科学研究逐渐职业化。在18世纪到

19世纪的欧洲，科学活动的职业化为学派的大批产生创造了重要的社会条件。在此期间，学科大师级人物的涌现，科学活动的专门职业化，科学家角色的社会地位以及这种角色与大学教师、政府或工业的雇员等其他社会角色的交叉，是组织型科学学派出现的重要条件。[6]正如科学社会学家巴伯所说："科学是一种有组织的社会活动，它以社会的支持为先决条件。这种支持的分量以及它所支持的科学工作的类型，在不同的社会结构中是不同的，因此科学发展的方向可以受到这些因素的显著影响。"[7]当近代科学逐渐被引入曾被经院哲学和神学占据多年的大学时，科学教育和科学研究也成为大学的主要功能。正是在这个时期，各大学、研究所、实验室等成为科学研究的中心，科学家们开始聚集在这些中心周围，开始协同或者竞争参与研究，并逐渐形成了以学科为基础的科学学派。

19世纪是科学学派发展繁荣的时期，无论是学派的数量，还是学派所涉及的学科、学会等学术组织，都是以往任何历史时期所无法比拟的。从科学发展史研究中我们可以了解到，当时影响力大的科学学派基本情况如下：数学领域代表性的有哥廷根学派、波兰学派、布尔巴基学派；物理学领域代表性的有波恩学派、玻尔学派、费米学派、埃伦菲斯特学派、卢瑟福学派；固体物理学领域代表性的有布里斯特尔学派；物理化学领域代表性的有 A. A. 诺伊斯学派；化学领域代表性的有李比希学派、杜马学派、武兹学派、凯库勒学派、弗雷泽纽斯学派；天文学领域代表性的有亚里士多德学派；地质学领域代表性的有德拉贝齐学派；生理学领域代表性的有路德维斯学派、冯特学派、米勒学派、福斯特学派、赛勒学派等。

科学学派的类型大体上可以分为两大类。一类是以领袖人物为中心的学派，另一类是以研究对象为中心的科学研究学派。比如科学史上记载的李比希学派，在李比希的带领下，一批优秀的化学家在二十余年的时间内，在有机基团理论、有机多元酸理论、农业化学理论和生理化学理论等领域取得了辉煌的成就，奠定了有机化学的基础，此学派属于以领袖人物为中心的学派。而另一类学派比如布尔巴基学派，则在数学中首先引入了数学结构的概念，并用这个概念来统一数学，学派内部的科学家严格遵循这个共同的研究基础完成了多卷集《数学原理》的编写工作，所有的工作均在这个共同的约定下完成，此学派属于以研究对象为中心的学派。

科学学派的特征。以学派领袖为核心和纽带而形成的共同体，学派领袖的思想、学识、品质和才能，对科学学派形成、发展的全过程具有举足轻重的作用，甚至驾驭学派的研究方向、思维方法和学术风格。如以卢瑟福为首的剑桥物质结构学派，由于学派领袖卢瑟福是位杰出的实验物理学家，受他的影响，该学派致力于用实验的手段揭示自然界翔实可靠的真相，形成了实证的探索传统；曾经受哥廷根数学传统影响的物理学家玻恩所创建的哥廷根物理学派，则把研究兴趣集中在数学物理方面，他注重理论的形式和结构，而不是物理内容，从而构成了物理的数学思维风格；以理论物理学家玻尔为核心的哥本哈根学派，受玻尔的影响，擅长理论研究和物理直觉，善于借助于丰富的想象力、严谨的逻辑判断力进行物理学思考，显示了别具一格的理论思维的特色。学派领袖和导师的思维、方法、习惯、处理问题的态度和方式，在直接、共同、频繁的科学交流和研究中，潜移默化地感染和影响着学派的所有成员，并通过他们转化为科学学派所特有的学术风格。总之，科学史记载的学派林立，各个学派在长期研究过程中形成了各自的鲜明特色，可谓"百花齐放""百家争鸣"，共同推进了科学的繁荣和发展。

学术精神，一种笃学求真的品格。"一个民族理论思维水平的高低、对人类文化发展所做贡献的大小，很大程度上要看这个民族为人类社会奉献了多少学术精品。""打造学术精品，让世界认识'学术中的中国'是新时代中国学者的使命。推进学术研究、打造学术精品，不是一件容易的事情，至关重要的一点是学者要弘扬学术精神。"这是武汉大学段德智教授在文章《弘扬学术精神才能打造学术精品》中提出的学术精神与学术精品观点。[8]段德智教授在文章中还重点讲到了在学术研究方面有大作为、大成就的人，往往都具有无私奉献的精神。他在文章中是这样描述的："学术精神首先是一种理性精神，除了是一种理性精神，还应当是一种无私奉献的精神。""学术研究是在为人类社会谋福祉，学术精神也是一种造福于人类的精神、一种为人民服务的精神。"他还列举了马克思、爱因斯坦的学术精品和辉煌成就，并强调"一个学者要将自己的学术活动不断向前推进，必须具有造福人类的博大胸怀和无私奉献精神。如果一个人想在学术研究中具有源源不断的动力、取得重大学术成就，就必须不断提升自己的人生境界，努力从'自然境界'和'功利境界'走向'道德境界'和'天地境界'，大力弘扬无私奉献的精神"。诚然，学术精神的灵魂，的确有一种求真理、悟道理、明事理的高贵感。

如今走进中国学术殿堂，特别是高校科协，会发现在我们的身边，也有一群默默无闻的人，他们在研究学术做学问的平凡工作中做着不平凡的事。这群学者，他们没有闪光耀眼的名字，却在各自的学术岗位上辛勤耕耘；他们没有华丽动人的外表，却有着一颗真诚善良的心；他们没有辉煌的成绩，却有着实现目标的坚强毅力；他们没有豪言壮语，却有着朴实无华的行动；他们用自己的聪明才智在科学技术创新探索中辛勤耕耘，他们"把论文写在了中国的大地上"，为国争光、建功立业。

曾经有人说，基层高校科协战线有一群"追星人"，我就是其中之一。的确，中国学术殿堂里的"科技之星"群星灿烂，其最具代表性的人物是国家最高科学技术奖获得者。我国的国家最高科学技术奖，于 2000 年由中华人民共和国国务院设立，由国家科学技术奖励工作办公室负责组织评审，这是我国五个国家科学技术奖中最高等级的奖项，授予在当代科学技术前沿取得重大突破，在科学技术发展中有卓越建树，在科学技术创新、科学技术成果转化和高技术产业化中创造巨大经济效益或者社会效益的科学技术工作者。自 2000 年到 2024 年，一共有 37 位[9]国家最高科学技术奖获奖者，他们是袁隆平、吴文俊、王选、黄昆、金怡濂、刘东生、王永志、叶笃正、吴孟超、李振声、闵恩泽、吴征镒、王忠诚、徐光宪、谷超豪、孙家栋、师昌绪、王振义、吴良镛、谢家麟、郑哲敏、王小谟、张存浩、程开甲、于敏、赵忠贤、屠呦呦、王泽山、侯云德、刘永坦、钱七虎、黄旭华、曾庆存、顾诵芬、王大中、李德仁、薛其坤。这 37 位"科技之星"让人敬佩，其事迹十分感人；他们追求知识的热情超过了凡人；他们谦虚内敛，将一种至高无上、纯洁的科学精神融入学术生命里，让人无比感动和敬仰。

从 2008 年开始至今，《大学科普》杂志每年的第 1 期都会用几个版面，专题刊登详细介绍年度（除年度空缺和停发）国家最高科学技术奖获奖者的事迹，侧重介绍他们的科学成就和科学精神，如开拓创新、团队合作、批判质疑、执着科研的科学精神。国家最高科学技术奖获奖者科学精神相关细节的展示，能够鼓励科研工作者不忘初心、攻坚克难、传承精神、结出硕果，并使其深刻领悟科学精神[9]的内涵和意义。

在这里，我选取了由南京理工大学科协推荐的荣获国家最高科学技术奖的两位优秀科技工作者，一位是南京理工大学科协名誉主席王泽山院士，一位是南京理工大学校友钱七虎院士。两位院士在 2019 年 1 月 13 日，在人民大会堂举行的"全国科学道德和学风建设宣讲教育报告会"上的报告感人至深。王泽山院士以《牢记使命，忠诚奉献》为题，讲述了自己的科研经历，从始终不渝专注火炸药的研究，到锲而不舍担负国家赋予的国防科技创新使命，他还勉励青年教师和研究生、本科生，要把"不间断地思考"作为追求超越的一种工作学习方式，多问为什么、追问怎么做，追求问题本质并拓展思考，并告诫大家，在做科研过程中，要有责任感，学会包容和诚信，杜绝学术腐败、抄袭、造假、浮夸、浮躁等背离科学精神的行为。要发挥群体作用，关注学科交叉融合趋向，坚定理想信念，心怀大爱，忠于党、忠于人民，在为人民利益不懈奋斗中书写出人生的最美华章。钱七虎院士以《让生命在科技报国中闪光》为题的报告，浩气凛然、动人心弦。钱七虎院士在阐释科学家精神的深刻内涵时讲道："爱党信党跟党走，是一生中最正确、最坚定的选择。""只有把个人的理想与国家和民族的前途命运紧密联系在一起，才能有所成就、实现价值！""科学是老老实实的学问，容不得一点点的马虎和心浮气躁。""只有摆正个人和组织的关系，摆正个人和集体的关系，摆正个人和群众的关系，才能顺利前进。" 钱七虎院士虽然已至耄耋之年，但作为一位老科技工作者仍心系国防建设与人才培养。

　　王泽山院士和钱七虎院士，坚持传承育人，注重将良好的治学精神和道德品行融入学生的人格养成，做学高为师、身正为范的典范；把自己的爱国之情、报国之志融入祖国改革的发展事业之中，融入人民创造历史的伟大奋斗之中，融入建设世界科技强国、构建人类命运共同体的伟大实践之中。老一辈科学家的事迹让我们备受鼓舞："生命要在科技报国中闪光。""没有挺得起腰的科学家精神，就难有站得住脚的科学成果！""科学报国，在人民最需要的地方散发光芒""从无到有、从弱到强，中华民族走向伟大复兴的时空中，闪耀着一代代科学家奋力前行的夺目光芒。同样的爱国之情、报国之志、卓越之才，他们心中想的都是祖国、是事业。"[10]

第二节　高校进行的学术变革

　　自新中国成立以来，我国高校基层学术组织，经历了两次重大调整。第一次是在20世纪50年代，在新中国成立初期的1952年，高校进行了院系调整，从院系制逐步调整为系、研究所模式。2000年，进行院校大合并，全国各大院校开始进行第二次院系调整，重新确立学院制。我们可以了解到，高校的基层学术组织在不同的历史时期进行及时调整，有效地适应了国家科技经济社会发展的需要，更进一步推进了我国高等教育的迅速发展。而如今，在快速发展过程中，出现了"学术研究异化学术"和"学术制度异化教师"等方面的一些问题，乃至在公众中产生了很大的不良影响，已经被广泛关注。有不少学者对这些现象进行了深入研究，提出履行学术制度，守望学术之责，坚定地推进学术变革。[11]面对我国高校新一轮学术变革，我们将通过高校对学术定位的原则、学科诞生的动力、学术变革的力量三个方面进行讨论，从中寻找高校科协组织为什么要以组织学术交流活动为己任的答案。

一、学术定位的原则

自 20 世纪 90 年代以来，我国高等教育的发展速度加快，全国高校的数量和规模出现了快速增长的态势，与此同时，许多高校出现了定位不明的问题："很多学校在自介时自称是综合型、研究型的大学，或者说要办成综合型、学术型的一流大学，要成为全国知名、世界有一定影响的高等院校。不仅老牌大学这么介绍，新办大学也是这样介绍，甚至刚刚批准成立高职的学校也宣称要办成亚洲或者东亚有影响的大学。"[12]我阅读了潘金林、龚放两位老师讨论"博耶的学术生态观与高等学校的学术定位"的研究文章，他们认为高校定位不明与不清楚高校分类标准有关，许多高校难以识别或有意混淆自己的"身份"。而更重要的原因则是高校对所承担的职能孰轻孰重也把握不清，"许多人不加区别地将三大职能赋予所有的高校，甚至在高职、高专院校也侈谈'科学研究''知识创新'等，其结果是'科学研究'的职能有名无实，而'人才培养'的职能却被虚化或边缘化，'社会服务'也不免轻重倒置，失范失当"[13]。用博耶的学术观来衡量，这些高校实际上就是"学术定位错位"，而这样做的结果必然是"种了人家的田，荒了自己的地"。

美国卡内基教育促进基金会前任主席欧内斯特·L.博耶所倡导的大学学术生态观，重构和丰富了高等教育多样性的内容。潘金林和龚放老师对博耶的观点进行了深度分析，认为高校定位趋同的主要原因是学术生态失衡：一方面，研究的使命，本只对某些院校合适，却对所有高等学府投下了阴影——"伯克利"或"阿姆赫斯特"模式成为衡量所有高等教育机构的标尺。另一方面，几乎所有大学的薪酬奖励、终身职位的获取和晋升等都建立在对研究成果的评价上。在这种学术生态中，把研究和教学对立起来，正如博耶所指出，"这种偏差在我们所使用的语言里也能看得出来：我们把研究看成是'机会'（opportunity），而把教学看成是'负担'（load）"。要从根本上解决这一问题，高校应该超越"教学科研孰轻孰重"这样俗套的、永无休止的争论，给予学术以更广阔和更富有内涵的解释。只有这样，才能使学术活动变得丰富，并且具有合法的基础。博耶对美国高校的学术状况进行全面考察后于 1990 年作了题为"学术反思：教授工作的重点领域"报告。在报告中提出了一种新的学术生态观，即大学学术不只意味着进行"研究"，它应该包括四个不同又相互联系的方面：探究的学术、整合的学术、应用的学术和教学的学术。

探究的学术（scholarship of discovery）。在学术界，最高的宗旨就是对知识的追求。博耶认为，对学术的探究乃是学术生命的心脏，当然处于研究工作的中心。学者始终坚持知识创新和追求真理，这种追求燃起的激情，为教师队伍学术研究带来了活力，使其充满学术生机。

整合的学术（scholarship of integration）。针对高校系科分化，知识分解，学生与教师之间、学生生活与学术生活之间的分裂状态，大学应该把整合的学术摆在重要的地位。博耶认为，整合的学术就是建立学科之间的联系，把专门知识放到更大的背景中去考察，用启发的方式解释数据，并常常教育非专业人员。当然，整合的学术同探究的学术是紧密联系在一起的，它首先要求从某一学科领域内已覆盖的边缘地带开始研究，并且在重叠的邻近地带有所发现。这类工作越来越重要，因为传统学科的壁垒已经影响知识领域的拓展。同时，整合的学术还意味着鉴别或把别人的发现整合到更大的智力框架中去。

应用的学术（scholarship of application）。为了避免理论和实践脱节，寻求把研究的理论与生活的现实联系起来的方法，大学还应当支持应用的学术。博耶认为，当今世界尤其需要将大学的学术探究和技能创新运用于解决大量现实难题。因此，不应当为学术而学术，而应当由为国家和世界提供服务来证明其价值。

教学的学术（scholarship of teaching）。教学应该在学术中占有一席之地。教学的学术就是传播知识，倘若不存在教学，知识的连续性就会被中断，人类知识的积累就会面临被削弱的危险。所以博耶认为：教学支撑着学术。没有教学的支撑，学术将难以继续发展。

并且，还要给教学的学术以新的尊严和新的地位，以保学术之火不断燃烧。

潘金林和龚放两位老师还在文章中对博耶的大学人才培养、科学研究、社会服务三大职能进行了有机整合，对学术进行了重新定义，极大地丰富了大学学术的内涵，拓宽了大学的学术边界。同时，博耶的学术观还赋予了探究、整合、应用和教学四种学术以同等的地位，它们不仅可以并行不悖、和谐共处，而且还应成为一个共生的学术生态系统。最后，他们还根据博耶的学术生态观及其高等教育多样化系统的见解，重新审视了我国各种类型高校的学术使命，并以此作为确立高校个性化定位的基础。潘懋元与刘献君教授提出了对高校进行分类的"三种基本类型分类方法"。[12]这种分类方法，很适合我们研究不同类型的高校科协组织工作职能，同时也便于相同类型的基层高校科协之间开展科协工作交流。

第一种类型：研究型大学。这类大学应当"少而精"且突出"探究的学术"；同时，也应该重视"教学的学术"。目前我国研究型大学为了追求"失去灵魂的卓越"，本科教学存在被边缘化的危险。为了恢复教学学术的应有地位，研究型大学应该形成这样的共识："教学是大学工作中的绝对核心；教学不仅不会削弱研究，而且是'真正'的研究工作的重要组成部分；大学应尽力保持教学人员永远不忽视研究与教学之间的密切关系。"这类大学更应该"更加关注与国家战略发展、可持续发展和核心竞争力相关的研究与'服务'，在当今和未来社会的发展中充当'思想库''智囊团''人才基地''技术孵化器'和'社会的良心'。"[12]由于研究型大学类型及其内部结构的多样性，学者研究兴趣和专业特长的差异性，不同学校、不同系科的学术生活应该各具特色、丰富多彩。同样，整合的学术在研究型大学占有重要的一席之地；在应用的学术上，研究型大学应该确立一种新的服务观，即所提供的服务应该是真正学术的、科学的、适度的服务。

第二种类型：专业型大学或学院。这种类型的院校跨度甚大，情况复杂，它实际包含了美国卡内基分类标准（1987年版）中的授予博士学位的大学、综合性学院和大学、文理学院等多种类型的院校，按照刘献君教授的分类方法，又可将这类院校分成教学研究型大学、教学服务型本科院校、教学型本科院校等。这类院校有着多重的学术使命，同时，不同的学校之间又有很大差异，因此，它们也是我国高等教育生态系统中最能体现多样性与个性特色的院校。教学研究型大学处于"准研究型大学"的状态，尽管它同研究型大学一样具有全部的四种学术功能，但"探究的学术"仅是这类大学里部分学科、部分教师的追求，基础研究不可能成为学校的唯一中心或全部内容，因此，教学研究型大学的部分高校在探究的学术上要突出重点，在其有特色的基础研究中有所建树。

第三种类型：专科学校或高等职业学院。专科学校或高等职业学院以教学为中心任务，基于教学整合的学术应该受到关注，应用的学术同样也有用武之地。

以上三类高校沿着学校学术发展的方向，结合探究的学术、整合的学术、应用的学术、教学的学术的定位，相信会在已经建立高校科协组织的学校的带动下，逐步建立起高校科协组织，更好地在中国科协学术共同体中，做好中国科协基层组织的学术服务工作。根据《中国科协 2018 年度事业发展统计公报》，中国科协基层科协组织中的高校科协组织从 2012 年的 574 个，2013 年的 584 个，2014 年的 703 个，2015 年的 831 个，2016 年的 1066 个，2017 年的 1181 个，发展到 2018 年的 1374 个[14]；根据《中国科协 2022 年度事业发展统计公报》，高校/科研院所科协 2022 年发展到了 1966 个。这样一个上升趋势在一定程度上验证了钱学森主席提出的"高等院校科协是一个方向"论断，我们坚信未来的中国高校科协一定会沿着这个方向健康有序地更好发展下去。

我们由高校学术定位的讨论，引发出科协学术共同体的思考，再从中国科协基层组织基本情况的统计表中了解到，全国基层高校科协组织建设工作的发展势头是如此迅速，特别是在全国各地方科协的引领下，越来越多的区域性高校科协联合组织也迅速创建起来了，下面我们来了解一下我国科技教育强省江苏省高校科协的情况。

江苏省在全国基础教育领域拥有领先地位，有这样的说法：全国教育看江苏；江苏之所以在全国教育系统名列前茅，是因为江苏省有"以人为本"的教育理念，有"以实为要"的教学态度，有"以研为先"的教学策略，有"以特为荣"的教学成果，这些促成江苏教育取得了硕果累累的成绩。

据江苏省高校科协提供给我的数据，2016 年以前，江苏省的高校有 131 所，分布在南京和 5 个省辖市以及 8 个专区，被称为江苏"十三太保"辖区，这些高校的分布情况如下：南京市 44 所；无锡市 12 所；徐州市 9 所；常州市 9 所；苏州市 21 所；南通市 7 所；连云港市 3 所；淮安市 6 所；盐城市 5 所；扬州市 5 所；镇江市 5 所；泰州市 3 所；宿迁市 2 所。到 2019 年，江苏省的高校又增加了 6 所，合计 137 所。到 2023 年初，江苏省高校已经增加到 160 余所。江苏省省内"985""211"高校一共 12 所，全部都已经建立了科协组织，特别是南京理工大学、南京航空航天大学、河海大学等高校均设有科协专职工作人员岗位和独立办公的场所，学校科协的团体会员单位基本上都已建或者正在组建老教师科协、青年教师科协、研究生科协和大学生科协，在校内形成了一支强有力的基层高校科协队伍。

江苏省第一所基层高校科协组织是于 1988 年在南京理工大学建立起来的，于是，南京理工大学科协成为江苏省基层高校科协的"排头兵"之一，而江苏省的区域性高校科协组织建设工作也走在了全国高校的前列。截至 2021 年底，江苏省高校科学技术协会的团体会员单位已发展到了 93 所。这些年来，江苏省高校科学技术协会通过组织会员单位赴扬州、南通、连云港、淮安等地与当地地方科协和高校开展学术交流活动，推进基层高校科协组织建设工作的全覆盖，有效地推进了未成立科协组织的高校建立科协组织。在历届江苏省高校科学技术协会理事会的理事单位里，有一群默默奉献的基层高校科协工作者，是他们执着的坚持和踏踏实实的工作实践，推动取得了全省主要高校建立科协组织的成效，使今天的江苏省基层高校科协组织建设工作在全国高校中遥遥领先。

江苏省高校科协的发展，不仅在组织建设上是全国高校科协的"排头兵"，而且在开展工作方面也很有特色，这些成绩得益于江苏省教育厅、江苏省科协联合印发的《关于进一步加强江苏省高校科协组织建设工作的意见》，文件中明确部署了加强高校科协组织建设工作。多年来，江苏省高校科协理事会，用"团结、负责、无私、奉献"的工作作风，形成了江苏省高校科协独有的一种集体智慧，凝聚着江苏省内不同类型的高校。其中有第一种类型的研究型大学科协，也有第二种类型的专业型大学或学院科协，还有第三种类型的专科学校或高等职业技术学院科协。

进入新时期，江苏省高校科协为贯彻落实党中央和江苏省委关于教育工作、科技工作和科协工作的一系列指示精神，充分发挥江苏省高校科协在推动科学技术创新、促进教育事业发展中的作用。他们加强省内基层高校科协之间的沟通联系，通过发挥区域性高校科协与全国高校科协联合组织的优势进行交流，同时还加强了与其他科技机构、科技社团之间的互访交流，强有力地整合了科协系统优势资源，建立起大协作的有效机制。比如在承担重大项目、开展学术交流和学科交叉、推动科普产品的开发共享、推进科技成果转化、服务经济社会发展、发挥科技思想库作用、推动学术道德和学风建设等方面，依托高校科协组织优势，互相借力、开创大联合、大协作、大发展的新模式、新机制，增强了高校科协的凝聚力和影响力，展现了江苏省高校科协服务科技创新和经济社会发展的高水平，为江苏省科技发展和教育发展做出了不懈的努力，赢得了中国科协和江苏省科协的一致好评。

最后，我们在回顾江苏省高校科协理事会这个集体时，不得不记载下这个集体在全国高校科协创造的两个称誉。第一个称誉是江苏省高校科协领头羊中的"铁三角"。这个"铁三角"由南京大学科协龚俊、东南大学科协张志强，还有南京理工大学科协沈家聪三位"大将"组成。这是大家公认的有大格局的三位高校科协专兼职负责人，他们带领着理事会全体理事，在推进江苏省基层高校科协组织建设工作中脚踏实地；在巩固和完善江苏省高校科协组织建设上能顶天立地；在筹备组建全国高校科协联盟工作中付出宝贵时间，令人十分敬佩。这就是江苏省高校科协的"铁三角"。第二个称誉是江苏省高校科协编委中的"六君子"。这是《大学科普》杂志编委会的编委们送给江苏省高校科协编委们的称谓。其得名的缘由是这样的：2019 年 12 月 20 日～21 日，全国大学科普研讨会与《大学科普》杂志编委会（海南）会议在海南大学召开，会议主题是"让科技创新与科学普及比翼双飞"。江苏省的编委们，由时任《大学科普》杂志编委会主任沈家聪带队，东南大学科协张志强组织编委参会。4 位编委，南京理工大学科协沈家聪、南京大学科协龚俊、东南大学科协张志强、扬州大学科协杨巧林全部到会，还邀请了南通大学科协沈卫星和江南大学科协程建敏作为特邀代表到会，一共 6 所学校 6 位代表，会议上，在讨论《大学科普》杂志和"大学科普丛书"的选题工作过程中，沈家聪介绍了南京理工大学科协开展大学科普的工作经验，同时也介绍了江苏省高校科协的先进科普工作成效，使江苏省高校科协形成的大学科普力量受到与会代表的称赞。会后，被大家誉为《大学科普》编委会江苏省高校科协"六君子"的江苏代表队合影留念（图 10-2）。

图 10-2　《大学科普》编委会江苏省高校科协"六君子"（刘龙 摄）
左起：南通大学科协沈卫星、南京大学科协龚俊、南京理工大学科协沈家聪、扬州大学科协杨巧林、东南大学科协张志强、江南大学科协程建敏

二、学科诞生的动力

为了寻找学科发展的动力，挖掘新兴学科诞生的缘由和源头，我们不妨从学科的形成、学科的分化、边沿交叉学科发展的趋势三个方面进行解读，以便于开展基层高校科协工作时能够更好地服务于学校的学科建设和发展。

学科的形成。有学者认为：古希腊人把所有对自然界的观察与思考，都笼统地包含在一门学问里，即哲学。哲学从一开始就被当作"智慧之学"，并且主要是作为人类知识的综合形态而出现的，包含了原始性基础科学研究在内的一切理论。爱因斯坦曾经说，哲学是其他一切学科之母，它生育并抚养了其他学科。哲学与科学是相辅相成的，在促进学术研究方面起到了非常重要的互补作用。曾经还有学者认为，亚里士多德、笛卡儿、黑格尔把哲学视为"第一学科"，为其他学科奠基，并认为人类只能直观地认识自然界，并将其所获得的包罗万象之知识统一在哲学之中。这是由当时的认知所决定的，那时人们对世界的认识较为直观，还没有发展到对自然界的深度认识，随着人类社会的发展进步，人们开始从不同侧面和角度分门别类地研究客观世界。恩格斯对此有这样一段论述："把自然界分解为各个部分，把自然界的各种过程和事物分成一定的门类，对有机体的内部按其多种多样的解剖形态进行研究，这是最近四百年来在认识自然界方面获得巨大进展的基本条件。"[15]哲学向自然科学的转变，使近代科学逐渐形成，学科也就随之走向了分化和细化。

学科的分化。随着人类科学技术的进步，学科也随之而不断地发生分解和分离，这是科学研究的深入和细化发展到一定程度时，为了更加有利于推进科学进步的必然结果。有学者认为：最早的学科分类思想源自柏拉图。英国的哲学家培根最早对知识进行了系统的分类。培根主张以人的理性能力作为学科结构的分类依据，他将科学分为历史学、诗学、哲学（神学）。[16]亚里士多德在历史上首次明确提出了"学科"的概念并进行了学科分类。亚里士多德对包罗万象的哲学进行分类，把所有的科学都称为广义的哲学，哲学被分为理论科学和实践科学，前者包括物理学、数学和形而上学等，实践科学包括伦理学、政治学、经济学、诗的科学等[17]。16 世纪的科学革命是以天文学和生命科学为引领的革命，而 17 世纪的科学革命是以物理学和数学为引领的革命，18 世纪的科学革命则是以化学为引领的革命。经过 16~18 世纪各门学科的革命，古代混沌的哲学加以分化，自然科学又细分为独立的、系统的学科，如生物学、生理学、医学、天文学等，形成了呈树状发展的学科结构。17 世纪以来，先是天文学、力学、物理学、化学、生物学等各门具体自然科学逐渐从哲学中分化出来，建立起了各自独立的学科范式与研究目标，开始了人类知识体系在学科意义上的分化进程。到了 19 世纪，随着自然科学的迅速发展以及社会生产力发展水平的不断提高，社会结构发生了深刻的变革，社会现实问题日渐复杂，从而催生了人文与社会科学领域的许多学科，诸如社会学、经济学、法学、政治学等学科纷纷从哲学中分化出来，并确立了各自独立的学科地位[18]。人们对自然界的认识愈来愈精细，学科的发展逐渐从综合阶段走向了分化阶段，特别是到了 19 世纪的上半叶，形成了许多相互独立的学科领域，知识分化达到了相当精细的程度。于是，现代科学意义上为数众多的学科开始形成，学科体系也日益扩大。近代以来，学科分化曾为学科发展的主流，使单一学科愈来愈细，愈来愈专门。分化是否充分、是否彻底，成为学科发展程度的重要指标。[19]

边沿交叉学科发展的趋势。"学科交叉"这个词，最早出现在 20 世纪二三十年代西方文献中，是由美国哥伦比亚大学心理学家 R. S. 伍德沃斯于 1926 年首创的一个专门术语，他认为跨学科是超越一个已知学科的边界而进行的涉及两个或两个以上学科的研究领域。1930 年，美国社会科学研究理事会（SSRC）在一份有关理事会的目标声明中，正式使用"学科交叉或跨学科的活动"的说法。1937 年，《新韦氏大词典》和《牛津英语辞典增补本》首次收入"学科交叉或跨学科"一词。到了 20 世纪 50 年代，这一术语已在社会科学界被普遍使用，到了 20 世纪 60 年代，这个词被自然科学家、教育学家等广泛使用。[20]

到了 20 世纪 60 年代，学科发展出现学科分化与学科整合两种趋势。学科分化是由一门母学科通过科学研究而分化出一门或一门以上的具有新质的子学科即新兴学科。学科交叉表现为两门或两门以上学科某一内容或某些方面通过科学研究而进行的综合性或概括性的有机整合过程，对于研究者主体来说，这是一种科学活动。1968 年，第一次国际跨学科研讨会召开，学者科斯特编著了会议论文集《超越还原论：阿尔巴赫问题论丛》，这是第一本研究跨学科的文集，标志着学科交叉研究的开端。1970 年 9 月 7 日，以"跨学科"为主题的国际学术讨论会在法国尼斯大学召开，会议针对跨学科研究、跨学科教育问题做了系统、全面探讨，会后又出版了《跨学科——大学中的教学和研究问题》文集。1976 年，一本由英国创建的《交叉科学评论》期刊诞生，标志着学科交叉研究进入了一个新的研究阶段。1980年，国际跨学科协会成立，先后召开各类世界性跨学科学术研究会会议。1990 年，美国跨学科研究专家 J. T. 克莱恩出版了第一部由一个人执笔的完整的跨学科研究专著《跨学科学——历史、理论和实践》，标志着跨学科学进入了一个系统全面发展的新时期。[21]

我国的跨学科研究萌芽于 20 世纪 50 年代，当时一批新兴交叉学科出现，如运筹学、技术经济学、科技史等相继创立，受到学界的重视。最具代表性的是著名科学家钱学森关于工程控制论的研究，大大拓宽了控制论的研究领域。1985 年 4 月，我国首届交叉科学学术讨论会[22]在北京召开，迎来了我国跨学科理论探索的繁荣发展势头，一系列跨学科学的专业理论著作相继出版。1991 年、1998 年由浙江教育出版社出版了刘仲林主编的《跨学科学导论》和《现代交叉科学》等专著。

学科分化的趋势还在加剧，这也促进了各学科之间的交叉联系变得更加密切。学科交叉点往往是新的科学前沿问题带来的新兴学科生长点，也是很有可能产生重大科学发现的突破点，使科学发生革命性的变化。因此，学科交叉融合是科学技术发展的必然趋势和主流方向。交叉学科的发展，对于高校建设培养新的学科增长点、提升高校核心竞争力具有十分重要的意义。自然科学与人文社会科学相互渗透、自然科学各学科之间规划的整合，成为科学发展的必然需求。

《国家中长期科学和技术发展规划纲要（2006—2020 年）》强调："加强基础科学和前沿技术研究，特别是交叉学科的研究。"国家"十三五"规划遴选了 118 个学科优先发展领域和 16 个综合交叉领域，在重大学科领域非常注重学科交叉。国家"十四五"规划，特别强调基础学科与应用学科的协同。近期，各高校纷纷建立交叉学科研究院，寻找学科之间的交叉融合点，大量原创性科研成果的产生、新的学科增长点的培育以及优势学科方向的凝练，都依赖于多学科之间的相互交叉与融合，基础学科和交叉学科的发展越来越重要。

三、学术变革的力量

2020 年 2 月 18 日，教育部、科技部印发《关于规范高等学校 SCI 论文相关指标使用 树立正确评价导向的若干意见》的通知强调，为扭转当前科研评价中存在的 SCI 论文相关指标片面、过度、扭曲使用等现象，破除唯分数、唯升学、唯文凭、唯论文、唯帽子的顽瘴痼疾，破除论文"SCI 至上"，规范各类评价工作中的 SCI 论文相关指标使用，鼓励定性与定量相结合的综合评价方式，积极探索建立科学的评价体系，引导评价工作突出科学精神、创新质量、服务贡献，推动高等学校回归学术初心，净化学术风气，优化学术生态。该通知还要求各"双一流"建设高校，特别是教育部直属高校要根据若干意见，检查修改相关制度文件及"双一流"建设方案并提出具体落实举措。其他高校和地方教育行政部门结合自身实际，参照执行。

说到 SCI，其实不过就是目前国际学术界广泛运用于科技文献检索的工具而已。这个检索工具，是通过对大量引文的统计，得出期刊的影响因子等量化指标，然后来对期刊进行排名。按照国际惯例，一般用学术期刊的影响因子值来测度期刊的学术水平和论文质量，因而带来一系列的后期量化学术评价的问题，导致学术界普遍存在对影响因子的崇拜现象。我们不妨走近学术界的两位名人，来了解 SCI 对当下学术变革的影响：一位是美国著名的情报学家和科学计量学家，也是 SCI 的创办人尤金·加菲尔德；另一位是中国著名科学史学家江晓原。

1. 美国著名情报学家和科学计量学家尤金·加菲尔德

科学引文索引、工程索引、科技会议录索引等世界著名的科技文献检索系统，成为国际学术界公认进行科学统计与科学评价的主要检索工具。SCI 的创办人尤金·加菲尔德出生在纽约，在一个犹太裔意大利家庭中长大。中学毕业后，当过电焊工人、建筑工人，第二次世界大战爆发后毅然参军，兵种为滑雪兵。战后在哥伦比亚大学学习化学，1949 年获得科学学士学位，1954 年获得哥伦比亚大学图书馆学硕士学位。1955 年，尤金·加菲尔德在美国《科学》杂志上发表《引文索引用于科学》的重要论文，系统地提出了用引文索引检索科技文献的新方法，从而打破了原有的分类法和主题法在检索方法中的垄断地位，打开了从引文角度来研究文献及科学发展动态的新领域。1960 年，尤金·加菲尔德创办了科学信息研究所，科学信息研究所听起来像政府机构，但其实是一家私人公司。尤金·加菲尔德 1961 年在宾西法尼亚大学获得结构语言学博士学位，他的博士论文 "An Algorithm for Translating Chemical Names to Molecular Formulas" 就是关于语言学在化学情报标引中的应用。尤金·加菲尔德于 1963 年建立了 SCI 数据库，并于 1964 年开始正式出版 SCI。之后他向华尔街风投出售了科学信息研究所 20% 的股权，因为他当时经济状况不好，需要卖点股权来缓解当时的经济状况。对于这次出售，尤金·加菲尔德后来还挺后悔的。1973 年他又出版了《社会科学引文索引》（SSCI），1978 年又出版了《艺术和人文科学引文索引》（A&HCI）。由此，尤金·加菲尔德的引文索引这项富有创意的发明在图书馆及情报界牢固地确定了自己的地位。尤金·加菲尔德自 1975 年以来曾先后荣获美国信息产业协会名人奖，美国信息学会最佳著作奖和荣誉奖，美国化学会赫尔曼·斯考尔尼克奖。1988 年，他又向 JPT 出版公司卖出 50% 以上的股权，这样一来 JPT 公司变成控股，随后汤森路透科技集团收购了 JPT 公司（1992 年），成了科学信息研究所的控股人。一直到 2016 年，转卖给了现在的主人——加拿大科睿唯安。1998 年由于他 40 多年来为情报学做出的巨大贡献，他当选为美国情报学会主席。之后，尤金·加菲尔德还创建了美国科学信息研究所

（Institute for Scientific Information，简称 ISI），该研究所现为汤森路透科技集团旗下的一部分，他担任了汤森路透科技集团终身名誉董事长。

2015 年 9 月 12 日，"SCI 之父"尤金·加菲尔德首次对话中国公众。这次研讨会在北京举行，研讨的内容广泛而深入。会上，尤金·加菲尔德不但追忆了半个世纪前 SCI 的诞生历程，而且与听众探讨了 SCI 这些年的发展和演变，以及 SCI 在科学研究过程中扮演的角色，同时，他还就中国科学的现状、如何打造高水平的期刊、H 指数等新型学术评价工具等发表了自己独特的见解。这次活动，由中国科学院科学网和中国科学院团委共同主办，并得到了中国科学院物理研究所和汤森路透科技与医疗集团的大力支持。[23]

如今，引文分析已经成为文献计量学科学用以评价国家科学能力、星级科技社团以及科技工作者个人学术水平和影响力的重要方法和工具；也是评价核心期刊、核心出版以及分析预测科学发展动向和趋势等方面的重要方法和工具，尤金·加菲尔德研制的引文索引检索途径，成为一种新的检索工具，开辟了文献计量学、科学计量学等学科的发展道路。随着互联网的出现，尤金·加菲尔德又提出了"互联网是引文索引的天然载体"。2000 年，美国科学信息研究所又推出了新一代学术资源整合体系"ISI Web of Knowledge"，以 SCI、SSCI、A&HCI 等检索系统为核心，凭借独特的引文检索机制和强大的交叉检索功能，有效地整合了学术期刊、技术专利、会议录、研究基金、网络资源、学术分析与评价工具、学术社区及其他重要学术资源，提供了自然科学、工程技术、生物医学、社会科学、艺术与人文等多个领域中高质量、可信赖的学术信息，从而大大扩展且加深了单个信息资源所能提供的学术研究信息，加速了科技工作者的创新与发现。

SCI 的局限性，尤金·加菲尔德不遗余力地向人们推荐 SCI。在 20 世纪 50～60 年代，当美国的大学要进行终身教授的评选时，管理者们发现，备受推崇的同行评议评价方法根本没有办法进行，SCI 就成了替代的评估方法。SCI 可以便于学者了解前人的研究工作、可以追踪研究成果的发表来源、可以计算期刊的影响因子、可以为科学史研究提供辅助支撑、可以作为评估研究成果的手段……甚至提出，SCI 可以用来预测诺贝尔奖（后来证明并不能作为完全的评判标准）。听上去，人们渐渐地接受了 SCI 这个便捷的检索工具。但是，当尤金·加菲尔德在向中国学术界推荐 SCI 系统内一种新的评估方法时，他还是希望，需要更正现有的谬误。根据这种方法，对一位科技工作者研究成果的评估被单独放在他所在的研究领域中进行，即先在数据库中找出这位科技工作者的同行，划出一个群组，然后在这个群组中，衡量此人作出了什么样的贡献时，才发现人们总是倾向于尽可能地选择简单快速的方法，而无意了解指标背后的意义。比如现在的 SCI 系统内最受欢迎的一种评估方法叫作"H 指数"，只要在系统页面上输入要评估的人名，然后按下一个按键，不到一秒钟，这个人的"学术能力值"就计算出来了。[24]

2009 年 9 月 12 日，在尤金·加菲尔德博士与中国公众的这次见面会上，人们不断把问题抛给这位 84 岁的耄耋老人"SCI 之父"："你认为中国对 SCI 这样的使用是合理的吗？""为什么到中国，SCI 就变了味儿？"尤金·加菲尔德与多年前访问中国第一次听到这样的提问时的困惑表情不同，现在，再次听到 SCI 在中国的奇特地位，他只是托着下巴，微笑着摇摇头，并没有像人们所预期的那样，对中国使用 SCI 的状况大加批评。尤金·加菲尔德说道：不得不说，这些其实都是非常简单粗暴的方法。它对变量考虑得不够周全，计算出来的结果也不够准确，但是却很便捷，因此就很受欢迎。他还说道：人们不用准确，他们只想要一个快速的答案。在他看来，这些引发无数争议的"怪现状"，其实只是中国在科研发展过程中所必须经历的"初级阶段"罢了。[25]

2017 年 2 月 26 日，据《科学家》杂志报道，美国科学信息研究所创始人"SCI 之父"尤金·加菲尔德，在美国宾夕法尼亚州去世，享年 91 岁。

2. 我国著名科学史学家江晓原

我国著名科学史学家江晓原教授，是上海交通大学博士生导师，他本科毕业于南京大学天文系天体物理专业，之后在中国科学院自然科学史研究所天文学史专业攻读研究生，师从科学史泰斗——席泽宗院士，于 1988 年获得博士学位，成为我国培养的天文学史专业第一位博士。他毕业后就职于上海交通大学并创建了上海交通大学科学史系并担任第一任系主任，之后又担任了上海交通大学科学史与科学文化研究院首任院长，其间学术兼职有中国科学技术史学会副理事长、国际天文学联合会（IAU）会员、国际东亚科技医学史学会（ISHEASTM）会员、中国天文学会理事、上海科学技术史学会理事长、中国性学会常务理事、上海性教育协会副会长，以及《自然科学史研究》《中国科技史料》（后更名为《中国科技史杂志》）等国家级权威学术刊物的常务编委等。他已被英国剑桥国际传记中心、美国传记研究所等列入数十种国际名人录。在这里特别要致谢的是，2007年初，江晓原教授接受重庆大学科协的邀请来到重庆大学指导高校科协开展大学科普工作，他鼓励《大学科普》走出重庆大学，创办《大学科普》通讯，并专门题写刊名，还担任了科学顾问。

其实，江晓原教授早在 2006 年就开始关注国际学术界 SCI 并进行深入研究，他倾注了大量的精力和时间，用非常独到的眼光，从"两栖刊物"到"跪拜影响因子"再到"破除 SCI 至上""三部曲"对 SCI 进行系统深入的实证研究；他还从科学史发展规律出发，明确提出关于"影响因子"的神话早该破了！其研究成果对于正确引导我国学术评价在学术共同体中的合理定位，具有十分重要的意义。

我们《大学科普》杂志的读者们，一直以来都在期待江晓原教授关于"SCI 神话"故事的专著出版，缘于学术界对江晓原"破除 SCI 至上"观点的认同。2020 年 1 月 9 日，江晓原在北京大学科学技术与医学史系和文化研究院联合举办的"科学·文明"系列讲座上，非常详细地剖析了"影响因子游戏"的来龙去脉。2020 年 3 月 2 日，《瞭望智库》刊登了江晓原的文章——《SCI 神话早该破了！》。江晓原无论是在讲座上，还是在发表的文章里，都用"影响因子""库叔现象""两栖刊物"三个关键词作为核心内容与大家进行交流和讨论，还旗帜鲜明地提出，应该反思当下高校学术变革的新机遇与新挑战。

江晓原教授眼中的"影响因子"。这是评价学术刊物影响力的重要指标,这似乎是全世界学术圈的一个"默契",不少人过于看重期刊的影响因子。被我们称为顶级"神刊"的《自然》《科学》《柳叶刀》等期刊为什么权威?很多人回答的理由是——影响因子很高。例如,《自然》的影响因子经常在 40 左右,《柳叶刀》则经常在 50 以上。一份期刊前两年中发表的"源刊文本"在当年度的总被引用数,除以该期刊在前两年所发表的"引用项"文章总篇数,即为该期刊当年度的影响因子数值。这个公式中分子部分的"源刊文本",其实就是"杂志上刊登的全部文章",而"源刊文本"又可分为"引用项"和"非引用项"两类,在通常情况下,"引用项"对应着学术文本,"非引用项"对应着非学术文本。也就是说,分子部分,包括了该期刊上前两年所刊登的全部文本在当年度所产生的全部引用。这里头奥妙在于,如果你把你的刊物办成引用项很少,比如说一期刊物上只登1 篇 Article(学术论文),引用项的分母就是 1,但所有的其他文本产生的引用作为"源刊文本"都会出现在分子上。所以,只要尽可能把分母搞小,分子搞大,你的影响因子就会上去。江晓原教授指出:在对影响因子公式的理解上,国内大部分的学者、媒体和刊物都是错误的。我们中国人的习惯是,比如,一个学术刊物的一期容量有 10 篇文章,我们就会基本上都登成 Article(学术论文),比如《北大学报》,现在随便找一期大概率都是 Article,可能偶尔一两次会刊登重要会议介绍之类的。我们中国学者认为,"源刊文本"就等于"引用项",会产生学术评价方面的如下问题:研究者在不了解情况的时候,一听说某篇文章发在一个影响因子很高的刊物上,就"跪"下去了,觉得那肯定很厉害。影响因子确实对我们影响很大,但是我们要知道它到底是怎么一回事。曾经《自然》上就出现过一篇题为"现金行赏,发表奖励"的文章,而当年有的高校对一篇在《自然》发表的文章,奖励是二三十万,甚至更高。这样高的赏格不仅让大家目瞪口呆,连《自然》都有些受宠若惊,只是一个杂志而已,怎么就能被捧上神坛了呢?

江晓原教授眼中的"库叔现象"。SCI 数据库被江晓原称为"库

叔"。最初只有几百份刊物，到现在已经收录达 9000 多份。而从
1975 年开始发表的《期刊引用报告》(Journal Citation Reports，
JCR)，就是基于 SCI 数据库做出来的一个排名，根据论文被引用的
情况、影响因子的数值量化来进行排名。国内很多学者以前都想当然
地认为：SCI 数据库、JCR、影响因子等由国际知名情报机构发布。
事实上，发布报告的机构是一家私人商业公司，只不过注册者把这家
公司取名叫"科学信息研究所"。加菲尔德是这个商业公司的创立
人，他晚年曾告诉人们，自己之所以把这个文化公司取名叫"科学信
息研究所"，是因为人们听了会以为是一个非营利的政府机构，这对
于发展中国家效果非常明显。其实，这就是一个学术经济的商业行
为。加菲尔德在将公司定名为"科学信息研究所"之前，也试过别的
名称，比如说有一段时间叫作"加菲尔德学会"，听着就有"伪科
学"的味道，效果不好。后来，科学信息研究所作为加菲尔德的私人
企业做出了辉煌的业绩。

　　江晓原眼中的"两栖刊物"。《自然》(Nature) 大概每期上面有
三四篇 Article，剩下的都不是，但剩下的那么多内容也会产生引用，
不能认为只有 Article 才会引用。我们有严格的统计证明，非 Article
内容也产生了很高的引用，所以只要把 Article 数量减少，影响因子
的数值就上去了。用这种方式办的刊物叫"两栖刊物"：既有学术文
本也有大量非学术文本。《自然》《科学》《柳叶刀》《新英格兰医学杂
志》都是这样办的——学术文本仅占杂志总篇数的约 10%。所以，学
术文本就是"引用项"，非学术文本就是"非引用项"，但全部的文章
属于"源刊文本"。江晓原特别强调：在中国几乎找不到两栖刊物，
学术刊物全部都是 Article，科普刊物呢，索性一篇 Article 也没有。
所以，在中国，科普刊物显然不能进入这个游戏，因为 Article 是
"零"。西方一些学者的研究证明，"非引用项"对影响因子的贡献，
比值在 6%～50%，《柳叶刀》则高于 50%，这是显性贡献。而"非引
用项"对影响因子还有隐性贡献，这个相对比较复杂。比如在一个知
名度很高的传播平台上刊登学术文本，和在一个纯粹的学术期刊上刊
登同样的学术文本，它产生的引用数和阅读量是不一样的。要特别注

意的是，"神刊"是不搞学术"公器"的，它搞独断，主编和编辑部觉得什么文章好就发什么文章，发了以后高引、争论、争议、过两天撤稿都可以。而国内的观点是我办一个刊物，发一篇文章，过两天又撤稿了，就觉得好像我犯了错误，工作出了失误。但是他们不是这样想的，对西方的顶级"神刊"来说，撤稿家常便饭，《自然》《科学》都经常撤稿，而且有时候一撤撤一组。杂志也不认为撤稿会影响刊物的声誉，事实上也不影响。非常好笑的是，那些撤掉的稿子当年对影响因子做了贡献，现在撤掉了影响因子是不是去掉？不会的，甚至一些已经被撤掉的稿还得到引用。所以，不要以为在《自然》上发文章就一定是公正的。[26]

江晓原还特别讲到了一个很有意思的案例：《自然》上还有科幻小说专栏，江晓原写了文章告诉读者，但又有人质问江晓原指出这一点的动机，是不是想"黑"《自然》。江晓原说没想黑它，只是告诉读者它上面有科幻小说，他没说登科幻小说就不好。后来，江晓原干脆去译了一本《Nature 杂志科幻小说选集》给大家看看。小说集出版后，科幻界的人非常赞赏，他们夸江晓原做了一件大好事。因为他们觉得科幻小说居然在《自然》上都有专栏，极大地提高了科幻小说的格调。但那些"跪拜"《自然》的粉丝们就很义愤，说江晓原用科幻小说这个东西拉低了《自然》的层次。江晓原特别挑了里面有一篇 11 岁小女孩写的小说给"跪拜"《自然》的粉丝看，人家 11 岁小女孩写篇文章让她爸改改就能发《自然》，所以你觉得它还有那么神圣吗？[26]

当然，如今驱动高校的除了"SCI 至上"的学术变革动力外，还有一个非常重要的因素，那就是新生代研究者终将成为推动学术变革发生的重要力量。英国期刊《学术出版》杂志，发布了题为《处于职业生涯早期的研究人员是推动变革的先驱吗？》的研究报告，很有前瞻性，是由英国独立学术团体"赛博研究"（CIBER Research）的"先驱者研究"（Harbingers Study）项目团队完成的。这个团队对来自多个国家的 100 多名处于职业生涯初期的研究人员（Early Career Researchers，ECRs）进行了为期 3 年的跟踪，调查结果表明：在新兴技术不断涌现的新时代大背景下，新生代研究人员最大的变化主要体现在学术合作、研究影响力和对社交媒体的运用三个方面。

首先是学术合作。新生代研究人员对待合作的态度明显更加积极，合作研究项目的数量也显著增加。例如，在这份报告中，接受调查的所有中国研究人员都正在与其他研究团队开展合作，而且其中一半以上的合作项目是与国外专家进行的。这一发展趋势在接受调查的其他国家研究人员中也十分明显。对此，"赛博研究"主任、武汉大学客座教授大卫·尼古拉斯分析认为，这一趋势背后的主要原因有以下五点：第一，合作研究能够很好地提高研究影响力，进而促进相关研究。处于职业生涯初期的研究人员参与的合作项目越多，对另外一些寻找合作者的研究人员就越有吸引力，从而能够形成良性循环。第二，通过合作能掌握新的专业知识与技能。第三，合作尤其是国际合作，能够带来备受欢迎的数字可见性。第四，合著论文是当下很多处于职业生涯初期的研究人员的主要合作方式。当新生代研究人员的名字与著名学者或实验室联系在一起时，其成果更容易在高水平期刊上发表。第五，合作会促进研究资源共享，例如，实现研究团队内部以及合作伙伴之间的数据共享。此外，合作过程对于提升新生代研究人员的成熟度、自信心和学术地位很有帮助。除此之外，学术合作助力产业发展的势态也会更加广阔，产业界通过与高等学校进行学术合作，在能力提升和知识拓展方面均能受益，形成良性循环。

其次是研究影响力。大卫·尼古拉斯认为：新生代研究人员如何看待研究影响力，是研究团队反复思考的问题。对于新生代研究人员而言，他们是否重视自己的研究对同行、政策决策者、行业和公众的影响？他们如何更好地影响目标受众？如果有充足的时间来增加研究影响力，他们会怎么做？针对这些问题，报告提出，在大部分新生代研究人员的观念中，研究的影响力取决于能否获得高的影响因子，或者说能否影响该领域的其他研究人员。文章引用仍然是评估影响力的关键指标。由于竞争激烈，他们在这方面也越来越有目标性。尽管大部分新生代研究人员都认为，研究需要面向更广泛的受众，但实际上他们并没有朝着这个方向大步迈进。由于目前的研究影响力评估体系未能对他们的一些其他努力（如维护博客）给予肯定和奖励，因此尽管撰写学术博客等学术活动也能够扩大学术影响力，但新生代研究人员对这些学术活动明显缺乏热情。

最后是对社交媒体的运用。这份报告还提出了社交媒体和学术网络现在已牢牢嵌入学术界的观点。虽然一些处于职业生涯初期的研究人员对社交媒体持有矛盾态度，但他们对社交媒体和学术网络的批评正在减少。例如，学术社交网站"研究之门"（Research Gate）在西班牙研究人员群体中备受青睐。类似平台让他们有不同的途径来展示研究成果，将研究成果呈现在持不同观点的同行面前。[27]

学术合作也会直接增强学术影响力，社交媒体则能够促进更多合作，也能通过增加数字可见性来增强研究影响力。但是，这份报告也显示出新生代研究人员的创造性学术实践常常受制于体制结构的约束和就业聘用的不稳定。当下的学术体系不能完全符合对现有的开放、共享、透明的追求。攀登职业阶梯所需条件的固化条件，也将在一定程度上有所限制。不过，我们应该相信，评估体系的变化以及相关项目的展开，终将推动变革的发生。

总而言之，随着社会的发展和科技的进步，尤其是在信息技术快速发展的今天，高校的学术变革必然要瞄准学术前沿、凝练学术方向，才能履行守望研究学术之责。

第三节　研究学术是大学的一个永恒主题

大学是学术研究的阵地，几乎所有的大学，都会把推进学校学术发展放在重要的位置。在当今全球经济一体化、科技一体化发展过程中，全球的学术则是多元化的。面对学术多元化的发展趋势，寻找到高校的学术发展切入点，是基层高校科协作为学术组织枢纽需要做的工作，高校科协应发挥其独特优势，完成组织学术交流活动这项工作，让学者们在百花齐放、百家争鸣中互鉴包容、取长补短。弄清楚

"研究学术是大学的一个永恒主题"，也就更明白了高校科协未来发展的历史责任与担当。

一、强化对科学的本源在于研究学术的再认识

科学史记载了科学的源头出现在古希腊，在那时，生活在几千年以前的西方人，他们以思辨的方式来看待世界，用数学、物理、化学、生物、哲学等基础学科的力量，铸就了现代学科的雏形。当近代科学诞生时，人们往往以哥白尼的《天体运行论》、维萨里的《人体的构造》、哈维的《心血运动论》、伽利略"新物理学"体系的问世为开端，又以牛顿力学的建立，以及机械自然观、实验和数学方法论的形成为标志。在19世纪以前，以牛顿为代表的科学体系，曾经促进了近代工业革命的变革，使其科学的火炬，照亮了漫长的时代。当20世纪来临之时，科学技术空前的辉煌和理性充分的发展，更进一步推进了新世纪的巨大变化。

科学研究可以促进知识创新与学术发展，是高水平研究型综合性大学注重的方面，对我们设计和选择高水平学术交流活动具有重要意义。

首先，科学是一个细分化与综合化的互动过程。众所周知，近代科学发展的一大成就是对自然进行分门别类的研究。在古希腊，自然哲学确立了自然科学发展的两大支柱——逻辑与理性，但笼而统之地研究自然，使得古希腊的自然哲学家不可能对自然的局部规律性有一个清晰的、准确的、客观的认识，充其量只能形成科学的胚胎和萌芽。近代科学不仅把自然科学分成数、理、化、天、地、生六大学科门类，而且把这些学科门类分解成不同的研究领域，比如物理学中，形成了力学、光学、声学、电学、电磁学、热力学等学科。随着科学的发展，这种分化和细化并没有停止，例如，在力学中，出现了理论力学、结构力学、材料力学、弹性力学、断裂力学、流体力学等学科。事物常常是分久必合、合久必分。学科的分化必然带来学科的交叉和融合。又如物理化学、生物化学、生物化工、计算化学、地球物理等学科，同时，也出现了一些综合性的学科，如空间科学与技术、能源科学与技术、环境科学

与技术等学科，还出现了激光、超导、纳米、环保等多学科协同的研究领域。越是介入科学的前沿，越是进入知识创新的层面，学科的界限就越模糊，越需要学科间的交叉、渗透和融合，就更需要学科的共"生态"。如今，这类学术交流活动，是基层高校科协应该主抓的适应知识创新新特点的工作，如何服务于高水平研究型综合性大学新兴学科的诞生，这是一项值得深入研究的新课题。

其次，知识创新活动是创造性与继承性的统一，也是个体性与协同性的统一。知识创新活动的不确定性因素是复杂多变的，计划不如变化快，它需要的是自由的学术软环境和空间，需要的是柔性化、灵活化和弹性化的组织方式。所谓倡导的"创造性与继承性的统一"却是指学科要有积累、学科需要平台，只有这样进行的科学创造，才有扎实的基础。知识创新并非空中楼阁式的创造，而是在知识继承的基础上进行。为什么诺贝尔奖的自然科学类奖获得者大部分产生于一流的研究型大学或是一流的国家重点实验室，究其原因，还是在于一流的学术软环境给研究者提供了一个良好的平台和阵地。这样的环境能让研究人员跟踪科学前沿，也能让研究人员"站在巨人的肩上"进行高起点的研究和创造。所谓"个体性与协同性的统一"就是指既要充分重视研究人员个人的聪明才智，又要深刻理解多学科研究人员之间相互协同创新创造的重要性。无论古希腊自然哲学家，还是近代自然科学家，既有独立从事知识创新活动的，也有协调创新的。比如与爱因斯坦同时代的著名理论物理学家玻尔，他就特别关注科学研究过程中研究人员的群体协同性和互补性，他曾领导的丹麦哥本哈根理论物理学研究所，吸引了世界上最杰出的年轻物理学家，与大家共同探讨科学问题，自由地阐述自己的学术观点，白天开始的学术讨论可持续到傍晚的散步和深夜的思想交锋过程之中。正是这种群体的协同合作，形成了著名的"哥本哈根学派"，在现代物理学革命中独树一帜，可谓人才辈出，涌现出几十位优秀的物理学家，其中有 6 位获得诺贝尔物理学奖，为世人所瞩目。当然，知识创新活动也是自主性与社会性的统一。凭借研究人员的兴趣和爱好，自主地选择研究的对象和内容是科学早期发展的共同特征，但是，随着现代科学的进步，科学越来越成为一种国家的事业和社会经济发展的需要，国家对科学技术发展的巨额投入，对科学研究的方向和领域起到了推动作用，也突显了现代科学研究的社会化特征。

世界科学中心的转移轨迹。德国著名物理学家普朗克认为科学不能或者不愿影响到自己民族以外，是不配称作科学的。重视国际国内知识来源、交叉学科交流、推动和引导各级各类科技社团在学术交流中迈向国际学术交流舞台，构建一个新型的学术共同体，是值得我们中国科协基层高校科协反复思考的问题。我们就"汤浅现象"，即近代以来科学活动中心在世界范围内周期性转移的现象进行分析。从学术研究、学术交流、创立学会到科学研究、科技创新、大学因素、企业影响等方面看看各个历史时期学术发展的重要意义。

第一个世界科学中心——意大利（1540～1650年）。先驱者们前赴后继，迎来了近代自然科学的曙光。文艺复兴时期的科学道路：描述大自然的完美与和谐，强调用实验和观察来认识人、自然和世界，反对宗教迷信、神学教条和权威主义对人文精神的束缚与愚弄。佛罗伦萨创办了第一个近代科学院，冲破了神学的思想框框，做出了许多"离经叛道"的创造性学术活动。哥白尼在自然科学阵地上首先树起义旗，伽利略以坚忍的韧性为牛顿力学开辟了道路，诞生了柯伦波、法罗比奥、法布里修斯、伽利略等杰出的科学家，正是这些卓越的成就，使意大利成为近代科学的诞生地。

第二个世界科学中心——英国（1660～1730年）。科学学会繁荣、科研交流合作自由。英国有一批科学家进行了自发的串联活动，在格勒善学院和伦敦举行周会，并于1646年迁到牛津大学活动。这时，又有一些科学家，如波义耳、胡克、克里斯托克林以及经济学家威廉·配弟等人进入这个团体，交换着各自在科学研究上的成果和想法，并且举行不定期的科学讨论会（学术交流活动）。这个团体因没有一定的组织形式和规章制度被称为"无形学会"，是英国皇家学会的前身。"无形学会"活跃时期，是科学实验在西方历史上生机勃勃的革命时期，科学实验依靠社会革命所解放出来的生产力，获得了雄厚的物质基础。英国科学的崛起，又为英国工业革命和经济发展创造了极其重要的条件，英国成为世界科学中心。

第三个世界科学中心——法国（1770～1830 年）。启蒙运动高扬理性、造就了科学的"黄金时代"。涌现出如拉格朗日、拉普拉斯、库仑、安培和拉瓦锡等著名的科学家和科学成果。启蒙思想家狄德罗将法国许多优秀学者组织起来，编辑出版了《百科全书》。数学家兼物理学家达朗贝尔为全书所写的序言里讲道：《百科全书》应当揭示人类一切知识的本质，详细阐述多种科学，并指出它们的各种关系。启蒙思想家卢梭公开主张，要用理性的天平去衡量一切。从 1789 年到 1800 年，世界重大科研成果中，法国约占 40%，几乎在每一个重要的科学领域，都有法国科学家的卓越贡献，法国成为世界科学中心。

第四个世界科学中心——德国（1810～1920 年）。教学科研相结合、独领科技百年。德国科学家的学术研究，充满了创新精神。第一个提出比较地理学的是德国人（洪堡）；第一个提出能量守恒定律的是德国人（迈耶和霍姆赫兹）；第一个提出细胞学说的是德国人（施莱登和施旺）；第一个创立集合论的是德国人（康托）；第一个创立实验心理学的是德国人（冯特）；第一个把化学成果应用于农业的是德国人（李比希）。著名的科技史学家丹皮尔曾经说德国的科学中心在大学之中。德国先进的电气工业和光学工业，为德国科学家提供了世界先进的仪器，使德国人能在电磁学领域做出一连串惊人的发现。这些科学发现和技术发明不仅使德国科学家在电磁学领域捷足先登，而且还为更深层次的科学发现（如核物理研究）创造了条件。理论与实践的结合，科学技术同工业的互相推动，使德国继法国之后，成为世界科学中心。

第五个世界科学中心——美国（1920 年～现在）。博采众长多元并举、"大科学"时代独领风骚。美国科学的兴起，主要得益于英国科学的传统与德国的科学体制，美国科学从一开始就站在"巨人的肩膀上"起飞。20 世纪人类的三大科学计划——"曼哈顿计划""阿波罗登月计划""人类基因组计划"的源头都是美国，科学史家将这类由国家资助的规模巨大的科研项目称为"大科学"，而将以"大科学"项目为主导且以国家及工业界、高校和私人基金资助的"小科学"为基础的科研体制称为"大科学"体制。美国的私人基金会也很多，这些基金会对国家科学研究来说，是一个重要的补充力量，它以自己独特的创造性、灵活性，把年轻科学人才发掘出来。新生的美国，依靠开拓精神和创新意识，很快大大提高了西欧科学技术的应用水平。如它使电力技术变成全社会的能源产业，使蒸汽技术、冶金技术变成交通、钢铁和机械产业，并且由此又发明了无线电技术与通信产业。美国因大科学的发展，不仅带动更强劲的工业技术发明，也有力地促进了基础科学成果的进步，至今仍处于世界科学的中心。

关于世界科学中心转移的下一个站点。当前，世界正朝着多极化方向发展，各国科学都在驶向历史的新路口，世界各国都在科学技术竞争中厉兵秣马。

我们从世界科学中心的转移可以看到，一个国家拥有创新精神是何等的重要。一个国家需要在正确的科技发展战略的指引下实现科技振兴。今天，当我们从预测世界科学中心的转移迈向迎接世界科学中心的到来时，作为国家学会的中国科协应加强高校的学术交流力度，基层高校科协更应该肩负起高校学术交流的国家责任，勇于担当，在中国科协的带领下，携手全国所属学会、协会、研究会，共同把我国建设成为全世界学术交流最具创造力、凝聚力、影响力、号召力和实力的学术阵地。[28]

二、强化中国科协作为学术交流主渠道的定位

1999 年中国科协五届四次全委会决定：要充分发挥中国科协作为国内外学术交流主渠道的作用，建立学术年会制度。中国科协对全国各级科协学会提出要求：面对科学技术迅猛发展，要进一步开展学术交流，组织多学科、前瞻性、边缘性、综合性的学术研讨交流。长期以来，中国科协通过加强对中国科协系统组织的学术交流活动的宏观引导和管理，使学术交流活动的质量不断提高，凝聚力和影响力也得到了不断的增强。这些年来，中国科协不遗余力，一步一个脚印地在学术交流工作中展示了"十年磨一剑"的斐然成绩，我们可以通过《中国科协 2018 年度事业发展统计公报》和《中国科协 2022 年度事业发展统计公报》发布的几组关于学术交流工作相关数据来了解学术

交流的发展情况（图 10-3）。

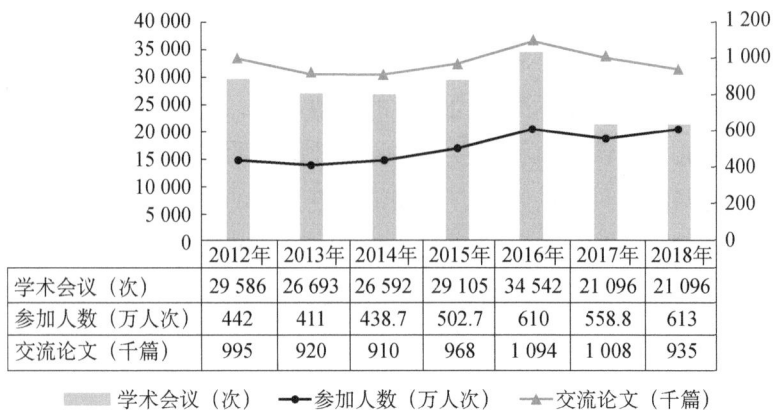

	2012年	2013年	2014年	2015年	2016年	2017年	2018年
学术会议（次）	29 586	26 693	26 592	29 105	34 542	21 096	21 096
参加人数（万人次）	442	411	438.7	502.7	610	558.8	613
交流论文（千篇）	995	920	910	968	1 094	1 008	935

▇ 学术会议（次）　━●━ 参加人数（万人次）　━▲━ 交流论文（千篇）

图 10-3　2012～2018 年中国科协各级科协和两级学会举办学术交流活动

学术交流活动。《中国科协 2018 年度事业发展统计公报》显示，各级科协和两级学会共举办学术会议 21 096 场次，参加人数 613 万人次，交流论文 93.5 万篇。《中国科协 2022 年度事业发展统计公报》显示，各级科协和两级学会共举办学术会议 18 499 场次，参加人次 3.6 亿人次，交流论文 77.1 万篇。

科技期刊。《中国科协 2018 年度事业发展统计公报》显示，各级科协和各级学会主办科技期刊 2417 种。科技期刊总印数 8857.3 万册，其中已实行开放存取的期刊 719 种。2417 种科技期刊包括中文学术期刊、科普期刊、技术期刊和英文学术期刊，其中中文学术期刊 1642 种，科普期刊 528 种，技术期刊 686 种，英文学术期刊 170 种。中文学术期刊印数 3008.9 万册，科普期刊印数 5631.7 万册，技术期刊印数 944.4 万册，英文学术期刊印数 139.6 万册。发表论文 88.28 万篇，其中英文学术期刊发表论文 2.8 万篇。《中国科协 2022 年度事业发展统计公报》显示，各级科协和两级学会主办科技期刊 1711 种。编委会成员人数 11.7 万人，编辑部总人数 11 183 人。科技期刊总印数 4014.7 万册，发表论文 58.8 万篇。

科技开放与交流。《中国科协 2018 年度事业发展统计公报》显示，全国各级科协和两级学会加入国际民间科技组织的有 860 个。在国际民间科技组织中任职专家 2212 人，其中担任主席、副主席、执委或相当职务的高级别任职专家 895 人，其他一般级别任职专家 1317 人。参加国际科学计划 171 项。《中国科协 2022 年度事业发展统计公报》显示，各级科协和两级学会加入国际民间科技组织 875 个。在国际民间科技组织中任职专家 1892 人。在国际组织框架下参与和发起国际科学计划和工程 7 项。

科学技术普及活动。《中国科协 2018 年度事业发展统计公报》显示，全国各级科协和各级学会举办科普宣讲活动 5.4 万场次，其中院士科普报告会 1757 场次，专题展览 1 万场次，流动科技馆巡展 4441 场次，科技咨询 23 391 场次。科普宣讲活动受众人数 12.2 亿人次，其中流动科技馆巡展的受众人数 3992 万人次。举办实用技术培训 2.8 万次，接受培训人数 1111 万人次。推广新技术新品种 7604 项。参加各类科普活动的科技人员 1197.3 万人次，其中专家人数 43.7 万人次。《中国科协 2022 年度事业发展统计公报》显示，各级科协和两级学会举办科普宣讲活动 50.3 万次，其中专家科普报告会、讲座 8.2 万次，专题展览 2.4 万次，全国科普日活动 12.3 万次。科普宣讲活动受众人数 75.4 亿人。举办实用技术培训 9.3 万次，接受培训人次 1431.8 万人次。

此外，中国科协还十分注重在学术交流过程中对青年科学家的培养，举办青年学术年会。中国科协还要求全国各级各类学会，要按照增加频次、拓宽规模、扩大影响的要求，专门对青年科学家论坛进行重新定位，通过提供高层次的学术交流园地，力求培养一大批优秀青年科技创新人才和各个学科的学术带头人和技术带头人；倡导"敢于创新、勇于竞争和宽容失败的精神"，举办学术沙龙，大力提倡学术批评和学术争鸣，创造良好的学术环境，为青年科学家在学术工作的萌芽时期尚未获得主流认可的观点、理论以及灵感提供交流平台，激发青年科技工作者的创造力，促进青年科技创新人才成长。

曾经，中国科协主席韩启德院士专门针对科协系统组织学术交流工作进行过总结，他说："科协开展的所有学术交流活动都是在来自不同学科、不同专业、不同领域、不同学校的科技工作者共同参与下完成的；科协组织的所有活动都是在各地区、各部门、各单位、各团体的共同努力下推进的；科协实施的所有决策咨询、建言献策活动都是在不同部门、不同单位、不同专业的科技工作者共同研讨下完成的。横向联系、密切协作是科协组织一个突出优势，也是科协成功开展活动的一大法宝。"[29]

而如今，中国科协正从工作理念、工作方式、工作内容、运作机制等方面积极探索，要求基层科协加强学术交流能力建设，构建高质量、高水平的学术交流平台。同时，更加明确提出：学术会议主题必须要以自主创新为主线，并作为衡量组织学术会议质量的标准，注重是否有创新性，如果选题陈旧，则不给予支持，还专项资助全国性学会召开有创新含量的学术会议，把有限的资源集中在真正有价值的学术会议上。同时，在学术活动的形式上，中国科协要求：要大力倡导鼓励交流、欢迎质疑的和谐宽松学术氛围；还要求在设计会议时便留出讨论和交流的时间等。

我们从中国科协对学术交流工作的统计数据和鼓励学术交流活动的资助上可以看到：长期以来，中国科协就把为科技工作者搭建学术交流平台作为一项重要的工作任务来抓，许多学会主办的学术活动成为本学科的学术权威活动，许多省区市举办的学术活动成为具有地方特色、催生出具有重要创新影响的精品项目。其中最为突出的表现是中国科协组织的学术交流活动，改变了政府和行政单位轻视或忽视学术交流的状况。由科协、学会举办的学术会议具有良好的学术气氛。由于学术交流不是短期行为，不能急功近利，所产生的影响和发挥的作用是长远的、潜在的，不可能在很短的时间内显现其功效，也不好用数字以定量化方式表现，更不会为各种行政部门的大小"官员"在任期内的"政绩"明显增加砝码，由此，行政部门忽视甚至不支持学术交流活动的现象存在。学术交流工作的关键在基层，各个单位从上到下都应认真对待，扭转种种不利于学术交流软环境建设的政策和做法。

三、强化扶持高校科协开展学术交流活动品牌

为什么要重视强化高校科协组织学术交流活动品牌？我们来分析一个案例。武汉大学科协办公室主任佟书华曾分享了她的一段科协工作经历。她说：武汉大学科协的日常工作包括长期直接对口承接上级科协工作。例如，高端学术交流活动，推荐遴选院士，申报中国青年科技奖、中国青年女科学家奖、中国科协青年人才托举工程、学风道德建设、全国高校科学营活动以及科学普及等工作，另外还有科学大师宣讲活动、科技工作者站点、海智计划等常规性工作。同时，还要承接湖北省科协和武汉市科协的工作，比如：承办各级各类学术年会；各级各类奖项申报，有省级优秀科技工作者奖、优秀论文奖、优秀青年科技奖等；创新源泉工程、晨光计划、朝阳计划、高端国际学术会议资助等工作；科技活动周、科普日、科普进社区、企业科技咨询等工作；与地市州科协合作，建立院士专家工作站服务地方企业工作；还有自己学校的学术交流工作，如品牌学术讲坛、院士专家承接的各类高端学术会议、院士专家服务、院士专家工作站建站、挂靠学会的服务与管理及学会党建工作、学校对大学生科技社团的指导；高校科协自身建设与发展工作交流等。武汉大学科协挂靠在科发院，科协工作人员都是兼职。佟书华说：看看我列举的这些工作内容，是一个兼职人员能够完成得了的吗？或能达到让中国科协、省区市科协满意的工作效率吗？对于她提出的这些基层高校科协面对的问题，我深有同感。

的确，基层高校科协的日常工作千头万绪，但在这些十分繁重的工作任务中，我认为瞄准搭建学术交流平台，才能做好科协人才服务工作。因为科技人才是国家的重要资源，在当下以中国式现代化全面推进人才强国中发挥着十分重要的作用。

组织学术交流活动，原本就是高校科协工作的第一要务。近年来，有很多基层高校科协坚持沿着"中国科协是学术交流的主渠道"的方向，通过组织开展一系列很有特色的学术交流活动，发现和举荐了一大批优秀科技人才，推动他们成长和成才，并形成了基层高校科

协组织学术交流活动品牌，这些成功经验值得学习借鉴，比如北京航空航天大学科协创办的"科协大讲堂"、重庆大学科协创办的"科学前沿论坛"、南京理工大学科协创办的"星期三青年学者讲堂"、武汉大学科协的"珞珈讲坛"、南京航空航天大学的"问天科学讲坛"等。虽然这些学术交流活动组织工作非常烦琐、使人劳累，又没有立竿见影的可数业绩，但对推进学校的学术发展却非常重要，各基层高校科协基于这些活动组织出版的学术论文集，成为品牌学术活动有力组织的精品作品。

创建活动品牌，健全长效机制，是开展学术交流活动的关键。为充分发挥中国科协作为学术交流主渠道的优势，推进高校学术发展，需要巩固基层高校科协创建的学术交流活动品牌，以更好地凝聚高校广大科技工作者（教师）和准科技工作者（学生）。在学术交流过程中，要体现科技工作者之家的深度人文关怀，达到提升学者、学生的学术素养的效果，共同探索高校科协这一悄然兴起的新型学术共同体的重要意义。

这个学术共同体里的成员可以基于此共同体塑造学术人格，确立做学问的基本原则，无论是学者（教师）还是准学者（学生），只有对学术价值怀有神圣感和敬畏感，才会有崇高的学术理想，追求崇高的学术价值，自觉抵制不良思想和行为，如对学术研究的态度极端轻率、过于狭隘的功利主义、学术腐败等。类似这些严重的问题会导致学术价值被抽空，形成学术霸权，使学术研究陷入学术死亡的极端之境。

通过对学术共同体和高校科协的研究可以发现，高校科协具有学术共同体的特征。高校是科技工作者密集且科技社团组织活跃的地方，高校科协作为中国科协基层组织和高校基层组织之一，是一种特殊的学术组织形态，在组织跨学科、跨领域、跨学校、跨学会等的交流活动方面具有优势，在引领科技人才参与科技创新、瞄准世界科技发展战略的制高点、促进多学科交叉融合等方面具有一般的学院等学术共同体所不具备的"融合学院"的优势，是一种新型的学术共同体。根据中国科协年度事业发展统计公报的数据，高校科协由2017年的1181个发展为2018年的1374个、2019年的1437个、2020年的 1607 个、2021 年的 1607 个，直到发展为 2022 年的高校/科研院所科协 1966 个，高校（科研院所）科协数量呈总体增加的趋势，这一新型学术共同体在高校悄然兴起。高校科协通过所承担的五项主要职责等，可以推动科技发展和教育事业的进步，高校科协大有可为。

参 考 文 献

[1] 韩启德. 充分发挥学术共同体在完善学术评价体系方面的基础性作用[J]. 科技导报，2009（18）.

[2] 柳诒徵. 学者之术[J]. 学衡，1924（33）.

[3] 吴洪涛. 学术权力质疑[J]. 现代大学教育，2004.

[4] 叶永烈. 钱学森[M]. 上海：上海交通大学出版社，2012：393.

[5] 谢东辛. 中国学会的兴起、发展和特点[J]. 学会，1984：6-9.

[6] 罗兴波，刘巍. 科学学派与科学进步[C]. 学科发展与科技创新——第五届学术交流理论研讨会论文集，2010：11-18.

[7] 莫少群. 两度辉煌-费米学派[M]. 武汉：武汉出版社，2002：67.

[8] 段德智. 弘扬学术精神才能打造学术精品[N]. 人民日报，2018-10-15（16）.

[9] 历届国家最高科学技术奖获奖人[EB/OL]. [2024-05-30]. https://www.most.gov. cn/ztzl/kjrw/.

[10] 中央广电总台国际在线. "没有挺得起腰的科学家精神，就难有站得住脚的科学成果！"[EB/OL].（2019-11-16）[2024-03-05]. https://news.cri.cn/toutiaopic/ 707f9ceb-aa08-ebc6-ef7b-a462f2b34209.html.

[11] 彭江. 中国大学学术研究制度变革[M]. 武汉：华中师范大学出版社，2009.

[12] 潘懋元. 我看应用型本科院校定位问题[J]. 教育发展研究，2007（7-8）：34-35.

[13] 龚放. 试论现代大学的社会责任[J]. 北京大学教育评论，2008（2）.

[14] 中国科学技术协会. 中国科协 2018 年度事业发展统计公报[EB/OL].（2019- 09-02）[2024-03-06]. http://sj.cast.org.cn/sj/SS/art/2018/art_43dc972910a44793a cc066cbfa47f3e5.html.

[15] 厦门大学哲学系欧洲哲学史教研组. 马克思 恩格斯 列宁 斯大林论欧洲哲学史[M]. 厦门大学哲学系欧洲哲学史教研组，1988：203.

[16] [英]肯尼. 牛津西方哲学史 第 3 卷 近代哲学的兴起[M]. 吉林：吉林出版集团有限责任公司，2016.

[17] 王荣江. 亚里士多德的科学知识观及其学科分类思想[J]. 广西师范大学学报

（哲学社会科学版），2009（3）：33-38.

[18] 刘大椿，杨会丽. 哲学学科的分化、整合与方法创新[J]. 哲学分析，2011（2）：174-187.

[19] 吕海华. 什么是学科？[EB/OL].（2019-10-31）[2020-02-15]. https://blog.sciencenet.cn/blog-1792012-1204224.html.

[20] 刘仲林. 交叉科学时代的交叉研究[J]. 科学学研究，1993（2）.

[21] 刘仲林，张淑林. 中外"跨学科学"研究进展评析[J]. 科学学与科学技术管理，2003（9）.

[22] 柯亚. 全国交叉科学学术讨论会在京举行[J]. 科研管理，1985（3）.

[23] SCI之父尤金·加菲尔德首次对话中国公众[EB/OL].（2009-09-12）[2024-01-30]. https://news.sciencenet.cn/htmlnews/2017/1/223297.shtm.

[24] 史继红，李志平. 尤金·加菲尔德SCI[J]. 医学与哲学，2014（6）.

[25] 付雁南. "SCI之父"遭遇中国诘问[N]. 中国青年报，2009-09-16.

[26] 江晓原. "SCI"神话早该破了！揭开"神刊"们背后的真面目[EB/OL].（2020-02-25）[2024-04-08]. https://baijiahao.baidu.com/s?id=1659465594794832108&wfr=spider&for=pc.

[27] 王晓真. 新生代研究者推动学术变革[N]. 中国社会科学报，2019-07-10.

[28] 靳萍. 科学的发展与大学科普[M]. 北京：科学出版社，2011.

[29] 韩启德. 在纪念中国科协成立50周年大会上的致辞[J]. 科协论坛，2009（1）.